Saalfrank/Kollmannsberger

Praxisleitfaden Lehrerhandeln

Wolf-Thorsten Saalfrank/Markus Kollmannsberger

Praxisleitfaden Lehrerhandeln

Unterrichten, Erziehen, Beraten, Leistungen beurteilen

Dr. *Wolf-Thorsten Saalfrank*, Erziehungswissenschaftler, Diplom-Pädagoge sowie Grund- und Hauptschullehrer, arbeitet derzeit als Pädagogischer Mitarbeiter beim Bildungswerk der Hessischen Wirtschaft e.V. in der Integration von Flüchtlingen. Er kooperiert zudem mit dem Fritz-Schubert-Institut Heidelberg zum »Schulfach Glück«.

Dr. *Markus Kollmannsberger* ist Akademischer Rat am Lehrstuhl für Schulpädagogik, Ludwig-Maximilians-Universität München.

Das Werk einschließlich aller seiner Teile ist urheberrechtlich geschützt. Jede Verwertung ist ohne Zustimmung des Verlags unzulässig. Das gilt insbesondere für Vervielfältigungen, Übersetzungen, Mikroverfilmungen und die Einspeicherung und Verarbeitung in elektronische Systeme.

Dieses Buch ist erhältlich als
ISBN 978-3-407-25763-5 Print
ISBN 978-3-407-29028-1 E-Book (PDF)

1. Auflage 2017

© 2017 Beltz
in der Verlagsgruppe Beltz · Weinheim Basel
Werderstraße 10, 69469 Weinheim
Alle Rechte vorbehalten

Lektorat: Christine Wiesenbach
Einbandgestaltung/Umschlaggestaltung: Antje Birkholz
Bildnachweis: © gettyimages/E+
Herstellung: Lore Amann/Victoria Larson
Satz: Markus Schmitz, Altenberge
Druck und Bindung: Beltz Bad Langensalza GmbH, Bad Langensalza
Printed in Germany

Weitere Informationen zu unseren Autoren und Titeln finden Sie unter: www.beltz.de

Inhalt

Einleitung **11**
    Die gute Lehrkraft und der gute Unterricht 11
    Zum Umgang mit diesem Buch 16
    Literatur 18

1.   **Unterrichten** **20**

  1.1   **Sachanalyse erstellen** 20
  1.1.1   Stand der Forschung 20
  1.1.2   Checklisten 22
  1.1.3   Grenzen und Risiken 23
  1.1.4   Fallbeispiel 23
        Literatur 25

  1.2   **Voraussetzungen der Lerngruppe analysieren** 27
  1.2.1   Stand der Forschung 27
  1.2.2   Checklisten 30
  1.2.3   Grenzen und Risiken 32
  1.2.4   Fallbeispiel 33
        Literatur 34

  1.3   **Lernziele formulieren** 36
  1.3.1   Stand der Forschung 36
  1.3.2   Checklisten 41
  1.3.3   Grenzen und Risiken 43
  1.3.4   Fallbeispiel 43
        Literatur 45

  1.4   **Unterricht strukturieren** 47
  1.4.1   Stand der Forschung 47
  1.4.2   Checkliste 49
  1.4.3   Grenzen und Risiken 51
  1.4.4   Fallbeispiel 52
        Literatur 53

  1.5   **Methoden auswählen und einsetzen** 54
  1.5.1   Stand der Forschung 54
  1.5.2   Checklisten 57
  1.5.3   Grenzen und Risiken 59
  1.5.4   Fallbeispiel 59
        Literatur 60

1.6	**Medien einsetzen**	**63**
1.6.1	Stand der Forschung	63
1.6.2	Checklisten	64
1.6.3	Grenzen und Risiken	66
1.6.4	Fallbeispiel	67
	Literatur	68
1.7	**Motivieren**	**69**
1.7.1	Stand der Forschung	69
1.7.2	Checklisten	71
1.7.3	Grenzen und Risiken	74
1.7.4	Fallbeispiel	75
	Literatur	76
1.8	**Differenzierung**	**77**
1.8.1	Stand der Forschung	77
1.8.2	Checkliste	78
1.8.3	Grenzen und Risiken	80
1.8.4	Fallbeispiel	81
	Literatur	82
1.9	**Erklären**	**85**
1.9.1	Stand der Forschung	85
1.9.2	Checklisten	87
1.9.3	Grenzen und Risiken	89
1.9.4	Fallbeispiel	90
	Literatur	91
1.10	**Veranschaulichen**	**93**
1.10.1	Stand der Forschung	93
1.10.2	Checklisten	95
1.10.3	Grenzen und Risiken	96
1.10.4	Fallbeispiel	96
	Literatur	97
1.11	**Üben**	**99**
1.11.1	Stand der Forschung	99
1.11.2	Checkliste	101
1.11.3	Grenzen und Risiken	101
1.11.4	Fallbeispiel	102
	Literatur	103

1.12	**Kognitiv aktivieren**	**105**
1.12.1	Stand der Forschung	105
1.12.2	Checklisten	108
1.12.3	Grenzen und Risiken	111
1.12.4	Fallbeispiel	112
	Literatur	113
1.13	**Kooperativ arbeiten**	**115**
1.13.1	Stand der Forschung	115
1.13.2	Checklisten	117
1.13.3	Grenzen und Risiken	119
1.13.4	Fallbeispiel	120
	Literatur	122
1.14	**Kreativität fördern**	**123**
1.14.1	Stand der Forschung	123
1.14.2	Checklisten	125
1.14.3	Grenzen und Risiken	127
1.14.4	Fallbeispiel	127
	Literatur	129
1.15	**Rituale einsetzen**	**130**
1.15.1	Stand der Forschung	130
1.15.2	Checklisten	131
1.15.3	Grenzen und Risiken	132
1.15.4	Fallbeispiel	133
	Literatur	134
1.16	**Rhythmisieren von Unterricht**	**135**
1.16.1	Stand der Forschung	135
1.16.2	Checklisten	136
1.16.3	Grenzen und Risiken	137
1.16.4	Fallbeispiel	138
	Literatur	139
1.17	**Hausaufgaben als Potenzial nutzen**	**141**
1.17.1	Stand der Forschung	141
1.17.2	Checklisten	142
1.17.3	Grenzen und Risiken	143
1.17.4	Fallbeispiel	144
	Literatur	145

2. Erziehen 147

2.1 Klassen führen 147
2.1.1 Stand der Forschung 147
2.1.2 Checklisten 153
2.1.3 Grenzen und Risiken 155
2.1.4 Fallbeispiel 156
Literatur 157

2.2 Individuell erzieherisch handeln 160
2.2.1 Stand der Forschung 160
2.2.2 Checklisten 166
2.2.3 Grenzen und Risiken 168
2.2.4 Fallbeispiele 168
Literatur 170

2.3 Beziehungen gestalten 172
2.3.1 Stand der Forschung 172
2.3.2 Checkliste 174
2.3.3 Grenzen und Risiken 177
2.3.4 Fallbeispiel 178
Literatur 179

3. Beraten 181

3.1 Mit Eltern kooperieren 181
3.1.1 Stand der Forschung 181
3.1.2 Checkliste 183
3.1.3 Grenzen und Risiken 184
3.1.4 Fallbeispiel 185
Literatur 187

3.2 Beraten in der Schule 189
3.2.1 Stand der Forschung 189
3.2.2 Checklisten 191
3.2.3 Grenzen und Risiken 194
3.2.4 Fallbeispiel 194
Literatur 196

3.3 Feedback geben 197
3.3.1 Stand der Forschung 197
3.3.2 Checklisten 198
3.3.3 Grenzen und Risiken 199
3.3.4 Fallbeispiel 199
Literatur 200

3.4		**Konflikte bearbeiten**	**202**
	3.4.1	Stand der Forschung	202
	3.4.2	Checklisten	205
	3.4.3	Grenzen und Risiken	206
	3.4.4	Fallbeispiel	206
		Literatur	207
3.5		**Kooperieren mit außerschulischen Einrichtungen**	**209**
	3.5.1	Stand der Forschung	209
	3.5.2	Checklisten	211
	3.5.3	Grenzen und Risiken	213
	3.5.4	Fallbeispiel	214
		Literatur	215
4.		**Leistungsbeurteilung**	**217**
4.1		**Kriterial beurteilen**	**217**
	4.1.1	Stand der Forschung	217
	4.1.2	Checklisten	219
	4.1.3	Grenzen und Risiken	221
	4.1.4	Fallbeispiel	223
		Literatur	224
4.2		**Lernfortschritte verbalisieren**	**225**
	4.2.1	Stand der Forschung	225
	4.2.2	Checklisten	226
	4.2.3	Grenzen und Risiken	228
	4.2.4	Fallbeispiel	229
		Literatur	229
4.3		**Portfolioarbeit anleiten**	**231**
	4.3.1	Stand der Forschung	231
	4.3.2	Checklisten	233
	4.3.3	Grenzen und Risiken	234
	4.3.4	Fallbeispiel	235
		Literatur	236

Einleitung

Die gute Lehrkraft und der gute Unterricht

Das Buch »Praxisleitfaden Lehrerhandeln« orientiert sich in seinem Aufbau und mit seinem Inhalten an den Bereichen Unterrichten, Erziehen, Beraten, Leistungsbeurteilung, die unter anderem in den Standards der Kultusministerkonferenz zur Lehrerbildung im Bereich Bildungswissenschaften definiert wurden (KMK 2004). Der in den KMK-Standards ebenfalls aufgeführte Kompetenzbereich »Innovieren« wird im Rahmen dieses Buches nicht behandelt, da das Lehrerhandeln in diesem immer nur im Zusammenspiel mit übergeordneten Ebenen umgesetzt werden kann.

Die vier genannten Bereiche und die jeweils zugeordneten Unterpunkte können in das große Thema der Bildungsforschung, d. h. die Frage nach dem »guten Unterricht« bzw. nach der »Unterrichtsqualität«, eingeordnet werden. Die normativ gesetzten Standards der KMK als Grundstruktur sowie Forschungsergebnisse aus der empirischen Bildungsforschung bilden die Grundlage des vorliegenden Buches.

Ein erster Ansatzpunkt zur Frage, was guten Unterricht ausmacht, ergibt sich, wenn man sich mit der (guten) Lehrkraft beschäftigt, die in diversen Ansätzen zu Unterrichtsqualität (Helmke, Brophy u. a. m.) eine nicht zu unterschätzende Rolle einnimmt. Dabei ist die Frage nach der guten Lehrkraft sicherlich keine neue Frage (Bromme 1992). Dass die Frage danach, ähnlich wie die nach gutem Unterricht, immer stärker ins Bewusstsein von Forschung, Bildungspolitik und öffentlicher Meinung rückt(e), ist insbesondere auf das in mehreren internationalen Leistungsvergleichsstudien konstatierte »schlechte« Abschneiden deutscher Schüler/innen und – damit verbunden – des an deutschen Schulen ablaufenden Unterrichts zurückzuführen.

In den einschlägigen Beiträgen werden meist Idealbilder von Lehrkräften, die das spezifische Handeln in der Institution Schule beschreiben, vorgestellt (Terhart 2006). Ein solches Idealbild der guten Lehrkraft lieferte zum Beispiel Scarbath (1992). Die Kriterien, die Scarbath anführt, lassen sich mit entsprechenden empirischen Studien belegen, was im Folgenden gezeigt wird. Das von ihm dargestellte Idealbild wird von ihm selbst als Traum bezeichnet, was auch am Titel seines Buches »Träume vom guten Lehrer« ablesbar ist. Scarbath geht von vier Kriterien aus, die seiner Meinung nach eine gute Lehrerin/einen guten Lehrer ausmachen (Scarbath 1992):
1. Balance zwischen männlichen und weiblichen Anteilen in der Person der Lehrkraft: »Ich denke, daß jemand dann ein guter, das heißt: junge Menschen förderlich herausfordernder und ergänzender Lehrer sein kann, wenn er oder sie in solch entscheidenden Fragen der persönlichen Existenz und der beruflichen Rolle wie der Geschlechtsrollenidentität ein eigenes, je unverwechselbares Profil hat entwickeln können« (Scarbath 1992, S. 19 ff.).

2. Freude am Umgang mit Kindern und jungen Leuten sowie den sachlichen Inhalten und Aufgaben des Fachs (siehe auch Kiel/Geider/Jünger 2004; Kiel 2007)
3. Taktgefühl/Balance im Handeln: »Nähe und Distanz gilt es aber auch auszubalancieren hinsichtlich der eigenen Berufsrolle und der eigenen Person« (siehe auch Schaarschmidt 2005).
4. Humor und die Fähigkeit, über sich selbst lachen zu können (siehe auch Rißland 2002)

Diese vier Kriterien, die Scarbath formuliert hat, bilden einen Kern, der die Persönlichkeit einer Lehrkraft charakterisiert, und bewegen sich in den Bereichen von Sach-, Selbst- und Sozialkompetenz.

Wie sieht nun aber die empirische Bildungsforschung die gute Lehrkraft? Aus den Kriterien zu gutem Unterricht, die in vielen Modellen zu Unterrichts- bzw. Bildungsqualität aufgeführt werden, lassen sich, wie bereits bemerkt, Merkmale herausfiltern, die eine gute Lehrerin/einen guten Lehrer beschreiben. Auch Schülerbefragungen nach der »Wunschlehrkraft« geben interessante Anhaltspunkte, demnach werden diese eher als nachgiebig, gerecht, großzügig, warm, vergnügt, schön und weich charakterisiert (Ditton 2002). Die Lehrkraft und deren Handeln ist in den Modellen zur Unterrichtsqualität jedoch nur ein Faktor unter vielen, die analysiert und dargestellt werden. Durch die Ausführungen über die gute Lehrkraft wurde deutlich, dass die Lehrer/innen diejenigen Personen sind, die guten Unterricht durchzuführen haben – eine Anforderung, die auch von diversen schulischen Bezugsgruppen (Köck 2000) an die Lehrkraft gerichtet wird.

Guter Unterricht kann als zentraler Begriff der Unterrichtsforschung angesehen werden. Hierbei muss zunächst gefragt werden, was unter gutem Unterricht zu verstehen ist. Für Helmke (2004) stellen sich die Fragen: gut wofür, gut für wen, gut gemessen an welchen Startbedingungen, gut aus wessen Sicht und gut für wann? Blickt man auf mögliche Antworten auf die Frage, was unter gutem Unterricht zu verstehen ist, so taucht u. a. das Problem der Multiperspektivität auf. Thematisiert wird dieses im Rahmen der Analyse und der Ergebnisdiskussion von Leistungsvergleichsstudien (IGLU, PISA, TIMSS und andere) und der damit verbundenen Kritik am traditionellen Lernen. So haben Lehrer/innen, Schüler/innen und Eltern je eigene Sichtweisen auf guten Unterricht. Aber auch die Wissenschaft mit der pädagogischen und psychologischen Unterrichts- bzw. der Lehr-Lernforschung, die administrative Ebene mit Schulleitung und Schulaufsicht sowie die politische Ebene mit der partei- und natürlich verbandsbezogenen Sicht bringen in die Diskussion um guten Unterricht eine je eigene, oftmals auch klientelbezogene Position mit ein.

Die Diskussion um guten Unterricht mündet letztlich im Komplex von Unterrichts- bzw. Schulqualität. Sie schlägt sich beispielsweise in den Referenzrahmen zur Schulqualität der einzelnen Bundesländer nieder und spielt dort im Hinblick auf die externe Evaluation von Schulen eine zentrale Rolle. Vor diesem Hintergrund werden alle Lehrkräfte aller Schularten immer wieder mit Forschungsergebnissen zu Unterrichtsqualität und gutem Unterricht konfrontiert werden.

Prominente Modelle, die in der Betrachtung guten Unterrichts Relevanz haben und die auf Indikatoren gestützt in mehr oder weniger großer Komplexität Unterricht beschreiben, sind z.B. die zwölf Gelingensbedingungen von Unterricht nach Brophy oder die Angebot-Nutzungsmodelle von Helmke bzw. von Reusser und Pauli (Brophy 2000; Helmke 2004; Reusser/Pauli 2003). Aus dem amerikanischen Bereich ist besonders die Teacher-Effectiveness-Forschung zu nennen (z.B. Walberg, Merrill, oder Gagné, siehe hierzu genauer Kiel 2011, S. 163ff.). Alle diese Modelle orientieren sich letztendlich am Prozess-Produkt-Paradigma. Im Rahmen dieses Paradigmas ist der Blick einerseits auf das Verhalten der Instruktorin/des Instruktors und andererseits auf die Veränderungen, die sie/er durch ihr/sein Verhalten beim Lernenden hervorruft, gerichtet. Etwas vereinfachend ausgedrückt geht es darum, festzustellen, ob Veränderungen im Instruktionsverhalten der Instruktorin/des Instruktors in einer konkreten Lernsituation zu Veränderungen bei den Lernenden führen – etwa dass sie schneller lernen oder mehr behalten. Grundlegend für diese Forschungsstrategie ist ein behavioristischer Lernbegriff, wie er etwa vom Stammvater dieser Forschung, Robert Gagné, formuliert wurde. Gagné (1973, S. 13) definiert Lernen als »[…] eine Änderung in menschlichen Dispositionen oder Fähigkeiten, die erhalten bleibt und nicht einfach dem Reifungsprozess zuzuschreiben ist. Die Art des Wandels, die man Lernen nennt, zeigt sich als eine Verhaltensänderung, und man zieht den Schluss auf Lernen, indem man vergleicht, welches Verhalten möglich war, bevor das Individuum in eine Lernsituation gebracht wurde, und welches Verhalten nach einer solchen Behandlung gezeigt wird«; Wertorientierungen oder Emotionen spielen in diesem Lernbegriff keine Rolle (Kiel 2011).

Blickt man an dieser Stelle auf Modelle zur Unterrichtsqualität bzw. Unterrichtswirksamkeit, dann ist bei den meisten Modellen festzustellen, dass diese keine Handlungsanweisungen für die konkrete Unterrichtsarbeit und -verbesserung bereithalten. Dies liegt in erster Linie an der Komplexität der Modelle. Ansätze, denen eine größere Praxisrelevanz anhaftet, sind zum einen die Merkmale guten Unterrichts von Meyer (2004) und zum anderen die zwölf Gelingensbedingungen von Unterricht von Brophy (2000), wobei anzumerken gilt, dass auch bei diesen Modellen der Aspekt der Effektivität das leitende Prinzip ist (Zierer 2008). Doch wenn man in einer Synopse alle prominenten Modelle darstellt, ob sie nun im Bereich der erziehungswissenschaftlichen Forschung oder der pädagogisch-psychologischen Lehr-Lern-Forschung kreiert wurden, wäre die Schnittmenge der anzutreffenden Faktoren mit großer Wahrscheinlichkeit sehr hoch. Als Fazit aus den bisherigen Überlegungen lässt sich festhalten, dass ein Modell, dessen Praxisrelevanz höher ist als in den gängigen Modellen, insbesondere eine verminderte Komplexität aufweisen müsste, denn pädagogisches Handeln ist »immer intentional und daher ziel- und zukunftsorientiert« (Tippelt 2006, S. 139). Das bedeutet, dass, um letztendlich guten Unterricht durchführen zu können, ein Modell benötigt würde, aus dem im Sinne pädagogischen Handelns ziel- und zukunftsorientiert die entsprechenden Intentionen durch die Lehrkraft abgeleitet werden können, was zum Beispiel auch im bereits erwähnten Ansatz von Zierer deutlich wird (Zierer 2008).

Exemplarisch für die Vielzahl der Modelle (siehe genauer Helmke 2004), soll an dieser Stelle das Modell von Reusser und Pauli (2003) angesprochen werden (Abb. 1):

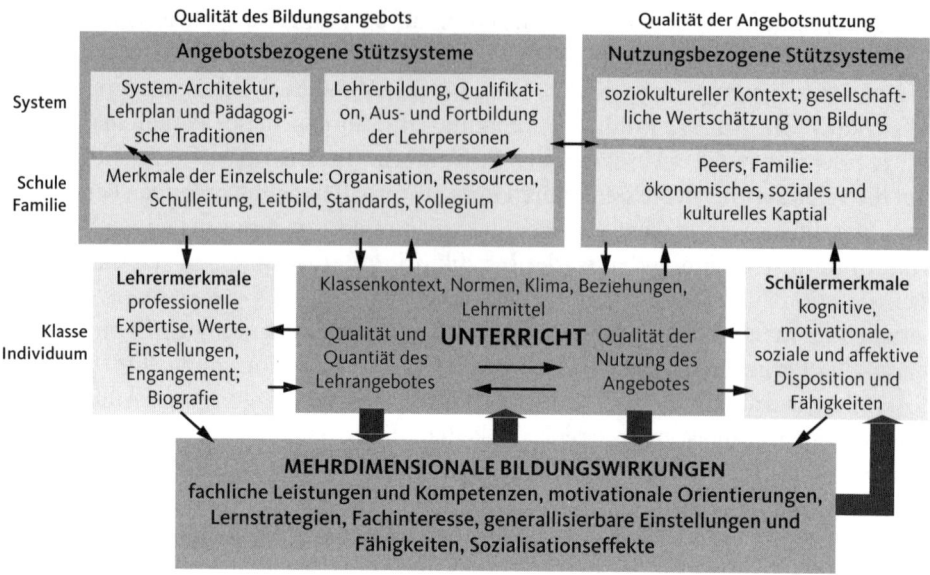

Abb. 1: Modell zur Unterrichtsqualität von Reusser und Pauli (2003, S. 3)

Kiel (2010) hebt in seinen Ausführungen zu diesem Modell hervor, dass Reusser und Pauli ein systemisches Rahmenmodell von Unterrichtsqualität und -wirksamkeit entwickelt haben, »indem sie
- Unterricht als Angebot charakterisieren, welches von Schülern genutzt werden kann (Helmke 2004, S. 42),
- die Nutzung des Angebots in Abhängigkeit von Lehrer- und Schülermerkmalen aufzeigen und
- externe Faktoren als angebotsbezogene oder nutzungsbezogene Stützungssysteme begreifen« (Kiel 2010, S. 774).

Das von Reusser und Pauli entwickelte Modell (Abb. 1) stellt eine Synthese wichtiger Modelle zur Unterrichtsqualität dar. So wurden deutsche und angloamerikanische Ansätze analysiert und entsprechend zusammengeführt, was gerade von Kiel als positiver Faktor hervorgehoben wird (Kiel 2010, S. 774). Dennoch stellt das Modell von Reusser und Pauli nur eine mögliche Sicht auf Unterricht, Unterrichtsqualität und Unterrichtsforschung dar und hat somit exemplarischen Charakter. Es existieren viele weitere Modelle, die teils ausführlicher, teils knapper in der Darstellung sind. Dennoch sind viele Merkmalskomponenten in den einzelnen Modellen ähnlich bzw. identisch. Gemeinsam ist ihnen u. a. die Zielrichtung der Erforschung schulischer und außerschulischer Faktoren im Hinblick auf den Unterrichtserfolg (Zierer 2008; 2011). Der hier vorgestellte Ansatz zur Unterrichtsforschung ist gegenwärtig wohl einer der einflussreichsten in der Forschung. Kiel listet in seinem Beitrag zur Unterrichtsforschung weitere, insbesondere in der deutschen Tradition relevante Forschungsstränge auf, die hier jedoch nicht näher betrachtet werden (Kiel 2010).

Deutlich wird am Modell von Reusser und Pauli, dass es keine unmittelbare Übertragungsmöglichkeit auf die pädagogische Praxis gibt. Vielmehr geht es in solchen Modellen um die Darstellung aller möglichen denkbaren Faktoren, die im Unterrichtsgefüge eine Rolle spielen, und die aus einer Forschungsperspektive heraus zur Evaluation von Unterricht notwendig sind. Bezieht man dies auf die Typen empirischer Bildungsforschung nach Tippelt (2006), dann heißt dies, dass die Modelle zur Unterrichtsqualität eine Form der Orientierungsforschung sind, der Tippelt als Merkmale neben einem hohen Informationsgehalt eine Relevanz hinsichtlich des gesellschaftlichen Wandels zuweist, da durch gewonnenes Expertenwissen »Ansatzpunkte für Handlungsstrategien und Reformmaßnahmen« (Tippelt 2006, S. 144) zu erhalten sind.

Davon ausgehend bleibt die Frage, welche Bedeutung nun das Wissen über Unterrichtsforschung für guten Unterricht hat? Trotz der Komplexität, die Modellen zur Unterrichtsqualität anhaftet, trotz der mangelnden Praxisrelevanz sowie der einseitigen Sichtweise auf Effektivität, die diesen Modellen vorgeworfen werden kann, sind diese Modelle für ein Denken über guten Unterricht von großer Bedeutung. Eine Lehrkraft benötigt mehr als nur anwendungsbezogenes und auf schnelle Verwertbarkeit ausgerichtetes Verfügungswissen. Sie benötigt auch Orientierungswissen, das als Wissen über Zwecke und Ziele informiert (Mittelstraß 1989, S. 57). Die Lehrkraft muss vor diesem Hintergrund bemüht sein, eine Balance zwischen einzelnen Anforderungsbereichen in ihrem Handeln herzustellen, um guten Unterricht zu realisieren. Dieses Realisieren kann gelingen, wenn die Lehrkraft über pädagogische Urteilskraft verfügt. Aus der Reflexion theoretischer Kenntnisse in Beziehung zu praktischen Erfahrungen sollte so das eigene Handeln gestaltet werden, was Herbart bereits Mitte des 19. Jahrhundert mit seinen Ausführungen zum pädagogischen Takt beschrieben hat (Herbart 1982).

Bedingt durch die Vielzahl an unterschiedlichen pädagogischen Ansätzen, aber auch der Vielzahl an Ratgeberliteratur zur Unterrichtsgestaltung, heißt dies, dass eine eklektisch arbeitende Lehrkraft im Sinne eines guten Unterrichts sich nicht auf eine einzige Richtung, eine einzige Methode etc. festlegen soll, da, so Zierer »die andere Perspektive vernachlässigt wird und somit wichtige Erkenntnisse verloren gehen« (Zierer 2010, S. 84). Weiter folgt er im Anschluss an Niemeyers Ansatz: »Insofern ist die Forderung nach einem methodenintegrierenden Arbeiten aktueller denn je und August Hermann Niemeyer hat mit seinem eklektischen Vorgehen bereits im 18. Jahrhundert den Grundstein dafür gelegt. Seine Auffassung ›Alles prüfen! Das Beste behalten!‹ [...] kann auch heute noch als methodische Richtschnur für Pädagogen dienen« (Zierer

2009; 2010). Somit lässt sich »die Eklektik von August Hermann Niemeyer als eine Methode charakterisieren, die durch eine Methodenintegration gekennzeichnet ist, allerdings von der Bestätigung durch seine Erfahrung geleitet, reguliert und bestimmt wird« (Zierer 2010, S. 84), was in dieser Form eine Grundlage darstellt für pädagogisches Handeln im Sinne der pädagogischen Urteilskraft einer Lehrperson, um letztendlich, davon ausgehend, guten Unterricht zu realisieren.

Zum Umgang mit diesem Buch

Das Buch soll Strategien bzw. Handlungsmöglichkeiten aufzeigen, um sinnvolles und erfolgreiches Lehrerhandeln in der Schule zu ermöglichen. Dabei wird auf eine zeitgemäße Ausrichtung geachtet, um sich von gängiger Literatur zu diesem Bereich abzugrenzen. Dies wird durch den Einbezug von Entwicklungen und Erkenntnissen aus der Lernpsychologie, der Unterrichtsforschung und einer internationalen Perspektive, insbesondere mit Blick auf den anglo-amerikanischen Raum, erreicht. Wenn möglich, wird in den einzelnen Kapiteln auch ein Bezug zu den aktuell vieldiskutierten Befunden von Hattie (»Lernen sichtbar machen«, Hattie 2013) hergestellt. Die Ergebnisse der Meta-Meta-Analysen von Hattie werden in Form von Effektstärken dargestellt. Das statistische Maß der Effektstärke (abgekürzt mit d) bezeichnet die Intensität des Zusammenhangs zwischen dem jeweiligen Faktor und den Lernleistungen der Lernenden. Hattie geht statistisch begründet davon aus, dass man mindestens Effektstärken von $d = 0{,}4$ benötigt, damit ein Faktor als wirksam gelten kann (Zierer 2014; Kiel/Weiß 2014).

Wie eingangs bereits betont, orientieren sich Aufbau und Inhalte dieses Buches an den Kompetenzbereichen Unterrichten, Erziehen, Beraten, Beurteilen der KMK-Standards für die Lehrerbildung (Tab. 1). Zu jedem der in diesem Buch ausgeführten vier Themen – Unterrichten, Erziehen, Beraten und Leistungen beurteilen – sind jeweils verschiedene zentrale Aspekte des Lehrerhandelns zugeordnet, wobei der Bereich Unterrichten, der letztendlich das Kerngeschäft des Lehrerhandelns darstellt, den größten Raum einnimmt.

Übersicht über Bereiche und Aspekte des Lehrerhandelns	
1. Unterrichten	**2. Erziehen**
1.1 Sachanalyse erstellen 1.2 Voraussetzungen der Lerngruppe analysieren 1.3 Lernziele formulieren 1.4 Unterricht strukturieren 1.5 Methoden auswählen und einsetzen 1.6 Medien einsetzen 1.7 Motivieren 1.8 Differenzieren 1.9 Erklären 1.10 Veranschaulichen 1.11 Üben 1.12 Kognitiv aktivieren 1.13 Kooperativ arbeiten 1.14 Kreativität fördern 1.15 Rituale einsetzen 1.16 Rhythmisieren 1.17 Hausaufgaben als Potenzial nutzen	2.1 Klassen führen 2.2 Individuell erzieherisch handeln 2.3 Beziehungen gestalten
3. Beraten	**4. Leistungen beurteilen**
3.1 Mit Eltern kooperieren 3.2 Beraten für die Schullaufbahn 3.3 Feedback geben 3.4 Konflikte bearbeiten (Konfliktgespräch, Mediation, Schlichtung) 3.5 Kooperieren mit außerschulischen Einrichtungen	4.1 Kriterial beurteilen 4.2 Portfolioarbeit anleiten 4.3 Lernfortschritte verbalisieren

Tab. 1: Übersicht über Bereiche und Aspekte des Lehrerhandelns

Jedes Teilkapitel ist gleich aufgebaut, um schnell zu den gewünschten Informationen zu gelangen.
- *Eingangszitat*: Zu Beginn eines jeden Stichworts steht ein kurzes Zitat, das ähnlich wie ein Slogan den Inhalt des Stichworts komprimiert aufgreift und in die Beschreibung einführt.
- *Forschungsstand*: Der Forschungsstand greift sowohl den deutschsprachigen als auch den angloamerikanischen Forschungsstand sowie die Meta-Studien von Hattie auf. Es soll hier ein kurzer Überblick gegeben werden, der zum einen informieren, zum anderen aber auch zur weiteren Beschäftigung anregen soll. Mit diesem Forschungsüberblick soll gleichzeitig gezeigt werden, dass das pädagogische Handeln von Lehrkräften einen entsprechenden wissenschaftlichen Ort hat und benötigt.

- *Checklisten:* Die Checklisten zeigen bei jedem Stichwort einen Handlungsrahmen auf und bieten die Möglichkeit, verschiedene Handlungsmöglichkeiten und Handlungsalternativen kennenzulernen.
- *Risiken und Grenzen*: Jedes Handeln einer Lehrkraft ist immer auch bestimmten Risiken, Grenzen bzw. Problemen und Schwierigkeiten unterworfen. Was es für mögliche Risiken und Grenzen bei dem jeweiligen Aspekt gibt, wird kurz angerissen, um aufzuzeigen, wo mögliche Probleme im Rahmen des Lehrerhandelns entstehen können.
- *Fallbeispiel:* Zu jedem Aspekt wird in der Regel ein Fallbeispiel aufgeführt, das entweder den Anforderungsbereich illustriert, Umsetzungsmöglichkeiten aus der Praxis aufzeigt oder einzelne Perspektiven vertieft. Mit dem Blick auf die Praxis wird, jeweils bezogen auf den beschriebenen Aspekt, exemplarisches Lehrerhandeln beschrieben. Sowohl bei der Zusammenstellung der Checklisten als auch bei der Auswahl der Fallbeispiele wurde insbesondere auf die Praxisrelevanz geschaut bzw. darauf, welche Handlungsmöglichkeiten und welche Praxisbeispiele unseres Erachtens nach tauglich sind, um den Aspekt im Hinblick auf die Praxis zu illustrieren und handhabbar zu machen.
- *Literatur*: Abschließend wird zu jedem Aspekt eine Literaturliste angeführt, die neben der zitierten Literatur immer auch Literaturhinweise umfasst.

Literatur

Bromme, R. (1992): Der Lehrer als Experte: Zur Psychologie des professionellen Wissens. Bern: Huber.
Brophy, J. E. (2000): Teaching. (Educational Practices Series, 1). Brussels: International Academy of Education & International Bureau of Education.
Ditton, H. (2002): Lehrkräfte und Unterricht aus Schülersicht. Ergebnisse einer Untersuchung aus Schülersicht. In: Zeitschrift für Pädagogik 48, H. 2, S. 51–60.
Gagné, R. (1973): Die Bedingungen menschlichen Lernens. Hannover: Schroedel.
Hattie, J. (2013): Lernen sichtbar machen. Übers. von Beywl, W./Zierer, K. Baltmannsweiler: Schneider Hohengehren.
Helmke, A. (2004): Unterrichtsqualität erfassen, bewerten, verbessern. Seelze: Kallmeyer.
Herbart, J. H. (1982): Die ersten Vorlesungen über Pädagogik (1802). In: Asmus, W. (Hrsg.): J. H. Herbart: Kleinere pädagogische Schriften. Stuttgart: Klett.
Kiel, E. (2011): Robert M. Gagné. In: Zierer, K./Saalfrank, W.-T. (Hrsg.): Klassiker der Pädagogik. Paderborn: Schöningh, S. 233–245.
Kiel, E. (2010): Unterrichtsforschung. In: Tippelt, R./Schmidt, B. (Hrsg.): Handbuch Bildungsforschung. Wiesbaden: VS Verlag, S. 773–791.
Kiel, E. (2007): Klassenführung. In: Apel, H. J./Sacher, W. (Hrsg.): Studienbuch Schulpädagogik, 3. Aufl. Bad Heilbrunn: Klinkhardt, S. 337–354.
Kiel, E./Weiß, S. (2014): Hattie für die Grundschule? In: Grundschulzeitschrift 28, H. 7/8, S. 4–23.
Kiel, E./Geider, F. J./Jünger, W. (2004): Motivation, Selbstkonzepte und Lehrberuf. In: Die Deutsche Schule 96, H. 2, S. 223–233.
KMK – Kultusministerkonferenz (2004): Vereinbarung zu den Standards für die Lehrerbildung: Bildungswissenschaften. (Beschluss der Kultusministerkonferenz vom 16.12.2004) https://www.

kmk.org/fileadmin/Dateien/veroeffentlichungen_beschluesse/2004/2004_12_16-Standards-Lehrerbildung-Bildungswissenschaften.pdf (Abruf: 24.01.2017).

Köck, P. (2000): Handbuch der Schulpädagogik für Studium-Praxis-Prüfung. Donauwörth: Auer.

Meyer, H. (2004): Was ist guter Unterricht? Berlin: Cornelsen.

Mittelstraß, J. (1989): Der Flug der Eule. Von der Vernunft der Wissenschaft und der Aufgabe der Philosophie. Frankfurt a. M.: Suhrkamp.

Reusser, K./Pauli, C. (2003): Mathematikunterricht in der Schweiz und in weiteren sechs Ländern. Bericht mit Videobeispielen über die Ergebnisse einer internationalen und schweizerischen Video-Unterrichtsstudie. CD-ROM. Zürich: Pädagogisches Institut Universität Zürich. http://edudoc.ch/record/2628/files/zu99026.pdf (Abruf: 24.01.2017).

Rißland, B. (2002): Humor und seine Bedeutung für den Lehrerberuf. Bad Heilbrunn: Klinkhardt.

Scarbath, H. (1992): Träume vom guten Lehrer: Sozialisationsprobleme und dialogische-förderndes Verstehen in Erziehung und Unterricht. Donauwörth: Auer.

Schaarschmidt, U. (2005) (Hrsg.): Halbtagsjobber. Psychische Gesundheit im Lehrerberuf. Analyse eines veränderungsbedürftigen Zustandes. Weinheim und Basel: Beltz.

Terhart, E. (2006): Was wissen wir über gute Lehrer? In: Pädagogik 58, H. 5, S. 42–46.

Tippelt, R. (2006): Bildung und Handeln – Möglichkeiten empirischer Bildungsforschung. In: Pongratz, L./Wimmer, M./Nieke, W. (Hrsg.): Bildungsphilosophie und Bildungsforschung. Bielefeld: Janus-Verlag, S. 138–155.

Zierer, K. (2014): Kernbotschaften aus John Hatties Visible Learning. Sankt Augustin/Berlin: Konrad-Adenauer-Stiftung e. V. www.kas.de/wf/doc/kas_38424-544-1-30.pdf?140728131534 (Abruf: 24.01.2017).

Zierer, K. (2011): Kritik an der Vermessung der Bildungslandschaft. In: Pädagogische Rundschau 65, H. 1, 19–24.

Zierer, K. (2010): August Herrmann Niemeyer. In: Zierer, K./Saalfrank, W.-T. (Hrsg.): Klassiker der Pädagogik. Paderborn: Schöningh, S. 77–88.

Zierer, K. (2009): Eklektik in der Pädagogik. Grundzüge einer gängigen Methode. In: Zeitschrift für Pädagogik 55, H. 6, S. 928–944.

Zierer, K. (2008): Quo vadis, Allgemeine Didaktik? In: Pädagogische Rundschau 62, H. 5, S. 573–582.

Literaturhinweise

Breinbauer, I. M. (2007): Bildungsstandards und pädagogische Urteilskraft. In: Fuchs, B./Schönherr, C. (Hrsg.): Urteilskraft und Pädagogik. Beiträge zu einer pädagogischen Handlungstheorie. Würzburg: Königshausen & Neumann, S. 213226.

Reichenbach, R. (2004): Die Bildung der Lehrperson: Bemerkungen aus der pädagogischen Provinz der Gegenwart. Eröffnungsrede PH Schwyz 15.10.2004. www.phz.ch/seiten/dokumente/referate/phz_reichenbach15102004.pdf (Abruf: 24.01.2017).

Saalfrank, W.-T. (2006): Lehrerhandeln zwischen Bildungsbegriff, Bildungsforschung und Didaktik. Vierteljahresschrift für wissenschaftliche Pädagogik 82, H. 4, S. 581–597.

Saalfrank, W.-T./Braune, A./Kiel, E. (2009): Der »gute« Lehrer. Zeitschrift für Bildungsverwaltung 25, H. 1, S. 44–58.

1. Unterrichten

1.1 Sachanalyse erstellen

»*[Die Sachanalyse …] wird […] oft als erster Schritt vor der didaktischen Analyse und der methodischen Planung dargestellt, bei dem es um die fachwissenschaftliche Auseinandersetzung mit dem Stoffgebiet geht*« (Schaub/Zenke 2007, S. 545).

Stand der Forschung

Die Sachanalyse stellt im Rahmen der Unterrichtsvorbereitung den ersten wichtigen Schritt dar, indem sich die Lehrkraft mit dem zu behandelnden Stoff auseinandersetzt. In der wissenschaftlichen Literatur wird mit dem Thema Sachanalyse recht unterschiedlich umgegangen, und die Rolle, die die Sachanalyse im Rahmen unterrichtsplanerischer Prozesse einnimmt, sehr unterschiedlich gesehen.

Generell lässt sich sagen, dass sich die Lehrkraft durch die Sachanalyse fachwissenschaftlich in den für den Unterricht ausgewählten Sach- oder Problembereich einarbeitet. Die Sachanalyse hat mehrere Aufgaben: So soll sie zum einen die wissenschaftlichen Grundlagen des zu behandelnden Unterrichtsgegenstandes erörtern und zum anderen auch die möglichen inhaltlichen Aspekte des Unterrichtsgegenstandes und seine kontroversen Aspekte, wie sie durch die Wissenschaft vermittelt werden, herausarbeiten. Daneben kann es ebenfalls von Bedeutung sein, dass die gesellschaftspolitisch relevanten Aspekte eines Themas dargestellt werden.

Die zentrale Auseinandersetzung um die Funktion und den Stellenwert der Sachanalyse lieferten sich in den 1960er-Jahren Heinrich Roth und Wolfgang Klafki. Für Roth stellte die Sachanalyse eine vorpädagogische Maßnahme dar, die noch nichts mit der eigentlichen Unterrichtsplanung zu tun hatte. Roth argumentierte, dass es zu Beginn nur um die Sache gehen würde und noch nicht um das, was letztendlich mit der Sache im Unterricht geschieht. Das bedeutet, dass die Lehrkraft selbst eine Beziehung zur Sache, d.h. zur kulturellen Wirklichkeit, die vermittelt werden soll, aufbauen muss. Diese »Hingabe an die Sache« ist für Roth wesentlich, will die Lehrkraft bei der Vermittlung des Stoffes authentisch und überzeugend wirken (Roth 1960). Bei Klafki hingegen ist die Sachanalyse ein wesentlicher Teil der Unterrichtsplanung, wie es auch das Eingangszitat deutlich macht. Das heißt für ihn, dass die Lehrkraft, sobald sie sich mit der Sache beschäftigt, gleichzeitig auch schon pädagogisch tätig ist. Im Sinne seiner kategorialen Bildung wird mit der Sachanalyse erreicht, dass die Lehrkraft Bildungsinhalte, die die Schülerin/der Schüler als sein geistiges Eigentum, als seinen Bildungsinhalt erschließen soll, adäquat aufbereitet (Klafki 1964). Auch Peterßen (2000) macht deutlich, dass eine Lehrkraft gar nicht anders kann, als sich pädagogisch mit einer Sache zu beschäftigen, wenn Unterricht geplant werden soll.

Wenn man nun Klafki folgt, dann ist es bei der Planung von Unterricht notwendig, sich als Lehrkraft eine Grundlage zu verschaffen, von der aus dann die Lehr- und Lernziele abgeleitet werden können. Da Klafki (1964) die Sachanalyse und die entsprechende didaktische Umsetzung des Stoffes in einem Zusammenhang sieht, sind in diesem Ansatz die notwendigen Arbeitsschritte nicht hierarchisch über- und nachgeordnet, sondern sie beziehen sich in dialektischer Wechselwirkung aufeinander. Das bedeutet, dass die Unterrichtsgegenstände, oder mit den Worten Klafkis die »Bildungsinhalte«, so untersucht werden müssen, dass die Beschäftigung mit diesen Inhalten für die Schüler/innen als sinnvoll erscheint und auch so erlebt wird. Die Bildungsinhalte sollen somit also für die Schüler/innen erschlossen werden. Im Anschluss an Klafki spricht Aschersleben (1993) von der »Didaktischen Transformation« und weitet mit diesem Begriff die »Didaktische Analyse« von Klafki (1958) aus. Er sieht folgende vier zentrale Aufgaben einer »Didaktischen Transformation«:

a) Die Sachstruktur des Unterrichtsgegenstandes muss untersucht werden; in Verbindung damit muss sich die Lehrkraft ihrer fachlichen Voraussetzungen vergewissern.
b) Der Unterrichtsgegenstand muss schülergemäß sein.
c) Die Wahl des Unterrichtsgegenstandes muss durch triftige Gründe gerechtfertigt – legitimiert – werden.
d) Der Unterrichtsgegenstand muss vereinfacht werden:
   – quantitativ: der Umfang des Unterrichtsgegenstandes muss eingegrenzt werden;
   – qualitativ: die Komplexität des Unterrichtsgegenstandes muss angepasst werden.

Durch die Vielzahl an Fakten und verfügbaren Informationen muss die Lehrkraft bei der täglichen Unterrichtsvorbereitung selektiv vorgehen und eine unterrichtsbezogene Auswahl treffen, die sowohl inhaltliche als auch fachliche Aspekte umfasst.
Blickt man auf die amerikanische Unterrichtsforschung so fällt auf, dass es im Hinblick auf die Unterrichtsplanung diese Art der Auseinandersetzung mit der Sache nicht gibt. So sucht man im »Handbook of Research on Teaching« (2001) vergebens nach einem Stichwort, das vergleichbare Prozesse im Sinne des deutschsprachigen Didaktikverständnisses beschreibt. Wenn man sich jedoch einzelne Modelle des »Instructional Design« – einem didaktischen Ansatz aus Amerika – anschaut, so ist hier die Sache (»content«) ein wesentliches Element im Rahmen des Planungsprozesses. So lässt sich generell sagen, dass die Auseinandersetzung mit dem Inhalt primär der Schülerin/dem Schüler zukommt und nicht der Lehrkraft. Seidel und Shavelson (2007) betonen im Hinblick auf die Auseinandersetzung mit der Sache, dass das Lernen domänenspezifisch ist, d. h. zum einen, dass der Inhalt schulbezogen ist, und dass zum anderen die Lehrpersonen sich gut mit dem Inhalt auskennen müssen, damit die Lernenden in die Lage versetzt werden, ihr Wissen selbst zu konstruieren. So sieht die amerikanische Forschung mit Bezug auf die Erkenntnisse des Konstruktivismus, dass es die Hauptaufgabe des Lehrkraft ist, »die Schüler dazu zu bewegen, sich bewusst und ausführlich

mit der Sache auseinanderzusetzen« (Kiel 2009, S. 778). Deutlich wird hier, dass die Sache zwar relevant ist, sich der Fokus aber im Vergleich zur deutschen Tradition von der Lehrkraft zum Lernenden verschoben hat. In gängigen Modellen des Instruktionsdesigns wie den »First Principles of Instruction« von Merrill (2002) oder auch den Kontextmodulen von Bereiter und Scardamalia (1989) erscheinen hier als Faktoren der Gegenstandsbereich oder das »real-life-problem« (Merrill 2002) bzw. themen-/fachbezogene Kontextmodule (Bereiter/Scardamalia 1989), wobei der Fokus wie gesagt immer auf den Lernenden bezogen ist und nie auf eine Lehrerhandlung im Vorfeld des Unterrichts, wie im deutschsprachigen Raum üblich.

Checklisten

Die folgende Checkliste (Tab. 2) beschreibt neben Inhalten auch entsprechende Vorgehensweisen, die bei der Erstellung einer Sachanalyse zu berücksichtigen sind:

Voraussetzungen aufseiten der »Sache« (Unterrichtsgegenstand)	Voraussetzungen aufseiten der Lehrkraft
• Welche elementaren Probleme, Begriffe und Zusammenhänge enthält das Thema? • Welche Bedeutung hat das Thema in der Fachwissenschaft? • In welchen größeren Sinnzusammenhang ist das Thema einzuordnen? • Welche Strukturen und einzelnen Elemente weist das Thema auf? • Welche Beziehungen oder Gesetzmäßigkeiten sind erkennbar/herausarbeitbar? • Hat das Thema/der Gegenstand verschiedene Sinn- oder Bedeutungsschichten? • Gibt es Verbindungen zu anderen Themenkreisen oder Strukturen? • Welche Inhalte sollten vorausgegangen sein/welche folgen? • Welche Angaben finden sich im Lehrplan? Was ging voraus/was folgt?	• Hat die Lehrkraft das nötige Sachwissen? Beherrscht sie die Sachgrundlage des Unterrichts in allen wesentlichen Elementen? • Welche Interessen, Vorlieben, Abneigungen empfindet die Lehrkraft gegenüber dem Unterrichtsgegenstand? • Wie beurteilt die Lehrkraft die Bedeutsamkeit des Unterrichtsgegenstandes? • Welche Strukturmerkmale des Unterrichtsgegenstandes lassen sich festmachen?

Tab. 2: Voraussetzungen für eine Sachanalyse

Grenzen und Risiken

Grenzen und Risiken im Hinblick auf die Sachanalyse sind in vielerlei Hinsicht zu beachten. Zum einen ist die Sachanalyse von didaktischen und methodischen Entscheidungen der Lehrkraft zu trennen. Auch wenn die Auswahl der Inhalte unterrichtsbezogen, also auf das jeweilige Thema bzw. die jeweilige Unterrichtseinheit hin, stattfindet können hier nicht schon didaktische oder methodische Entscheidungen getroffen werden. Das bedeutet, dass »Überlegungen zur Unterrichtsstunde oder Bezüge zum Wissen der Schüler [...] noch nicht in die Sachanalyse« gehören (Gonschorek/Schneider 2003, S. 198). Es steht nur die reine Beschäftigung mit der Sache im Vordergrund. Des Weiteren ist zu beachten, dass die Sachanalyse weder zu oberflächlich geschieht (keine reine Material- oder Faktensammlung) noch zu wissenschaftlich. Bezugsgröße ist immer das fachwissenschaftliche Niveau der Lehrkraft – »er vergewissert sich der Sache und fasst seinen Kenntnisstand für sich und andere [...] nachvollziehbar zusammen« (Gonschorek/Schneider 2003, S. 198).

Fallbeispiel

Die folgende Sachanalyse zeigt beispielhaft Überlegungen zum Gedicht »Der Regenbogen« von Josef Guggenmoos (Lindner 1996, S. 75):

> *»Ein Regenbogen,*
> *komm und schau!*
> *Rot und orange,*
> *gelb, grün und blau!*
>
> *So herrliche Farben*
> *kann keiner bezahlen,*
> *sie über den halben*
> *Himmel zu malen.*
>
> *Ihn malte die Sonne*
> *mit goldener Hand*
> *auf eine wandernde*
> *Regenwand.«*

Lyrische Dichtung ist allgemein die Selbstaussage von Dichtern, die deren Gefühlen, Vorstellungen und Gedanken einen monologischen Ausdruck verleiht. Insofern unterscheidet sich die lyrische Dichtung von der epischen und dramatischen Dichtung. Das lyrische Ich steht stellvertretend für die menschliche Subjektivität überhaupt. Die meisten Gedichte sind nicht Mitteilung tatsächlich erlebter Gehalte, aus ihnen spricht ein fiktives Ich. Die Lyrik bedient sich der Stilmittel von Rhythmus, Metrum, Vers, Reim, Bild usw.

Mit dem Begriff »Lyrik« verbindet man vor allem die gefühlsunmittelbare Erlebnislyrik, die im deutschen Sprachraum nach Vorklängen, wie zum Beispiel im Volkslied (als ursprüngliche Form aller Dichtung), bei Goethe, Brentano, Eichendorff usw. erscheint. Im Erlebnisgedicht gelangt im Zusammenspiel von Laut, Klang, Bild eine einheitliche Gestimmtheit zum dichterischen Ausdruck. Natur wird darin zum Widerschein der Seele, die ihrerseits alles Gegenständliche beseelend verwandelt. Von dieser »nachgoetheschen« Erlebnislyrik muss die unpersönlichere, traditionsgebundene Kunstlyrik abgegrenzt werden.

»Kinderlyrik«, als Sonderform der Lyrik, muss heute entsprechend dem übergeordneten Literaturbegriff weit gefasst werden. Sowohl ältere, ästhetische, innerlich gefühlvolle als auch moderne, triviale und gesellschaftlich-politische Formen, die sich irgendwo zwischen feierlichem Spruch und simplem Reklamereim einordnen lassen, gehören zum komplexen Begriff der Kinderlyrik. Unter diesem erweiterten Begriff der Kinderlyrik lassen sich verschiedene Textgattungen einbringen: Das Vor- und Grundschulkind begegnet zunächst vor allem dem Kinderreim, dem Kinderlied und dem Kindergedicht, das heißt seinem Entwicklungsstand entsprechenden Formen, die, speziell für Kinder verfasst, in deren Spielwelt und Familie eine soziale Funktion erfüllen.

»Kinderreime« wirken auf die Schulanfängerin/den Schulanfänger durch ihre Elemente Rhythmus, Klang und Wiederholung, durch ihre rhythmisch-klangliche Geschlossenheit und Vielzahl. So fördern zum Beispiel Abzählreime und Zungenbrecher als Artikulationsspiele mit leicht verwechselbaren Vokalen und Konsonanten die spielerische Sprechbereitschaft und Artikulationsfertigkeit der Kinder.

Ebenfalls stark rhythmisch-klanglich und sozial bestimmt sind »Klangspiele, Lieder und einfache Gedichte«, die vom Kind möglichst weitgehend in seinen Lebensbereich einbezogen werden: Unsinnstexte, Spielverse, Morgen- und Abendlieder, auch jahreszeitlich orientierte Dichtungsarten wie zum Beispiel Frühlings-, Herbst- oder Weihnachtslieder.

Der Begriff »Kindergedicht« bezeichnet die über den einfachen Kinderreim hinausgehenden lyrischen Formen, die Kinder ansprechen und ergreifen. Das Kindergedicht ähnelt mit seiner strengen, knappen Reihung, der Wiederholung lautlicher Formen und den Lautabwandlungen und Lautmalereien dem Kinderreim. Die Sprache ist schlicht, eindringlich und bildkräftig. Der im Kinderreim streng durchgehaltene Rhythmus lockert sich vielfach im Kindergedicht: entweder tritt der Rhythmus als Formelement generell zurück, oder er differenziert sich und bezieht kunstvolle metrische Unregelmäßigkeiten ein. Der im Kinderreim sekundäre Inhalt gewinnt im Kindergedicht an Bedeutung, da das ältere Kind über die Sprache Sinn erfahren will, der auch »Unsinn« sein kann. Kriterium für die Qualität des Kindergedichtes ist das Zusammenstimmen von Klanggestalt und Inhalt. Beispiele für Kindergedichte sind Scherz- und Lügengedichte, Lehrgedichte, Dialektgedichte, Erzählgedichte und Problemgedichte.

Eine weitere Form der Kinderlyrik ist zu nennen: die Gebrauchslyrik. Zu ihr gehören Gebete, Glückwunschgedichte zum Geburts- oder Namenstag, Sprüche für das Poesiealbum, Werbe- und Schlagertexte. Diese Art von Lyrik spielt im Leben der Kinder sicherlich eine ebenso große Rolle wie die Naturlyrik, die das Geschehen des Tages- und Jahresablaufes und der Naturereignisse stimmungsvoll gestaltet.

Das hier ausgewählte Frühlingsgedicht gehört in den Bereich der Naturlyrik für Kinder. Josef Guggenmos (geb. 1922 in Irsee/Allgäu), einer der bekanntesten Kinderlyriker, thematisiert in kindgemäßer, verständlicher Sprache die Naturerscheinung Regenbogen, die vor allem im Frühling und Sommer zu beobachten ist (häufig auftretende Gewitter mit gleichzeitigem Sonnenschein). Gleich zu Beginn spricht der Autor seinen kindlichen Leser direkt an, indem er zum »Kommen« und »Schauen« auffordert. Das Kind wird damit angeregt, sich das darauf Folgende genau vorzustellen. Der Regenbogen, den der Dichter vor Augen hat, wird in der ersten Strophe farblich exakt beschrieben. Die zweite Strophe hält inne beim Bewundern des Regenbogens; das Beobachtete ist so schön, dass es unbezahlbar ist. Diese Feststellung führt in die Problematik der Herkunft bzw. Entstehung eines Regenbogens, die in der dritten Strophe angesprochen wird. Hier werden Sonne und Regen benannt, deren Zusammenwirken den Regenbogen entstehen ließ. Die Erklärung ist wenig sachlich und kindlich vereinfacht (»Ihn malte die Sonne ...«), dennoch eignet sie sich hervorragend zur Information eines Kindes über die Herkunft des Regenbogens. Insgesamt trägt das Gedicht einen lebhaften und freundlichen sprachlichen Ton und spricht deshalb nicht nur Kinder stark an. Die drei Vierzeiler weisen jeweils einen Kreuzreim auf (die zweite und vierte Zeile reimen sich). Alle Strophen bilden eine Einheit, die von der Beobachtung bis hin zur Entstehungsgeschichte eines Regenbogens führt, und dem Kind durch das Gedicht das Naturphänomen näher bringt (Lindner 1996, S. 75; Reichgeld 1993)

Literatur

Aschersleben, K. (1993): Welche Bildung brauchen Schüler? Vom Umgang mit dem Unterrichtsstoff. Bad Heilbrunn: Klinkhardt.
Bereiter, C./Scadarmalia, M. (1989): Intentional Learning as a Goal of Instruction. In: Glaser, R./Resnick, L.B. (Hrsg.): Knowing, learning and instruction. Essays in honor of Robert Glaser. Hillsdale/N.J.: Erlbaum Associates, S. 361–392.
Gonschorek, G./Schneider, S. (2003): Einführung in die Schulpädagogik und die Unterrichtsplanung. 3. Aufl. Donauwörth: Auer.
Kiel, E. (2009): Unterrichtsforschung. In: Tippelt, R./Schmidt, B. (Hrsg.): Handbuch Bildungsforschung. 2. Aufl. Wiesbaden: VS Verlag, S. 773–790.
Klafki, W. (1958): Didaktische Analyse als Kern der Unterrichtsvorbereitung. In: Die Deutsche Schule 50, H. 10, S. 450–471.
Klafki, W. (1964): Studien zur Bildungstheorie und Didaktik. Weinheim und Basel: Beltz.
Lindner, K. (1996): Wann Freunde wichtig sind. Gedichte für die Grundschule. Leipzig, Stuttgart: Klett.
Merrill, D. (2002): First Principles of Instruction. In: Educational Technology Research and Development 50, H. 3, S. 43–59.
Peterßen, W.H. (2000): Handbuch Unterrichtsplanung. Grundfragen, Modelle, Stufen, Dimensionen. 9. akt. und überarb. Aufl. München: Oldenbourg.
Reichgeld, M. (1993): Gedichte in der Grundschule. München: Oldenbourg.
Roth, H. (1960): Die Kunst der rechten Vorbereitung. In: Roth, H. (Hrsg.): Pädagogische Psychologie des Lehrens und des Lernens. Hannover: Schroedel, S. 119–129.
Schaub, H./Zenke, K.G. (2007): Wörterbuch der Pädagogik. München: dtv.
Seidel, T./Shavelson, R.J. (2007): Teaching Effectiveness Research in the Pat Decade: The Role of Theory and Research Design in disentangling Meta-Analysis Results. In: Review of Educational Research 77, H. 4, S. 454–499.

Literaturhinweise

Bauer, R. (2015): Didaktische Entwurfsmuster. Der Muster-Ansatz von Christopher Alexander und Implikationen für die Unterrichtsgestaltung. Münster: Waxmann.
Esslinger-Hinz, I./Wigbers, M./Giovannini, N./Hannig, J./Herbert, L. (2013): Der ausführliche Unterrichtsentwurf für alle Fächer und Schulstufen. Weinheim und Basel: Beltz.
Hoffmann, B. (2015): Der Unterrichtsentwurf. Leitfaden und Praxishilfe Baltmannsweiler: Schneider Verlag Hohengehren.
Hornen, H.-G. (2014): Unterricht planen und vorbereiten. Handlungshilfen für den Berufseinstieg. Kempen: BVK.
Saalfrank, W.-T. (2013a): Voraussetzungen hinsichtlich der Lehrkraft, der Schüler und des Stoffes. In: Zierer, K. (Hrsg.): Leitfaden Schulpraktikum. Baltmannsweiler: Schneider Verlag Hohengehren, S. 42–48.
Saalfrank, W.-T. (2013b): Didaktische Analyse/Didaktische Reduktion. In: Zierer, K. (Hrsg.): Leitfaden Schulpraktikum. Baltmannsweiler: Schneider Verlag Hohengehren, S. 54–58.
Stender, A. (2014): Unterrichtsplanung. Vom Wissen zum Handeln – Theoretische Entwicklung und empirische Überprüfung des Transformationsmodells der Unterrichtsplanung Berlin: Logos.
Tulodziecki, G./Herzig, B./Blomeke, S. (2004): Gestaltung von Unterricht. Eine Einführung in die Didaktik. Bad Heilbrunn: Klinkhardt.

1.2 Voraussetzungen der Lerngruppe analysieren

»Beim Konzept der Lernvoraussetzungen sind dies hauptsächlich fünf Bedeutungsfacetten [...], Temporalität [...], Kausalität[...], Signifikanz [...], Finalität [...] Direktionalität [...]. Deshalb kann eine Lernvoraussetzung auch eine Aussage über eine Nichtexistenz machen (z. B. Abwesenheit von Müdigkeit und Lärm)« (Stöger/Grube 2011, S. 266f.).

Stand der Forschung

In der Unterrichtsplanung stellt die Analyse der Lernvoraussetzungen einer Lerngruppe ein zentrales Moment dar. Bei dieser wird – im Sinne auch des Eingangszitats – nach Gründen oder auch Dauer bestimmter Merkmale, Eigenschaften bzw. Zustände von Lernumständen gefragt. Die Lernvoraussetzungen einer Klasse werden einmal in der Bedingungsanalyse in Klafkis Perspektivenschema beschrieben (Klafki 1985). Klafki will hier die »konkreten, soziokulturell vermittelten Ausgangsbedingungen einer Lerngruppe (Klasse) des/der Lehrenden sowie der unterrichtsrelevanten (kurzfristig änderbaren oder nicht änderbaren) institutionellen Bedingungen, einschließlich möglicher oder wahrscheinlicher Schwierigkeiten bzw. Störungen« analysieren (Gonschorek/Schneider 2003, S. 108). Die Berücksichtigung der Lernvoraussetzungen der Lerngruppe stellt immer ein Verhältnis dar zwischen Passung und Anpassung, dass als zentrales Problem pädagogischen Handelns ausgemacht werden kann.

In der lehr-lerntheoretischen Didaktik (Berliner/Hamburger Modell) finden sich die Bedingungen der Lerngruppe im Bereich der anthropogenen und sozio-kulturellen Voraussetzungen. Wenn man nun von dieser Definition ausgeht, lassen sich zwei Bereiche von Voraussetzungen ausmachen und zwar zum einen allgemeine Voraussetzungen, die die Gesamtgruppe betreffen, und zum anderen individuelle Voraussetzungen, die sich jeweils nur auf eine Einzelne/einen Einzelnen aus der Lerngruppe beziehen. Im Zuge der zunehmenden Wahrnehmung und Berücksichtigung der Heterogenität einer Lerngruppe erscheinen die individuellen Lerndispositionen als Faktor für guten und gelingenden Unterricht immer bedeutsamer. Bei einem Blick auf die Vielfalt der in der Klasse vorhandenen Unterschiede hat Stern (2005) folgende Heterogenitätskriterien aufgestellt:
- Geschlechtsspezifische Sozialisation
- Physis, Gesundheit
- Psychische Entwicklung
- Interessen, Motivation, Erwartungen, Neigungen
- Kognitive Lernvoraussetzungen
- Soziale Kompetenz
- Traditionen, Wertmuster, Normen
- Alter

- Sprache, Herkunftssprache

Diese beschreiben zum einen die individuellen Unterschiede und zum anderen bilden sie aber auch die Grundlage für die Analyse der Voraussetzungen einer Lerngruppe. Wenn man nun die Gesamtheit der Lerngruppe betrachtet, kann man folgende Aspekte festmachen:
- allgemeine entwicklungspsychologische Aussagen über den Entwicklungsstand der Lerngruppe (z. B. Entwicklungsstufen nach Piaget, Kohlberg etc.)
- Aussagen über das soziale Umfeld der Lerngruppe (Besonderheiten des Stadtteils bzw. des Einzugsgebiets der Schule oder auch Besonderheiten des Schulsprengels wie Plattenbausiedlung, Stadtteil mit hohem Anteil an Migrantenfamilien, Stadtteil mit überwiegend akademisch geprägter Bevölkerung etc.)
- aktuelle Situation der Klasse (Klassengröße, Zusammensetzung etc.)

Dennoch gilt es bei der Unterrichtsplanung, beide Bereiche zu berücksichtigen, also sowohl diejenigen, die die Gesamtheit der Klasse repräsentieren als auch diejenigen, die sich auf die einzelne Schülerin/den einzelnen Schüler beziehen und somit ebenfalls Relevanz für die jeweilige Unterrichtsplanung haben.

Im Hinblick auf die Lernvoraussetzungen nimmt bei Hattie der Aspekt der sozioökonomischen Bedingungen einen großen Raum ein, d.h. Hattie geht in seiner Metaanalyse auch der Frage nach, welche Folgen der sozioökonomische Status der Eltern für das Lernen von Schülerinnen und Schülern hat. Hattie weist in vielen Bereichen entsprechende Effektstärken nach, so gibt es zwischen der individuellen Lernleistung sowie der Bildung und des Berufs der Eltern Zusammenhänge, wobei interessanterweise der Zusammenhang im ländlichen Raum geringer ist als in städtischen Gebieten (Hattie 2013, S. 74). Der sozioökonomische Status zeigt sich auch im Spracherwerb. So haben bei Schuleintritt Kinder aus oberen Schichten mehr Wörter gesprochen (4,5 Millionen Wörter) als Kinder aus unteren sozialen Schichten (2,5 Millionen Wörter), was auf einen Mangel an Ressourcen und einen Mangel an Wissen bezüglich der Sprache schließt und somit zu Benachteiligung führt (Hattie 2013, S. 75). Vor diesem Hintergrund spricht Hattie von zwei Welten, die im Hinblick auf Kultur, Sprache und anderes zusammenprallen, und zwar die der Schule und die des Zuhauses, welche letztendlich ausgeglichen werden müssen, wenn Chancengerechtigkeit erreicht werden soll: »Zum einen können Anstrengungen zur Reduzierung der Hindernisse zwischen der Schule und dem Zuhause angestellt werden. Zum anderen können die Effekte des Zuhauses auf das Lernverhalten dadurch ausgeglichen werden, dass das Kind darauf vorbereitet wird, in zwei Welten zu arbeiten – Welt und Sprache seines Zuhauses sowie Welt und Sprache der Schule. Das ist für viele Kinder zu viel. Es ist auch schwierig für Kinder, in diesen zwei Welten ihr Ansehen als Lernende aufzubauen und zu lernen, wie man beim Lernen um Hilfe bittet, und ein hohes Maß an Offenheit gegenüber neuen Erfahrungen zu entwickeln« (Hattie 2013, S. 76).

Im Hinblick auf die Unterschiedlichkeit der Lernvoraussetzungen gibt es im Rahmen der pädagogisch-psychologischen Diagnostik spezifische Diagnoseverfahren, mit deren Hilfe beispielsweise Prognosen über den zu erwartenden Lernerfolg einer Person in einem bestimmten Schul- bzw. Ausbildungsgang erstellt werden sollen, die aber in der Regel nicht von einer Lehrkraft ohne entsprechende Kenntnisse durchzuführen sind. Dazu zählen Tests in den Bereichen Legasthenie, Dyskalkulie, Lernschwierigkeiten, Schulreifetests, Sonderschulbedürftigkeit, Übertritt ins Gymnasium aber auch Einstellungstests für einzelne Ausbildungsberufe (Wild/Krapp 2006, S. 545 ff.).

In diesem Zusammenhang wird die Forderung nach einer Erweiterung der Diagnosekompetenz von Lehrkräften immer häufiger genannt, um die Unterschiede in den Lernvoraussetzungen der Schülerinnen und Schüler zu bestimmen, was jedoch auch mit Schwierigkeiten im Hinblick auf Ausbildungsinhalte der Lehrerbildung verbunden ist. So weist in Bezug auf die Lernvoraussetzungen Haarmann darauf hin, dass sich die Voraussetzungsfaktoren des Lernens bei Schülerinnen und Schülern »immer nur einschätzen, nie exakt bestimmen lassen. Dennoch ist der Versuch, die Lernvoraussetzungen der Schülerinnen und Schüler möglichst genau einzuschätzen unabdingbar, wenn man Über- oder Unterforderungen und damit ein Misslingen des Unterrichts vermeiden will« (Haarmann 1997, S. 169).

Im Hinblick auf Heterogenität und den Umgang mit Lernvoraussetzungen ist auch der Beitrag von Miller interessant, die in diesem, aufbauend auf dem akteurzentrierten Institutionalismus von Fend, nach den notwendigen Lehrerkompetenzen sowie den herkunftsbedingten Lernvoraussetzungen der Selbst- und Sozialkompetenzen fragt, und Lösungsmöglichkeiten über salutogene Ansätze einerseits und entsprechende pädagogische Handlungsmöglichkeiten bzw. Schulkonzepte andererseits entwickelt (Miller 2015).

Auch wenn die Voraussetzungen einer Lerngruppe von enormer Bedeutung sind, was die Gestaltung von Lehr-Lernprozessen betrifft, so gibt es darüber hinaus, wie bereits angesprochen, noch weitere wichtige Faktoren. So werden Voraussetzungen der Lerngruppe im Folgenden verstanden als solche Faktoren, die neben den spezifischen Lernvoraussetzungen alle Ebenen umfassen, die das Lernen und Zusammenleben bzw. -arbeiten in der Klasse beeinflussen. Dies sind schulbezogene Faktoren, die sich aus der jeweiligen Einzelschule ergeben, klassenbezogene Faktoren, die in den Spezifika der einzelnen Klasse liegen, unterrichtsbezogene Faktoren, die sich aus allen Faktoren, die das Unterrichten betreffen ergeben und individuumsbezogene Faktoren, die in der Person des einzelnen Schülers begründet sind und so zur Heterogenität der Klasse beitragen.

Checklisten

Die folgende Auflistung (Tab. 3–6) greift die zuletzt genannten vier Ebenen Schulbezug, Klassenbezug, Unterrichtsbezug und Individuumsbezug auf. Es werden von der Systemebene der Schule bis zum Individuum abgestuft verschiedene Elemente mit dazugehörigen Leitfragen berücksichtigt:

Bereich	Leitfragen/Aspekte
Schule	• Um welche Schulart handelt es sich? • Welche Stellung im Schul- und Bildungssystem hat diese Schule? • Wie ist sie gesetzlich, verordnungsmäßig geregelt? (Welchen besonderen Auftrag hat sie? Wie ist sie innerlich gegliedert? Welche Rahmenbedingungen sind ihr gesetzt?)
schulisches Umfeld	• Wo liegt die Schule? (Land oder Stadt? Welcher Stadtteil? Wie ist die Schule in den Stadtteil, den Ort eingebettet?) • Welche Besonderheiten sind in den Sozialverhältnissen des schulischen Einzugsgebiets zu finden (Bevölkerungsstruktur)?
Schulprofil und Schulleben	• Wie sieht das spezifische Schulprofil aus (z. B. humanistisches Gymnasium, UNESCO-Projektschule, Europa-Schule.)? • Wird an der Schule ein bestimmtes pädagogisches Konzept vertreten? • Welche besondere Ausgestaltung des Schullebens ist vorfindbar? • Was wird in der Schule Besonderes unternommen und von wem? • Wie ist die Verbindung zu Eltern, zur Kommune etc.? • Gibt es einen Schulgong oder eine flexible Stundeneinteilung?
Schulgröße	• Wie groß ist die Schule? • Wie viele Schüler werden in wie vielen Klassen betreut? • Wie viele Lehrkräfte sind hier tätig? • Welche weiteren Erzieher/innen sind hier tätig (z. B. Sozialpädagogen/innen)? • Wie viel und welche Räume hat die Schule? (Gibt es Ausweichräume?) • Ist die jeweilige Zimmergröße von der Klassenstufe abhängig? • Welche besonderen Einrichtungen weist sie auf (Turnhalle, Sportplatz, Schulgarten, Mediensammlungen etc.)?
Ausstattung	• Welche Unterrichtsmedien stehen zur Verfügung (Anzahl, neu/veraltet, Bastelmaterial, Computer, Fachräume etc.)? • Wie ist die Turnhalle ausgestattet? • Wie sind das Mobiliar und die Einrichtung der Schul- und Klassenräume?
Störquellen	• Sind Unterbrechungen oder Störungen durch andere Klassen oder Umwelteinflüsse (z. B. Straßenlärm, Baulärm) zu erwarten?

Tab. 3: Schulbezogene Bedingungen hinsichtlich der Lerngruppe

Bereich	Leitfragen/Aspekte
Klasse	• Um welche Klassenstufe handelt es sich? • Wie sieht die Zusammensetzung aus (z. B. Mädchen < > Jungen, Neuzugänge, Wiederholer, Migrantenkinder und Grad ihrer Integration, Besonderheiten in den Sozialverhältnissen der Familien, Einstellungen, Verhältnis zwischen Elternhaus und Schule)? • Welchen kulturellen und sozialen Gegebenheiten treffen in der Klasse aufeinander, und wie wirkt sich dies innerhalb der Klassengemeinschaft aus? • Wie ist das soziale Gefüge der Klasse, gibt es feste Untergruppen, Außenseiter? • Ist die Atmosphäre freundschaftlich oder eher von Konkurrenzdenken geprägt? • Wie groß ist die Klasse? • Wie groß ist das Klassenzimmer und wie ist es ausgestattet (Spiel- und Leseecke, Freiarbeitsecke etc.)? • Wie ist die Sitzordnung?
Lern- und Entwicklungsstand	• Wie sieht der allgemeine Lern- und Leistungsstand der Klasse aus (Differenzen im Leistungsniveau)? • Ist die Klasse lernfreudig oder eher unmotiviert? • Wie leistungsfähig und wie leistungsbereit ist die Lerngruppe?
Interaktionen	• Wie gestaltet sich das soziale Klima in der Klasse (Kooperationsverhalten, Freundschaften, Rivalitäten, Gruppenbildung)? • Wie sieht das pädagogische Profil der Klasse aus? Gibt es bestimmte Gewohnheiten und Rituale (Morgenkreis, Abschlusskreis, Rhythmisierung, bewegte Schule etc.)? • Welche Arbeitsformen und methodischen Konzeptionen werden häufig praktiziert?

Tab. 4: Klassenbezogene Bedingungen hinsichtlich der Lerngruppe

Bereich	Leitfragen/Aspekte
Unterrichtsthema	• Was wissen die Schüler/innen über das jeweilige Thema? • Was können die Schüler/innen hinsichtlich des Themas? • Welche Haltung nehmen die Schüler/innen hinsichtlich des Themas ein?
Methode	• Welche Lernstrategien bzw. methodischen Verfahren werden beherrscht?

Tab. 5: Unterrichtsbezogene Bedingungen hinsichtlich der Lerngruppe

Bereich	Leitfragen/Aspekte
Interessen, Motivation, Erwartungen, Neigungen	• Welche Erfahrungen, Interessen und Neigungen haben die einzelnen Schüler/innen? • Wie beeinflussen Lerneinstellungen und Einsichten das jeweilige Lernen?
Selbstkompetenz, soziale Kompetenz	• Wie gehen die Schüler/innen mit Hinweisen, Erfolg und Misserfolg um? • Wie ist das Selbstvertrauen der Schüler/innen einzuschätzen (allgemein und auf den Unterrichtsgegenstand bezogen)? • Inwieweit können sich die Schüler/innen realistisch einschätzen? • Welche Traditionen, Wertmuster und Normen beeinflussen Verhalten und Handeln der einzelnen Schülerin/des einzelnen Schülers?
Auffälligkeiten (kognitive Lernvoraussetzungen, psychische Entwicklung, Physis, Gesundheit)	• Gibt es auffällige Schüler/innen (Eigenheiten, Verhaltensauffälligkeiten, Schüler mit Förderbedarf bzw. mit einer vermutlichen Begabung)? • Welche kognitiven Fähigkeiten sind mit Blick auf die Lernleistungen bei den einzelnen Schülerinnen und Schülern vorhanden? • Gibt es (chronisch) kranke Schüler/innen? • Welche Differenzierungsmaßnahmen sind aufgrund der unterschiedlichen Lernstände, Merkmale etc. notwendig bzw. möglich?
Soziale Situation des einzelnen Schülers	• Wie ist die Familienstruktur gestaltet (Alleinerziehend, Zahl der Geschwister etc.)? • Welche beruflichen Positionen haben die Eltern? • Wie sehen die Wohnverhältnisse aus (sozialer Wohnungsbau, Einfamilien-/Mehrfamilienhaus, eigenes Zimmer etc.)
Sprache, Herkunftssprache	• Welche sprachlichen Voraussetzungen sind im Hinblick auf die Informationsübermittlung und -verarbeitung vorhanden?

Tab. 6: Individuumsbezogene Bedingungen

Grenzen und Risiken

Grenzen bzw. Probleme im Bereich des Erkennens von den jeweiligen Voraussetzungen der einzelnen Lerngruppen sind zum einen in der mangelnden diagnostischen Kompetenz von Lehrkräften zu sehen, da in der Ausbildung nur bedingt diagnostische Kenntnisse vermittelt werden. Zum anderen bleibt immer auch die Frage wann, d.h. bei welchem Kind und in welcher Situation Expertinnen/Experten, z.B. in Form des Schulpsychologen, hinzugezogen werden müssen. Jedoch bedeutet ein förderlicher Umgang mit der Vielfalt in einer Klasse auch, Diagnosen zu erstellen. Diagnosen erstellen heißt nicht, Typisierungen auszusprechen, sondern Stärken und Schwächen zu erkennen, um hier entsprechend den Individualdispositionen zu handeln. Diagnosen werden oft nur dann durchgeführt, wenn es um das Erkennen von Defiziten oder auch um das Erkennen von Hochbegabungen geht, d. h. immer, wenn Abweichungen des vermeintlich »Normalen« vermutet und bestätigt werden wollen. Oft stellt es eine Überforderung dar, wenn von Lehrkräften erwartet wird, dass sie über alle möglichen lernförderlichen oder -hinderlichen individuellen Ausgangslagen Kenntnisse besitzen sollen (Graumann 2002, S. 81). So ist die Kontaktaufnahme mit Expertinnen/Experten ein wichtiger Punkt, der nicht vernachlässigt werden sollte, egal ob es sich beispielsweise um Diagnosen für eine Hochbegabung, eine Verhaltensstörung oder eine Lernbehinderung handelt (Graumann 2002, S. 81). Zusammenfassend heißt dies, dass neben Expertinnen/Experten auch Lehrkräfte im Hinblick auf die Diagnosekompetenzen in der Aus- und der Weiterbildung zunehmend qualifiziert werden müssen, denn die Forderung nach einer neuen Lernkultur, in der selbstgesteuerte Lernprozesse in den Vordergrund gerückt werden, bedarf zumindest bedingter diagnostischer Kompetenzen (Graumann 2002, S. 176).

Fallbeispiel

Das folgende Fallbeispiel wurde in Anlehnung an Graumann geschrieben (siehe Graumann 2002, S. 168). Es veranschaulicht verschiedene der angesprochenen Voraussetzungen, die im Hinblick auf das Lernen bei einer einzelnen Schülerin/einem einzigen Schüler von Bedeutung sind und somit das Lernen beeinflussen können. In der runden Klammer finden sich dann als Ergänzung die jeweils zutreffenden Faktoren:

> Franziska, 9 Jahre alt, […] wohnt in einem älteren Zweifamilienhaus. Die eine Wohnung wird von ihr und ihrer Familie – Mutter und Vater, Franziska ist Einzelkind – bewohnt, die andere Wohnung von ihren Großeltern *(Wohnsituation/Familiensituation)*. Der Vater von Franziska ist Facharbeiter in der Holzbranche und bastelt auch am Wochenende gerne. Ihre Mutter arbeitet Teilzeit in einem Büro einer großen Versicherung *(Berufliche Situation der Eltern)*. Wenn die Eltern nicht zu Hause sind geht das Mädchen zu ihren Großeltern und wird dort entsprechend betreut *(Familiensituation)*. Franziska lernt gerne und konnte schon vor Schulbeginn lesen, bis 100 zählen und einfache Rechenaufgaben lösen *(kognitive Lernvoraussetzungen)*. In ihrer Freizeit liest sie gerne, und sie liebt es, mit ihrem Vater zusammen im Keller zu basteln. Hier hat sie ihre eigene Werk- und Bastelecke. In der Klasse ist sie nicht unbeliebt, trifft aber nur selten Verabredungen für den Nachmittag, da sie selbst typische Mädchenspiele nicht mag *(soziale Situation in der Klasse/Freizeitaktivitäten)*. Ihre schulischen Leistungen könnten besser sein, da sie zwar an vielem interessiert ist, jedoch oft nicht an den Themen des Unterrichts. Nach Möglichkeit versucht Franziska schnell mit Arbeitsaufträgen fertig zu werden, was zu Lasten des fehlerfreien Arbeitens geht, um sich dann in die Leseecke mit einem Buch ihrer Wahl zurückzuziehen *(Leistungsbereitschaft, soziale Kompetenz, Selbstkompetenz, Motivation)*. In der Freiarbeitszeit hat Franziska die Möglichkeit mit wechselnden Partnern Lernspiele zu spielen, was sie sehr gerne wahrnimmt. Hier sucht sie sich entsprechende Herausforderungen heraus, die über den normalen Unterricht hinausgehen, und ist hier auch sehr motiviert dabei *(Lernvoraussetzungen, Motivation, Lerneinstellungen)*. (Weitere interessante Fallbeispiele finden sich bei Graumann 2002.)

Literatur

Gonschorek, G./Schneider, S. (2003): Einführung in die Schulpädagogik und die Unterrichtsplanung. 3. Aufl. Donauwörth: Auer.

Graumann, O. (2002): Gemeinsamer Unterricht in heterogenen Gruppen. Von lernbehindert bis hochbegabt. Bad Heilbrunn: Klinkhardt.

Haarmann, D. (1997) (Hrsg.): Handbuch elementare Schulpädagogik. Handlungsfelder institutionalisierter Grund- und Allgemeinbildung in den Klassen 1 bis 10. Weinheim und Basel: Beltz.

Hattie, J. (2013): Lernen sichtbar machen. Übers. von Beywl, W./Zierer, K. Baltmannsweiler: Schneider Hohengehren.

Miller, S. (2014): Umgang mit Heterogenität. Stärkung der Selbst- und Sozialkompetenz von Kindern in Risikolagen. In: Rohlfs, C./Harring, M./Palentien, C. (Hrsg.): Kompetenz-Bildung. Soziale, emotionale und kommunikative Kompetenzen von Kindern und Jugendlichen. Wiesbaden: Springer VS, S. 243–260.

Stern, E. (2005): Optimierung durch Auslese? In: Erziehung und Wissenschaft 57, H. 7/8, S. 11–13.

Stöger, H./Gruber, H. (2011): Lernvoraussetzungen von Schülern. In: Kiel, E./Zierer, K. (Hrsg.): Basiswissen Unterrichtsgestaltung, Bd. 2. Unterrichtsgestaltung als Gegenstand der Wissenschaft. Baltmannsweiler: Schneider Verlag Hohengehren, S. 265–283.

Wild, K.-P./Krapp, A. (2006): Pädagogisch-psychologische Diagnostik. In: Krapp, A./Weidenmann, B. (Hrsg.): Pädagogische Psychologie. Ein Lehrbuch. 5., vollst. überarb. Aufl. Weinheim und Basel: Beltz, S. 525–574.

Literaturhinweise

Frenzel, A. C./Pekrun, R./Götz, T. (2006): Emotionale Voraussetzungen des Lernens In: Arnold, K.-H./Sandfuchs, U./Wiechmann, J. (Hrsg.): Handbuch Unterricht. Bad Heilbrunn: Klinkhardt, S. 579–582.

Fuhs B. (2006): Voraussetzungen beim Schüler. In: Arnold, K.-H./Sandfuchs, U./Wiechmann, J. (Hrsg.): Handbuch Unterricht. Bad Heilbrunn: Klinkhardt, S. 157–161.

Groeben, A. v. d. (2008): Verschiedenheit nutzen. Besser lernen in heterogenen Gruppen. Berlin: Cornelsen.

Groeben, A. v. d./Geist, S. (2015): Lernziel: Pädagogische Diagnostik. Wie können wir individuelle Leistungen sehen und fördern? Pädagogik 67, H. 5, S. 42–47.

Herwartz-Emden, L./Schneider, S. (2006): Soziale, kulturelle und sprachliche Herkunft. In: Arnold, K.-H./Sandfuchs, U./Wiechmann, J. (Hrsg.): Handbuch Unterricht. Bad Heilbrunn: Klinkhardt, S. 588–595.

Horstkemper, M. (2006): Mädchen und Jungen im Unterricht. Arnold, K.-H./Sandfuchs, U./Wiechmann, J. (Hrsg.): Handbuch Unterricht. Bad Heilbrunn: Klinkhardt, S. 596–599.

Kretschmann, R. (2006): Lernschwierigkeiten. In: Arnold, K.-H./Sandfuchs, U./Wiechmann, J. (Hrsg.): Handbuch Unterricht. Bad Heilbrunn: Klinkhardt, S. 600–604.

Martschinke, S. (2006): Selbstkonzept. In: Arnold, K.-H./Sandfuchs, U./Wiechmann, J. (Hrsg.): Handbuch Unterricht Bad Heilbrunn: Klinkhardt, S. 583–587.

Ostermann, A. (2005): Lernvoraussetzungen von Schulanfängern. Beobachtungsstationen zur Diagnose und Förderung. Horneburg: Persen.

Paasch, D. (2014): Familiäre Lebensbedingungen und Schulerfolg. Lässt sich bei sozial benachteiligten Schülerinnen und Schülern ein Einfluss von protektiven Faktoren auf die Schulleistungen und die Schulkarriere feststellen? Münster: Waxmann. (Zugl. Erlangen-Nürnberg, Univ., Diss., 2009).

Schrader, F.-W. (2006): Kognitive Voraussetzungen. In: Arnold, K.-H./Sandfuchs, U./Wiechmann, J. (Hrsg.): Handbuch Unterricht (S. 569–574). Bad Heilbrunn: Klinkhardt.
Schuck, K.D. (2006): Behinderung. In: Arnold, K.-H./U. Sandfuchs, U./Wiechmann, J. (Hrsg.): Handbuch Unterricht. Bad Heilbrunn: Klinkhardt, S. 605–609.

1.3 Lernziele formulieren

»*Wer nicht weiß, wohin er will, braucht sich nicht zu wundern, wenn er ganz woanders ankommt*« *(Mager 1969, S. 7).*

Stand der Forschung

Die Auseinandersetzung mit Lernzielen seit den 1950er-Jahren entstammt vorrangig einer behavioristisch geprägten Lernpsychologie aus den USA. Benjamin Bloom et al. (1956) beschäftigten sich mit der Systematisierung von Lernzielen und entwickelten entsprechende Taxonomien, die auch heute noch herangezogen werden. Robert Mager (1969) arbeitete an der Operationalisierung von Lernzielen entlang einer recht einfachen Grundidee: Wenn man Lernziele so ausformuliert, dass sie das beobachtbare Verhalten abbilden, das nach Bearbeitung einer Lerneinheit gezeigt werden soll, dann kann mithilfe dieser Lernziele der Lernfortschritt gemessen werden. Daraus sind in Folge recht kleinschrittige Ausarbeitungen von Lernzielen entstanden, bei denen solche Ziele in den Vordergrund gerückt wurden, die als beobachtbare Verhaltensänderungen bei Schülerinnen und Schülern nachweisbar sein sollten. Entsprechende Überlegungen wurden auch in Deutschland im Zuge der Diskussionen um eine Lernzielorientierte bzw. Curriculare Didaktik (Möller 1969; Robinsohn 1967) aufgegriffen, wo Lernziele bzw. entsprechend festgehaltene Qualifikationen zum Fixpunkt jeglicher unterrichtsplanerischer Aktivität avancierten und – überspitzt formuliert – die Vorstellung kursierte, dass jeder prinzipiell alles lernen könne, wenn er nur in der richtigen Reihenfolge die richtigen Lernziele abarbeiten würde. Kritisiert wurde, neben der behavioristischen Vorstellung von Lernen, unter anderem, dass sich beobachtbare Verhaltensänderungen nicht zwingend von allgemeinen Bildungszielen ableiten lassen, dass nicht direkt beobachtbare Ziele (z. B. mit Blick auf Erziehungsziele, die Entwicklung von Einstellungen, Werten, Kritikfähigkeit usw.) nicht ausreichend Beachtung finden und dass mit der strikten Ausrichtung an Lernzielen eine Vorstellung von Unterricht einhergeht, in der dieser als durchgängig und bis ins Detail planbar beschrieben wird. Gerade die Machbarkeits- und Planbarkeitsvorstellungen von Lernprozessen werden heute aus lerntheoretischer Sicht, aber auch mit Blick auf die Komplexität des unterrichtlichen Geschehens und die Einschätzung, dass Lehrkräfte gegebenenfalls spontan und situativ agieren sollen, abgelehnt. Was hier, ungeachtet der verschiedenen Standpunkte, festgehalten werden soll, ist aber der zentrale Stellenwert der Frage: Was soll im Unterricht konkret erreicht werden – und wie soll die Zielerreichung überprüft werden?

Bisweilen wird die Frage aufgeworfen, ob die heute vorherrschende Orientierung an Kompetenzen und Bildungsstandards nicht Analogien zur Lernzielorientierten Didaktik aufweisen würde, gerade da sich beide Konzeptionen am erwünschten Output orientieren (Retzmann 2011). Anders als im Kontext der Lernzielorientierten Didaktik fokussieren Kompetenzen allerdings nicht spezifische Fähigkeiten, um im Unterricht thematisierte, festgelegte Situationen oder Aufgaben bewältigen zu können, sondern legen den Fokus gerade auf die Problemlösung in nicht festgelegten Situationen – die Disposition, konkreten Problemstellungen situativ begegnen zu können. Die Wege zur Zielerreichung werden im Rahmen kompetenzorientierter Lehrpläne nicht im Detail festgelegt – dies impliziert auch, dass im kompetenzorientierten Unterricht nicht kleinschrittige Teilziele, sondern die Idee eines langfristigen, kumulativen, gegebenenfalls auch fächerübergreifenden Aufbaus von Kompetenzen prägend ist.

Wir gehen allerdings davon aus, dass auch im kompetenzorientierten Unterricht die Orientierung an Lernzielen unabdingbar ist, z. B. schon, um den langfristig angelegten Kompetenzaufbau (Kompetenzziele) in konkretere und gegebenenfalls überprüfbare Teilziele (Performanzziele) zu übersetzen, die im Rahmen einzelner Unterrichtseinheiten angestrebt werden können. Die im Eingangszitat von Mager getroffene Feststellung hat, so betrachtet, übergreifende Gültigkeit für die Gestaltung von Lehr-Lernsituationen. Da solche Teilziele als »Bausteine« von Kompetenzen aber Dispositionen abbilden und in der Regel nicht direkt beobachtbar sind, müssen im Rahmen der Operationalisierung von Lernzielen Wege gefunden werden, wie die Schülerinnen und Schüler zeigen können, dass sie die Lernziele erreicht haben.

Zusammengefasst können die folgenden Funktionen von Lernzielen identifiziert werden (Döring 2010; Velica 2010). Diese …
- helfen dem Lernenden, die Bedeutung und den Nutzen der Unterrichtseinheit zu erkennen,
- ermöglichen so, Klarheit und Transparenz über das Unterrichtsgeschehen herzustellen,
- helfen bei der Planung der Lernaktivitäten,
- erleichtern die Lernerfolgskontrolle, indem sie Kriterien für die Selbst- oder Fremdbeurteilung abbilden,
- helfen der Lehrkraft, die Unterrichtsplanung daraufhin zu untersuchen, ob unterschiedliche Dimensionen und Schwierigkeitsgrade angesprochen werden.

Der Stellenwert von Lernzielen wird auch durch Ergebnisse der empirischen Bildungsforschung gestützt. Nach der Meta-Analyse von Seidel und Shavelson (2007) gehört die Ausrichtung des Arbeitens und Lernens an definierten Lernzielen zu denjenigen durch die Lehrkraft beeinflussbaren Faktoren, die den Lernerfolg besonders gut unterstützen.

Sieht man von den nur kurz angerissenen Auseinandersetzungen um das Pro und Contra oder auch das Ausmaß einer Orientierung an Lernzielen ab, so lässt sich festhalten: »Ein Lernziel ist die sprachlich artikulierte Vorstellung über ein gewünschtes Lernergebnis« (Meyer 2007, S. 193).

Mit dieser knappen Definition ergeben sich schon einige grundlegende Überlegungen zur Formulierung von Lernzielen. Lernziele werden bewusst formuliert und beschreiben ein erwünschtes Ergebnis, dass Schülerinnen und Schüler am Ende eines

Lernprozesses zeigen sollen. Das erwünschte Ergebnis als Soll-Zustand wird dabei nicht in allen Fällen mit einem entsprechenden Ist-Zustand auf Seiten der Lernenden einhergehen. Ausformulierte Lernziele beinhalten neben einer Inhaltskomponente (das, was gelernt werden soll) eine Verhaltenskomponente (das, was gezeigt werden soll). Da sich Lernergebnisse nicht ausschließlich als beobachtbares Verhalten überprüfen lassen, ist eine Operationalisierung notwendig – es ist also die Frage zu klären, wie sich die Erreichung eines gewünschten Lernziels überprüfen lässt. Hinweise zur Formulierung von Lernzielen finden sich im folgenden Abschnitt »Checklisten«.

Lernziele wurden im Rahmen der Lernzielorientierten Didaktik hierarchisch nach Abstraktionsebenen untergliedert (Richtziele, Grobziele, Feinziele) – diese Unterscheidung findet sich auch heute noch in vielen gängigen Darstellungen. Auch wenn sich Lehrpläne heute an Kompetenzen orientieren, und teils andere Strukturierungen für den Grad an Konkretheit eines Lernziels Verwendung finden, bleibt die Grundidee, dass unterschiedliche Ziele auf unterschiedlichen Ebenen angestrebt werden und dass diese in gewisser Weise einer hierarchischen Struktur folgen, bestehen (Kiel et al. 2014).

- *Richtziele* stellen die oberste Abstraktionsstufe dar und verweisen auf übergreifende Ziele von Schule, wie sie z. B. in den Verfassungen der Bundesländer oder den Präambeln von Lehrplänen zu finden sind. Richtziele sind allgemein formuliert und bieten keine konkreten Hinweise darauf, wie eine Umsetzung im Unterricht aussehen könnte – also wie oder anhand welcher konkreten Inhalte man in einem Schulfach beispielsweise »Herz und Charakter bilden« (so in Art. 131, Abs. 1 der Bayerischen Verfassung als grundlegendes Ziel der Schule neben »Wissen und Können vermitteln« genannt) soll. So betrachtet sind sie als Leitideen zu verstehen, die mit Inhalten gefüllt werden müssen.
- *Grobziele* bilden ein mittleres Abstraktionsniveau ab und sind bereits mit konkreten Inhalten verknüpft. Die Ebene der Grobziele ist in dieser Form z. B. in den Fachlehrplänen der einzelnen Schularten bzw. Jahrgangsstufen zu finden und heute meist in Form von Kompetenzerwartungen formuliert. Üblicherweise werden damit die fachlichen Ziele gekennzeichnet, die über eine oder mehrere Unterrichtsstunden hinweg erreicht werden sollen, wobei der Lehrkraft Entscheidungsfreiräume zur Auswahl von konkreten Inhalten, aber auch zur Formulierung von Feinzielen bleiben.
- *Feinziele* hingegen sind einem Grobziel untergeordnet und beziehen sich auf die konkrete Umsetzung im Rahmen einer Unterrichtseinheit. Mit den Feinzielen werden, detailliert und an Inhalte geknüpft, die Ziele einer solchen Unterrichtseinheit operationalisiert – sie stellen somit die Basis für die Planung, Durchführung und Evaluation von Unterricht dar.

Die Komplexität nimmt also von Richt- über Grob- bis hin zu den Feinzielen ab, andererseits nimmt die Bindung an spezifische Inhalte zu. Als Faustformel wird häufig genannt, dass im Rahmen einer Unterrichtsstunde ein Grobziel benannt und mit drei bis maximal sechs Feinzielen konkretisiert werden soll.

Ein Beispiel soll diese Zusammenhänge exemplarisch verdeutlichen (Esslinger-Hinz et al. 2007):

> So heißt es im Bildungsplan für die Grundschule (Klasse 4, Fächerverbund Mensch, Natur und Kultur) in Baden-Württemberg, dass die Schüler/innen sowohl konventionelle als auch alternative Formen der Energiegewinnung »kennen« sollen. Diese Kompetenzerwartung kann im Sinne der obigen Einteilung als Grobziel aufgefasst werden, das aber der Präzisierung durch die Lehrkraft bedarf – oder vielmehr positiv formuliert, die Möglichkeit bietet, je nach Schülerschaft, örtlichen Rahmenbedingungen usw. geeignete Lernziele zu formulieren. Es ist z. B. noch nicht festgelegt, welche konkreten Möglichkeiten der Energiegewinnung die Schülerinnen und Schüler auf welchem Niveau ›kennen‹ sollen, die Lehrkraft muss hier eine Auswahl treffen. Bezogen auf das mögliche Thema ›Windenergie‹ könnte eines der vielen denkbaren Feinziele für eine Unterrichtsstunde dann etwa lauten: »Die Schülerinnen und Schüler wissen, dass Windkraftanlagen mithilfe von Rotoren die Strömungsenergie der Luft in elektrische Energie umwandeln« (Esslinger-Hinz et al. 2007, S. 128).

Zieht man die Literatur zu Lernzielen und den entsprechenden Taxonomien heran, so wird mit der »Lernzieldimension« bzw. dem »Kompetenzbereich« und dem »Grad an Komplexität« auf mindestens zwei weitere wichtige Perspektiven verwiesen, die bei der Formulierung von Lernzielen bedeutsam sind.

Lernzieldimension/Kompetenzbereiche

Lernziele können sich auf unterschiedliche Dimensionen beziehen. Eine klassische und auch heute noch gebräuchliche Unterscheidung basiert auf den Arbeiten von Bloom und Kollegen (Bloom 1972; Harrow 1972; Kratwohl/Bloom/Masia 1978):
- *Kognitive Lernziele*: Wissen über Fakten, Konzepte, Prozeduren; Problemlösen; intellektuelle Fähigkeiten …
- *Affektive Lernziele*: Interessen, Bedürfnisse, Einstellungen, Werte, Haltungen; Bereitschaft etwas zu tun oder zu denken …
- *Psychomotorische Lernziele*: Bewegungsabläufe, handwerkliche und technische Fähigkeiten, Handschrift, Sprache …

Zieht man nochmals das obige Beispiel heran, so kann die reine »Kenntnis« der grundlegenden Funktion einer Windkraftanlage als kognitives Lernziel betrachtet werden. Ebenso erscheint es aber bedeutsam, dass die Schülerinnen und Schüler im weiteren Verlauf Haltungen entwickeln – so wäre die Haltung eines verantwortlichen Umgangs mit natürlichen Ressourcen als weiteres mögliches Ziel auf der affektiven Ebene zu nennen. Zudem könnte ein Experiment mit einer selbstgebauten Windkraftanlage »psychomotorische« Aspekte in den Unterricht einbringen etc. Allerdings muss für die praktische Anwendung im Unterricht bedacht werden, dass solch eine Aufteilung von Lernzielen nach Dimensionen eher analytischen Charakter hat und bei der Unterrichtsplanung vor allem dazu dienen sollte, die unterschiedlichen Bereiche jeweils angemessen zu berücksichtigen. Keineswegs sollte es darum gehen, in einer Unterrichtseinheit den Versuch zu unternehmen, möglichst viele Lernziele auf möglichst unterschiedlichen Dimensionen abzudecken.

Grad an Komplexität

Die wohl bekannteste Taxonomie von Lernzielen stammt, wie angesprochen, von Bloom (1972). Die Taxonomie ordnet – hier mit dem Fokus auf die kognitive Dimension – Lernziele hierarchisch nach ihrer Komplexität, womit auch der kumulative Charakter des Lernens deutlich wird. Komplexe Lernziele setzen jeweils voraus, dass die Lernziele der vorangegangenen Stufen beherrscht werden.
- Kenntnisse, wenn bekannte Informationen erinnert werden können
- Verstehen, wenn neue Informationen verarbeitet und in einen größeren Kontext eingeordnet werden können
- Anwendung, wenn Informationen oder Regeln in konkreten, definierten Situationen angewendet werden können
- Analyse, wenn ein Sachverhalt in seine Bestandteile zerlegt werden kann
- Synthese, wenn einzelne Elemente zu einem größeren Ganzen zusammengefasst werden können
- Bewertung, wenn Urteile über Sachverhalte gefällt werden können

Diese »klassische« Taxonomie wurde vielfach kritisiert (siehe hierzu Helmke 2010, S. 38) und es entstanden in der Folge weitere Taxonomien wie die von Biggs und Collis (1982), Anderson und Krathwohl (2001) oder die von Marzano und Kendall (2007), auf die hier aber nur verwiesen werden soll. Für die Zwecke dieser Darstellung erscheint vielmehr die Grundidee bedeutsam: Lehrkräfte sollen sich, egal wie die einzelnen Ebenen letztlich im Detail dimensioniert werden, der unterschiedlichen Komplexität von Lernzielen bewusst sein und insbesondere solche Lernziele (vermittelt über Fragestellungen, Aufgaben, Anforderungen) anstreben, die kognitiv anspruchsvoller sind als die reine Reproduktion von Faktenwissen. Mit Blick auf das obige Beispiel, in dem die »Kenntnis alternativer und konventioneller Formen der Energiegewinnung« als Grobziel benannt wurde, könnten komplexere Lernziele z. B. bis hin zu einer fundierten Bewertung spezifischer Formen der Energiegewinnung reichen.

Checklisten

Lernziele für eine Unterrichtseinheit sollen …
- nicht nur Unterrichtsinhalte oder Schüleraktivitäten beschreiben, sondern konkrete Lernergebnisse antizipieren,
- möglichst präzise formuliert sein, wenig Interpretationsspielräume lassen und so
- messbar sein.

Es geht bei der Formulierung konkreter Lernziele also darum, die grobe Vorstellung vom Sinn und Zweck einer Unterrichtseinheit so zu operationalisieren, dass überprüft werden kann, ob die Schülerinnen und Schüler das Lernziel erreicht haben oder nicht. Die Operationalisierung ist insofern schwierig, als dass Lernergebnisse sich nicht unbedingt in beobachtbarem Verhalten zeigen (und andersherum beobachtbares Verhalten eines Lernenden nicht zwingend auf einen Lernzuwachs verweisen muss). Ziehen wir nochmals das Beispiel heran: »Die Schülerinnen und Schüler kennen konventionelle und alternative Möglichkeiten der Energiegewinnung«. Das Verb »kennen« ist durchaus ein dehnbarer Begriff, wenn damit die Basis für eine Leistungserhebung gelegt werden soll, und ob ein Lernender nun die genannten Inhalte kennt oder nicht, ist für die Lehrkraft nicht direkt beobachtbar.

Aus diesem Grund bietet es sich an, zur genaueren und später messbaren Operationalisierung von Lernzielen ein sogenanntes »Doppelverb-Lernziel« zu verwenden (Gagné/Briggs/Wager 1992) – auch wenn zugleich einschränkend darauf hingewiesen werden muss, dass auch mit diesem Hilfskonstrukt nicht jegliches Lernziel uneingeschränkt operationalisiert werden kann. Nichtsdestotrotz kann ein solches Vorgehen deutlich zur Präzisierung und besseren Überprüfung des Erreichens von Lernzielen beitragen.

Ein »Doppelverb-Lernziel« formuliert
- die (nicht beobachtbare) Fähigkeit und
- die (beobachtbare) Aktion, die der Lernende zeigen soll.

Ergänzend können
- die Situation, in der die Aktion gezeigt werden soll,
- das Objekt, an dem die Aktion durchgeführt werden soll und
- gegebenenfalls Hilfsmittel, Beschränkungen, Rahmenbedingungen hinzugefügt werden.

Bezogen auf unser bekanntes Beispiel könnte ein solchermaßen formuliertes Lernziel wie folgt lauten:

> Die Schülerinnen und Schüler kennen die Funktionsweise einer Windkraftanlage. Sie zeigen dies, indem sie in Einzelarbeit graphische Darstellungen auf einem Arbeitsblatt richtig nummerieren. Der entsprechende Hefteintrag darf nicht hinzugezogen werden.
>
> Kennen: (nicht beobachtbare) Fähigkeit
> Arbeitsblatt: Objekt
> Einzelarbeit: Situation
> Nummerieren: Aktion
> Hefteintrag: Beschränkung

Als Formulierungshilfe kann folgende Auflistung (Tab. 7) von Verben dienlich sein, mit der entlang der Taxonomie von Bloom verschiedene Grade von Komplexität abgebildet werden (Zusammenstellung nach Döring 2010; Velica 2010; Heckmann/Padberg, 2012). Die Zuordnung der Verben zu den Stufen ist allerdings nicht exklusiv – es werden mögliche Formulierungen deutlich, die aber nicht schematisch Verwendung finden sollten.

Stufe	Verben
Kenntnisse	beschreiben, bezeichnen, wiederholen, definieren, erkennen, sammeln, wiedergeben, aufzählen, darstellen, nennen, rechnen, skizzieren, zitieren, vortragen, schildern, formulieren …
Verstehen	auswählen, differenzieren, diskutieren, erkennen, erklären, generalisieren, interpretieren, klären, konstruieren, klassifizieren, umwandeln, ableiten, charakterisieren, erläutern …
Anwenden	bedienen, demonstrieren, entdecken, entwickeln, interpretieren, planen, lösen, organisieren, prüfen, wählen, ordnen, erarbeiten, verallgemeinern, anpassen, nutzen, verknüpfen …
Analyse	erkunden, ableiten, bestimmen, beobachten, berechnen, debattieren, differenzieren, experimentieren, folgern, illustrieren, kritisieren, prüfen, vergleichen, testen, ermitteln …
Synthese	anordnen, arrangieren, ausdenken, entwickeln, generieren, kombinieren, konstruieren, modifizieren, zusammenfassen, integrieren, konzipieren …
Bewertung	beurteilen, bewerten, einschätzen, empfehlen, rechtfertigen, überarbeiten, unterscheiden, vergleichen, verteidigen, einstufen, begutachten, gewichten, evaluieren, widerlegen …

Tab. 7: Verben zur Lernzielformulierung

Grenzen und Risiken

Lernziele sollten unseres Erachtens als wichtiges Hilfsmittel dazu betrachtet werden, sich als Lehrkraft im Rahmen der Unterrichtsplanung darüber klar zu werden, was eigentlich konkret erreicht werden soll und wie die Zielerreichung über operationalisierte Lernziele überprüft werden kann. Schon bei der Operationalisierung stößt man allerdings schnell an Grenzen, und dies nicht nur bei affektiven Lernzielen, die allgemein als schwer operationalisierbar gelten. Da es nicht immer möglich erscheint, konkret beobachtbare Verhaltensweisen als Zeichen für einen erfolgreichen Lernprozess zu benennen, müssen Hilfskonstrukte wie die erwähnten »Doppelverb-Lernziele« verwendet werden, deren Formulierung allerdings eine komplexe Anforderung darstellt und bisweilen mit viel Aufwand verbunden ist. Andersherum ist eben das Fehlen oder das zu unkonkrete Beschreiben von Aktivitäten, dahinterliegenden nicht beobachtbaren Fähigkeiten, Inhalten, Bedingungen oder Bewertungsmaßstäben ein häufiger Fehler bei der Formulierung von Lernzielen, z. B. wenn statt konkreter Lernziele reine Aktivitäten angegeben werden, die von den Schülerinnen und Schülern gezeigt werden sollen.

Weitere Grenzen gehen damit einher, wie stark die Orientierung an Lernzielen die Unterrichtsplanung und -durchführung prägt. Die Verwendung sehr kleinschrittiger (Teil-)Ziele kann dabei dazu führen, dass der Unterricht stark nach einem starren Schema abläuft. So gesehen sollte darauf geachtet werden, nicht zu viele Teilziele in einer Unterrichtseinheit zu verfolgen und die übergeordneten Ziele nicht aus den Augen zu verlieren.

Mit Blick auf die Heterogenität in Klassen und bezogen auf Aspekte der inneren Differenzierung scheint schließlich die Überlegung bedeutsam, ob und gegebenenfalls bis zu welchem Grad alle Schülerinnen und Schüler einer Klasse alle Teillernziele erreichen können bzw. müssen – oder ob es möglich oder notwendig ist, unterschiedliche Lernziele für verschiedene Schülerinnen und Schüler zu formulieren.

Fallbeispiel

Wagner und Huber (2015, S. 24) zeigen in einer übersetzten Fassung Aufgabenbeispiele für die Dimensionen der Taxonomie nach Marzano und Kendall, welche die unterschiedliche Komplexität der Ebenen sehr treffend illustrieren und als Anregung für die Gestaltung eigener Aufgaben auf unterschiedlichen Niveaustufen dienen können. Hier eine Auswahl von Aufgaben für die kognitive Dimension:

> **»Level 1: Abrufen**
> *Wiedererkennen: Wofür kam Jean Valjean (Figur aus ›Les Misérables‹) ins Gefängnis? Hatte er a) ein Stück Brot gestohlen? b) dem Bischof Kerzen gestohlen? oder c) den Armeedienst verweigert?*

> *Erinnern: Wir haben den Begriff ›Synopse‹ behandelt. Erkläre kurz, was der Begriff bedeutet.*
> *Durchführen: Du hast eine Skizze der Umgebung deiner Schule erhalten. Beschreibe kurz die Informationen, die sie zur Umgebung beinhaltet.«*

Das Abrufen von Wissensbeständen lässt sich wie in den obigen Beispielen in vergleichsweise einfachen Aufgabenstellungen umsetzen – Wissensbestände auf diesem Niveau sind nicht mit weiterführenden Prozeduren wie Verstehen oder Anwenden verknüpft.

> *»Level 2: Verstehen*
> *Integrieren: Es gibt einen Zusammenhang zwischen der Anzahl von Lemmingen und der Anzahl der Karibus in ihrer arktischen Heimat. Beschreibe diesen Zusammenhang. Vergewissere Dich, alle wichtigen Faktoren zu erfassen.*
> *Symbolisieren: Entwerfe eine Grafik (Flussdiagramm, Mindmap ...) für die folgende Gesetzmäßigkeit: Diktatoren kommen immer dann an die Macht, wenn es Ländern schlecht geht, und sie der Bevölkerung Stärke und Einfluss versprechen.«*

Bei den Aufgabenbeispielen zum Verstehen zeigt sich, dass diese über die reine Reproduktion von Wissen hinausführen: Zusammenhänge müssen erfasst werden, Wichtiges muss von Unwichtigem unterschieden werden, Wissensbestände müssen, verglichen mit den Aufgaben zu Level 1, auch in abstrakter Form umgesetzt bzw. angewendet werden können.

> *»Level 3: Analyse*
> *Vergleichen: Beschreibe, inwiefern die Schlacht von Gettysburg Ähnlichkeiten mit der Schlacht von Atlanta aufweist. Wo gibt es Unterschiede?*
> *Klassifizieren: Das Bernoulli-Prinzip hat mehrere Anwendungsmöglichkeiten. Beschreibe zwei oder mehrere dieser Möglichkeiten.*
> *Fehler analysieren: Der folgende Artikel enthält ein Beispiel für die Behauptung, dass die globale Erwärmung nicht stattfindet. Untersuche und diskutiere die Genauigkeit der Fakten und die Argumente.*
> *Generalisieren: Wir haben einige politisch motivierte Attentate durchgenommen. Welche Gesetzmäßigkeiten kannst du von diesen Beispielen ableiten?*
> *Spezifizieren: In Alaska wurde eine neue Bärenart entdeckt. Angenommen, es ist eine verwandte Art des Alaskabären: Welche Merkmale müsste diese Art aufweisen und welche Merkmale könnten auftreten?«*

Bei den Aufgaben zum Level 3 wird deutlich, dass die Lernenden hier auch mit unbekannten Informationen konfrontiert werden und diese systematisch vergleichen oder einordnen müssen. Ebenso kommen auf diesem Niveau Aufgaben in Betracht, in denen Rückschlüsse von einzelnen Phänomenen auf übergeordnete Zusammenhänge gefordert werden.

»Level 4: Wissensnutzung
Entscheiden: Entscheide, welcher der folgenden Kandidaten der bessere Nobelpreisträger war: a) Martin Luther King, b) Anwar Sadat, c) Theodore Roosevelt. Beschreibe die Kriterien, nach denen du deine Entscheidung getroffen hast.
Probleme lösen: Du möchtest das Stück »Guys and Dolls« aufführen, hast aber kein Geld für das Bühnenbild. dir stehen nur Schachteln zur Verfügung. Entwirf eine Skizze für eine Szene und erkläre, wie du die Schachteln passend zu dieser Szene aufbaust.
Untersuchen: Wir haben den Zusammenhang zwischen dem Meeresspiegel und den vereisten Polkappen durchgenommen. Verwende dein Wissen, um zu untersuchen was passieren könnte, wenn die globale Temperatur über die nächsten drei Jahrzehnte um 5 Grad Celsius steigt.«

Die Aufgaben in diesem Bereich verlangen die eigenständige Nutzung von Wissensbeständen sowie den Transfer auf neue Phänomenbereiche und das Ableiten abstrakter Zusammenhänge. Marzano und Kendall (2007) führen zudem noch Aufgabenbeispiele für die darüber hinausreichenden Bereiche »Metakognition« und »Kritisches Selbst« an. Über die angesprochenen Aufgabentypen hinaus geht es um die Selbstreflexion des Lernenden, z. B. mit Blick auf eigene Lernprozesse, sowie darum, eigene Ansichten zu entwickeln und zu vertreten.

Literatur

Anderson, L. W./Krathwohl, D. L. (2001) (Hrsg.): A taxonomy for learning, teaching and assessing: A revision of Bloom's taxonomy of educational objectives. New York: Longman.

Biggs, J./Collis, K. (1982): Evaluating the Quality of Learning: the SOLO taxonomy. New York: Academic Press.

Bloom, B. S. (Hrsg.) (1972): Taxonomie von Lernzielen im kognitiven Bereich. Weinheim und Basel: Beltz.

Bloom, B. S./Engelhart, M. D./Furst, E. J./Hill, W. H./Krathwohl, D. R. (1956): Taxonomy of Educational Objectives. The Classification of Educational Goals, Handbook I: Cognitive Domain. New York: McKay.

Döring, S. (2010): Formulierung von Lernzielen. Didaktische Handreichung. www.fdbio-tukl.de/assets/files/fd_documents/planungshilfen/Handreichung_Formulierung%20von%20Lernzielen_secolayout_100302.pdf (Abruf: 24.01.2017).

Esslinger-Hinz, I./Unseld, G./Reinhard-Hauk, P./Röbe, E./Fischer, H.-J./Kust, T./Däschler-Seiler, S. (2007): Guter Unterricht als Planungsaufgabe. Ein Studien- und Arbeitsbuch zur Grundlegung unterrichtlicher Basiskompetenzen. Bad Heilbrunn: Klinkhardt.

Gagné, R. M./Briggs, L./Wager, W. (1992): Principles of Instructional Design. Fort Worth: HBJ College Publishers.

Harrow, A. J. (1972): A taxonomy of the psychomotordomain: A guide for developing behavioral objectives. New York: David McKay.

Heckmann, K./Padberg, F. (2012): Unterrichtsentwürfe Mathematik Sekundarstufe I. Berlin/Heidelberg: Springer.
Helmke, A. (2010): Unterrichtsqualität und Lehrerprofessionalität. Diagnose, Evaluation und Verbesserung des Unterrichts. Seelze-Velber: Kallmeyer/Klett.
Kiel, E./Haag, L./Keller-Schneider, M./Zierer, K. (2014): Unterricht planen, durchführen, reflektieren. Berlin: Cornelsen.
Krathwohl, D. R./Bloom, B. S./Masia, B. B. (1978): Taxonomie von Lernzielen im affektiven Bereich. Weinheim und Basel: Beltz.
Mager, R. F. (1969): Lernziele und Programmierter Unterricht. Weinheim und Basel: Beltz.
Marzano, R. J./Kendall, J. S. (2007): The new taxonomy of educational objectives. Thousand Oaks: Corwin Press.
Meyer, H. (2007): Leitfaden Unterrichtsvorbereitung. Berlin: Cornelsen Scriptor.
Möller, C. (1969): Technik der Lernplanung. Methoden und Probleme der Lernzielerstellung. Weinheim und Basel: Beltz.
Retzmann, T. (2011): Bildungsstandards = Lernzielorientierung reloaded? In: Prieß, W. (Hrsg.): Wirtschaftspädagogik zwischen Erkenntnis und Erfahrung – strukturelle Einsichten zur Gestaltung von Prozessen. Festschrift für Hans-Carl Jongebloed zum 65. Geburtstag. Norderstedt, S. 267–291.
Robinsohn, S. B. (1967): Bildungsreform als Reform des Curriculums. Neuwied: Luchterhand.
Seidel, T./Shavelson, R. J. (2007): Teaching Effectiveness Research in the Past Decade: The Role of Theory and Research Design in Disentangling Meta-Analysis Results. In: Review of Educational Research 77, S. 454–499.
Velica, I. (2010): Lernziele und deren Bedeutung im Unterricht. In: Neue Didaktik 2, S. 10–24.
Wagner, G./Huber, W. (2015): Kompetenzorientierten Unterricht differenziert gestalten. Anregungen für Lehrerinnen und Lehrer der Sekundarstufe. www.oezbf.at/cms/tl_files/Publikationen/Div_andere_Handreichungen/Kompetenzorienten%20Unterricht%20differenziert%20gestalten_%20GW_WH_Juni_2015_oezbf.pdf (Abruf: 24.01.2017).

Literaturhinweise

Beer, R./Benischek, I. (2011): Aspekte kompetenzorientierten Lernens und Lehrens. In: BIFIE (Hrsg.): Kompetenzorientierter Unterricht in Theorie und Praxis. Graz: Leykam, S. 5–28.
Göldi, S. (2011): Von der bloomschen Taxonomy zu aktuellen Bildungsstandards. Zur Entstehungs- und Rezeptionsgeschichte eines pädagogischen Bestsellers. Bern: hep.
Jürgens, E./Greiling, A. (2012): Wohin des Weges? Unterrichten: Zielorientierung im Unterricht. In: Grundschule 44, H.5, S. 30–32.
Ziener, G. (2010): Bildungsstandards in der Praxis. Kompetenzorientiert unterrichten. Seelze: Kallmeyer.

1.4 Unterricht strukturieren

»*Unterrichtsstrukturierung ist [...] die organisierte Ermöglichung von Situationen des Lehrens und Lernens, in Raum und Zeit. Diese Organisation erfordert Entscheidungen, bestimmte Dinge zu tun oder zu unterlassen. In diesem Sinne ist Unterrichtsstrukturierung auch ein entscheidungsorientierter Selektionsprozess, der danach fragt, wie die Bearbeitung eines Unterrichtsgegenstandes durch geplante rational gesteuerte geplante Tätigkeiten des Lernens und Lehrens, durch nicht geplante Tätigkeiten des Lernens und Lehrens, unter Einnahme oder Übernahme von Rollen (z. B. Einzelarbeit, Gruppenarbeit, Zuhörer, …), der Ausübung spezifischer Kommunikationsformen (z. B. Schüler-Schülergespräch, Schüler-Lehrergespräch, TZI …) in unterschiedlichen Lehr-Lernräumen (z. B. Klassenzimmer, Museum, Sporthalle …) strukturiert wird*« *(Kiel 2012, S. 21).*

Stand der Forschung

Strukturierung gilt, insbesondere in Fächern mit einer hierarchisch aufgebauten Wissensbasis wie der Mathematik, als zentrales Merkmal von Unterrichtsqualität (Helmke 2010). Allerdings findet der Begriff in der Schulpädagogik, der Unterrichtsforschung oder auch der Pädagogischen Psychologie auf unterschiedliche Art und Weise Verwendung (Lipowsky 2015):
- *Strukturierung aus didaktischer Sicht:* Gliederung des Unterrichts in Phasen bzw. Aufteilung der Inhalte in einzelne Abschnitte
- *Strukturierung auf der Verhaltensebene:* störungsfreie Lernumgebung durch strukturierte Klassenführung
- *Strukturierung aus kognitionspsychologischer Sicht:* Verknüpfung neuer Wissenselemente mit Vorwissen, Aufbau einer komplexen und geordneten Wissensstruktur

Im Fokus der hier angestellten Überlegungen steht die Strukturierung von Unterricht aus didaktischer Sicht im Sinne einer angemessenen Unterrichtsplanung und -durchführung. Diese Form der Strukturierung, auf die auch das Eingangszitat abzielt, hat sich z. B. in Studien zum »Mastery Learning« und zur »Direkten Instruktion« als besonders lernförderlich erwiesen (Lipowsky 2015). Bei Hattie (2013) findet sich der – inhaltlich teils vergleichbare – Faktor »Klarheit der Lehrperson«, der mit Blick auf die Schülerleistungen als sehr bedeutsam eingeschätzt wird ($d = 0{,}75$) und aus Aspekten wie der »Klarheit in der Organisation der Unterrichtseinheit«, der »Klarheit von Erläuterungen« oder der »Klarheit im Beispiel geben und anleiten von Übungen« zusammengesetzt ist. Auch bei Meyer (2004) ist das Merkmal »Klare Strukturierung« im Rahmen seiner Merkmale der Unterrichtsqualität prominent platziert – das Merkmal umfasst die Stimmigkeit von Zielen, Inhalten und Methoden, die Folgerichtigkeit des methodischen Gangs, die Angemessenheit des methodischen Grundrhythmus sowie die Regel- und Rollenklarheit im Unterricht. Anders herum betrachtet kann ein unstrukturierter Unterricht ohne erkennbaren roten Faden insbesondere für Schüler/innen mit ungünstigen Lernvoraussetzungen ein schwerwiegendes Hindernis beim Lernen darstellen (siehe u. a. Campbell et al. 2004).

Zur Strukturierung von Unterricht finden sich in der Literatur eine Reihe unterschiedlicher Schemata, die als Artikulations-, Phasen- oder Stufenschemata bezeichnet werden. Verwiesen sei an dieser Stelle auf die verbreiteten Modelle von Roth (1963) oder Grell und Grell (1994).

In der Regel gehen solche Strukturierungsmodelle auf die Überlegungen von Johann Friedrich Herbart (1776–1841) zurück, der bezüglich der Strukturierung von Unterricht vier Stufen beschreibt (Herbart 1982): »Klarheit« (Informationsvermittlung) und »Assoziation« (Vernetzung) bilden zusammen die Phase der »Vertiefung« ab, in der es darum geht, Klarheit über Sachzusammenhänge zu erhalten. »System« (Zusammenfassen) und »Methode« (Üben, Umsetzen, Anwenden) lassen sich unter der Phase der »Besinnung« fassen. Hier geht es darum, die Vorstellungselemente systematisch in den bisherigen Vorstellungsbestand einzuordnen und anzuwenden.

In der Folge entstanden durch »Herbartianer« wie Tuiskon Ziller oder Wilhelm Rein stark formalisierte Ablaufmodelle, nach denen guter Unterricht auf einem möglichst linearen »Abarbeiten« des jeweiligen Schemas basierte (Gonschorek/Schneider 2000, S. 137 ff.). Diese formale Auffassung von Unterrichtsstrukturierung hat Lehrerbildung wie Unterrichtspraxis bis weit in das 20. Jahrhundert hinein geprägt. Diese Entwicklung stellte gegenüber den Ideen Herbarts, der sein Phasenschema als Darstellung des Erwerbs von Erkenntnis, nicht als lineares Ablaufschema konzipiert hat, einen Rückschritt dar. Die Reformpädagogik, mit der Anfang des 20. Jahrhunderts die Interessen des Kindes und dessen Eigenständigkeit in den Mittelpunkt gerückt sind, hat sich vehement gegen ein solches Korsett gewehrt. Gleichzeitig entwickelten die verschiedenen Strömungen der Reformpädagogik ebenfalls Phasenmodelle von Unterricht (z. B. Dewey oder Kerschensteiner, s. die Darstellung bei Kiel 2012, S. 28 f.).

Moderne Schemata betonen die Aspekte des Problemlösens und des Lebensweltbezugs. Wichtige Impulse hierfür gaben Vertreter des Instruktionsdesigns wie David Merrill oder Robert Mills Gagné, dessen Artikulationsschema – hier beispielhaft angeführt – einen idealen Lehr-Lernprozess darstellen soll, ohne dass methodische Festlegungen im Sinne einer »richtigen« Lehrmethode vorgenommen werden. Entsprechend kann jeder Schritt auf unterschiedliche Weise realisiert werden (Gagné 1985):
1. Aufmerksamkeit der Lernenden wecken
2. Lernende über die Lehrziele informieren
3. Vorwissen der Lernenden aktivieren
4. Inhalte klar, eindeutig und unverwechselbar vermitteln
5. Lernende während der Lernphase anleiten und unterstützen
6. Lernfortschritte herausstellen
7. Rückmeldung geben

8. Leistung objektiv beurteilen
9. Behalten und Transfer fördern

Das im Folgenden eingeführte AVIVA-Schema zur Unterrichtsstrukturierung (Tab. 8) baut auf den genannten Traditionslinien auf. Das Modell versucht, Lernprozesse abzubilden, um ein Analyse- und Orientierungsraster für die Planung und Durchführung von Unterricht zu gewinnen. Die Unterscheidung in »direktes« (eher instruktionsorientiertes) und »indirektes« (eher konstruktionsorientiertes) Vorgehen der Lehrkraft deutet dabei den Grad der Lenkung an. Ziel ist es, im Sinne eines kompetenzorientierten Unterrichts, die Lernenden zunehmend zu selbstgesteuertem Lernen zu befähigen (Städeli 2010, S. 20).

Phasen	»Direktes Vorgehen«	»Indirektes Vorgehen«
Ankommen und Einstimmen	Lernziele und Programm werden bekannt gegeben.	Die Situation, das Problem wird vorgestellt; die Lernenden bestimmen Ziele und Vorgehen weitgehend selbst.
Vorwissen aktivieren	Die Lernenden aktivieren ihr Vorwissen unter Anleitung und strukturiert durch die Methoden der Lehrperson.	Die Lernenden aktivieren ihr Vorwissen selbständig.
Informieren	Ressourcen werden gemeinsam entwickelt oder erweitert, die Lehrperson gibt dabei den Weg vor.	Die Lernenden bestimmen selbst, welche Ressourcen sie sich noch aneignen müssen, und bestimmen, wie sie konkret vorgehen wollen.
Verarbeiten	Aktiver Umgang der Lernenden mit den vorgegebenen Ressourcen: verarbeiten, vertiefen, üben, anwenden, konsolidieren.	Aktiver Umgang der Lernenden mit den neuen Ressourcen: verarbeiten, vertiefen, üben, anwenden, diskutieren.
Auswerten	Ziele, Vorgehen und Lernerfolg überprüfen.	Ziele, Vorgehen und Lernerfolg überprüfen.

Tab. 8: Das AVIVA-Schema (Städeli 2010, S. 20)

Checkliste

Die Checkliste orientiert sich am angeführten AVIVA-Schema (Städeli 2010). Im Unterschied zu starren Schemata können hier Phasen auch mehrmals durchgeführt werden, z. B. mehrere Phasen des Informierens, die durch mehrere Verarbeitungsphasen ergänzt werden usw. – wie es im Eingangszitat anklingt impliziert die Strukturierung auch Selektionsentscheidungen. Das Modell ist im Rahmen der Lehrerausbildung in

der Schweiz vielfach praktisch bei der Unterrichtsplanung erprobt (siehe auch Kiel 2012):
- *Ankommen und Einstimmen*: Diese Einstiegsphase intendiert das Ausrichten der Schüler/innen hin zum Gegenstand der jeweiligen Unterrichtsstunde und das Schaffen günstiger motivationaler Voraussetzungen. Mit dem »Ankommen« sei darauf verwiesen, dass dies auch bedeuten kann, die Schüler/innen erzählen zu lassen, was sie gerade bewegt (z. B. aktuelle Ereignisse innerhalb oder auch außerhalb der Schule), um eine Arbeitsatmosphäre zu ermöglichen. Das »Einstimmen« verweist stärker auf die kognitive Ebene, auf die Inhalte der Unterrichtseinheit. Dies kann z. B. durch einen informierenden Unterrichtseinstieg (z. B. Advance Organizer, gegebenenfalls auch die Begründung der folgenden Inhalte oder das Aufzeigen von Gegenwarts- oder Zukunftsbedeutung des Themas für die Schüler/innen), durch Mittel der Veranschaulichung (z. B. Grafik, Karikatur, Modell) oder durch das Hervorrufen eines kognitiven Konflikts (z. B. Konfrontation mit provokativen Aussagen) erfolgen.
- *Vorwissen aktivieren*: Das Vorwissen der einzelnen Schüler/innen kann »z. B. in Bezug auf Inhalte, Bewusstheit (implizit/explizit), Repräsentationsformen, sachliche Richtigkeit, Umfang oder auch Handlungsrelevanz« (Kiel 2012, S. 32) mehr oder weniger stark voneinander abweichen. Gerade mit Blick auf eine konstruktivistischen Sichtweise auf das Lernen ist die Aktivierung des Vorwissens notwendig, um eine kognitive Struktur zu schaffen, mittels derer die Verknüpfung neuer Wissensbestandteile mit Vorwissen ermöglicht wird. Nach obiger Einteilung in direkte und indirekte Vorgehensweisen wäre erstere Form der Aktivierung des Vorwissens durch eher lehrergelenkte Aktivitäten (Test, Quiz, Lehrerfragen, Hausaufgabenbesprechung) zu befördern, letztere eher durch selbstgesteuerte Aktivitäten der Schüler/innen (z. B. Brainstorming, in Gruppenarbeit angefertigte Mindmaps zur Strukturierung von Vorwissen).
- *Informieren*: »Je nach Grad der Lenkung durch die Lehrkraft kann es aus Schülersicht um ein ›informiert werden‹ gehen oder um ein ›sich selbst informieren‹« (Kiel 2012, S. 32). Auch geht es mit Blick auf die Lenkung um die Frage, ob die Lehrkraft die Vorgehensweise vorgibt oder ob die Schüler/innen angehalten sind, die konkrete Vorgehensweise, z. B. zur Beschaffung von Informationen, selbst zu bestimmen. Neben den klassischen darbietenden Elementen wie dem Lehrervortrag, dem Referat, der Nutzung von Medien (Texte, Schulbücher, Filme, Internetrecherche) kommen auch weitere Arbeitsformen (Gruppenarbeit, Arbeitsaufträge) in Betracht, um die Aufnahme des Lerngegenstands zu ermöglichen.
- *Verarbeiten*: Die Phase der Verarbeitung dient der Übung, Sicherung, Konsolidierung bzw. Anwendung der Wissensbestände, die in der Phase des Informierens thematisiert wurden. Hierzu sind mit Blick auf Aufgabentypen, Methoden und Sozialformen unterschiedliche Herangehensweisen denkbar. Bedeutsam erscheint es, dass in dieser Phase eine aktive Auseinandersetzung der Schüler/innen mit den Lerngegenständen angeregt wird.

- *Auswerten*: »In dieser Phase geht es um die Reflexion über den eigenen Lernprozess und die Rückmeldung bzw. Selbstkontrolle bezüglich des Lernerfolgs« (Kiel 2012, S. 32). Neben der Überprüfung der Erreichung der Lernziele, z. B. durch einen kurzen Test, oder einer Zusammenfassung der wichtigsten Inhalte durch Schüler/innen oder Lehrkraft kann diese Phase also ebenso beinhalten, dass der Lernprozess auf einer Metaebene reflektiert wird.

Grenzen und Risiken

Auf eine Begrenzung in Bezug auf die Einsatzmöglichkeiten bzw. die Reichweite von Artikulationsschemata wurde bereits im kurzen historischen Abriss hingewiesen. Dies betrifft den Aspekt der Formalisierung von Unterricht, der sich nicht zu strikt an eine vorab geplante Strukturierung halten kann und soll, und der sich nicht durchgehend an einem vorab formulierten, formalen Schema orientieren kann. Unterricht ist ein komplexes Interaktionsgeschehen, das auch Unvorhergesehenes mit sich bringen kann (Doyle 1986), entsprechend muss gegebenenfalls von der geplanten Struktur abgewichen werden. Dies gilt vielleicht umso mehr für schülerzentrierte Lehr-Lern-Arrangements wie z. B. die verschiedenen Formen des offenen Unterrichts, bei denen die Strukturierung nicht unbedingt durch explizite Vorgaben der Lehrkraft geschaffen, sondern auch über möglichst klare Regeln und Routinen oder klare Aufgabenerläuterungen hergestellt werden muss. Gerade hier sind die Unterschiede zwischen leistungsstärkeren bzw. -schwächeren Lernenden zu beachten; erstere kommen mit offenen Lernformen oft besser zu Recht bzw. ist bei ihnen eine geringere Strukturierung bisweilen gar lernförderlich, wohingegen schwächere Schülerinnen und Schüler von Klarheit und Strukturiertheit profitieren (siehe z. B. Blumberg/Möller/Hardy 2004).

Die in der eingangs genannten Definition angesprochenen Selektionsentscheidungen müssen also, wenn dies nötig erscheint, gegebenenfalls auch spontan revidiert werden. Bei diesem Aspekt lassen sich große Unterschiede zwischen Experten (hier vereinfacht: erfahrene Lehrkräfte) und Novizen (hier: Lehrkräfte mit wenig Berufserfahrung) feststellen. Wohl aufgrund der größeren, durch Erfahrung gewonnenen Handlungsspielräume sind Experten schneller dazu bereit, eine vorgesehene Unterrichtsstruktur aufzugeben, falls dies nötig erscheint (Kiel 1999, S. 206). Die vorgestellten Schemata sind somit als Richtschnur für die Unterrichtsplanung und -durchführung, keineswegs aber als konsekutiv abzuarbeitende Vorgaben zu sehen. Die Arbeit mit einem Stufenmodell kann die Unterrichtsplanung und -durchführung erleichtern, bürgt aber per se nicht für guten Unterricht.

Fallbeispiel

Das folgende Beispiel dokumentiert eine Unterrichtsstunde aus dem Fach Deutsch an einer 6. Klasse Realschule mit dem Thema »Die Gruselgeschichte« (Ziele/Inhalte: Schreiben, Sprache untersuchen, Grammatik, Adjektive). In diesem idealtypisch abgebildeten Verlauf werden die unterschiedlichen Realisationsmöglichkeiten der einzelnen Schritte schnell deutlich. Das Unterrichtsthema könnte auch in einem anderen Lehr-Lernarrangement bearbeitet werden, es sind andere Formen des Informierens, Verarbeitens oder Auswertens möglich, es sind andere Sozialformen denkbar usw. (in Anlehnung an Braune 2012, S. 57 f.):

- *Ankommen und Einstimmen:* Die Lehrkraft zeigt Bilder mit gruseligen Elementen und Situationen (z. B. Friedhof, bewölkter Mond, Schloss etc.) und gibt damit einen Impuls. Die Schüler/innen stellen Vermutungen über das Thema der Stunde an, Aufmerksamkeit wird so hergestellt. Daraufhin wird die Lerngruppe über das Thema der Unterrichtseinheit informiert. So werden den Schülerinnen und Schülern auch die Erwartungen verdeutlicht, damit diese bereit sind, entsprechend Informationen aufzunehmen.
- *Vorwissen aktivieren:* Die Lehrperson fragt, wann eine Geschichte besonders gruselig ist. So wird das Vorwissen der Schüler/innen zum Unterrichtsthema aktiviert, was eine wichtige Grundlage für die Verknüpfung mit neuem Wissen darstellt.
- *Informieren:* Gemeinsam mit den Schülerinnen und Schülern werden Charakteristika von Gruselgeschichten erarbeitet und auf Folie festgehalten. Anschließend teilt die Lehrkraft ein Merkblatt aus, auf dem typische Adjektive, Orte, Personen etc. vermerkt sind. Ziel ist das Erlangen und Festhalten von Informationen zum Thema.
- *Verarbeiten I:* Die Schüler/innen sollen eine eigene Gruselgeschichte schreiben. Die Lehrkraft ist für Fragen ansprechbar und unterstützt die Lernenden bei Bedarf. Die Schüler/innen dürfen ihre Geschichten im Anschluss vorlesen.
- *Auswerten:* Die Schüler/innen diskutieren im Anschluss an den jeweiligen Vortrag, ob es sich bei der Geschichte wirklich um eine Gruselgeschichte handelt und ob auf die in den vorangegangenen Phasen herausgearbeiteten Elemente (Sprache, Verwendung von Adjektiven etc.) geachtet wurde. Die Lehrkraft bündelt die so geäußerten Rückmeldungen. Die Bewertung bietet den Schülerinnen und Schülern die Möglichkeit, Lernergebnisse zu überprüfen.
- *Verarbeiten II:* In einer weiteren Phase bzw. einer nachfolgenden Unterrichtssitzung behandeln die Schüler/innen eine andere Form von Geschichten (Liebesgeschichte, Lachgeschichte). Der Transfer des erworbenen Wissens über Sprache, Verwendung von Adjektiven etc. in andere Kontexte wird so befördert.

Literatur

Blumberg, E./Möller, K./Hardy, I. (2004): Erreichen motivationaler und selbstbezogener Zielsetzungen in einem schülerorientierten naturwissenschaftsbezogenen Sachunterricht – Bestehen Unterschiede in Abhängigkeit von der Leistungsstärke? In: Bös, W./Lankes, E.-M./Plaßmeier, N./Schwippert, K. (Hrsg.): Heterogenität. Eine Herausforderung an die empirische Bildungsforschung. Münster: Waxmann, S. 41–55.

Braune, A. (2012): Motivation. In: Kiel, E. (Hrsg.): Unterricht sehen, analysieren, gestalten. Bad Heilbrunn: Klinkhardt, S. 37–63.

Campbell, J./Kyriakides, L./Muijs, D./Robinson, W. (2004): Assessing teacher effectiveness. Developing a differentiated model. London: Routledge.

Doyle, W. (1986): Classroom Organisation and Management. In: Wittrock, M.C. (Hrsg.): Handbook of Research on Teaching. New York: Macmillian, S. 392–431.

Gagné, R.M. (1985): The conditions of learning and theory of instruction. New York: Holt, Rinehart & Winston.

Gonschorek, G./Schneider, S. (2000): Einführung in die Schulpädagogik. Donauwörth: Auer.

Grell, J./Grell, M. (1994): Unterrichtsrezepte. Weinheim und Basel: Beltz.

Hattie, J. (2013): Lernen sichtbar machen. Übers. von Beywl, W./Zierer, K. Baltmannsweiler: Schneider Verlag Hohengehren.

Helmke, A. (2010): Unterrichtsqualität und Lehrerprofessionalität. Diagnose, Evaluation und Verbesserung des Unterrichts. Seelze-Velber: Kallmeyer/Klett.

Herbart, J.F. (1982): Allgemeine Pädagogik aus dem Zweck der Erziehung abgeleitet (1806). In: Asmus, W. (Hrsg.): Johann Friedrich Herbart. Pädagogische Schriften, Bd. 2. Stuttgart: Klett-Cotta, S. 9–155.

Kiel, E. (1999): Erklären als didaktisches Handeln. Würzburg: ergon.

Kiel, E. (2012): Strukturierung. In: Kiel, E. (Hrsg.): Unterricht sehen, analysieren, gestalten. Bad Heilbrunn: Klinkhardt, S. 21–36.

Lipowsky, F. (2015): Unterricht. In: Wild, E./Möller, J. (Hrsg.): Pädagogische Psychologie. Berlin/Heidelberg: Springer, S. 69–105.

Meyer, H. (2004): Was ist guter Unterricht? Berlin: Cornelsen Scriptor.

Roth, H. (1963): Pädagogische Psychologie des Lehrens und Lernens. Hannover: Schroedel.

Städeli, C. (2010): Die fünf Säulen der guten Unterrichtsvorbereitung. In: Folio 6/2010, S. 20–23.

Literaturhinweise

Hartinger, A./Hawelka, B. (2005): Öffnung und Strukturierung von Unterricht. Widerspruch oder Ergänzung? In: Die Deutsche Schule 97, S. 329–341.

Nix, F. (2015): Den Unterricht sachdienlich strukturieren und moderieren. In: Pädagogik 1, S. 42–45.

Paradies, L. (2006): Stufung des Unterrichts. In: Arnold, K.H./Sandfuchs, U./Wiechmann, J. (Hrsg): Handbuch Unterricht. Bad Heilbrunn: Klinkhardt, S. 261–265.

Städeli, C./Grassi, A./Rhiner, K./Obrist, W. (2010): Kompetenzorientiert unterrichten. Das AVIVA-Modell. Bern: hep-Verlag.

1.5 Methoden auswählen und einsetzen

»Unterrichtsmethoden sind die Formen und Verfahren, in und mit denen sich Lehrer und Schüler die sie umgebende natürliche und gesellschaftliche Wirklichkeit unter institutionellen Bedingungen aneignen« (Hilbert Meyer 2002, S. 109).

Stand der Forschung

Blickt man auf die Literatur zum Thema Unterricht und seiner Gestaltung, so begegnen einem recht unterschiedliche Begriffe, deren Trennschärfe nicht immer gegeben ist, wie didaktische Modelle, Unterrichtsformen, Unterrichtsmethoden, Sozialformen, Aktionsformen, Unterrichtskonzeptionen, didaktische Prinzipien und Unterrichtsprinzipien. In der Literatur kann man entweder eine Abgrenzung der Begriffe vorfinden, teils werden sie unmittelbar aufeinander bezogen (wie es in dem einführenden Zitat von Meyer erkennbar ist), zum Teil ist auch eine synonyme Verwendung erkennbar. Ein weiteres Indiz für die Unschärfe im wissenschaftlichen Diskurs stellt die jeweilige Anzahl unterschiedlicher didaktischer Ansätze bzw. Methoden dar. So finden sich beispielsweise bei Kron/Jürgens/Standop über 40 didaktische Modelle (Kron/Jürgens/Standop 2014) und bei Flechsig 20 Arbeitsmodelle didaktischen Handelns (Flechsig 1983). Wiechmann (2002) spricht von zwölf, Winkel (1982) von 17 und Baumgartner (2012) führt 148 Methoden in seiner Taxonomie an. Meyer (2002) spricht gar von über 1000 Inszenierungstechniken für den Unterricht. Auch im Hinblick auf das E-Learning beklagen Autoren ein »Babylon der E-Szenarien und Modelle« (Bloh 2005, S. 7 f.). Hinzu kommt, dass wissenschaftliche Diskurse im deutschsprachigen Bereich, etwa die Frage einer Abgrenzung von Didaktik und Methodik, international keine Rolle spielen. Im angelsächsischen Bereich etwa ist der Begriff »Didaktik« weitgehend unbekannt. Dies sind nur einige Beispiele, die noch um viele weitere ergänzt werden könnten.

Der Forschungsstand (siehe ausführlicher bei Saalfrank 2011) weist für das hier skizzierte Begriffsfeld große Diskrepanzen auf. Deutlich wird dies etwa exemplarisch daran, dass Terhart seine Übersicht über einzelne Definitions- und Systematisierungsversuche zur Methodik aus dem Jahr 1989 (Terhart 1989) in seinem Buch »Didaktik« im Jahr 2009 schlicht wiederholt. »Es fehlt an Systematisierungsversuchen, die eine nachhaltige Diskussion ausgelöst hätten« (Adl-Amini 1993, S. 85) – eine mehr als zwanzig Jahre alte Aussage, die nichts an ihrer Aktualität verloren hat.

In der amerikanischen Forschung spielen Unterrichtsmethoden eine untergeordnete Rolle. Das Gelingen von Unterricht im Sinne der Teacher-Effectiveness-Forschung hängt dort sehr stark von der Rolle der Lehrkraft als »Instructor« ab. Das heißt, dass der Fokus auf das Handeln der Lehrkraft gerichtet ist und nicht so sehr auf das Handwerkszeug in Form von methodischen Kompetenzen. Dies spiegelt sich auch im »Handbook on Research of Teaching« wieder. Interessanterweise ist hier der einzige

Beitrag, der von zwei Europäern – Fritz Oser und Franz Baeriswyl – verfasst wurde, derjenige zu Unterrichtsmethoden. Oser und Baeriswyl orientieren sich sehr stark an den klassischen didaktischen Modellen (Klafki; Heimann/Otto/Schulz) bzw. klassischen lern- und entwicklungspsychologischen Ansätzen (Piaget; Aebli) und stellen von diesen Positionen aus das Methodenproblem dar. Betrachtet man nun die allgemeindidaktischen Ansätze bzw. die Ergebnisse aus der Lern- und Unterrichtsforschung, sind Unterrichtsmethoden sicherlich ein wesentlicher Bestandteil, auf den sowohl im Hinblick auf die Unterrichtsplanung als auch auf die Frage nach der Unterrichtsentwicklung bzw. -qualität Bezug genommen wird. So führt beispielsweise Klafki in seinem Perspektivenschema die Methoden- und Medienwahl als ein zentrales Feld zur Unterrichtsplanung an. Auch im didaktischen Modell von Heimann, Otto und Schulz finden sich Hinweise zur Methodik, wobei diese 1965 eine erste größere Systematik von Unterrichtsmethoden vorlegten (Heimann/Otto/Schulz 1965).

Vor dem Hintergrund der mangelnden Trennschärfe haben Saalfrank und Kiel ein Modell in Form eines Methodenwürfels entwickelt, dass zu einer klareren Systematisierung beitragen soll. Die Frage, die bei diesem leitend ist, lautet: »Wie können die verschiedenen Möglichkeiten, Aktion und Interaktion im Unterricht zu gestalten, systematisierend so integriert werden, dass ein Modell entsteht, welches für die Planung, Durchführung und Evaluation von Unterricht tauglich ist?« (Saalfrank/Kiel 2013, S. 585 ff.). Grundlage des »Würfelmodells«, das sich am Innovationswürfel von Schratz und Steiner-Löffler (1999) anlehnt, sind die Relationen »Instruktion vs. Konstruktion«, »intrinsisch vs. extrinsisch« sowie »Kontextualisierung vs. Dekontextualisierung«. Im Rahmen dieser Relationen werden in dem Modell die verschiedenen Methoden eingeordnet und können so nachvollziehbar beschrieben werden.

Eine wichtige Gegenüberstellung im Methodendiskurs stellen die beiden Begriffe Instruktion und Konstruktion dar. Bei diesen beiden Polen wird an die lange Tradition der pädagogischen Antinomie von Freiheit und Zwang angeknüpft, zu der auch die Diskussion um offenen Unterricht und die Grade der Öffnung bzw. das Verhältnis von Lehrerzentrierung und Schülerorientierung zählen.

Instruktion kann sowohl durch Informationen in Form eines Lehrer- oder Schülervortrags erfolgen als auch durch ein bestimmtes Lehrmedium, die allesamt die Wissensaneignung eindimensional vorgeben und lenken. Im traditionellen/instruktionalen Lernen ist Lernen weitgehend rezeptiv und erfolgt linear und systematisch. Betrachtet man den Prozess des Lernens, dann kann er mit der Metapher des Wissenstransports beschrieben werden, an dessen Ende der Lernende den vermittelten Wissensausschnitt in genau derselben Form besitzt wie der Lehrende. Bewährte Lehrmethoden können, unabhängig von Inhalt, Kontext, Zeitpunkt und Personenmerkmalen, wiederholt angewendet werden. Die Lernenden nehmen eine eher passive Rolle ein und müssen von außen angeleitet und kontrolliert werden. Mit Instruktion als theoretischem Bezugspunkt werden wichtige Aspekte im Handlungsrepertoire von Lehrkräften miteinbezogen, die Teil der Methodenvielfalt des unterrichtlichen Handelns sind. Wember meint hierzu: »Der reformpädagogisch begründete Offene Unterricht und seine konstruktivistisch fundierte Lerntheorie unterschätzen die pädagogischen Möglichkeiten direkter Förderung. Eine solche Geringschätzung ist nicht theoretisch begründet und nicht empirisch gestützt, und sie widerspricht der Alltagserfahrung sonderpädagogischer Praxis« (Wember 2008, S. 98). Dies ist eine Position, die für die Regelschulpädagogik durch Hatties Metaanalysen gestützt wird (Hattie 2013).

Aus konstruktivistischer Sicht (z. B. nach Reimann-Rothmeier/Mandl 1997a; 1997b) hingegen erfolgt das Lehren als Anregung, Unterstützung und Beratung des Lernenden. Bedingt durch die Berücksichtigung von individuellen Unterschieden der Lernenden sowie der Spezifität jeder Situation wird die Wiederholbarkeit bewährter Lehrmethoden entsprechend reduziert. Während der Lehrende in instruktionalen Lernarrangements als »didactic leader« in Erscheinung tritt, hat er aus konstruktivistischer Sicht die Aufgabe, Problemsituationen und Werkzeuge zur Problembearbeitung zur Verfügung zu stellen und bei Bedarf auf die Bedürfnisse der Lernenden zu reagieren. Hierbei wird er zum Berater und Mitgestalter von Lernprozessen. Die Ergebnisse des Lernens sind infolge individueller und situationsspezifischer Konstruktionsvorgänge nicht vorhersagbar. Somit ist der Lernende aktiv und nimmt eine selbstgesteuerte Position ein, wobei er eigene Konstruktionsleistungen erbringt. Aufgrund der Selbststeuerung ist die bewusste Methodenwahl bzw. das bewusste Methodenangebot wichtig, diese Aspekte sind von der Lehrkraft bei der Vorbereitung der Lernumgebung zu planen.

Wichtig ist, dass es hinsichtlich des traditionellen Instruktionslernens und des konstruktivistischen Lernens kein besser oder schlechter gibt. Hierauf weist Helmke hin: »Die Realisierung bestimmter innovativer Unterrichtsmethoden (z. B. Projektunterricht, Kleingruppenarbeit oder anderer Formen des offenen Unterrichts) ist nicht per se bereits guter Unterricht, ebenso wie lehrerzentrierter und frontaler Unterricht keineswegs automatisch ›schlecht‹ ist: Man kann das eine wie das andere dilettantisch oder vorzüglich tun. Dass und unter welchen Bedingungen z. B. Frontalunterricht ein legitimer Teil der Unterrichtsorchestrierung sein kann, darauf hat Gudjons (2003) nachdrücklich hingewiesen« (Helmke 2009, S. 17).

In den von Hattie untersuchten Studien wird das Methodenproblem vielfach erörtert, sowohl im Bereich der Lehrmethoden/Unterrichtsmethoden als auch der Lernmethoden seitens der Schülerinnen und Schüler. Neben der Tatsache, dass kooperative Methoden einen höheren Effekt haben als individualisierender Unterricht (Hattie 2013, S. 251) sind auch seine Ausführung zum Punkt Freiarbeit interessant: »Der Effekt von selbst gewählter Freiarbeit ist etwas höher auf Motivationsoutcomes ($d = 0{,}30$) als auf nachfolgendes Lernen der Schülerinnen und Schüler ($d = 0{,}04$). Es ist sogar so, dass die Outcomes umso höher sind, je irrelevanter sie für den Unterrichtsinhalt sind (z. B. die Farbe des verwendeten Stifts oder welche Musik beim Lernen gehört wird). Solche irrelevanten Wahlmöglichkeiten erfordern keine Anstrengung und haben keine wesentlichen Auswirkungen auf das Lernen. Außerdem können zu viele Wahlmöglichkeiten erdrückend sein« (Hattie 2013, S. 229 f.).

Checklisten

Durch die Vielzahl an Methoden und Systematisierungsversuchen, die jedoch für eine handhabbare und praxisrelevante Checkliste wenig tauglich sind, ist die hier vorliegende Checkliste anders konzipiert. So werden im Folgenden die beiden beschriebenen Pole »Instruktion« und »Konstruktion« mit ihren zentralen Merkmalen erläutert (Tab. 9). Diese Checkliste fasst die zentralen Aussagen zu den beiden Vermittlungsformen von Kersten Reich zusammen (Reich 2011, S. 231 ff.):

Instruktion	Konstruktion
»Instruktionen gelten als besonders ökonomisch. Viel Stoff lässt sich in wenig Zeit packen. Große Gruppen können unterrichtet werden.«	»Konstruktionen sind deutlich aufwändiger. Sie benötigen Lehrkräfte, die eigene Zeitmuster entwickeln, auf die Lerngruppe abgestimmten Stoff vorbereiten, Wissen mit Anwendungen verbinden, Förderungen praktizieren und ein kompetenzorientiertes Ziel- und Beurteilungskonzept gestalten.«
»Instruktionen eignen sich sowohl für Unterrichtsinhalte und Zielüberlegungen, die einen geringen Schwierigkeitsgrad aufweisen und den auch schwächere Schüler verstehen können als auch für besonders abstrakte und schwierige Themen, bei denen allein der Lehrende den Überblick zu behalten vermag.«	»Konstruktionen eignen sich ebenfalls für einfache wie schwierige Inhalte und Ziele, aber die Anschlussfähigkeit an schon vorhandenes Wissen und vorhandene Kompetenzen muss sehr viel genauer bestimmt werden, um überhaupt sinnvoll in den Lernprozess einsteigen zu können.«
»Das deklarative Wissen, das instruktiv besonders einfach vermittelt werden kann, lässt sich auch besonders einfach abprüfen.«	»Anwendungsbezogenes Wissen hingegen kann kaum hinreichend instruiert werden. Es muss konstruktiv erarbeitet und gestaltet werden und ist deutlich schwieriger abprüfbar.«
»Instruktionen führen leicht zu einer Verengung von Perspektiven, einer Bevorzugung bestimmter Zugänge und einer Beschränkung von Ergebnissen.«	»Konstruktionen sind nur sinnvoll in Mehrperspektivität, Multimodalität und Multiproduktivität [...].«
»Die Motivation der Schüler/innen ist oft eher als gering einzuschätzen und von den drei Bedürfnissen Autonomie, Selbstwirksamkeit und soziale Nähe sind zumindest die ersten zwei stark eingeschränkt Dennoch kann die Instruktion dann als entlastend erscheinen, wenn sie hohen Unterhaltungswert hat«	»Die Motivation wird insbesondere dann steigen, wenn eine emotionale Reaktion auf das gestellte oder erarbeitete Problem erfolgt und die Aufgabe mit Sinn gelöst werden kann. Dennoch kann die Konstruktion dann als belastend empfunden werden, wenn sie viel eigenen Aufwand erfordert oder als schwierig erscheint.«

Instruktion	Konstruktion
»Für ein gutes Gelingen ist es notwendig, das Interesse der Lerner an der Sache und der Didaktisierung durch eine gute Darbietung zu wecken.«	»Das Interesse muss entweder von den Lernern selbst kommen oder durch eine gute Einführung des Problems und emotionale Reaktionen oder Anschlüsse an Vorwissen erreicht werden.«
»Durch das frontale Setting haben Lehrende alle im Blick, was insbesondere erleichtern kann, alle konzentriert auf ein Problem hin zu orientieren oder in ein Thema einzuführen (was allerdings eine überzeugende Präsentationsqualität voraussetzt).«	»Durch das situative und lernerbezogene Setting müssen Lehrende ihren Blick differenzieren und ihre zeitliche Präsenz bei einzelnen Lernern oder Lernergruppen gut einteilen, um fördernd den Lernprozess zu begleiten.«
»Lehrende geben durch ihr frontales Setting ein Modell für erfolgreiches und angemessenes Handeln ab. Darüber hinaus zeigen sie methodische Kompetenzen des eigenen Lernens und Arbeitens auf. Durch gut strukturierten Unterricht zeigen sie den Schülern/innen, wie man ein Problem angehen und lösen kann.«	»Lernende erwerben durch das frontale Setting nicht hinreichend jene Kompetenzen, die der Lehrende schon hat oder demonstriert. Sie erlernen die Arbeitsmethoden nur umfassend und anwendungsbezogen durch eigenes Tun.«
»Die frontale Methode ist bei Präsentationen von Lernern geeignet, um sie selbst in die Position von Lehrenden zu versetzen und dabei Kompetenzen zu erwerben.«	»Alle Lerner müssen instruktive Rollen umfassend erfahren können und hierzu förderndes Feedback erhalten.«
»Feedback und Rückfragen müssen in instruktiven Phasen immer möglich sein, um möglichst alle Lerner auch in Phasen von Verständnisschwierigkeiten zu erreichen.«	»Feedback und Rückfragen sind in konstruktiven Phasen ausschlaggebend, um nicht der Illusion aufzusitzen, dass allein das konstruktive Lernen schon den Lernerfolg garantiere. Auch hier muss bei Verständnisschwierigkeiten geholfen werden.«

Tab. 9: Verhältnis von Instruktion und Konstruktion nach Kersten Reich (2011)

Abschließend folgen noch einige Literaturtipps zu methodischen Praxisbüchern:
- Bettina Hugenschmidt/Anne Technau (2008): Methoden schnell zur Hand.
- Bernd Janssen (2008): Kreative Unterrichtsmethoden Bausteine zur Methodenvielfalt.
- Kerstin Klein (2013): Unterrichtsmethoden klipp und klar Praxishandbuch individuelles, gemeinsames und kooperatives Lernen (5. bis 10. Klasse).
- Heinz Klippert/Frank Müller (2015): Methodenlernen in der Grundschule.
- Heinz Klippert (2015): Methoden-Training Übungsbausteine für den Unterricht.
- Cathrin Rattay (Hrsg.) (2015): Unterrichtsmethoden sinnvoll eingesetzt.

Grenzen und Risiken

Als Grenze und Risiko methodischen Handelns kann vor allem das Erstarren in methodischer Routine gesehen werden. Schon Herbart (1982) hat im Rahmen der Konstruktion des pädagogischen Taktes darauf hingewiesen, dass eine nichtreflektierte Praxis zu einem Schlendrian pädagogischen Handelns werden und Routine somit zu einem Erstarren führen kann. Sicherlich können Routinen im Lehrerhandeln, so auch Meyer (1996), nervenschonend und effektiv sein, jedoch führt ein nichtreflektiertes Handeln dazu, dass dieses an den Bedürfnissen der Schülerinnen und Schüler vorbeigeht. Für Meyer ist dies ein Stolperstein im Rahmen methodischen Handelns, so fordert er eine Versöhnung von Routine und Reflexion (Meyer 1996). Zu diesem Stolperstein schreibt er:

> »*Stolperstein Nr. I: methodische Überperfektionierung. Es ist kaum zu vermeiden, daß Sie als Lehrer immer wieder vor gleiche Aufgaben gestellt werden: Sie müssen einen Lehrgang das dritte, vierte oder fünfte Mal wiederholen. Beim ersten Durchgang war der Weg noch holprig; Sie haben hier und dort Fehler gemacht, Sie haben sich mit dem zu bewältigenden Stoffpensum verschätzt, die Schüler unter- oder überfordert. Aber Sie haben dabei viel gelernt. Im zweiten Durchgang lief alles glatter: Sie haben Wichtiges hervorgehoben, Unwichtiges fortgelassen, einen neuen Einstieg erprobt, die Klausur verändert. Im dritten Durchgang waren dann endgültig die wichtigsten Lernschwierigkeiten erkannt, die ›Klippen‹ erfolgreich ›umschifft‹. – Alles ist glatt und perfekt. Und nun? Soll es nun bis zur Pensionierung nach demselben Schema weitergehen?*« *(Meyer 1996, S. 49).*

An diesem Zitat wird deutlich, dass ein unreflektiertes Handeln zwar Sicherheit gibt und man das Gefühl haben kann, endlich die richtige Methode gefunden zu haben, dennoch müssen Methoden in der Interaktion zwischen den Beteiligten und der mit dem Unterricht verbundenen Zielführung immer wieder neu durchdacht werden, sonst gerät das methodische Handeln in eine Einbahnstraße.

Fallbeispiel

Das folgende Beispiel stammt von dem Reformpädagogen Hugo Gaudig und schildert seine Vorstellung von methodischem Arbeiten im Rahmen der Arbeitsschulbewegung. Der Textausschnitt wurde der Quellensammlung zur Arbeitsschulbewegung von Reble entnommen (Hugo Gaudig, zit. nach Reble 1963, S. 77 f.):

> »*Die Schüler […] versuchen sich an der Arbeit. Auch Irrwege oder minder bequeme Wege werden vom Lehrer nicht von vornherein verboten […]. Bisweilen wird auch das Vormachen des Lehrers am Platze sein. So sieht der Schüler die Arbeit vor seinen*

Augen werden und liest die Technik [...] aus der werdenden Arbeit ab. Es folgt dann die Erläuterung der Technik, durch die der Schüler den Sinn und die Zweckmäßigkeit der gewählten Arbeitsweise erkennt. Die nächste Stufe läßt sich kennzeichnen als Nachmachenlassen [...]. Nun folgt das Einüben bis zur Beherrschung der Technik. Den krönenden Abschluß bildet das freie Arbeiten. Dies Arbeiten wird um so freier sein, je mehr die Einführung in die Arbeitstechnik darauf bedacht ist, die Schüler auf die Mehrheit von Wegen, die an sich möglich sind, hinzuweisen und zu der überlegsamen Auswahl der Wege anzuhalten. Dann vermögen sie das Arbeitsverfahren an die gegebene konkrete Aufgabe, die gegebene Arbeitslage anzupassen.«

Literatur

Adl-Amini, B. (1993): Systematik der Unterrichtsmethode. In: Adl-Amini, B./Schulze, T./Terhart, E. (Hrsg.): Unterrichtsmethode in Theorie und Forschung. Bilanz und Perspektiven. Weinheim und Basel: Beltz, S. 82–110.

Aebli, H. (1983): Zwölf Grundformen des Lehrens. Eine Allgemeine Didaktik auf psychologischer Grundlage. Stuttgart: Klett-Cotta.

Baumgartner, P. (2011): Taxonomie von Unterrichtsmethoden: ein Plädoyer für didaktische Vielfalt. Münster: Waxmann.

Bloh, E. (2005): Grundzüge und Systematik einer Methodik netzbasierter Lehr- und Lernprozesse. In: Lehmann, B./Bloh, E. (Hrsg.): Online-Pädagogik – Bd. 2: Methodik und Content-Management. Baltmannsweiler: Schneider Verlag Hohengehren, S. 7–85.

Flechsig, K.-H. (1983): Der Göttinger Katalog Didaktischer Modelle: theoretische und methodologische Grundlagen. Göttinger Monographien zur Unterrichtsforschung, Bd. 7. Göttingen: Zentrum für Didaktische Studien.

Gudjons, H. (2003): Frontalunterricht – neu entdeckt: Integration in offene Unterrichtsformen. Bad Heilbrunn: Klinkhardt.

Hattie, J. (2013): Lernen sichtbar machen. Übers. von Beywl, W./Zierer, K. Baltmannsweiler: Schneider Verlag Hohengehren.

Heimann, P./Otto, G./Schulz, W. (1965): Unterricht – Analyse und Planung. Hannover: Schroedel.

Helmke, A. (2009): Unterrichtsqualität und Lehrerprofessionalität. Diagnose, Evaluation und Verbesserung des Unterrichts. Seelze: Kallmeyer.

Klafki, W. (1985): Zur Unterrichtsplanung im Sinne kritisch-konstruktiver Didaktik. In: Klafki, W. (Hrsg.): Neue Studien zur Bildungstheorie und Didaktik. Weinheim und Basel: Beltz, S. 194–227.

Kron, F./Jürgens, E./Standop, J. (2014): Grundwissen Didaktik. 6., überarb. Aufl. München/Basel: Ernst Reinhardt.

Meyer, H. (1996): Unterrichtsmethoden. 2 Bde. 8. Aufl. Berlin: Cornelsen.

Oser, F./Baeriswyl, F. J. (2001): Choreographies of Teaching: Bridging Instruction to Learning. In: Richardson Virginia (Hrsg.): Handbook of Research on Teaching. Washington: American Educational Research Association, S. 1031–1065.

Piaget, J. (1972): Die Entwicklung des Erkennens. Bd. 1: Das mathematische Denken. Stuttgart: Klett.

Reble, A. (Hrsg.) (1963): Die Arbeitsschule: Texte zur Arbeitsschulbewegung. Bad Heilbrunn: Klinkhardt.

Reich, K. (2011): Konstruktion und Instruktion aus Sicht der konstruktivistischen Didaktik. In: Kiel, E./Zierer, K. (Hrsg.:, Basiswissen Unterrichtsgestaltung, Bd. 2: Unterrichtsgestaltung als Gegenstand der Wissenschaft. Baltmannsweiler: Schneider Verlag Hohengehren, S. 231–245).

Saalfrank, W.-T. (2011): (Heraus)Forderung guter Unterricht. In: Erziehungswissenschaft und Beruf 3, S. 283–297.

Saalfrank, W.-T./Kiel, E. (2013): Wie viele Unterrichtsmethoden gibt es? In: Vierteljahrsschrift für wissenschaftliche Pädagogik 89, H. 4, S. 585–606.

Schratz, M./Steiner-Löffler, U. (1999): Die Lernende Schule: Arbeitsbuch pädagogische Schulentwicklung. 2., korr. Aufl. Weinheim und Basel: Beltz.

Terhart, E. (1989): Lehr-Lernmethoden. Eine Einführung in Probleme der methodischen Organisation von Lehren und Lernen. Weinheim und München: Juventa.

Wember, F.B. (2008): Direkte Förderung gegen den Trend. In: Vierteljahrsschrift für Heilwissenschaften und ihre Nachbargebiete 77, H. 2, S. 98–103.

Wiechmann, J. (Hrsg.) (2000): Zwölf Unterrichtsmethoden. Vielfalt für die Praxis. Weinheim und Basel: Beltz.

Winkel, R. (1982): Die siebzehn Unterrichtsmethoden. In: Gudjons, H. (Hrsg.): Unterrichtsmethoden. Grundlegung und Beispiele. Braunschweig. Pedersen, S. 11–23.

Literaturhinweise

Adl-Amini, B. (1994): Medien und Methoden des Unterrichts. Hrsg. von Petersen, J./Reinert, G.-B. Donauwörth: Auer-Verlag.

Bönsch, M. (2008): Variable Lernwege. Ein Lehrbuch der Unterrichtsmethoden. 4., überarb. und erw. Aufl. Sankt Augustin: Academia-Verlag.

Flechsig, K.-H. (1996): Kleines Handbuch didaktischer Modelle. Eichenzell: Neuland, Verlag für lebendiges Lernen.

Gudjons, H. (2006): Methodik zum Anfassen. Unterrichten jenseits von Routinen. 2., akt. Aufl. Bad Heilbrunn: Klinkhardt.

Hugenschmidt, B./Technau, A. (2008): Methoden schnell zur Hand, m. CD-ROM. 66 schüler- und handlungsorientierte Unterrichtsmethoden. Seelze: Kallmeyer/Klett.

Janssen, B. (2008): Kreative Unterrichtsmethoden Bausteine zur Methodenvielfalt. Wege zum guten Unterricht. 3., überarb. u. erw. Aufl. Braunschweig: Westermann.

Klein, K. (2013): Unterrichtsmethoden klipp und klar Praxishandbuch individuelles, gemeinsames und kooperatives Lernen (5. bis 10. Klasse). Hamburg: AOL-Verlag.

Klippert, H. (2015): Methoden-Training Übungsbausteine für den Unterricht. 20. Aufl. Weinheim und Basel: Beltz.

Klippert, H./Müller, F. (2015): Methodenlernen in der Grundschule. Bausteine für den Unterricht. 8. Aufl. Weinheim und Basel: Beltz.

Kiel, E. (2012): Unterricht sehen, analysieren und gestalten. Bad Heilbrunn/Obb.: Klinkhardt.

Kiel, E. (2010): Unterrichtsforschung. In: Tippelt, R./Schmidt, B. (Hrsg.): Handbuch Bildungsforschung. Wiesbaden: VS Verlag, S. 773–791.

Kiel, E. (1999): Erklären als didaktisches Handeln. Würzburg: Ergon.

Ladentin, V. (2004): Zukunft und Bildung. Entwürfe und Kritiken. Frankfurt a.M.: Peter Lang.

Meyer, H. (2002): Unterrichtsmethoden. In: Kiper, H./Meyer, H./Topsch, W. (Hrsg.): Einführung in die Schulpädagogik. Berlin: Cornelsen, S. 109–121.

Meyer, H. (1991): Didaktische Modelle. Berlin: Cornelsen.

Neubert, S., Reich, K./Voss, R. (2001): Lernen als konstruktiver Prozess. In: T. Hug (Hrsg.). Wie kommt Wissenschaft zu Wissen. Bd. 1 Einführung in wissenschaftliches Arbeiten. Baltmannsweiler: Schneider Verlag Hohengehren, S. 253–266.

Petillon, H. (2010): Das Methodenrepertoire des Lehrers und Schülers. In: Morig, E./Petersen, J. (Hrsg.): Wandlungen komplexer Bildungssysteme. Festschrift für Jürgen Wiechmann. Frankfurt a.M.: Peter Lang, S. 75–92.

Rattay, C. (Hrsg.) (2015): Unterrichtsmethoden sinnvoll eingesetzt. Lehrer entlasten, Schülerleistung steigern. Kronach: Link.
Reich, K. (1996): Systemisch-konstruktivistische Pädagogik. Neuwied: Luchterhand.
Reinmann-Rothmeier, G./Mandl, H. (1997a). Wissensmanagement in der Schule. Profil 10, S. 20–27.
Reinmann-Rothmeier, G./Mandl, H. (1997b): Wissensmanagement: Phänomene – Analyse – Forschung – Bildung. München: Ludwig-Maximilians-Universität.
Saalfrank, W.-T. (2011): Unterrichtsformen. In: Kiel, E./Zierer, K. (Hrsg.): Basiswissen Unterrichtsgestaltung. Bd. 3: Unterrichtsgestaltung als Gegenstand der Praxis. Baltmannsweiler: Schneider Verlag Hohengehren, S. 61–74.
Saalfrank, W.-T. (2010): Das Individuum im Unterricht – Individualisierten Unterricht vorbereiten und gestalten. Erziehungswissenschaft und Beruf 58, H. 2, S. 163–175.
Slavin, R. E. (1996): Education for all. Lisse: Swets/Zeitlinger.
Wiater, W. (1993): Unterrichten und lernen in der Schule. Donauwörth: Auer.
Willmann, O. (1904): Über die Vorbereitung des Lehrers für die Unterrichtsstunden. In: O. Willmann: Aus Hörsaal und Schulstube. Gesammelte kleinere Schriften zur Erziehungs- und Unterrichtslehre. Freiburg: Herder, S. 136–140.

1.6 Medien einsetzen

»*Demgemäß lassen sich Medien als Mittler beschreiben, durch die in kommunikativen Zusammenhängen potenzielle Zeichen mit technischer Unterstützung produziert, übertragen, gespeichert, wiedergegeben oder verarbeitet und in abbildhafter oder symbolischer Form präsentiert werden [...]. In diesem Sinne sind u. a. Tafel und Schreibzeug, Buch und Zeitung, Arbeits- und Diaprojektion, Film und Fernsehen, Radio und andere Tonmedien, Video und weitere Bildmedien sowie Computer – wenn sie in kommunikativen Zusammenhängen eingesetzt werden – Beispiele für Medien*« (Tulodziecki 2011, S. 201).

Stand der Forschung

In obiger Definition nach Tulodziecki werden Medien als Mittler »potenzieller Zeichen« beschrieben, diesem Medienbegriff können alle Medien von Printmedien über audiovisuelle Medien bis hin zu digitalen Medien zugeordnet werden. Medien haben für den Unterricht eine zentrale Bedeutung, da sie ein Mittel zur Unterstützung von Lernprozessen, aber auch zur Motivierung, Veranschaulichung, Aktivierung sowie zur Information sind; genauer kommen ihnen folgende Funktionen zu:
- das Veranschaulichen von Prozess- und Sachverhalten, unter anderem durch Nutzung von Zeitlupen- und Zeitraffertechnik, von Großlupen- und Trickfilmtechnik
- das Ermöglichen von indirekten Erfahrungen, wenn direkte Erfahrungen nicht umsetzbar sind, da beispielsweise der Aufwand oder auch eine mögliche Gefährdung von Schülerinnen und Schülern zu hoch ist
- die Chance, »Formen des sozialen Austausches auch dort zu realisieren, wo unmittelbare persönliche Begegnungen aus organisatorischen Gründen nicht möglich sind oder aus ökonomischen Gründen nicht angemessen oder vertretbar wären« (Tulodziecki 2006)
- im Hinblick auf den Lehr- und Lernprozess wichtige Aufgaben wie ein handlungsorientierter Unterricht (z. B. Herstellen von Präsentationen auf Grundlage von Texten mit entsprechenden Programmen, Erstellen eigener Produktionen) oder das Sammeln von Informationen, um so die Lehrkraft zu entlasten.

Des Weiteren macht Tulodziecki darauf aufmerksam, dass Medien dazu geeignet sind, »um flexiblere und wirkungsvollere Lehr- und Lernverfahren zu unterstützen (z. B. im Sinne der Individualisierung und der Differenzierung des Lernens und Lehrens sowie der Förderung einzelner Schüler). Medien können unter Nutzung des Multiplikationseffektes dazu dienen, für große Schülerpopulationen ein vergleichbares Lehrangebot bereitzustellen, z. B. im Sinne des Ausgleiches von Ausstattungsdefiziten einzelner Schulen bei Experimentiergeräten oder eines (bedingten) Ausgleichs von Defiziten der Lehreraus- und Lehrerfortbildung« (Tulodziecki 2006). Nicht zu vergessen ist auch die

Medienanalyse und Medienkritik im Unterricht, damit ein verantwortungsvoller und differenzierter Umgang mit Medien und ihrer Nutzung erzielt wird, der auch Manipulationsmöglichkeiten aufdeckt.

Hervorzuheben bleibt auch, dass gerade der Einsatz sogenannter neuer Medien, wie Internet und Computer im Rahmen von E-Learning, zu positiven Lerneffekten führen kann, wie dies u. a. empirische Studien aus den USA belegen, z. B. die ältere von Hattie angeführte Studie von Kulik/Kulik (1991). Dennoch weist Hattie in diesem Zusammenhang nach, dass neuere Techniken nicht zwangsläufig zu höheren Effekten in der Korrelation zwischen der PC-Nutzung und der Lernleistung führen (Hattie 2013). Der Einsatz von Computern ist effektiver,

- wenn es eine Vielfalt an Lehrstrategien gibt,
- wenn es eine Vortraining für die Nutzung von Computern als Lehr- und Lernwerkzeug gibt,
- wenn es multiple Lerngelegenheiten gibt (z. B. bewusstes Üben, zunehmende aktive Lernzeit),
- wenn die Lernenden, und nicht die Lehrperson ›Kontrolle‹ über das Lernen ausüben,
- wenn das Peer-Lernen optimiert wird,
- wenn das Feedback optimiert wird (Hattie 2013).

Checklisten

Grunder et al. (2007, S. 131 f.) haben eine Liste zusammengestellt, die verschiedene Medien im Hinblick auf ihre Funktion sowie ihre Vor- und Nachteile für den schulischen Unterricht kurz erläutert und Hinweise zur Anwendung gibt. Drei der dort aufgeführten werden hier leicht modifiziert wiedergeben (Tab. 10):

Medium	Eignung	Vorteile	Nachteile	Tipps
Modell	• Reproduktion der Wirklichkeit im Maßstab (1:...) • Möglichkeit zur Vereinfachung/ Vergrößerung/ Verkleinerung • einfache Abläufe zeigbar	• dreidimensionale Darstellung • mit Augen und Händen fassbar • evtl. Selbsttätigkeit • beliebige Wiederholbarkeit	• je nach Modell: – Stabilität – Sichtkontakt – Aufwand zur Herstellung	• Sichtkontakt überprüfen

Medium	Eignung	Vorteile	Nachteile	Tipps
Video/ DVD	• Darstellung von Abläufen, Handlungen, Stimmungen • Darstellung komplizierter Sachverhalte • Videosequenz als Startimpuls	• Bild und Ton • bewegte Bilder • Technik (Zeitlupe, Zeitraffer, Tricks) • Gefühle werden geweckt • Überspringen von Szenen • selbst herstellbar • Wiederholungsmöglichkeit	• oft zu kleine Bildschirme • Flimmern	• mit Inhalt und Technik vertraut machen • Einführung/ Auswertung planen • Sichtkontakt organisieren • evtl. Pausen dazwischenschalten • rechtzeitig reservieren/ bestellen • Verleihstellen • Schulfernsehsendungen
Computer	• mechanisierende Übung • Plan- und Simulationsspiele • interaktive Lernprogramme • Verarbeitung von Informationen • Herstellung von Blättern, Texten, Übungsmaterial • Informationssuche (Internet)	• Selbsttätigkeit • eigenes Tempo • Wiederholbarkeit • logischer Aufbau • Erfolgschancen • Kontrollmöglichkeit	• Bildschirm eher zu klein • Ermüdung • Monotonie • komplizierte Systeme	• vor dem Einsatz selber ausprobieren (Technik, Inhalt der Programme ...) • Einführung überlegen

Tab. 10: Beispiele für Medien (Grunder et al. 2007, S. 131 f.)

Wichtig sind auch Medien wie Wandtafel/Whiteboard/Smartboard/Flipchart/Overheadprojektor, die allesamt Medien sind, bei denen Gedankengänge bzw. Themen entwickelt werden und der Inhalt entsprechend bearbeitet werden kann.

Die klassische Wandtafel, heute auch als Whiteboard oder Smartboard in der Schule anzutreffen, eignet sich für Stichwortnotizen und kurzen Texte ebenso wie für einfache und schematische Zeichnungen. Es können auf ihr im Hinblick auf das Arbeitstempo der Klasse schrittweise Tafelanschriebe entwickelt werden, wobei wichtig ist, immer auf die Lesbarkeit und Größe des Anschriebs zu achten. Hier helfen Skizzen, die man zu Hause anfertigen kann. Problematisch bei Tafelnutzung ist der mangelnde Sichtkontakt zur Klasse (zugedrehter Rücken), und dass man die Produkte bei Nutzung einer Wandtafel bzw. eines Whiteboards nicht konservieren kann. Abhilfe kann hier das Smartboard schaffen, bei dem man Tafelaufschriebe abspeichern und in der nächsten Stunde wieder verwenden kann. Ähnlich wie die Tafelnutzung ist auch die Arbeit mit Flipchart und Overheadprojektor. Bei diesen beiden Medien ist eine Aufbewahrung der Produkte ebenfalls möglich. Die Flipchart ist durch die Möglichkeit ihres Transports auch im Freien nutzbar. Alternativ zur Flipchart sind auch braunes Packpapier bzw. eine Wandzeitung möglich. Beim Overheadprojektor kommt hinzu, dass es zum Teil fertige Folien gibt, die man einsetzen kann und dass Folien auch in der Arbeit von und mit Schülerinnen und Schülern entstehen können. Wichtig ist, dass immer auch die technische Funktionsfähigkeit sichergestellt und eine Verdunklung möglich ist, damit die Folien gezeigt werden können.

Es gibt noch weitere Möglichkeiten in der Schule, um einen Medieneinsatz zu ermöglichen. Dies reicht von der Anwendung von Smartphones, Notebooks, Tablets bis hin zum bereits erwähnten Smartboard, das mittlerweile in viele Schulen schon Einzug gehalten hat (Kohls 2010).

Grenzen und Risiken

Grenzen im Umgang mit Medien, insbesondere mit den Neuen Medien, sind vor allem in der Medienkompetenz der Lehrkräfte, aber auch der Schüler/innen begründet. Besonders in höheren Klassen gibt es immer wieder Lehrer/innen, die sich mit der Situation auseinandersetzen müssen, dass Schüler/innen ihnen im Umgang mit und im Wissen über Medien überlegen sind, und die Lehrkräfte hier an Grenzen stoßen, dies vor allem bedingt durch den rasanten technischen Wandel. Hierin liegt jedoch auch eine Chance für Lehrkräfte begründet, nämlich im Rahmen einer kritischen Medienerziehung, die die Schüler/innen zum kritischen und kompetenten Umgang mit den vielfältigen Produkten der Medienwelt befähigt. Durch die Verbindung der Erfahrungswelt der Lehrkräfte mit den Medienwelten der Schüler/innen kann als Ziel der schulischen Medienerziehung die Hilfe der Lehrkräfte bei der kritischen Bewertung dieser Medienwelten durch die Schüler/innen angesehen werden. Das bedeutet, dass durch den Erwerb medienkritischen Wissens im Unterricht die Schüler/innen dazu befähigt werden können, ihren eigenen Umgang mit den verschiedensten Medien zu hinterfragen, was dann mit dem Ziel der Medienkompetenz verbunden ist. Ein weiterer Aspekt im Umgang mit Medien, insbesondere mit Neuen Medien liegt auch darin begründet, dass die teils existierende Medienkluft (die sich nicht unbedingt auf die Ausstattung mit Geräten, sondern auch auf den Zugang oder die Art der Nutzung bezieht) zwischen Kindern und Jugendlichen, die in ihrem familiären Umfeld wenig oder keinen Zugang zu einem Computer haben oder zu Hause keine für die Schule nutzbaren Techniken (z. B. Recherche) erlernen, und denen, die über die entsprechenden Geräte und Zugänge verfügen, gegebenenfalls überbrückt werden muss.

Darüber hinaus ist es wichtig, den Medieneinsatz so zu gestalten, dass er das Lernen unterstützt und nicht das Lernen ersetzt. So spricht u. a. Lerche (2009) von drei Mythen, die zu Frühzeiten des E-Learning als positive Eigenschaften dem Lernen mit Medien zugesprochen wurden, sich aber als nicht zutreffend herausgestellt haben. Gleichzeitig zeigen diese Mythen auch die Grenzen der Mediennutzung im Unterricht auf. Ein Mythos besagt, dass es einen motivierenden Effekt von Medien aufgrund ihres Neuigkeitscharakters gäbe – dies trifft nicht mehr zu und ist in empirischen Studien nicht mehr nachweisbar ist (Weidenmann 2001). Ein weiterer Mythos ist die Annahme, dass das Lernen über computerbasierte Anwendungen schneller, besser oder effektiver funktionieren soll (Kerres 2002; auch Salomon 1984). Als ebenso fraglich hat sich herausgestellt, dass die Behaltens- und Verständnisleistung bei multimedialem Lernen grundsätzlich höher ist als beim Lernen aus Texten. Diese Annahme hat sich mittlerweile als naiv herausgestellt, da es keinerlei gesicherte wissenschaftliche Quelle gibt, die diese Annahme entsprechend unterstützt (Weidenmann 2002).

Fallbeispiel

Eine Möglichkeit innovativer Medienarbeit liefert das folgende Fallbeispiel. Unter dem Dach des Hamburger Landesinstituts für Lehrerbildung und Schulentwicklung und in Kooperation mit dem jaf – Verein für medienpädagogische Praxis Hamburg e. V. gibt es für die gymnasiale Oberstufe im Fach Kunst das Projekt »MobileMovie – Urbane Mobilität im künstlerischen Handyfilm«. Dieses Projekt führt städtisches Leben, aktuelle Medien und den Alltag von Jugendlichen zusammen. In der Selbstbeschreibung heißt es:

> »*Mobilität, die Möglichkeit zum schnellen Ortswechsel und vernetzte Kommunikation bestimmen den Alltag von Jugendlichen. […] Ausdruck von Mobilität sind auch die bewegten Bilder eines Films. Beim Handyfilm, im Englischen ›MobileMovie‹ genannt, besteht eine besonders enge Verknüpfung zur Mobilität, sowohl bei der Aufnahme als auch bei der Präsentation. Der Clip wird freihändig ohne Stativ gedreht und über Bluetooth weitergegeben oder auf Videoportale hochgeladen. MobileMovie knüpft hier filmisch an und reagiert mit bewegten Bildern auf Bewegung. Jugendliche der Jahrgänge 9 bis 13 befestigen ihr Handy für Videoaufnahmen am eigenen Körper, an Objekten oder bringen es in ungewöhnliche Positionen. Begleitet von Medienpädagogen im Unterricht entstehen Clips, die urbane Räume aus neuen und inspirierenden Kameraperspektiven zeigen. Die Filme werden im öffentlichen Raum auf Projektionsflächen […] präsentiert.*«

Literatur

Gross, F. v./Meister, D. M./Sander, U. (Hrsg.) (2015): Medienpädagogik – ein Überblick. Weinheim und Basel: Beltz Juventa.

Grunder, H.-U./Ruthemann, U./Scherer, S./Singer, P./Vettiger, H. (2007): Unterricht verstehen – planen – gestalten – auswerten. Baltmannsweiler: Schneider Verlag Hohengehren.

Hattie, J. (2013): Lernen sichtbar machen. Beywl, W./Zierer, K. (Übers.): Baltmannsweiler: Schneider Verlag Hohengehren.

Kerres, M. (2002): Wirkungen und Wirksamkeit neuer Medien in der Bildung. In: Keil-Slawik, R./Kerres, M. (Hrsg.): Education Quality Forum. Wirkungen und Wirksamkeit neuer Medien. Münster: Waxmann, S. 31–44.

Kohls, Ch. (2010): Mein Smart Board. Das Praxisbuch für den erfolgreichen Einsatz im Unterricht. Augsburg.

Kulik, C./Kulik, J. A. (1991): Effectiveness of computer-based instruction: An update analysis. In: Computer in Human behaviour, 7, S. 75–94.

Lerche, T. (2009): Lernen muss man immer noch selbst! In: Dittler, U./Krameritsch, J./Nistor, N./Schwarz, C./Thillosen, A. (Hrsg.): E-Learning: Eine Zwischenbilanz. Kritischer Rückblick als Basis eines Aufbruchs. Münster: Waxmann, S. 165–178.

MobileMovie www.mobilemovie-hamburg.de/ (Abruf: 24.01.2017)

Tulodziecki, G. (2011): Medien im Unterricht. In: Kiel, E./Zierer, K. (Hrsg.): Basiswissen Unterrichtsgestaltung. Bd. 2 Unterrichtsgestaltung als Gegenstand der Wissenschaft. Baltmannsweiler: Schneider Verlag Hohengehren, S. 199–212.

Tulodziecki, G. (2006): Funktionen von Medien im Unterricht. In: Arnold, K.-H./Sandfuchs, U./Wiechmann, J. (Hrsg.): Handbuch Unterricht. Bad Heilbrunn: Klinkhardt, S. 387–395.

Weidenmann, B. (2006): Lernen mit Medien. In: Krapp, A./Weidenmann, B. (Hrsg.): Pädagogische Psychologie. 5. Aufl. Weinheim und Basel: Beltz.

Weidenmann, B. (2002): Multicodierung und Multimedia im Lernprozess. In: Issing, L. J./Klimsa, P. (Hrsg.) Information und Lernen mit Multimedia. Weinheim und Basel: Beltz PVU, S. 45–61.

Literaturhinweise

Gardner, C./Thielen, S. (2015): Didaktische Prinzipien für E-Learning. Berlin: wvb.

Herzig, B. (2001) (Hrsg.): Medien machen Schule. Grundlagen, Konzepte und Erfahrungen zur Medienbildung. Bad Heilbrunn: Klinkhardt.

Nistor, N./Schirlitz, S. (2015): Digitale Medien und Interdisziplinarität. Herausforderungen, Erfahrungen, Perspektiven. Münster: Waxmann.

Peterßen, W. H. (2000): Handbuch Unterrichtsplanung. Grundfragen, Modelle, Stufen, Dimensionen. 9., akt. und überarb. Aufl. München: Oldenbourg.

Pola, A./Haage, A. (2015): Ohne Medien keine Inklusion. Aktive Medienarbeit schafft soziales Miteinander. In: Praxis Fördern 2, S. 4–6.

Salomon, G. (1984): Television is »easy« and print is »tough«: The differential investment of mental effort in learning as a function of perceptions and attributions. In: Journal of Educational Psychology, 76, 4, S. 647–658.

Topsch, W. (2002): Neue Medien im Unterricht. In: Kiper, H./Meyer, H./Topsch, W. (Hrsg.): Einführung in die Schulpädagogik. Berlin: Cornelsen, S. 109–122.

Tulodziecki, G./Herzig, B. (2004): Mediendidaktik. Medien in Lehr- und Lernprozessen. Stuttgart: Klett-Cotta.

Weidenmann, B. (2001): Lernen mit Medien. In: Krapp, A./Weidenmann, B. (Hrsg.): Pädagogische Psychologie. Weinheim und Basel: Beltz PVU, S. 415–466.

1.7 Motivieren

»Aktivierung der Lern- und Handlungsbereitschaft von Schülern im Wechselspiel zwischen pädagogischen Anregungen im Unterricht und persönlichen Einstellungen (z. B. dem Leistungsmotiv)« (Schaub/Zenke 2007, S. 443).

Stand der Forschung

Motivation ist ein sehr komplexes Thema, das sich durch eine breite und sehr differenzierte Forschung auszeichnet. Motivation kann als eine grundlegende Voraussetzung für gute Leistungen und erfolgreiches Lernen gesehen werden, d. h. sie dient der Anregung und Erhaltung der Lust am Lernen, und sie zeigt sich im Wunsch eines jeden Menschen, etwas zu gestalten, auszuprobieren und zu bewirken (Smolka 2002) oder, wie es das Eingangszitat deutlich macht, sie gilt als Aktivierung für die Lernenden. Für das Gelingen von Unterricht ist der Faktor der Motivation somit sehr entscheidend, und das Motivieren als Teil des Lehrerhandelns wird in allen noch so unterschiedlichen Darstellungen von Unterrichtsprinzipien prominent platziert. In der Darstellung des Stichworts Motivieren wird nun auf einige zentrale Begriffe und Ansätze eingegangen, die für das Verständnis von Motivation und Motivierung notwendig sind. Zunächst zu den Motiven:

- *Motive* sind erster Linie Beweggründe, Gründe also, die das Individuum dazu bewegen, eine Handlung zu vollziehen. Nach Rosenstiel (2000) bezeichnen Motive eine zeitlich relativ überdauernde, inhaltlich spezifische psychische Disposition. Sie sind zum Teil angeboren oder reifen nach einer für die Art kennzeichnenden Gesetzlichkeit oder werden im Zuge der Sozialisation in einer Person entwickelt. Weiterhin bilden Motive ein relativ stabiles, kognitives, affektives und wertgerichtetes Teilsystem der Person.
- Der nächste zentrale Begriff ist der der *Motivation*. Allgemein gesagt kann man zwischen intrinsischer und extrinsischer Motivation unterscheiden. Ein Individuum handelt dann intrinsisch motiviert, wenn es aus Interesse, Neugier, Spaß, Freude etc. eine Handlung ausführt, an eine Lernsituation herangeht und aus der Lösung einer Aufgabe oder eines Problems eine Befriedigung zieht. Die Handlung ist aus sich heraus bereits Belohnung genug. Wird jemand »von außen« zu einer Handlung, zum Lernen veranlasst, spricht man von extrinsischer Motivation. Die Ausführung der Handlung ist an äußerliche Belohnungen, wie Lob, bessere Noten, Sympathie der Lehrkraft gegenüber etc. gebunden, während die Nicht-Ausführung an Bestrafung, z. B. Tadel, schlechte Noten etc. geknüpft ist (für eine differenzierte Betrachtung siehe Braune 2012).
- *Motivierung* ist in diesem Sinne immer der Prozess, der zur Motivation führt, d. h. dass die Motivation den zu erreichenden Endzustand, also das Produkt, darstellt. So

wird im Rahmen der Schulpädagogik und hier insbesondere im Bereich der Unterrichtsprinzipien von Motivierung gesprochen.
- Aus Sicht der Pädagogischen Psychologie sind noch die beiden Bereiche der *Lernmotivation* und der *Leistungsmotivation* zu unterscheiden. Heckhausen definiert das Leistungsmotiv als »[…] das Bestreben, die eigene Tätigkeit in all jenen Tätigkeiten zu steigern oder möglichst hoch zu halten, in denen man Gütemaßstäbe für verbindlich hält und deren Ausführung deshalb gelingen oder misslingen kann« (Heckhausen 1968, zit. nach Lukesch 1997, S. 149). Das erzielte Handlungsresultat wird vom Handelnden daraufhin bewertet, inwieweit er damit einen bestimmten Gütegrad erreicht hat. Es entstehen sowohl Erfolgs- als auch Misserfolgserlebnisse. Die Auswirkung von Erfolg und Misserfolg hängt entscheidend davon ab, welche Ursachen (Kausalattribuierung) man für das eigene Abschneiden verantwortlich macht. Personen, bei denen die Hoffnung auf Erfolg größer ist als die Furcht vor Misserfolg, erklären Erfolge durch stabile und internale Faktoren (Person), Misserfolge hingegen durch externale Einflüsse (Umwelt). Personen, bei denen die Furcht vor Misserfolg größer ist als die Hoffnung auf Erfolg, erklären Erfolge external, Misserfolge stabil und internal (Lukesch 1997, S. 150).

Neben dem eben geschilderten Leistungsaspekt ist die Lernmotivierung ein weiterer zentraler Bereich der Motivation. Unter Lernmotivation ist nach Heckhausen »… die momentane Bereitschaft eines Individuums zu verstehen, seine sensorischen, kognitiven und motorischen Funktionen auf die Erreichung eines Lernzieles zu richten und zu koordinieren« (Heckhausen 1968, zit. nach Lukesch 1997, S. 160). Lernerfolg stellt sich jedoch nicht allein durch die Lernmotivation ein, sondern sie ruft Lernaktivitäten und deren Qualität hervor, die für den Lernerfolg relevant sind. Die/Der Lernende sucht sich diejenige zur Verfügung stehende Handlung aus, die ihr/ihm am effizientesten erscheint. Hinzu kommt, so Lukesch (1997), dass mit jeder Lernaktivität auch ein spezifischer Tätigkeitsanreiz verbunden ist.

Einen weiteren wichtigen Ansatz liefert die Selbstbestimmungstheorie von Deci und Ryan (1993). Demnach sind für eine möglichst selbstbestimmte Motivation insbesondere die Faktoren soziale Eingebundenheit, Autonomieerleben und Kompetenzerleben bedeutsam. Realistische Ziele, bei denen die/der Schüler/in die Mitbestimmung bei der Zielerreichung nicht aus der Hand gibt, also die Ziele nicht fremd- sondern selbstgesteuert verfolgt, und Korrekturmöglichkeiten innerhalb des Lernprozesses hat, erzeugen gleichzeitig auch ein größeres Interesse daran, an den selbst gesteckten Zielen zu arbeiten. Interesse und Lernmotivierung hängen somit sehr stark zusammen, auch wenn sich sowohl im Alltag als auch in der Wissenschaft bei dem Begriff Interesse Bedeutungsunterschiede zeigen. Einen historischen Überblick dazu liefert u. a. Schiefele (1996). Er kommt zu folgenden Gemeinsamkeiten:
– Interessen sind auf Gegenstände bezogen und Handlungen ein integraler Bestandteil des Interesses.

- Interessensorientierte Handlungen sind (bei »unmittelbarem« Interesse) selbstgesteuert, relativ unabhängig von externen Einflüssen oder instrumentellen Überlegungen.
- Interesse wird meist mit Wertüberzeugungen und positiven Gefühlen in Zusammenhang gebracht.
- Interesse hat einen direkt oder indirekt bedeutsamen Einfluss auf den Erwerb von Wissen sowie auf die Betonung des Zusammenhangs zwischen Interesse und Aufmerksamkeit, die Qualität von Lernergebnissen und die Dauerhaftigkeit des Gelernten.

Diese Punkte finden sich auch bei Hattie (2013, S. 58), der insbesondere auf Studien hinweist, die betonen, dass ein wichtiger Motivationsfaktor die Kontrolle über das eigene Lernen und den eigenen Lernfortschritt darstellt, was sich dann positiv auch auf das Lernergebnis (Outcome) auswirkt. Dies fließt auch mit ein in den Aspekt der Entwicklung und Förderung »einer positiven Haltung gegenüber der schulischen Arbeit«, was »sowohl ein Wegbereiter für größeres Engagement als auch ein lohnenswerter Outcome an sich sein« kann (Hattie 2013, S. 89).

Checklisten

Das Modell von Keller bietet in den vier Dimensionen Aufmerksamkeit, Relevanz, (Erfolgs-)Zuversicht und Zufriedenheit mit den hier jeweils vorgestellten Handlungsmöglichkeiten eine gute Grundlage, Motivation auf vielfältige Weise zu erreichen (Keller 1982; Braune 2012). Die Darstellung des Modells folgt der aktuellen Beschreibung und Interpretation von Niegemann et al. (2008, S. 369 ff.) und wird hier in modifizierter Form wiedergegeben (Tab. 11–14):

Aufmerksamkeit (Attention) Gewinnen und Aufrechterhalten der Aufmerksamkeit bzw. des Interesses der Lernenden		
Prozessfragen	*Subkategorie*	*Erläuterung*
»Was kann ich tun, um das Interesse der Lernenden zu wecken?«	»A1: Orientierungsverhalten provozieren«	»*A1: Orientierungsverhalten provozieren (perceptual arousal):* Die Aufmerksamkeit der Lernenden kann durch das Verwenden neuer, überraschender, widersprüchlicher und ungewisser Ereignisse gewonnen und aufrechterhalten werden.«

»Wie kann ich Fragehaltungen anregen?«	»A2: Neugier bzw. Fragehaltungen anregen«	»A2: Neugier bzw. Fragehaltungen anregen (inquiry arousal): Informationssuchendes Verhalten soll stimuliert werden, indem Lernende mit Fragen oder zu lösenden Problemen konfrontiert bzw. veranlasst werden, Fragen oder Probleme selbst zu formulieren.«
»Wie kann ich die Aufmerksamkeit der Lernenden aufrechterhalten?«	»A3: Abwechslung«	»A3: Abwechslung (variability): Die Variation der Instruktionselemente ist eine der wichtigsten Maßnahmen zur Aufrechterhaltung des Lernerinteresses.«

Tab. 11: Die Aufmerksamkeitsdimension

Relevanz (Relevance)
Vermittlung der Nützlichkeit der Lerneinheit für die Erreichung persönlicher Ziele und für die Befriedigung bestimmter Bedürfnisse

Prozessfragen	*Subkategorie*	*Erläuterung*
»Wie kann ich am besten den Erwartungen und Bedürfnissen der Lernenden begegnen?«	»R1: Lehrzielorientierung«	»R1: Lehrzielorientierung (goal orientation): Es sind Aussagen oder Beispiele zu den Zielen und zur Nützlichkeit der Instruktion anzugeben. Der Lerner soll über Ziele für (hohe) Leistungen informiert werden, außerdem soll ihm die Möglichkeit gegeben werden, sie selbst festzulegen.«
»Wie und wann sollte ich den Lernenden angemessene Wahlmöglichkeiten zur Verfügung stellen und ihnen Verantwortung übertragen?«	»R2: Anpassung an Motivationsprofile«	»R2: Anpassung an Motivationsprofile (motive matching): Lehrstrategien, die zu der jeweiligen Motivstruktur der Lerner passen sind zu bevorzugen.«
»Wie kann ich die Instruktion mit den Erfahrungen der Lernenden verknüpfen?«	»R3: Vertrautheit«	»R3: Vertrautheit (familiarity): Es sollen ein konkreter Sprachstil, anschauliche Begriffe und Beispiele, die Bezüge zu Erfahrungen bzw. Werten der Lerner aufweisen, verwendet werden.«

Tab. 12: Die Relevanzdimension

Erfolgszuversicht (Confidence)
Aufbau einer positiven Erfolgserwartung und Kompetenzmeinung sowie Wahrnehmung eigener Kontrolle

Prozessfragen	Subkategorie	Erläuterung
»Wie kann ich den Aufbau einer positiven Erfolgserwartung unterstützen?«	»C1: Lernanforderungen«	»C1: Lernanforderungen (learning requirements): Leistungsanforderungen und Bewertungskriterien sollten den Lernenden bewusst gemacht werden.«
»Wie kann die Wahrnehmung der eigenen Kompetenz (Kompetenzmeinung) unterstützt und gefördert werden?«	»C2: Gelegenheiten für Erfolgserlebnisse«	»C2: Gelegenheiten für Erfolgserlebnisse bieten (success opportunities): Innerhalb eines Lehrprogramms sollen unterschiedliche Leistungsniveaus angeboten werden, die es dem Lerner gestatten, individuelle Anspruchsniveaus und persönliche Leistungsstandards zu setzen. Es sollten Gelegenheiten geboten werden, Leistungen zu erbringen und Erfolgserlebnisse zu haben.«
»Wie kann ich die Lernenden darin unterstützen, ihre Anstrengungen und ihre Fähigkeiten als Ursachen für ihren Erfolg wahrzunehmen (Kontrollmeinung)?«	»C3: Selbstkontrolle«	»C3: Selbstkontrolle (personal control): Rückmeldungen sollen die Fähigkeit und Anstrengung des Lerners als Erfolgsursachen betonen. Die Möglichkeit zur Selbstbestimmung des Lernweges und des Lerntempos ist vorteilhaft.«

Tab. 13: Die Dimension Erfolgszuversicht

Zufriedenheit (Satisfaction)		
Angebot attraktiver Handlungsmöglichkeiten, Belohnungen, Rückmeldungen und Möglichkeiten zur Einschätzung der eigenen Leistung		
Prozessfragen	*Subkategorie*	*Erläuterung*
»Wie kann ich den Lernenden sinnvolle Möglichkeiten zur Anwendung ihres neu erworbenen Wissens bieten?«	»S1: Natürliche Konsequenzen«	»*S1: Natürliche Konsequenzen, intrinsische Verstärkung (intrinsic reinforcement):* Es sind Gelegenheiten zu bieten, neu erworbenes Wissen bzw. neu erworbene Fähigkeiten in realen oder simulierten Umgebungen anzuwenden.«
»Wie kann ich erwünschtes Verhalten der Lerner aufrechterhalten?«	»S2: Positive Folgen«	»*S2: Positive Folgen, extrinsische Belohnungen (extrinsic rewards):* Rückmeldungen und Bekräftigungen sollen geeignet sein, das jeweils erwünschte Verhalten aufrechtzuerhalten. Im Gegensatz zur intrinsischen Verstärkung liegt die Bekräftigung hier nicht in der Tätigkeit, sondern in ihrer Folge (Folgenanreize). Folgenanreize können in Form von Rückmeldungen oder Belohnungen gegeben werden.«
»Wie kann ich den Lernern helfen, ihre eigenen Leistungen positiv zu bewerten?«	»S3: Gleichheit, Gerechtigkeit«	»*S3: Gleichheit, Gerechtigkeit (equity):* Beurteilungsmaßstäbe und Konsequenzen erbrachter Leistungen müssen stets in sich stimmig sein.«

Tab. 14: Die Zuversichtsdimension

Grenzen und Risiken

Bedingt durch die Individualität jedes Menschen lassen sich bereits bei Kleinkindern und Kindern im Vorschulalter Unterschiede im Hinblick auf die Intensität der Zuwendung zu neuen Dingen, Ereignissen und Erfahrungen feststellen. So sind, wie Berg und Sternberg beschrieben haben, insbesondere Aspekte wie Art und Ausdauer der Beschäftigung bzw. auch die mit der Erforschung neuer Sachverhalte verbundene Freude recht unterschiedlich (Berg/Sternberg 1985). Dies ergibt sich auch aus der Definition von Motiven, die sich als persönliche Dispositionen der Bestimmung durch andere entziehen. Dem Fördern von Motivation durch die Lehrkraft sind somit durch die Persönlichkeitsstruktur des Einzelnen gewisse Grenzen gesetzt.

Hinderlich für die Motivation sind aber auch soziale und emotionale Aspekte. So können das spezifische Klassenklima (Bessoth 1989), aber auch Mobbing etc. negative Auswirkungen auf die Motivation von Schülerinnen und Schülern haben. Emotionen, die mit Angst und Unsicherheit besetzt sind, wirken ebenfalls demotivierend und negativ auf Arbeitsklima bzw. Zufriedenheit und Wohlbefinden innerhalb der Lerngruppe. Positiv empfundene Situationen können Lernen mit Freude und Lust verbinden und die Einzelne/den Einzelnen dazu anregen, Lernhandlungen zu wiederholen. Andere Handlungen, mit denen negative Erfahrungen (Misserfolge, zu starke Fehler- und Defizitorientierung seitens der Lehrkraft) verbunden sind, können hingegen zu Lern- und Leistungsunlust führen. Motivation begründet sich dann nur aus Konsequenzen, die sich aus der Fehlervermeidung ergeben.

Dennoch ist Motivation bzw. die Motivierung als unterrichtliches Handeln eine der wichtigsten Strategien von Lehrkräften, mit denen sie zum Gelingen des Unterrichts beitragen können. Beachten sollten sie jedoch die individuellen Dispositionen, wenn der Versuch der Motivierung zum Erfolg führen soll.

Fallbeispiel

Im Rahmen des Offenen Unterrichts haben Zehnpfenning und Zehnpfennig (1995, S. 10 f.) die Methode des »weißen Blatts« entwickelt, die Peschel (1996) in sein Konzept des Offenen Unterrichts einbaute und weitergedacht hat. Die folgende Situationsbeschreibung zeigt sehr deutlich die motivierende Wirkung dieses Ansatzes, die insbesondere auch durch den hohen Grad der Freiheit des Lernens positiv beeinflusst wird (Fölling-Albers/Hartinger 2002):

> *»Der Tag beginnt ›offen‹, d. h. die Schüler treffen sich zu Schulbeginn in der Klasse, haben aber noch Zeit […] kleine Sachen zu erledigen. […] Nach dem kurzen Austausch verabschieden sich die Schüler einzeln aus dem Kreis, indem sie der Gruppe bzw. der Lehrerin mitteilen, was sie heute vorhaben. […] Zum Schluss hat sich fast jeder etwas vorgenommen. […] Die Kinder gehen an ihre Plätze an Tischen, die an den Wänden des Raumes verteilt sind. Es gibt keine zentrale Stelle, auf die der Arbeitsort ausgerichtet ist […] Einige Kinder schreiben an eigenen Geschichten weiter, ein paar Kinder sogar an umfangreichen Büchern […]. Andere Schüler denken sich Rechengeschichten […] aus oder erfinden Aufgaben für ihre ›Minusbücher‹. […]. Der Sachunterricht verläuft mehrgleisig: einerseits steht den Kindern jederzeit die Bearbeitung eines eigenen Themas frei, andererseits gibt es Themenschwerpunkte […]«* (Peschel 1996, S. 26 f.)

Literatur

Berg, C. A./Sternberg, R. J. (1985): Response to novelty: Continuity versus discontinuity in the developmental course of intelligence. In: Advances in Child Development and Behaviour, 19, S. 1–47.
Braune, A. (2012): Motivation. In:. E. Kiel (Hrsg.): Unterricht sehen, analysieren und gestalten. 2., überarb. Aufl. Bad Heilbrunn: Klinkhardt, S. 37–64.
Deci, E. L./Ryan, R. M. (1993): Die Selbstbestimmungstheorie der Motivation und ihre Bedeutung für die Pädagogik. In: Zeitschrift für Pädagogik, 39, H. 2, S. 223–238.
Hattie, J. (2013): Lernen sichtbar machen. Beywl, W./Zierer, K. (Übers.), Baltmannsweiler: Schneider Verlag Hohengehren.
Heckhausen, H. (1968): Förderung der Lernmotivation und der intellektuellen Tüchtigkeiten. In: H. Roth (Hrsg.): Begabung und Lernen. Stuttgart: Klett, S. 193–228.
Keller, J. M. (1983): Development and Use of the ARCS Model of Motivational Design. Enschede, Netherlands: Twente Univ. of Technology.
Lukesch, H. (1997): Affektiv-motivationale Bedingungen schulischen Lernens. In: H. Lukesch (Hrsg.): Einführung in die Pädagogische Psychologie. Regensburg: Roderer, S. 139–178.
Peschel, F. (1996): Offener Unterricht am Ende – oder erst am Anfang? Bericht Nr. 2 Projekt OASE. Primarstufe. Siegen: FB 2 der Universität-Gesamthochschule Siegen.
Rosenstiel, L. v. (2000): Grundlagen der Organisationspsychologie. (4. Aufl). Stuttgart: Schäffer-Pöschel.
Schiefele, U. (1996): Motivation und Lernen mit Texten. Göttingen: Hogrefe.
Smolka, D. (2002) (Hrsg.): Schülermotivation. Konzepte und Anregungen für die Praxis. Neuwied: Luchterhand.
Wiater, W. (2001): Unterrichtsprinzipien. Donauwörth: Auer.
Zehnpfennig, H./Zehnpfennig, H. (1995): Das Arbeitsblatt: Für und Wider. In: Grundschulunterricht, 42, H. 1, S. 10–27.

Literaturhinweise

Fölling-Albers, M./Hartinger, A. (2002): Schüler motivieren und interessieren. Ergebnisse aus der Forschung, Anregungen für die Praxis. Bad Heilbrunn: Klinkhardt.
Grone-Lübke, W. v./Petersen, J. (2013): Motivieren können. Motivation in Theorie und Praxis. Ein praxisorientiertes Studien- und Arbeitsbuch. Augsburg: Brigg.
Mühlhausen, U. (2015): Die Schüler und Schülerinnen motivieren und kognitiv aktivieren. In: Pädagogik, 67, H. 2, S. 42–46.
Naumann, K. (2004): Anleitung von Eltern und Erziehern zur Hausaufgabenbetreuung in Lauth, G. W./Grünke, M./Brunstein, J. C. (Hrsg): Interventionen bei Lernstörungen. Förderung, Training und Therapie in der Praxis. Göttingen: Hogrefe, S. 197–208.
Reitzer, C. (2014): Erfolgreich lehren. Ermutigen, motivieren, begeistern. Berlin: Springer VS.
Rheinberg, F. (2004): Motivation. Grundrisse der Psychologie. Stuttgart. Kohlhammer.
Schaub, H./Zenke, K. G. (2007): Wörterbuch der Pädagogik. München: dtv.

1.8 Differenzierung

»Differenzierung bezeichnet alle Maßnahmen schul- und unterrichtsorganisatorischer Art, die zur Förderung von Schülern oder von Lerngruppen aufgrund unterschiedlicher Neigungen, Begabungen, Interessen, Schwächen und Stärken unter Berücksichtigung des jeweiligen Entwicklungsstandes ergriffen werden, was zu einer Individualisierung des Unterrichts beiträgt« (Saalfrank 2012, S. 66).

Stand der Forschung

Die Verschiedenheit der Schülerinnen und Schüler, mit der die Lehrkräfte in den Klassen zu tun haben, ist zwar keine neue Erkenntnis, rückt aber, bedingt durch gesellschaftliche Transformationsprozesse (Individualisierungs- und Ausdifferenzierungstendenzen in der Gesellschaft, Migration, Globalisierung, stärkere Wahrnehmung von sozialer Ungleichheit, aber auch von Spezialbegabungen), mehr und mehr ins Bewusstsein. Gerade auch im Bereich der Schule wird der Aspekt der Heterogenität nun stärker berücksichtigt. Dies ist vor allem auf die Ergebnisse von Leistungsvergleichsstudien und dem dadurch bewusst gewordenen Fakt, dass – trotz vielfältiger Bemühungen in den letzten Jahren – die Schere zwischen den verschiedenen sozialen Schichten im Hinblick auf Chancen im Bildungssystem immer noch stark auseinanderklafft und dass gerade Kinder- und Jugendliche mit Migrationshintergrund zu den Verlierern im Bildungssystem gehören, zurückzuführen (Paradies/Linser 2001).

Das obige Zitat macht deutlich, wie Differenzierung in Schule und Unterricht in Bezug auf die Verschiedenheit der Schülerinnen und Schüler zu sehen ist. Neben der Erörterung des Problems der Differenzierung im Unterricht tritt in der aktuellen Forschung vor allem die Frage nach dem Umgang mit Heterogenität in den Vordergrund, die eine übergeordnete Fragestellung in Bezug auf die gesamte Problematik darstellt (z.B. Prengel 1995). Während ältere Ansätze innere Differenzierung oft durch die Schaffung homogener Leistungsgruppen beschrieben haben (z.B. Schröder 1990), geht der heutige Trend stärker in Richtung Individualisierung im Unterricht (Saalfrank 2012, S. 65 ff.).

Ausgangspunkt für das gegenwärtig steigende Interesse am Phänomen Heterogenität stellen nicht zuletzt die Ergebnisse der PISA-Studie dar, aber auch der Bericht des UN-Menschenrechtskommissars Vernon Munoz und das Monitoring seitens der OECD waren ausschlaggebend, in denen vor allem immer wieder Aspekte wie Bildungsungleichheit bzw. -benachteiligung sowie die frühe Selektion im deutschen Bildungswesen thematisiert werden (Baumert/Köller 2005). Bildungsbenachteiligung wird nicht nur auf Systemebene diskutiert, sondern auch in Bezug auf die Einzelschule. So können hier verschiedene konkrete Maßnahmen im Schulsektor ausgemacht werden, die beispielsweise den Gender-Aspekt in den Vordergrund rücken, durch gezielte Fördermaßnahmen z.B. die Sprachförderung von Migranten anstreben oder die sich für die Inklusion von behinderten Schülern in die Regelschule einsetzen. Gerade im Kontext solcher Einzelmaßnahmen steht die Schule vermehrt im Spannungsfeld von Heterogenität und Homogenität, von Vielfalt und Einheit. Während im Umgang mit Heterogenität oft Einzelmaßnahmen propagiert und umgesetzt werden, fehlen umfassende Konzepte zumeist. Eines der wenigen stimmigen und auch theoretisch fundierten Konzepte ist der Ansatz von Prengel (1995). Sie geht von einer Unbestimmbarkeit des Einzelnen aus und stellt eine bewusst gelebte Vielfalt als Grundlage schulischen Handelns in den Mittelpunkt. Ebenso ganzheitlich ausgerichtet wie der Ansatz von Prengel ist das Diversity Management, das nach und nach für Schulen entdeckt wird (Wöll 2001; Gather-Thurler/Schley 2006; Stroot 2006).

Im Hinblick auf die Wirkung von Differenzierung kommt Hattie zu dem Schluss, dass, auch wenn die Effektstärke nur gering ist ($d = 0{,}17$), Differenzierung einen Beitrag zur Förderung des Lernerfolgs leistet (Hattie 2013, S. 112). Interessant in Bezug auf die Förderung von Schülerinnen und Schülern ist es, dass »sowohl Leistungsschwache als auch Lernende mit mittlerer Leistungsstärke und Leistungsstarke offenbar alle davon [profitieren], in kleinen Gruppen unterrichtet zu werden (mittlere Effektstärke $d = 0{,}37$, $d = 0{,}19$ bzw. $d = 0{,}28$)« (ebd., S. 113).

Differenzierung als Maßnahme zur Förderung individueller Stärken schließt nicht nur die Förderung von Kindern mit bestimmten Schwächen ein, sondern auch die Förderung von Kindern mit entsprechenden Begabungen. Begabtenförderung kann durch gezielte Maßnahmen innerhalb einer Schulklasse bzw. Schule geschehen. Die Maßnahmen unterscheiden sich je nach Bundesland, so ist das Überspringen einer Klasse eine Möglichkeit, oder auch das Vorrücken in eine höhere Klasse in nur einem Fach, bis hin zu bestimmten Förderangeboten für hochbegabte Schülerinnen und Schüler in der jeweiligen Schule. Andere Maßnahmen sind, neben dem Besuch von Spezialschulen (meist in Internatsform), die Teilnahme an bestimmten Förderprogrammen von Stiftungen, Vereinen oder auch vonseiten der Schulverwaltungen in Form von Wettbewerben, Ferienakademien und vielem mehr (Rost 2009).

Checkliste

In der folgenden Checkliste werden verschiedene Maßnahmen der inneren Differenzierung beschrieben (Saalfrank 2012; Paradies/Linser 2001):
1. *Differenzierung nach Inhalten:* Eine Differenzierung nach Inhalten kann entweder themenbezogen (themengleiche oder themendifferente Aufgabenstellungen) oder nach dem Grad der Individualisierung variieren. Individualisierte Aufgabenstellungen ergeben sich beispielsweise bei der Integration von Migrantenkindern in der Klasse, wenn diese je nach ihrem Sprachniveau unterschiedliche Aufgaben im Vergleich zur übrigen Klasse erhalten.
2. *Differenzierung nach Medien und Methoden:* Unterrichtsdifferenzierung, die über die spezifische Auswahl von Medien und Materialien geschieht, ist äußerst vielfältig

und kann in den verschiedensten Unterrichtsformen bzw. Unterrichtssituationen Anwendung finden. Je nach Unterrichtseinheit oder auch je nach den einzelnen Schülerinnen und Schülern einer Klasse mit ihren unterschiedlichen Bedürfnissen sowie den je eigenen methodischen Überlegungen der Lehrkraft zur Erarbeitung bzw. Präsentation des Themas können differenzierende Maßnahmen ergriffen werden.

3. *Differenzierung nach Sozialformen:* Die Wahl der Sozialformen als Möglichkeit der Differenzierung ist ebenfalls abhängig von der jeweiligen Situation einer Klasse, kann aber auch durch ein besonderes Thema bedingt sein, oder, wenn klassen- und jahrgangsübergreifend gearbeitet wird, von den jeweiligen Bedingungen, die an der betreffenden Schule vorherrschen.

4. *Differenzierung nach Lernvoraussetzungen:* Die Lernvoraussetzungen, die man innerhalb der einzelnen Klassen vorfindet, sind ein äußerst relevanter Faktor für Differenzierungsentscheidungen, die eine Lehrkraft treffen kann. Folgende Varianten von Lerngruppen können gebildet werden:
   – interessenbezogene/geschlechtsspezifische/multikulturelle Lerngruppen
   – Lerngruppen mit sozial-integrativem Charakter (z. B. Einbindung von Außenseitern)
   – leistungsbezogene Lerngruppen
   – Lerngruppen gruppiert um Lerntypen
   – Lerngruppen zusammengesetzt nach homogenen/heterogenen Merkmalen

5. *Differenzierung nach Lerninteresse und nach Motivation:* Differenzierung kann auch nach der Interessens- und Motivationslage der Schülerinnen und Schüler erfolgen, z. B. können durch die Lehrkraft alltagsspezifische und schülerspezifische Interessen bei der Auswahl der Inhalte, Methoden und Medien bzw. Materialien berücksichtigt werden. Daneben können bei der Unterrichtsplanung auch entsprechende methodische Präferenzen der Schülerinnen und Schüler eine Rolle spielen. Bei Schülerinnen und Schülern mit geringer Motivation ist die Wahl von Materialien, die alltagsbezogen sind, geeignet, da hier ein stärkerer Bezug zum Lerngegenstand erfolgen kann. Für Schülerinnen und Schüler mit hoher Motivation hingegen ist abstrakteres Material möglich.

6. *Differenzierung nach Lerntempo:* In den Aspekt Differenzierung nach Lerntempo (der zum Bereich der leistungsbezogenen Differenzierung gezählt werden kann, Wiater 2001) gehört auch die Unterscheidung zwischen qualitativer (also Auswahl der Aufgaben nach dem Schwierigkeitsgrad) und quantitativer Differenzierung (die zu bearbeitende Menge der Aufgaben). In dieser Form der Differenzierung wird nach dem »Fundamentum-Additum-Prinzip« gearbeitet (Klafki/Stöcker 1996), d. h. einer gemeinsamen Basis, auf der entsprechendes differenziertes Material aufbauend angeboten wird. Für langsam lernende Schülerinnen und Schüler ist von der Lehrkraft vorbearbeitetes Material geeignet, Material mit höherem bzw. zeitintensiverem Schwierigkeitsgrad dementsprechend für schneller lernende Schüler/innen.

7. *Differenzierung nach Lernstilen:* Ein weiterer Aspekt, der im Rahmen von Differenzierungsmaßnahmen berücksichtigt werden kann, ist der jeweilige Lernstil (Lerntyp/Lernpräferenz). Entsprechend ausgewähltes Material nach den unterschiedlichen Lerntypen ermöglicht ein spezifisches und effektives Lernen. Wichtig in diesem Zusammenhang ist auch die Ermöglichung eines mehrkanaligen Lernens, damit im Sinne von Ganzheitlichkeit verschiedene Sinne und Lerntypen über das Angebot unterschiedlicher Materialien angesprochen werden (Nezel 1994).
8. *Individualisierter und kooperativer Unterricht:* Im individualisierten Unterricht (Freiarbeit, Werkstattarbeit, Stationenarbeit/Lernzirkel, Tages-, Wochen-, Jahresplanarbeit) finden sich überwiegend Formen der Einzelarbeit, die jedoch nicht zwingend sein muss, da auch Partner- oder Kleingruppenarbeit, je nach Thema bzw. methodischem Vorgehen, möglich ist. Wichtige Merkmale sind Selbststrukturierung bzw. Selbststeuerung der Lernprozesse, die nur minimal von der Lehrkraft gelenkt werden sowie Selbstverantwortung für das eigene Lernen. Individualisierung als Höchstform der Differenzierung ist in diesen Unterrichtsformen bereits Teil der Konzeption (Paradies/Linser 2001).

In Formen kooperativen Unterrichts (Partner- und Gruppenarbeit) ist die Lehrerlenkung höher als im individualisierten Lernen. Hier wird auf andere Art und Weise differenziert. »Im kooperativen Unterricht erfolgt die Differenzierung durch Bildung von Gruppen nach unterschiedlichen didaktischen, methodischen, pädagogischen oder pragmatischen Prinzipien« (Paradies/Linser 2001, S. 47). Ein weiteres Konzept in diesem Zusammenhang ist das des Wechselseitigen Lehrens und Lernens (WELL). Hiermit »werden kooperative Lernformen bezeichnet, bei denen die Lernenden zu Expert/innen für einen Teil des Lernstoffs werden und sich diesen wechselseitig vermitteln. Dabei werden sie durch geeignete Lernvorgaben bei der Aneignung, Weitergabe und Verarbeitung des Lernstoffs unterstützt« (Huber 2005, S. 141). Methoden hierbei sind die Partnerpuzzlemethode, das Lerntempoduett oder die strukturierte Kontroverse (Huber 2005).

Grenzen und Risiken

Differenzierung ist eine der zentralen Maßnahmen im Unterricht, um heterogenen Lerngruppen gerecht zu werden. Dennoch haben differenzierende Maßnahmen auch ihre Grenzen und Risiken, vor allem bezüglich der Leistungsspanne innerhalb einer Klasse. Auf dieses Problem macht Wiater aufmerksam: »Leistungsbezogene Differenzierung erfolgt durch eine Gruppenarbeit, die in quantitativer und qualitativer Hinsicht aufgabenverschieden oder arbeitsteilig ist. Im erstgenannten Fall wird der für alle verbindlich zu lernende Unterrichtsgegenstand (= Fundamentum) nach Arbeitstempo, Darstellungsart, Umfang und gegebenenfalls mit spezifischen Lernhilfen differenziert dargeboten; im Falle qualitativer Differenzierung erledigen Schüler/innen nicht nur das Fundamentum, sondern zusätzlich ein Additum, das sowohl vertiefend (d. h. komplexer und komplizierter) als auch weiterführend ist, das Fundament einer folgenden Unterrichtssequenz dabei aber nicht vorwegnehmen darf« (Wiater 2001, S. 35; Seibert 2003, S. 114 ff.).

Die Gefahr besteht darin, dass die Spanne zwischen leistungsstarken und leistungsschwachen Schülerinnen und Schülern auseinanderklafft (Wiater spricht hier vom so genannten »Schereneffekt«, Wiater 2001, S. 38). Klafki bemerkt zu diesem Problem: »Zweifellos birgt jede Differenzierung nach Fundamentum und Additum die Gefahr neuer Verfestigungen in sich. Eine Weiterentwicklung des Prinzips muß sich tendenziell immer an dem (nur scheinbar paradoxen) Ziel der Aufhebung dieser Differenzierung orientieren, d. h. an dem Ziel, die Durchlässigkeit zwischen Fundamentum und Additum so groß wie möglich zu machen, alle Kinder zu motivieren, über die Fundamentum-Stufe hinauszukommen und ihnen entsprechende Hilfen zur Verfügung zu stellen« (Klafki 1996, S. 184).

Eine Möglichkeit, mit diesem Problem umzugehen, ist die Loslösung von starren Strukturen wie sie z. B. Peschel propagiert, wobei dies jedoch nur bedingt anwendbar ist und je nach den lokalen Bedingungen einer Schule hinterfragt werden muss. Es soll hier als Denkanstoß gesehen werden. Peschel hat mehrere Grundsätze offenen Unterrichts formuliert. Drei dieser Grundsätze machen deutlich, wie individualisierter Unterricht ablaufen kann. So schreibt er:

- »Die Wahl des Arbeitsplatzes richtet sich nach den Anforderungen der Arbeit/der Lernenden, nicht nach einer einmal getätigten Zuweisung, auch Arbeitsplätze außerhalb der Klasse können sinnvoll sein.
- Die Einteilung der Arbeitszeit richtet sich nach den Anforderungen der Arbeit/der Lernenden, nicht nach einer fremd vorgegebenen Zuweisung, auch ein eigener Pausenrhythmus kann sinnvoll sein.
- Die Wahl der Arbeits- und Sozialform richtet sich nach den Anforderungen der Arbeit/der Lernenden, nicht nach einer fremd vorgegebenen Zuweisung, es lassen sich die verschiedensten Kombinationen, Rhythmen vorstellen« (Peschel 2004, S. 74).

Fallbeispiel

Das folgende Beispiel schildert differenzierende Maßnahmen in einer Integrationsklasse des 1. Schuljahres im Rahmen des Schriftspracherwerbs (Jaumann 1991/92). Die Klasse setzt sich aus Kindern mit und ohne Behinderungen zusammen. Thema der Stunde ist die Einführung des Buchstaben R,r, der von den Lehrerinnen mit der Fabel vom Fuchs und Raben eingeführt wird. Die Buchstabeneinführung geschieht über das Anlautverfahren.

Im Klassenverband wird zunächst eine allgemeine Einführung vorgenommen. »Mit entsprechenden Handpuppen spielen die Kinder die Fabel. An diesem Rollenspiel, das einen hohen Aufforderungscharakter hat, können sich je nach Behinderungsart alle Kinder beteiligen« (Jaumann 1991/92, S. 46–51). Wichtig ist, dass alle entsprechend ihrer Stärken bzw. Begabungen gefördert werden: »Die Kinder mit einer besonderen Begabung verwenden das R,r bereits selbstverständlich, sie müssen es nicht mehr ›lernen‹. Deshalb können sie im Folgenden aussuchen, ob sie die Fabel nacherzählen wollen, ob sie eine Bildergeschichte daraus machen wollen, oder ein Fabelbüchlein gestalten wollen etc. [...]« (ebd., S. 46–51). Kinder die im Lesen und auch der korrekten Laut- und Wortbildung noch Probleme haben, »[...] kleben vorgegebene Bilder der Fabel in die richtige Reihenfolge und erzählen sich die Geschichte mit ihren Worten gegenseitig« (ebd., S. 46–51). Zur weiteren Vertiefung wird im Anschluss daran die auditive und visuelle Differenzierungsfähigkeit geübt »[...] (z. B. Arbeitsblätter, in denen der Laut R,r aus einem Wort herausgehört werden muss u. a. m.)« (ebd., S. 46–51).

Da sich in der Klasse auch Kinder mit einer Lernbehinderung bzw. einer geistigen Beeinträchtigung befinden, muss entsprechend differenziert werden. In Bezug auf die konkrete Klasse heißt dies: »das Kind mit der Lernbehinderung und die Kinder, die etwas langsamer lernen und sich noch auf der Stufe der materialisierten Handlung befinden, spielen das Puppenspiel nochmals nach, sprechen über die Fabel und schneiden dann den Buchstaben R,r aus Sandpapier aus oder formen ihn aus Knetmasse, tasten ihn ab und sprechen laut dazu, wobei sie sich die Artikulation des Lautes bewusst machen« (ebd., S. 46–51).

Um dies zu bewerkstelligen ist die Unterstützung durch die Lehrkraft besonders wichtig. Auch für die Kinder mit der geistigen Behinderung. Diese »spielen das Rollenspiel mithilfe einer der Lehrerinnen. Dabei muss darauf geachtet werden, dass sie den Inhalt verstehen und beim Spiel deutlich sprechen (Artikulationsübung) [...]« (ebd., S. 46–51).

Im Hinblick auf differenzierende Maßnahmen im Unterricht ist nicht nur eine Differenzierung nach Leistungsniveaus bedeutsam, sondern auch eine Differenzierung nach Lerninteresse bzw. Neigung und Motivation: »Da die Kinder nicht in festen Gruppen auf bestimmte Stufen festgelegt werden dürfen, haben sie in den darauffolgenden Tagen die Möglichkeit, sich je nach Neigung mit visuellen und auditiven Differenzierungsübungen, mit kleinen Texten, mit Wort- und Silbenkarten, mit der Zuordnung von Gegenständen zu Wortkarten, mit Holz- und Plastikbuchstaben, mit den Handpuppen, mit dem Setzkasten etc. auseinander zu setzen und in ihrer individuellen Entwicklung fortzuschreiten« (ebd., S. 46–51). Vor diesem Hintergrund ist auch die Arbeit der Lehrkräfte entscheidend, vor allem was die Vorbereitung und die Durchführung betrifft. »Die Aufgabe der Lehrerinnen ist es, darauf zu achten, dass das von ihnen gewählte Material oder die von ihnen gewählte Tätigkeit auch wirklich geeignet ist, sie weiterzubringen« (ebd., S. 46–51).

Literatur

Baumert, J./Köller, O. (2005): Sozialer Hintergrund, Bildungsbeteiligung und Bildungsverläufe im differenzierten Sekundarschulsystem. In: Frederking, V./Heller, H./Scheunpflug, A. (Hrsg.): Nach PISA. Wiesbaden: VS Verlag, S. 9–21.

Gather-Thurler, M./Schley, W. (2006): Diversität als Chance. In: Journal für Schulentwicklung 10, H. 1, S. 21–31.

Graumann, O. (2002): Gemeinsamer Unterricht in heterogenen Gruppen. Von lernbehindert bis hochbegabt. Bad Heilbrunn: Klinkhardt.

Hattie, J. (2013): Lernen sichtbar machen. Beywl, W./Zierer, K.(Übers.), Baltmannsweiler: Schneider Verlag Hohengehren.

Huber, A. (2005): Verbesserung der Unterrichtsqualität durch »Wechselseitiges Lehren und Lernen« (WELL). In: Schnebel, S. (Hrsg.): Schulentwicklung im Spannungsfeld von Bildungssystem und Unterricht. Baltmannsweiler: Schneider Verlag Hohengehren, S. 141–152.

Jaumann, O. (1991/92): Gemeinsam lesen lernen – Lesenlernen im integrativen Unterricht. In: Ballhorn, H. (Hrsg.): Fibel ade? Lesen und Schreiben in der Grundschule. Beiträge der Deutschen Gesellschaft für Lesen und Schreiben. Paderborn: Deutschen Gesellschaft für Lesen und Schreiben, S. 46–51.

Klafki, W./Stöcker, H. (1996): Sechste Studie: Innere Differenzierung des Unterrichts. In: Klafki, W. (Hrsg.): Neue Studien zur Bildungstheorie und Didaktik. 5. Aufl. Weinheim und Basel: Beltz, S. 173–208.

Nezel, I. (1994): Individualisierung und Selbständigkeit: Didaktik der psychohygienischen Unterrichts- und Lerngestaltung. Zürich: Pestalozzianum-Verlag.

Paradies, L./Linser, H.-J. (2001): Differenzieren im Unterricht. Berlin: Cornelsen.

Prengel, A. (1995): Pädagogik der Vielfalt. Verschiedenheit und Gleichberechtigung in Interkultureller, Feministischer und Integrativer Pädagogikl. 2. Aufl. Opladen: Leske & Budrich.

Rost, D. H. (Hrsg.) (2009): Hochbegabte und hochleistende Jugendliche. Befunde aus dem Marburger Hochbegabtenprojekt. 2., erw. Aufl. Münster: Waxmann.

Saalfrank, W.-T. (2012): Differenzierung. In: E. Kiel (Hrsg.): Unterricht sehen, analysieren, gestalten. Bad Heilbrunn: Klinkhardt, S. 65–95.

Schröder, H. (1990): Lernen und Lehren im Unterricht. Grundlagen und Aspekte der Allgemeinen Didaktik. München.

Seibert, N. (2003): Das Unterrichtsprinzip der Differenzierung. In: Seibert, N./Serve, H. J. (Hrsg.): Prinzipien guten Unterrichts. Kriterien einer zeitgemäßen Unterrichtsgestaltung. 7. Aufl. Marquartstein: PIMS, S. 97–126

Wiater, W. (2001): Unterrichtsprinzipien. Donauwörth: Auer.

Wöll, R. (2001): Individualisierung und Differenzierung. Das Konzept individueller Unterschiede. In: Erziehung und Unterricht, 151, H. 1/2, S. 31–36.

Literaturhinweise

Abels, S. (2013): Differenzierung und Individualisierung. Individuelle Lernvoraussetzungen als Orientierung für die Unterrichtsplanung. Naturwissenschaften im Unterricht. In: Chemie, 24, H. 135, S. 31–35.

Bönsch, M. (2015): Die Schule als Lernwelt? Das Problem der Differenzierung als Problem der Institution. In: Schulmagazin 5–10, 83, H. 6, S. 51–54.

Bönsch, M. (2014): Die inklusive Schule braucht gute Differenzierungskonzepte. Innere Differenzierung gelungen umsetzen. In: Schulverwaltung. Bayern, 37, H. 6, S. 172–174.

Dilworth, M. E./Brown, C. E. (2001): Consider the Difference: Teaching and Learning in Culturally Rich Schools. Handbook of Research on Teaching. Fourth Edition. Ed. By Virginia Richardson. Washington: AERA, S. 643–667.

Egan, K. (1997): The Educated Mind. Chicago: The University of Chicago Press.

Kolb, F./Lohr, C. (2013): Differenzierung und Individualisierung durch Selbstorganisiertes Lernen – Anregungen für die Unterrichtspraxis. Lehren und lernen, 39, H. 1, S. 20–26.

Lanig, J. (2012): Differenzierung im Klassenzimmer. Methoden gegen die Uniformität des Lernens. Berlin: Raabe.

Mercado, C. I. (2001): The Learner: »Race«, »Ethnicity«, and Linguistic Difference. In: Handbook of Research on Teaching. Fourth Edition. Ed. By Virginia Richardson. Washington: AERA, S. 668–694.

Peschel, F. (2004): Leistungen zulassen – Überforderungstests und Eigenproduktionen im Unterricht. In: Bartnitzky, H./Speck-Hamdan, A. (Hrsg.): Leistungen der Kinder wahrnehmen – würdigen – fördern. Frankfurt a. M.: Grundschulverband, S. 67–85.

Sandfuchs, U./Wendt, P. (2013): Die Verschiedenheit der Naturen. Differenzierung als Kennzeichen einer zeitgemäßen Schule. In: Grundschule, 45, H. 3, S. 6–8.

Stroot, Th (2006): Interessenorientierung, Individualisierung und politisches Lernen. In: Pädagogik, 58, H. 1, S. 30–33.

1.9 Erklären

»Es ist geradezu ein Qualitätsmerkmal eines Lehrers, ob er in der Lage ist, schwierige Sachverhalte verständlich zu erklären, oder ob ihm dies nicht gelingt. Schüler beurteilen viele Lehrer nach dieser Fähigkeit« (Becker 1984, S. 229).

Stand der Forschung

Das Erklären als Aufgabe von Lehrkräften wird, zumindest gemessen daran, was seine Bedeutung für den Unterrichtsalltag vermuten lässt, in der Forschung zum Lehrerberuf eher selten thematisiert (Kiel 1999; Renkl et al. 2006). Ein Grund hierfür mag darin liegen, dass der Mainstream von Forschung und Lehre in den letzten Jahrzehnten sehr stark auf konstruktivistische, schülerzentrierte Lehr-Lernarrangements gesetzt hat, und das Erklären als Lehreraufgabe, gedanklich eher verknüpft mit instruktionsorientiertem, lehrerzentriertem Unterricht, somit in den Hintergrund gerückt ist (Aeschbacher 2009). Interessanterweise sehen die Lehrkräfte selbst das »gute Erklären« nicht unbedingt als besonderes Qualitätskriterium ihrer Arbeit (Wilson/Mant 2011a) – ganz anders als es Befragungen von Schülerinnen und Schülern immer wieder zeigen, für die »gut erklären können« eine, wenn nicht sogar die zentrale Eigenschaft gut beurteilter Lehrpersonen darstellt, wie es auch in obigem Eingangszitat anklingt (Wilson/Mant 2011b; Schlöglmann 2015).

In den letzten Jahren scheint das Erklären, z. B. aufgrund der Befunde von Hattie (2013, z. B. zum Stellenwert der Direkten Instruktion) oder auch durch Befunde aus der COACTIV-Studie und anderen Studien zum Professionswissen (z. B. TEDS-M) wieder etwas mehr Beachtung zu finden. Bei letzteren wird, ausgehend von Überlegungen zum Fach Mathematik, der »Erklärkompetenz« als Teil des fachdidaktischen Professionswissens von Lehrkräften (Verständlichmachen von Inhalten – Erklären und Repräsentieren) große Bedeutung zugemessen. Als Teil dieses fachdidaktischen Wissens ist die Fähigkeit des Erklärens nicht nur für die Unterrichtsqualität, sondern auch für Lernzuwächse von Schülerinnen und Schülern ein prädiktiv valider Indikator (Schmidt-Thieme 2014).

Im Rahmen dieser kurzen Darstellung des Erklärens als Lehrerhandeln gehen wir einerseits nicht davon aus, dass das Erklären mit dem Versuch gleichzusetzen ist, Wissenselemente von der Lehrkraft auf den Lernenden zu übertragen – Erklärungen müssen von den Schülerinnen und Schülern auch entsprechend verarbeitet werden. Zum anderen gehen wir davon aus, dass das Erklären auch im Rahmen offener, schülerzentrierter Lehr-Lernarrangements seine Berechtigung – oder vielmehr seine Notwendigkeit – hat.

Der Begriff des Erklärens integriert verschiedene Bedeutungsebenen, auf die hier kurz verwiesen werden soll, da sie sich so auch in der fachdidaktischen Literatur, gerade für den naturwissenschaftlichen Bereich, finden (Kiel 1999; Kulgemeyer/

Tomczyszyn 2015). Unterschieden werden demnach wissenschaftliche Erklärungen und Erklärungen im Unterricht. Erstere sind wissenschaftstheoretisch begründet, das Erklären impliziert hier das Zurückführen eines Phänomens auf ein basales Prinzip im Sinne logischen Begründens. Anders lassen sich unterrichtliche Erklärungen auffassen: Bei diesen geht es allgemein darum, Themen und Inhalte so darzustellen, dass sie von den Schülerinnen und Schülern verstanden werden können – dies umfasst neben den genannten (logischen) Begründungen auch Tätigkeiten wie das Beschreiben oder Erläutern von Sachverhalten oder Prozeduren. Um dies leisten zu können, ist es unabdingbar, sich mit der Zielgruppe zu beschäftigen, also vorab zu überlegen, wie welches Phänomen gegebenenfalls erklärt werden kann oder auch mit welchen Mitteln der Veranschaulichung, der Illustration, der Analogiebildung das Verständnis gefördert werden kann. Gerade entgegengesetzt zum wissenschaftlichen Erklären wird also, wenn ein Prinzip solchermaßen veranschaulicht wird, ein basales Prinzip durch ein konkretes Phänomen erklärt (Kulgemeyer/Tomczyszyn 2015). Das zentrale Kriterium des gelungenen Erklärens im Rahmen von Unterrichtskontexten ist der Grad des subjektiven Verstehens. Dieses »Verstehen« kann mit Aebli (1994) weitergedacht werden: Instruktionale Erklärungen können als Anstoß für den Aufbau kognitiver Strukturen aufgefasst werden, so dass möglichst tief verstandene und flexibel anwendbare Begriffe als Basis des Denkens, Handelns und Operierens zur Verfügung stehen. Die Erklärungen durch die Lehrkraft sind dabei als Anstoß bzw. Unterstützung notwendig, letztlich muss der Aufbau solcher kognitiven Begriffsstrukturen aber, mit Rückgriff auf ein konstruktivistisches Verständnis von Lernen, vom Lernenden selbst durchgeführt werden.

In der Literatur wird, bezogen auf Erklärungen in Unterrichtskontexten, häufig auf verschiedene Erklärungstypen verwiesen (Müller-Hill 2016; Rathausky 2011; Schmidt-Thieme 2014):

- *Erklären-Warum*: das Erklären von Phänomenen und Sachverhalten, indem komplexe Zusammenhänge verdeutlicht werden – häufig als das »Erklären im eigentlichen Sinne« bezeichnet, auch wenn die unten genannten Formen im Unterricht wohl häufiger vorkommen
- *Erklären-Wie*: das Verdeutlichen von prozesshaften Zusammenhängen (Abläufe, Verfahren, Handlungen), z. B. über Arbeitsanweisungen, Instruktionen, Funktionserklärungen, Vormachen
- *Erklären-Was*: deskriptive Erklärungen zu Begriffen, Bedeutungen oder auch zur Einordnung von Begriffen

Neben den verschiedenen »Erklärungstypen« kann des Weiteren zwischen vorbereiteten (also von der Lehrkraft geplanten) Erklärungen und situativ notwendigen Ad-hoc-Erklärungen unterschieden werden (Leisen 2013; Rathausky 2011):
- *Vorbereitete Erklärungen* vermitteln einerseits Basiswissen und dienen der Veranschaulichung komplexer Sachverhalte oder Routinen bzw. Prozesse, können ande-

rerseits aber auch dazu dienen, Ergebnisse zusammenzufassen, die von Schülerinnen und Schülern aktiv bzw. selbständig erarbeitet wurden.
- *Ad-hoc-Erklärungen* hingegen werden situativ dann notwendig, wenn z.B. Schüler/innen Fragen stellen oder die Lehrkraft auf Fehler aufmerksam wird. Mit solchen möglichst kurzen und prägnanten Erklärungen werden Verstehenslücken, die sich im Unterrichtsverlauf ergeben, aufgegriffen und idealerweise geschlossen.

So betrachtet wird deutlich, dass das Erklären keinesfalls ausschließlich mit rein lehrerzentriertem, instruktionsorientiertem Unterricht in Verbindung zu setzen ist. Erklärungen haben ihre Bedeutung auch in Lehr-Lernarrangements, die eine aktivere Schülerrolle betonen. Legt man den Begriff weit aus, dann müssen Erklärungen auch nicht zwingend von der Lehrkraft selbst stammen – auch Lernende können sich selbst oder anderen gegebenenfalls Phänomene oder Zusammenhänge erklären.

Checklisten

Mit Pauli (2015), Kulgemeyer (2013), Renkl et al. (2006) und Wittwer und Renkl (2008) lassen sich einige zentrale Qualitätsmerkmale von instruktionalen Erklärungen zusammenfassen:
- *Erklärungen sollten klar und kohärent sein*: Eine Basis dafür aufseiten der Lehrkraft ist die Vorbereitung auf die Erklärung – bzw. bei Ad-hoc Erklärungen das entsprechende fachliche/fachdidaktische Hintergrundwissen. Es geht vorrangig darum, logische Bezüge zwischen verschiedenen Teilaspekten des zu erklärenden Sachverhalts herzustellen und so einen »roten Faden« zu verdeutlichen. Auf Ausschweifungen sollte verzichtet, besonders relevante Punkte sollten betont und die sprachliche Komplexität sollte, mit Blick auf die jeweilige Zielgruppe, beschränkt werden. Gelungene Erklärungen »entfalten den Begriff durch einen schrittweisen, klaren und kohärenten Aufbau so, dass alle für die Bedeutung des Begriffs unverzichtbaren Teilelemente und deren Beziehungen deutlich werden« (Pauli 2015, S. 45). Bezogen etwa auf den Satz des Pythagoras wären solche Teilelemente z.B. das Verständnis a) dass der Satz ein Dreieck als zentrale Figur beinhaltet, b) dass es sich um ein rechtwinkliges Dreieck handelt, c) dass solch ein Dreieck zwei unterschiedliche Arten von Seiten hat usw. Solche Teilelemente eines größeren Konzepts bzw. Phänomens müssen von der Lehrkraft vorab identifiziert werden, um eine klare und kohärente Erklärung liefern zu können. Bei Ad-hoc Erklärungen ist darauf zu achten, dass diese kurz und prägnant auf konkrete Schülerfragen oder von der Lehrkraft identifizierte Fehler eingehen.
- *Erklärungen sollten am Vorwissen der Lernenden und deren aktuellem Verständnis anknüpfen*: Einem konstruktivistischen Verständnis von Lernen zufolge, basiert jeglicher Aufbau neuen Wissens auf der Verknüpfung mit vorhandenen Wissensstrukturen. Erklärungen müssen sich also an der Zielgruppe ausrichten, Lehrkräfte

müssen eine Idee davon haben, welches Wissen, aber gegebenenfalls auch welche Fehlkonzepte bei Schülerinnen und Schülern vorhanden sind oder nicht. Um das aktuelle Verständnis nachvollziehen bzw. diagnostizieren zu können, erscheint es notwendig, die Lernenden miteinzubeziehen. So können Fragen gestellt oder Tests konzipiert werden, um das aktuelle Verständnis der Schülerinnen und Schüler zu eruieren. Letztlich geht es um die möglichst optimale Passung zwischen dem aktuellen Unterstützungsbedarf von Lernenden und entsprechenden Erklärungen als Unterstützungsangebot von Lehrkräften (Renkl et al. 2006).

- *Erklärungen sollten unterschiedliche Repräsentationsformen sowie Mittel der Veranschaulichung und Beispiele integrieren*: Verschiedene Möglichkeiten der Veranschaulichung finden sich in Kapitel 1.10 in diesem Band. Auch geeignet sind Beispiele und Analogien, die ein Phänomen in der Lebenswelt oder im Erfahrungskontext der Schüler/innen verorten bzw. einen Bezug zu bereits bekannten Sachverhalten herstellen – auch um ein Anknüpfen an das Vorwissen zu erleichtern. So findet z. B. im Sachunterricht der Grundschule häufig ein sogenanntes Analogiemodell Verwendung, wenn ein Sachverhalt, wie z. B. der elektrische Stromkreis, Lernenden nicht direkt zugänglich oder nicht direkt beobachtbar ist. Der hier zu vermittelnde Sachverhalt, dass Strom in einem Kreis fließt und nicht verbraucht wird, kann so z. B. mithilfe des Analogiemodells des Wasserkreislaufs veranschaulicht werden. Das Analogiemodell aus einem anderen Phänomenbereich kann so eine Brückenfunktion übernehmen, um das Konzept des Stromkreislaufes zu verdeutlichen und den Aufbau entsprechender kognitiver Strukturen anzuregen (Haider et al. 2012).
- *Erklärungen sollten zum Denken anregen*: Erklärungen sind, wie bereits erwähnt, nur der Ausgangspunkt für den Aufbau anwendbaren und transferierbaren Wissens. Für eine möglichst tiefe Verarbeitung ist es einerseits grundlegend notwendig, dass das Phänomen, welches erklärt werden soll, von den Schülerinnen und Schülern als relevant wahrgenommen und die Aufmerksamkeit entsprechend ausgerichtet wird – immerhin werden ja im Kontext der Schule Phänomene nicht nur deswegen behandelt, weil Schüler/innen brennendes Interesse an einer Fragestellung zeigen. Erklärungen sind des Weiteren umso wirkungsvoller, je mehr mit ihnen Anregungen zu kognitiven Aktivitäten der Lernenden einhergehen.
    - Sind Schüler/innen angehalten, das »Erklärte« direkt anzuwenden, so kann z. B. Phänomenen wie der sogenannten »Verstehensillusion« (die/der Lernende nickt einen erklärten Sachverhalt oder z. B. eine bestimmte Rechenoperation, die von der Lehrkraft erklärt wurde, als »verstanden« ab, obwohl sie/er das Erklärte nicht oder nur unzureichend verarbeitet hat), entgegengewirkt werden.
    - Die Rolle der Anregung gilt auch für Ad-hoc Erklärungen: So scheint es z. B. im Rahmen problemlösender, entdeckender, selbstgesteuerter Lernarrangements günstiger zu sein, auf Schülerfragen oder -fehler nicht mit ausschweifenden Erklärungen zu reagieren, sondern nach einem Prinzip des »so viel wie nötig – so wenig wie möglich« zu agieren. Häufig lassen sich Erklärungen so auf bloße Hil-

festellungen oder Tipps reduzieren, mit deren Hilfe die Schülerinnen und Schüler eigenaktiv weiterarbeiten können.
– Es gibt zudem Hinweise darauf, dass von den Lernenden selbst generierte Erklärungen besonders günstig für das Verstehen und Behalten sind (Wittwer/Renkl 2008; Renkl et al. 2006). Eine mögliche Umsetzung stellt z. B. die Methode des Lernens aus Lösungsbeispielen dar, bei der die Lernenden mehrere Lösungsbeispiele erhalten und die Aufgabe haben, das zugrundeliegende Prinzip zu erkennen und zu erklären. Diese Form der Anregung von Selbsterklärungen ist insbesondere dann wirksam, wenn zusätzliche Aufgaben, Fragen oder Beispiele zur Selbsterklärung ausgegeben werden, um die aktive Auseinandersetzung mit den Inhalten anzuregen (z. B. »Finde Überschriften«, »Warum wurde in Schritt X die Handlung Y vollzogen?«, »Nenne Voraussetzungen« usw.). Um falschen Selbsterklärungen vorzubeugen ist aber auch hier eine Begleitung und Unterstützung, z. B. durch Feedback der Lehrkraft, unabdingbar.

Grenzen und Risiken

Zieht man das Angebots-Nutzungs-Modell (Helmke 2010) heran, so sind Erklärungen, wie andere Lehrerhandlungen auch, als Angebot aufzufassen, das von Schülerinnen und Schülern genutzt werden kann – oder eben nicht. Speziell mit Blick auf instruktionale Erklärungen im Rahmen des Unterrichts gibt es vielfältige Hinweise darauf, dass die Entwicklung von anwendbarem Wissen bzw. Handlungs- und Problemlösefähigkeit – sprich Kompetenzen – durch »gute« Erklärungen angestoßen werden kann. Erklärungen sind somit eine notwendige, aber keine hinreichende Bedingung für die Kompetenzentwicklung. Das »Erklärte« muss vom Lernenden weiterverarbeitet werden: Begriffe müssen in die kognitiven Strukturen aufgenommen werden, Phänomene wie die »Verstehensillusion« müssen bedacht werden, Routinen und Prozeduren müssen geübt werden usw. – ansonsten kann es der Fall sein, dass Erklärungen sich als »vergebliche Bemühung« (Renkl et al. 2006) herausstellen, weil sie z. B. nur oberflächlich aufgenommen wurden. Als besonders fordernd für Lehrkräfte erscheint die Aufgabe, mit Erklärungen an das Vorwissen (als Eingangsvoraussetzung) bzw. das aktuelle Verständnis (z. B. während/nach einer Erklärung) der einzelnen Schülerinnen und Schüler anzuknüpfen. Dazu sind entsprechende diagnostische Fähigkeiten ebenso notwendig wie die Fähigkeit, fachlich richtige Erklärungen – schon allein sprachlich (z. B. Verwendung von Fachbegriffen) – an die Zielgruppe anzupassen. Auch das Phänomen der »vorgespielten Aufmerksamkeit« (Kounin 1976) ist in diesem Zusammenhang zu beachten: Schülerinnen und Schüler entwickeln bisweilen geschickte »Techniken«, um den Anschein höchster Aufmerksamkeit, lebhaften Interesses oder auch tiefen Nachdenkens zu erwecken (z. B. Kopfnicken, Blickkontakt, Stirnrunzeln …). Dem angestrebten tiefen Verständnis von Begriffen, Zusammenhängen oder Prozeduren können aber selbstredend auch weitere Merkmale auf Seiten der

Lernenden entgegenstehen, z.B. mit Blick auf deren Motivation, deren Interesse oder deren Überzeugungen zum Lernen.

Fallbeispiel

Müller-Hill (2016) liefert Anregungen für eine Verknüpfung von situierten, handlungsorientierten Elementen und dem Erwerb systematischen Wissens, das vom jeweiligen Kontext losgelöst übergeordnete Begriffe bzw. Schemata repräsentiert. Diese Überlegungen ergänzen die im Rahmen dieses Kapitels akzentuierte Sichtweise, dass sich Erklärungen in Unterrichtskontexten nicht auf instruktionsorientiertes Lehrerhandeln beschränken sollten und sich Instruktion und Konstruktion auch mit Blick auf das Erklären ergänzen können. Die dort beschriebenen Beispiele beziehen sich auf das Fach Mathematik und sollen hier nicht weiter ausgeführt werden, denn die Grundideen liefern u. E. auch für andere fachliche Kontexte Anregungen:
- *Situiertes Erklären*: Ausgangspunkt ist die Idee, dass Erklärungen wirksamer sind, wenn sie sich nicht ausschließlich auf einer abstrakten, konzeptionellen Ebene bewegen, sondern an Formen entdeckenden Lernens anschlussfähig sind. So können die Lernenden z.B. eigene Hypothesen generieren und überprüfen, wenn der zu erklärende Sachverhalt von den Schülerinnen und Schülern in konkreten, gegebenenfalls variabel auch in unterschiedlichen Situationen beobachtet werden kann, und sie Gelegenheit erhalten, über mögliche Gründe oder Zusammenhänge zu spekulieren. Für solche Lehr-Lernarrangements können mit Blick auf den Aspekt des Erklärens folgende leitende Fragestellungen herangezogen werden (Müller-Hill 2016, S. 71):
  – »Warum tritt gerade dieses und nicht ein anderes Phänomen ein?
  – Was passiert, wenn ich eingreife, etwas verändere? Bleibt die Erklärhypothese gültig? Tritt das Phänomen erneut auf, schwächt es sich ab, tritt eine wesentliche Veränderung ein?
  – Wie stark kann man die Randbedingungen der Situation verändern, auf die sich meine Erklärhypothese ursprünglich bezieht, ohne dass diese ungültig wird?
  – Welche Parameter der Situation sind entscheidend für das Phänomen, welche nicht?«
- *Systematisches Erklären*: Die Güte von Erklärungen geht damit einher, inwiefern diese ein Phänomen möglichst umfassend beschreiben und einer systematischen Einordnung dienlich sind. Dies gilt insbesondere unter der Prämisse, dass Erklärungen ein Anstoß zum Erwerb transferierbaren Wissens sein sollen, welches möglichst flexibel in verschiedenen Kontexten angewendet werden kann. Nach oder neben der situierten Erklärung, die auf der Ebene der konkreten Phänomene stattfindet, erscheinen systematische Erklärungen notwendig um a) Wissen, z.B. die entwickelten Hypothesen zu strukturieren und b) die abstraktere Theoriebildung anzustoßen.

Überlegungen zu systematischem Erklären können sich an folgenden Leitfragen orientieren (Müller-Hill 2016, S. 72):
- »Welche Theorie über den Gegenstand, welches Modell liegt der Erklärung zugrunde?
- Geht es um langfristig tragfähige oder um situationsbezogen möglichst einfache Erklärungen?
- Welche Vorstellungen sollen durch die Erklärung entwickelt bzw. verstärkt werden?
- Welche grundlegenden Auffassungen zur Natur des Faches will man über die Art der im Unterricht akzeptierten Erklärungen vermitteln?«
- *Unterschiedliche kommunikative Formen des Erklärens*: Die hier dargestellten Überlegungen verweisen darauf, dass hier ein breites Verständnis des Erklärens angelegt wird, demzufolge sich instruktions- und konstruktionsorientierte Elemente ergänzen können. Situiertes und systematisches Erklären können jeweils in unterschiedlichen Kommunikationsformen, h. auch mittels verschiedener Methoden und Sozialformen, Anwendung finden. Demnach können sich Erklärungen einerseits in Form von individuellen Selbsterklärungen (z. B. selbstständiges Generieren von Hypothesen) zeigen oder in Form von kollektiven Erklärprozessen (z. B. Aushandeln von unterschiedlichen Interpretationen, Diskussion zur Einschätzung der Erklärungskraft von Hypothesen), die einen eher konstruktiven Charakter haben – die aber durch Materialien, Fragestellungen, Feedback oder insgesamt die Begleitung durch die Lehrkraft ebenso instruierende Elemente beinhalten können. Die »klassische« Form des Erklärens durch die Lehrkraft ist per se instruktionsorientiert, kann aber z. B. durch den Einbezug der Schüler/innen, den Einsatz von Gedankenexperimenten oder Vorstellungsübungen ebenso Ergänzungen finden.

Literatur

Aebli, H. (1994): Zwölf Grundformen des Lehrens. Eine allgemeine Didaktik auf psychologischer Grundlage. Medien und Inhalte didaktischer Kommunikation. Stuttgart: Klett-Cotta.
Aeschbacher, U. (2009): Eine Lanze für das Erklären. In: Beiträge zur Lehrerbildung 27, H. 3, S. 431–437.
Becker, G. (1984): Durchführung von Unterricht. Handlungsorientierte Didaktik. Teil II. Weinheim und Basel: Beltz.
Haider, M./Keck, M./Haider, T./Fölling-Albers, M. (2012): Die Rolle von Modellen für die Strukturierung naturwissenschaftlicher Lernprozesse. In: Hellmich, F./Förster, S./Hoya, F. (Hrsg.): Bedingungen des Lehrens und Lernens in der Grundschule. Jahrbuch Grundschulforschung 16. Wiesbaden: VS, S. 217–220.
Helmke, A. (2010): Unterrichtsqualität und Lehrerprofessionalität. Diagnose, Evaluation und Verbesserung des Unterrichts. Seelze-Velber: Kallmeyer/Klett.
Kiel, E. (1999): Erklären als didaktisches Handeln. Würzburg: Ergon.
Kounin, J. (1976): Techniken der Klassenführung. Bern: Huber.

Kulgemeyer, C. (2013): Gelingensbedingungen physikalischer Erklärungen. Zu einer konstruktivistischen Auffassung des Erklärens. PhyDid B – Didaktik der Physik. www.phydid.de/index.php/phydid-b/article/view/460 (Abruf: 24.01.2017).

Kulgemeyer, C./Tomczyszyn, E. (2015): Physik erklären – Messung der Erklärensfähigkeit angehender Physiklehrkräfte in einer simulierten Unterrichtssituation. In: Zeitschrift für Didaktik der Naturwissenschaften 21, S. 111–126.

Leisen, J. (2013): Trägst du noch vor oder erklärst du schon? Der Lehrer als Erzähler oder als Erklärer. In: Naturwissenschaften im Unterricht Physik 135/136, S. 26–32.

Müller-Hill, E. (2016): Erklären und Lehren. In: Friedrich Jahresheft XXXIV 2016, S. 70–72.

Pauli, C. (2015): Einen Sachverhalt erklären. In: Pädagogik 3, S. 44–47.

Rathausky, A. (2011): Erklärprozesse im Fach Englisch. Eine qualitative Studie zur Vermittlung grammatischer Inhalte in der Sekundarstufe. Dissertation, Pädagogische Hochschule Ludwigsburg.

Renkl, A./Wittwer, J./Große, C./Hauser, S./Hilbert, T./Nückles, M./Schworm, S. (2006): Instruktionale Erklärungen beim Erwerb kognitiver Fertigkeiten: Sechs Thesen zu einer oft vergeblichen Bemühung. In: Hosenfeld, I./Schrader, F.W. (Hrsg.): Schulische Leistung. Grundlagen, Bedingungen, Perspektiven. Münster: Waxmann, S. 205–223.

Schlöglmann, W. (2015): Warum ist es für den Mathematikunterricht wichtig, Inhalte gut zu erklären? In: Kadunz, G. (Hrsg.): Semiotische Perspektiven auf das Lernen von Mathematik. Berlin/Heidelberg: Springer, S. 205–224.

Schmidt-Thieme, B. (2014): Erklären können. Aufbau von Erklärkompetenz im Lehramtsstudium. In: Roth, J./Ames, J. (Hrsg.): Beiträge zum Mathematikunterricht 2014. Münster: WTM-Verlag, S: 1075–1078.

Wilson, H./Mant, J. (2011a): What makes an exemplary teacher of science? The teachers' perspective. In: School Science Review 93, S. 115–119.

Wilson, H./Mant, J. (2011b): What makes an exemplary teacher of science? The pupils' perspective. School Science Review 93, S. 121–125.

Wittwer, J./Renkl, A. (2008): Why Instructional Explanations Often Do Not Work: A Framework for Understanding the Effectiveness of Instructional Explanations. In: Educational Psychologist 43, H. 1, S. 49–64.

Literaturhinweise

Spreckels, J. (Hrsg.) (2009): Erklären im Kontext. Neue Perspektiven aus der Gesprächs- und Unterrichtsforschung. Baltmannsweiler: Schneider Verlag Hohengehren.

Vogt, R. (Hrsg.) (2016): Erklären. Gesprächsanalytische und fachdidaktische Perspektiven. Tübingen: Stauffenburg.

1.10 Veranschaulichen

»*Veranschaulichung im Unterricht heißt, den Unterrichtsstoff so darzubieten, dass die Schüler ihn mithilfe ihrer Sinnesorgane und entsprechend ihrer Auffassungsfähigkeit umfassend und zutreffend erkennen können*« (Schröder 2002, S. 167).

Stand der Forschung

Im Unterricht ergibt sich häufig die Notwendigkeit, originales Erleben durch den Einsatz von Unterrichtsmitteln mittelbar zu ermöglichen (Glöckel 1996). So scheint es z.B. schwer umsetzbar, im Rahmen des Geographieunterrichts die subtropische Klimazone zu bereisen und so eine direkte Erfahrung zu ermöglichen – vielmehr müssen im Unterricht Veranschaulichungsmittel und Medien dazu beitragen, den Stoff erkennbar bzw. »erfahrbar« zu machen. Aus dieser Überlegung lässt sich aber nicht die Forderung ableiten, im Unterricht möglichst viele Medien einzusetzen, um so den Stoff – gewissermaßen automatisch – verständlicher darzubieten. Wiater (2011, S. 107) weist darauf hin, dass dem Unterrichtsprinzip der Veranschaulichung ein »tieferes Verständnis zugrunde [liegt], das mit der ›Sinneswahrnehmung‹ einerseits und der ›Bildung von Vorstellungen‹ andererseits zu tun hat«. Die Rezeption von Information und die innere Verarbeitung derselben sind demzufolge nicht zu trennen. Auch sind unterschiedliche Erfahrungsformen – unmittelbar (z.B. Exkursion), modellhaft (z.B. Rollenspiel), abbildhaft (z.B. schematische Darstellung) bzw. symbolisch (z.B. Texte) – für jeweils unterschiedliche Zwecke geeignet (Tulodziecki 2011). So könnte die angeführte Exkursion in die subtropische Klimazone den Schülerinnen und Schülern durchaus viele bleibende Eindrücke verschaffen. Strukturelle Zusammenhänge der dortigen Flora und Fauna kann aber u.U. eine schematische Darstellung im heimischen Klassenzimmer besser vermitteln. Entscheidend bei der Auswahl der Veranschaulichungsmittel erscheint, zieht man das Eingangszitat zu Rate, dass die Schüler/innen den Stoff umfassend und zutreffend erkennen können; und dazu wäre neben der Sachanalyse grundlegend auch eine Analyse der Schülervoraussetzungen notwendig.

Veranschaulichung als Unterrichtsprinzip ist keine Forderung unserer Zeit, sondern seit Comenius mit seiner »Didactica Magna« (1657/1992) und Pestalozzi mit seiner Schrift »Wie Gertrud ihre Kinder lehrt« (1801/1961) fester Bestandteil didaktischer Überlegungen. Das hier verwendete Begriffsverständnis von Veranschaulichung kann auf zwei Traditionslinien zurückgeführt werden, zum einen auf die Erkenntnisphilosophie Kants, zum anderen auf kognitionspsychologische Erkenntnisse.

Nach Immanuel Kant ist menschliche Erkenntnis nur aus dem Zusammenspiel von sinnlicher Anschauung und Denken heraus zu verstehen. Erkenntnis beruht also nicht auf einer objektiven Wirklichkeit, sondern auf der Wahrnehmung und der Eigenleistung der Strukturierung durch das Subjekt – mithin kann Kant als ein theoretischer

Vorreiter des modernen Konstruktivismus angesehen werden. Theoretische Begriffe, die nicht mit konkreten Erfahrungen verknüpft sind, sind nicht mehr als Worthülsen. Entsprechend formuliert er in seinem bekannten Diktum: »Gedanken ohne Inhalt sind leer. Anschauungen ohne Begriffe sind blind« (Kant 1794/1998). Ein Lernender ohne Vorkenntnisse im Bereich der PC-Hardware würde, wenn sein Rechner nicht anspringt und er die Abdeckung öffnet, nicht viel mehr als ein Gewirr von Drähten sehen. Ohne »Begriffe«, also z.B. zumindest basale Kenntnisse der Komponenten, wäre dies eine »blinde Anschauung«. Anders herum hat sich ein Lernender, der mittels entsprechender Literatur Fachbegriffe wie Festplatte oder Grafikkarte kennen gelernt hat, ohne konkreten Bezug zur »Erfahrung« im Grunde nur »Gedanken ohne Inhalt« angeeignet.

Zudem zeigen Befunde aus der Kognitionspsychologie, dass eine doppelt bzw. mehrkanalig codierte Information (im Unterricht z.B. visuell über ein Tafelbild und verbal über einen Lehrervortrag) eine positive Wirkung auf die kognitive Erinnerungsleistung mit sich bringen kann, wenn diese gut strukturiert und inhaltsadäquat angeboten wird (Paivio 1986). Allerdings lässt sich daraus nicht schließen, dass der Einsatz unterschiedlicher Darbietungsformen die Behaltensleistung generell fördert. Das häufig genannte Diktum »Wer mit allen Sinnen lernt, lernt mehr« erscheint empirisch nicht haltbar (Lerche 2011; Weiß 2012), ebenso ist ein direkter Zusammenhang von Informationstyp, Lerntyp und Lernerfolg (z.B. haptischer Typ, visueller Typ …) nicht belegt. Trotz mangelnder empirischer Belege halten sich diese Vorstellungen, die insbesondere mit den Arbeiten von Vester (1975) aufgekommen sind, und werden vielfach in der Ratgeberliteratur, aber auch im Rahmen der Lehrerbildung repliziert. Kritisiert werden kann daran insbesondere die Vorstellung, dass eine Information vom jeweiligen Sinnesorgan (in Abhängigkeit vom Lerntyp) sozusagen ohne Umwege in das Langzeitgedächtnis gelangen würde (eine kritische Auseinandersetzung findet sich z.B. bei Pashler et al. 2009). Lernen erfordert jedoch mehr als das, nämlich die aktive Auseinandersetzung mit dem Inhalt – selbst wenn es individuelle Präferenzen im Umgang mit verschiedenen Informationstypen geben mag, definieren diese keineswegs die Art und Weise, wie im Unterricht »veranschaulicht« werden sollte und rechtfertigen auch keine nach Lerntypen getrennte Darbietung von Informationen.

Trotz dieser Einwände haben verschiedene Wege der Veranschaulichung von Inhalten ihre Berechtigung. Bruner (1974) unterscheidet beispielsweise als Codierungen die enaktiven, ikonischen und symbolischen Repräsentationsformen von Wissen. Forschungsbefunde zeigen, dass es dem Lernerfolg zuträglich ist, wenn Schülerinnen und Schüler einen Unterrichtsgegenstand anhand unterschiedlicher Repräsentationsformen erarbeiten, wobei je nach Vorwissen eine der genannten Formen im Vordergrund stehen sollte (Kiel et al. 2014):

- *Enaktive Repräsentationsformen*: Wissen wird handelnd in Auseinandersetzung mit konkretem Material erworben, das den Unterrichtsgegenstand repräsentiert; etwa wenn im Mathematikunterricht Bruchrechnen anhand des Zerschneidens einer echten Torte veranschaulicht wird oder wenn der abstrakte Begriff »Vertrauen«

durch einen sogenannten Vertrauensspaziergang veranschaulicht wird, bei dem einer Teilnehmerin die Augen verbunden werden und ein anderer Teilnehmer diese ›blinde‹ Teilnehmerin durch die Schule führt.
- *Ikonische Repräsentationsformen*: Wissen wird in Auseinandersetzung mit Material erworben, das die konkrete Handlung bzw. den konkreten Gegenstand bildhaft darstellt; ikonisch wäre z. B. ein Pappmodell eines Amphitheaters im Geschichtsunterricht oder eine Serie von Bildern, die den Begriff des Vertrauens illustrieren.
- *Symbolische Repräsentationsformen*: Wissen wird in Auseinandersetzung mit Material erworben, das die konkrete Handlung in Zeichen (z. B. Sprache, Buchstaben, Ziffern, Rechenzeichen) überführt; Symbole bedürfen keiner bildlichen Vorstellung mehr. Die Buchstabenfolge »Tisch« etwa ist bildlich nicht an einen realen Tisch gebunden und bildet diesen symbolisch ab.

Checklisten

Eine bekannte Kategorisierung von Funktionen der Veranschaulichung im Rahmen des Unterrichts stammt von Michael (1983; Ergänzungen Weiß 2012; Wiater 2011). Diese Funktionen können durch unterschiedliche Medien bzw. Mittel zur Veranschaulichung unterstützt werden. Neben den häufig fokussierten medienbasierten Präsentationsformen (Schulbuch, Tafelbild, Overhead-Projektor, Film usw.) können auch verbale Illustrationen (Metaphern, Fallbeispiele) der Lehrkraft bzw. schüleraktive Elemente wie die eigenständige Arbeit mit Experimenten »veranschaulichend« wirken.
- *Veranschaulichung als Motivationshilfe*: insbesondere um Lernprozesse in Gang zu setzen oder zu halten (z. B. Einführung in das Stundenthema oder eine neue Unterrichtssequenz). Dabei ist zu beachten: Das Medium soll das Interesse am Lerngegenstand wecken bzw. aufrechterhalten, aber nicht zum zentralen Unterrichtsinhalt werden. Für das Wecken der Neugier sind unterschiedliche Stimuli in unterschiedlichen medialen Umsetzungsformen denkbar, z. B. überraschende Aussagen, Analogien, Beispiele (Lebensweltbezug), aktuelle Bezüge (Zeitungsartikel, Karikaturen …).
- *Veranschaulichung als Erkenntnishilfe*: um Lernprozesse zu erleichtern oder besseres Verstehen zu ermöglichen. Dabei ist zu beachten: Es sind unterschiedliche Mittel/ Medien zu nutzen, nicht jeder Ansatz der Veranschaulichung ist für jeden Zweck gleich gut geeignet. Sind Erfahrungen mit dem realen Objekt (z. B. Exkursion, Experiment) nicht möglich oder ist der Lerngegenstand nicht direkt erfahrbar, kann stellvertretend auf Modelle und Schemata zurückgegriffen werden (z. B. kann ein Wassermodell im Sachunterricht der Primarstufe dazu dienlich sein, die nicht direkt beobachtbaren Eigenschaften des Stromkreislaufs – die Tatsache, dass Strom im Kreis fließt und nicht verbraucht wird – zu veranschaulichen).
- *Veranschaulichung als Reproduktionshilfe*: um Gelerntes intensiver einzuprägen und genauer wiedergeben zu können (z. B. über die beschriebene doppelte Kodierung).

Gängige Veranschaulichungsmittel in diesem Bereich sind z. B. die Ergebnisfixierung über ein Tafelbild, welches zentrale Aspekte des behandelten Themenbereichs festhält, Flip-Charts als Mittel, um die Ergebnisse von Gruppenarbeiten festzuhalten oder auch von Schülerinnen und Schülern oder der Lehrkraft erstellte Mind-Maps, mit denen zentrale Aspekte eines Themengebietes systematisiert werden.

Grenzen und Risiken

Der Veranschaulichung als Unterrichtsprinzip sind auch Grenzen gesetzt, so wurde bereits kurz auf Grenzen des Medieneinsatzes im Unterricht verwiesen. Für viele Unterrichtsthemen sind keine Mittel zur direkten Veranschaulichung verfügbar, da es »für manche Begriffe gar kein unmittelbar erfahrbares, d. mit den Sinnen zu erfassendes Korrelat gibt, z. B. zu den Begriffen Hölle oder Jüngstes Gericht« (Tulodziecki 2011, S. 200 f.). Auch die Rahmenbedingungen des Systems Schule bringen Begrenzungen mit sich, z. B. in zeitlicher Perspektive oder aufgrund begrenzter Ressourcen. Das Prinzip der Veranschaulichung kann darüber hinaus Risiken in sich tragen, z. B. wenn:
- die Schüler/innen unter- oder überfordert werden;
- der Lerngegenstand simplifiziert wird bzw. verfälscht oder verzerrt dargestellt wird (so können sich bei rein modellhafter Veranschaulichung falsche Vorstellungen über die Wirklichkeit ausbilden);
- die Fokussierung auf die Veranschaulichung dazu führt, dass der eigentliche Lerngegenstand bzw. das Lernziel der Unterrichtseinheit aus dem Fokus geraten;
- Veranschaulichung nicht mit Schüleraktivität einhergeht, die Schüler/innen sich also z. B. von verschiedenen medialen Darstellungen berieseln lassen, ohne selbst zur aktiven Auseinandersetzung angeregt zu werden;
- die Schüler/innen mit Medien überflutet werden (»Viel hilft nicht viel«);
- vertraute Stile der Mediennutzung nicht in die Planung und Umsetzung einbezogen werden (Weiß 2012; Wiater 2001; Tulodziecki 2011).

Fallbeispiel

Das folgende Fallbeispiel (Kiel 2012, enthalten auf der DVD zum Band) spielt in einer fünften Klasse eines Gymnasiums. Im Fach Biologie soll die Fledermaus thematisiert werden:

> Zu Beginn der Stunde bittet der Lehrer die Schüler/innen, die Hefte herauszuholen und gibt den Auftrag, seine an der Tafel skizzierte Figur abzuzeichnen, die einer Maus ähnelt. Auf das Thema der Stunde geht er nicht weiter ein. Auf seine Frage, um welches Lebewesen es sich handeln könnte, melden sich einige Schülerinnen und Schüler. Sie meinen, es müsse sich um eine Maus handeln. Der Lehrer antwortet »noch nicht ganz« und erweitert die Skizze, indem er der Figur scharfe Eckzähne hinzufügt.
> Einige Schülerinnen und Schüler melden sich und antworten, dass es sich um eine Fledermaus handeln müsse. Daraufhin händigt der Lehrer einem Schüler in der ersten Reihe ein Präparat einer ausgestopften Fledermaus aus, das herumgegeben und von den Schülerinnen und Schülern genau betrachtet werden soll. Parallel führt die Lehrkraft das Unterrichtsgespräch zum Thema weiter und geht auf die Fledermaus als Säugetier ein. Während das Präparat noch durch die Reihen wandert, holt der Lehrer ein weiteres Modell hervor. Es handelt sich dabei um einen selbstgebauten Drachen in Form einer Fledermaus, anhand dessen die Flügel einer Fledermaus thematisiert werden soll. Auch auf die Skizze an der Tafel und die dort fehlenden Flügel geht der Lehrer ein, die Schüler/innen sollen die Skizze in ihr Heft übertragen. Im nächsten Schritt werden sie gebeten, die Biologiebücher aufzuschlagen und die eigenen Skizzen um den Flügel- und Knochenapparat mithilfe der dortigen Informationen zu ergänzen. Anschließend wird ein Videoausschnitt gezeigt, in dem die Untergruppe der Vampirfledermäuse vorgestellt wird.
> Was passiert in dieser Unterrichtsstunde in Bezug auf Veranschaulichung? Der Lehrer versucht, den Schülerinnen und Schülern das Thema Fledermäuse mit vielen unterschiedlichen Anschauungsmitteln (Tafelbild, Präparat, Modell, Schulbuch, Video) näher zu bringen. Letztlich bleibt aber das Lernziel der Stunde völlig unklar. Die Schüler/innen nehmen, außer einigen unzusammenhängenden Informationen, kaum etwas mit und erscheinen am Ende der Stunde eher verwirrt. Offensichtlich werden die Schüler/innen von der Fülle an verwendeten Unterrichtsmedien überflutet – viel hilft nicht immer. Die Schüleraktivität beschränkt sich auf das Unterrichtsgespräch, in dem allerdings durchweg unterfordernde Fragen gestellt werden, sowie das Abzeichnen bzw. Ergänzen der Skizze.

Literatur

Barke, H.-D./Harsch, G. (2011): Chemiedidaktik kompakt. Lernprozesse in Theorie und Praxis. Heidelberg: Springer.
Bruner, J. (1974): Entwurf einer Unterrichtstheorie. Berlin: Springer.
Comenius, J.A. (1657/1992): Große Didaktik (Hrsg. von A. Flitner). Stuttgart: Klett-Cotta.
Glöckel, H. (1996): Vom Unterricht. Bad Heilbrunn: Klinkhardt.
Hauck, G. (2005): Effekte von Modalitätspräferenzen beim Wissenserwerb mit multimedialen Lernsystemen. Berlin: Logos.
Kant, I. (1794/1998): Kritik an der reinen Vernunft (Hrsg. von J. Timmermann). Hamburg: Meiner.
Kiel, E./Haag, L./Keller-Schneider, M./Zierer, K. (2014): Unterricht planen, durchführen, reflektieren. Berlin: Cornelsen.
Lerche, T. (2011): Virtuelle Lernplattformen. In: Kiel, E./Zierer, K. (Hrsg.): Unterrichtsgestaltung als Gegenstand der Wissenschaft. Basiswissen Unterrichtsgestaltung Band 2. Baltmannsweiler: Schneider Verlag Hohengehren, S. 87–102.
Michael, B. (1983): Darbieten und Veranschaulichen. Bad Heilbrunn: Klinkhardt.
Paivio, A. (1986): Mental representations: A dual coding approach. New York: Oxford University Press.

Pashler, H./McDaniel, M./Rohrer, D./Bjork, R. (2009): Learning styles: Concepts and evidence. In: Psychological Science in the Public Interest 9, H. 3, S. 105–119.
Pestalozzi, J. H. (1801/1961): Wie Gertrud ihre Kinder lehrt. Paderborn: Schöningh.
Schröder, H. (2002): Lernen – Lehren – Unterricht: lernpsychologische und didaktische Grundlagen. München/Wien: Oldenbourg.
Tulodziecki, G. (2011): Medien im Unterricht. In: Kiel, E./Zierer, K. (Hrsg.): Unterrichtsgestaltung als Gegenstand der Wissenschaft. Basiswissen Unterrichtsgestaltung Band 2. Baltmannsweiler: Schneider Verlag Hohengehren, S. 199–212.
Vester, F. (1975): Denken, Lernen, Vergessen – Was geht in unserem Kopf vor, wie lernt das Gehirn, und wann lässt es uns im Stich? Stuttgart: DVA.
Weiß, S. (2012): Veranschaulichung. In: Kiel, E. (Hrsg.): Unterricht sehen, analysieren, gestalten. Bad Heilbrunn: Klinkhardt, S. 199–120.
Wiater, W. (2011): Regulierende Unterrichtsprinzipien. In E. Kiel & K. Zierer (Hrsg.), Unterrichtsgestaltung als Gegenstand der Praxis. Basiswissen Unterrichtsgestaltung Band 3. Baltmannsweiler: Schneider Verlag Hohengehren, S. 95–117
Wiater, W. (2001): Unterrichtsprinzipien. Donauwörth: Auer.

Literaturhinweise

Kiel, E (Hrsg.) (2012): Unterricht sehen, analysieren, gestalten. Bad Heilbrunn: Klinkhardt.
Wagenschein, M. (2013): Verstehen lernen. Weinheim und Basel: Beltz.

1.11 Üben

»Um den Lernerfolg einer Unterrichtseinheit längere Zeit aufrecht zu erhalten, müssen die aufgenommenen Kenntnisse, Fertigkeiten und Verhaltensweisen gesichert, d.h. sinnvoll wiederholt, angewendet und transferiert werden, um diese für neue Lernsituationen verfügbar zu machen. Ziel jeglicher Übung ist die Verbesserung und Steigerung des bereits Erreichten« (Weiss/Lerche 2008, S. 144).

Stand der Forschung

Der Begriff des Übens ist im Bereich der Schule häufig mit negativen Konnotationen verbunden und mit Aspekten wie »Eintönigkeit, Langeweile, mechanische[m] Üben, Drill, Beschränkung von Freiheit und Behinderung kreativer Entfaltung« (Weiss/Lerche 2008) assoziiert. Andererseits ist der Wert des Übens in der pädagogischen Literatur unbestritten (Arnold/Schreiner 2006). Unterricht ist nur dann erfolgreich, wenn das Wissen bzw. die Kompetenzen durch Wiederholung, aber auch Vertiefung, Anwendung oder Transfer gesichert oder ausgebaut werden – auf diese unterschiedlichen Funktionen weist auch das Eingangszitat hin. Müller (1999) formuliert einige Aspekte, auf die sich das schlechte »Image« des Übens in der Schule eventuell zurückführen lässt:

- Möglicherweise liegt die geringe Wertschätzung des Übens unter einer pragmatischen Perspektive darin begründet, dass Lehrkräfte bestrebt sind, den Unterricht motivierend und kurzweilig zu gestalten. Der Fokus der Klasse lässt sich am ehesten durch neue Themen aufrechterhalten, wohingegen Übungsphasen unter dieser Perspektive problematischer erscheinen.
- Auch der Einfluss verschiedener Strömungen der Reformpädagogik mit ihrer Ablehnung des »Drills« mag dahingehend wirksam sein, dass das Üben z.B. gegenüber eher explorativen Unterrichtsformen vernachlässigt wird.
- Ein weiterer Grund für die stellenweise geringe Wertschätzung des Übens mag darin liegen, dass aufgrund der Organisation der Schule in 45-Minuten-Einheiten und der Stofffülle in den Lehrplänen insbesondere in der Sekundarstufe wenig Zeit für Wiederholung, Anwendung oder Transfer bleibt. Auch Meyer (2009, S. 106) weist darauf hin, dass häufig »zur falschen Zeit, zu wenig, zu undifferenziert und oft mit falschen emotionalen Untertönen geübt [wird]«, und das Üben zu häufig in die Hausaufgaben verlagert wird.

Bei der Betrachtung des Übens in der Schule können verschiedene Zielsetzungen unterschieden werden, die von der Ergebnissicherung über die Vertiefung bekannter Wissens- oder Kompetenzbereiche bis zum Transfer reichen. So unterscheidet Meyer (2009) zwischen Automatisierung (Festigung, Routinisierung), Qualitätssteigerung (Vertiefung) und Transfer (Anwendung in neuen Wissens- und Könnensbereichen);

Weiss und Lerche (2008) beziehen sich vergleichbar auf die Unterscheidung wiederholender, anwendender oder transferierender Übung, wohingegen Gudjons (2007) auf die Grundformen des mechanischen (z. B. Auswendiglernen) und des elaborierenden (z. B. Vertiefen und Anwenden) Übens eingeht. Zusammengefasst lassen sich die folgenden Funktionen des Übens unterscheiden:

- *Wiederholung*: Hier geht es darum, dem Vergessen entgegenzuwirken und das Gelernte zu festigen. »Jedes Fach enthält Teile, die man auswendig lernen muss, die sich nicht durch Überlegen, Nachdenken oder Verstehen erschließen lassen: Vokabeln, chemische Bezeichnungen, Axiome, Namen u. a. m.« (Gudjons 2007, S. 100). Eintöniges Üben kann dabei der Motivation abträglich sein, entsprechend ist hier auf eine angemessene Variation zu achten.
- *Automatisierung*: Dieser Aspekt kann als eine Sonderform des wiederholenden Übens bezeichnet werden. Hier geht es darum, Routinehandlungen wie z. B. den Umgang mit bestimmten Algorithmen in Mathematik, durch wiederholendes Üben zu internalisieren (Meyer 2009).
- *Vertiefung*: Hier liegt der Fokus weniger auf der Wiederholung, sondern auf der praktischen Anwendung des Gelernten. Ziel und Zweck kann dabei entweder die Kontrolle des Lernerfolgs oder die Sicherung durch die Anwendungen von Gelerntem, z. B. bei der Lösung von Aufgaben, sein (Weiss/Lerche 2008).
- *Transfer*: Hier ist die Übertragung von Wissen oder Können auf neuartige Problemstellungen als zentrales Element zu nennen, um neues Wissen besser mit dem Vorwissen verknüpfen zu können (Helmke 2010).

Alle genannten Formen des Übens haben im Rahmen der Schule, je nach Fach und Unterrichtsinhalt in unterschiedlicher Ausprägung, ihre Berechtigung und sollten als regelmäßiger Bestandteil ihren Platz im Unterricht haben. Bezogen auf die Behaltensleistung bzw. die Anwendbarkeit neuen Wissens muss festgehalten werden, dass der Aufnahme von Informationen eine Wiederholung, eine Verknüpfung mit anderen Wissensbereichen und/oder eine Anwendung des Wissens folgen muss, da die Informationen sonst vergessen werden oder als »träges Wissen« nicht genutzt werden können (Helmke 2010). Der Einsatz rein repetitiver Übungsformen sollte demnach zugunsten von Formen elaborierten Übens, z. B. mittels herausfordernder Aufgaben, begrenzt werden. Variation, z. B. auch mit Blick auf die Sozialform, ist für den Bereich des Übens ebenso von Bedeutung wie für die Unterrichtsgestaltung insgesamt. Hattie (2013, S. 220) verweist zudem darauf, dass der rhythmisierte Einsatz von Übungsphasen (häufigere, kürzere, gestaffelte Übungsphasen mit Unterbrechungen) gegenüber dem »geballten Üben« wirksamer ist und so gestaltetes Üben sich positiv auf den Lernerfolg auswirkt ($d = 0{,}71$).

Checkliste

Die folgende knappe Zusammenstellung (Tab. 15) verweist auf zentrale Qualitätsmerkmale und Gestaltungshinweise zum Üben im Unterricht (Helmke 2010; Paradies/Linser 2003; Leuders 2009; Lerche 2012):

Kriterium	Leitfragen
Passung (Inhalt, Vorkenntnisse)	• Ist die Übung/die Übungsphase dem Unterrichtsinhalt bzw. den Lernzielen angemessen? • Ist die Übung/die Übungsphase den Vorkenntnissen, dem Entwicklungsstand der Schüler/innen angemessen? Ist der Schwierigkeitsgrad angemessen (fordernd – nicht überfordernd)? • Werden Möglichkeiten der Differenzierung (z. B. Schwierigkeit, Niveau der Aufgabenstellung) bei der Gestaltung von Übungen genutzt?
Häufigkeit und zeitliche Verteilung	• Sind verschiedene Formen des Übens (Automatisierung, Vertiefung und Sicherung, Transfer) regelmäßiger Bestandteil des Unterrichts? • Werden Übungsphasen in rhythmisierter Form (eher häufig, kurz, in Intervallen statt »geballt«) eingesetzt?
Motivation (subjektive Bedeutsamkeit, Sinnstiftung)	• Sind die Übungsphasen, -aufgaben, -materialien so gestaltet, dass die Bereitschaft der Schüler/innen zur vertieften Auseinandersetzung gefördert wird? • Ist den Schülerinnen und Schülern klar, was mit der Übung erreicht werden soll? • Sind die Übungsphasen, -aufgaben, -materialien so gestaltet, dass die selbstständige Auseinandersetzung mit den Inhalten gefördert wird?
Variation (Aufgaben, Sozialformen)	• Kommen unterschiedliche Aufgabentypen zur Anwendung? • Kommen elaborierte Formen des Übens (z. B. Problemlösen auf Basis fordernder, aber nicht überfordernder Aufgaben) zur Anwendung? • Werden Übungsaufgaben überwiegend in Einzelarbeit bearbeitet oder gibt es auch kooperative Übungsphasen?
Kontrolle und Feedback	• Werden die Ergebnisse von Übungsphasen kontrolliert? • Erhalten die Schüler/innen eine Rückmeldung? • Geben die Übungsmaterialien den Schülerinnen und Schülern die Möglichkeit, selbstständig den Erfolg zu überprüfen?

Tab. 15: Dimensionen des Übens im Unterricht

Grenzen und Risiken

Das Unterrichtsprinzip der »Übung« ist per se kein Garant für nachhaltigen Lernerfolg – insbesondere ist im Zusammenhang mit Üben im Unterricht auf die Passung mit weiteren Prinzipien wie Motivierung, Strukturierung oder Kreativitätsförderung zu achten (Weiss/Lerche 2008; Helmke 2010). Die bestehenden Forschungsbefunde deuten darauf, dass »Übungen dann vergleichsweise wirkungslos verpuffen, wenn die Lernenden die auszuführenden Tätigkeiten bereits beherrschen und wenn die Übungsaufgaben keine Variationen und Herausforderungen beinhalten« (Lipowsky 2015, S. 89) – allerdings sind gerade solche Übungsformate im Schulalltag recht häufig vertreten.

Üben kann anstrengend sein – ist aber bei bestimmten Lerninhalten unabdingbar. So scheint es schwer vorstellbar z. B. Vokabeln im Fremdsprachenunterricht ohne eine gewisse Anstrengung zu memorieren. Im Zusammenhang mit dem Prinzip der Motivierung ist allerdings darauf zu achten, möglichst viel Variation in die Übungsphasen einzubringen und diese so zu gestalten, dass sie von den Lernenden als relevant wahrgenommen werden. Grenzen für das Prinzip der Übung ergeben sich auch aus der Organisation der Schule (Witt 2012). So wird das Üben aufgrund des 45-Minuten-Rhythmus und der Stofffülle in den Lehrplänen gerade im Kurzfächern mit wenigen Wochenstunden häufig zugunsten der Behandlung neuer Inhalte auf die Hausaufgaben verlagert.

Fallbeispiel

Anhand einer Unterrichtssequenz (Kiel 2012, enthalten auf der DVD zum Band) können unterschiedliche Formen des Übens während einer Unterrichtsstunde exemplarisch dargestellt werden. Insbesondere werden in den Beispielen die unterschiedlichen Ziele des Wiederholens, des Vertiefens und der Anregung des Transfers verdeutlicht. Inhalt der Unterrichtsstunde ist die Entwicklung von Sprachbewusstsein am Beispiel »Colours« (Englisch, 1. Lehrjahr, Grundschule, 3. Jahrgang).
- *Vorwissen aktivieren*: Die einzelnen Farben sind den Schülerinnen und Schülern bereits bekannt. Die Lehrkraft wiederholt die Farben, indem sie auf verschiedene Kleidungsstücke der Schüler deutet und die gesamte Klasse die Farbe nennen lässt (»What color is this?«) oder Farben nennt und die Klasse zur Verifikation bzw. Falsifikation auffordert (»Look here. Is this blue?«)
- *Verarbeiten*: Die Lehrperson zeigt den Schülerinnen und Schülern Zeichnungen von Personen und hebt jeweils ein Element dieser Person hervor. Die Lernenden haben vor sich ebenfalls Zeichnungen, die jedoch noch unvollständig sind. Die Schüler/innen sollen nun den von der Lehrkraft genannten Gegenstand und die Farbe des Gegenstands erkennen und ihre Zeichnungen entsprechend ergänzen (»He's got a brown beard«).
- *Verarbeiten*: Die Lehrperson präsentiert einen zweiten Satz von Bildern, bei dem die Schülerinnen und Schüler nach spezifischen Merkmalen der Person gefragt werden (»This is a man?«). Der Schwierigkeitsgrad wird durch die Kombination von Elementen gesteigert (»Has she got long blond hair?«). Zusätzlich werden die Schü-

ler/innen aufgefordert, Merkmale zu beschreiben, die von der Lehrkraft genannt werden. Hierbei stellt der korrekte Gebrauch des Genus eine zusätzliche Schwierigkeit dar (»He/She's got a blue Pullover«).
- *Verarbeiten*: Die Lehrperson zeigt den Schülerinnen und Schülern Zeichnungen verschiedener Personen und fordert sie auf, die Person zu beschreiben. Dabei fragt die Lehrkraft nicht mehr gezielt nach Eigenschaften, sondern gibt den Schülern nur noch Feedback.
- *Verarbeiten*: Ein/e Schüler/in muss die im vorherigen Spiel eingeführten Personen anhand ihrer Eigenschaften identifizieren. Ein zweiter Lernender wählt eine Person aus. Schüler/in 1 hat den kompletten Satz an Zeichnungen aller Personen zur Verfügung und muss nun durch gezielte Fragen die von Schüler/in 2 gewählte Person identifizieren. Die Lehrkraft korrigiert gegebenenfalls falsche Fragestellungen.
- *Verarbeiten*: Alle Schüler/innen erhalten jeweils eine Zeichnung einer Person, dabei erhalten jeweils zwei Schüler die gleiche Zeichnung. Niemand darf seine Karte offen zeigen. Aufgabe der Schülerinnen und Schüler ist es nun, durch gezieltes Abfragen der Eigenschaften zu prüfen, ob ihr/e Gesprächspartner/in die gleiche Karte in der Hand hält. Bei einem »No« als Antwort geht die Schülerin/der Schüler zum nächsten Klassenkameraden und fragt diesen nach den Eigenschaften seiner Person. Das Spiel endet, wenn alle Schüler/innen ihre Partner gefunden haben.

Literatur

Arnold, K.H./Schreiner, S. (2006): Üben. In: Arnold, K.H./Sandfuchs, H./Wiechmann, J. (Hrsg.): Handbuch Unterricht. Bad Heilbrunn: Klinkhardt, S: 326–331.
Gudjons, H. (2007): Frontalunterricht – neu entdeckt. Integration in offene Unterrichtsformen. Bad Heilbrunn: Klinkhardt.
Hattie, J. (2013): Lernen sichtbar machen. Überarbeitete deutschsprachige Ausgabe von »Visible Learning«, besorgt von Wolfgang Beywl und Klaus Zierer. Baltmannsweiler: Schneider Verlag Hohengehren.
Helmke, A. (2010): Unterrichtsqualität und Lehrerprofessionalität. Seelze-Velber: Kallmeyer/Klett.
Lerche, T. (2012): Übung. In: Kiel, E. (Hrsg.): Unterricht sehen, analysieren, gestalten. Bad Heilbrunn: Klinkhardt, S. 145–172.
Leuders, T. (2009): Intelligent üben und Mathematik erleben. In: Leuders, T./Hefendehl-Hebeker, L./Weigand, H.-G. (Hrsg.): Mathemagische Momente. Berlin: Cornelsen, S. 130–143.
Lipowsky, F. (2015): Unterricht. In Wild, E./Möller, J. (Hrsg.): Pädagogische Psychologie. Berlin/Heidelberg: Springer, S. 69–105.
Meyer, H. (2009): Was ist guter Unterricht? Berlin: Cornelsen.
Müller, U. (1999): Übung. Grundlagen der Weiterbildung – Praxishilfen. Lose-Blatt-Sammlung. Neuwied: Luchterhand. www.neue-lernkultur.de/publikationen/uebung.pdf (Abruf 24.01.2017).
Paradies, L./Linser, H.J. (2003): Üben, Wiederholen, Festigen. Praxishandbuch für die Sekundarstufe I und II. Berlin: Cornelsen Scriptor.
Weiss, G./Lerche, T. (2008): Übung. In: Kiel, E. (Hrsg.): Unterricht sehen, analysieren, gestalten. Bad Heilbrunn: Klinkhardt, S. 143–169.
Witt, D. (2012): Zur Problematik des Übens und Anwendens in Kurzfächern. In: Pädagogik 12, S. 26–29.

Literaturhinweise

Bönsch, M. (2010): Nachhaltiges Lernen durch Üben und Wiederholen. Baltmannsweiler: Schneider Verlag Hohengehren.

Bollnow, O. F. (1982): Vom Geist des Übens. Eine Rückbesinnung auf elementare didaktische Erfahrungen. Freiburg: Herder.

Bruder, R. (2008): Üben mit Konzept. In: Mathematik lehren 147, S. 4–11.

Kiper, H. (2016): Übung macht den Meister – wirklich? Wie wir intelligent üben. In: Schulverwaltung Bayern 39, H. 4, S. 108–112.

1.12 Kognitiv aktivieren

»*In aktuellen Arbeiten werden solche Lerngelegenheiten als ›kognitiv aktivierend‹ bezeichnet, durch die alle Lernenden zur aktiven Auseinandersetzung mit den Lerninhalten auf einem für sie optimalen Niveau angeregt werden*« (Leuders/Holzäpfel 2011, S. 213).

Stand der Forschung

Das Konstrukt der kognitiven Aktivierung wurde in den letzten Jahren – neben effizienter Klassenführung und konstruktiver Unterstützung – als ein zentrales Merkmal von Unterrichtsqualität immer stärker in den Blick genommen, insbesondere von Seiten der empirischen Unterrichtsforschung bzw. im Rahmen von Vergleichsstudien (z. B. TIMSS, SCHOLASTIK, COACTIV) mit Fokus auf den mathematisch-naturwissenschaftlichen Bereich. Inzwischen wird die kognitive Aktivierung aber auch allgemein als Gütekriterium von Unterricht diskutiert, und es werden Versuche unternommen, entsprechende domänenspezifische Überlegungen auch auf andere Fächer zu übertragen.

Da der Grad an »kognitiver Aktivierung« nicht direkt beobachtbar ist, wird das Konstrukt in verschiedenen Studien unterschiedlich operationalisiert (z. B. auf Basis einer Analyse des Anregungsgehalts von Aufgaben durch Expert/innen, von Unterrichtsbeobachtungen, von Erhebungen der Einschätzungen von Lehrkräften oder Lernenden) – was möglicherweise auch ein Grund dafür ist, dass die Forschungsergebnisse z. B. zur Wirkung auf den Lernerfolg nicht eindeutig sind (Lotz 2016; Pirner 2013). Es wird insgesamt aber davon ausgegangen, dass das Anregen eines intensiven Nachdenkens und einer elaborierten Auseinandersetzung mit dem Unterrichtsgegenstand (Lipowsky 2015) dazu beiträgt, dass Schülerinnen und Schüler anwendbare Wissensstrukturen auf- oder ausbauen.

Der angeführten Definition zufolge werden »solche Lerngelegenheiten als ›kognitiv aktivierend‹ bezeichnet, durch die alle Lernenden zur aktiven Auseinandersetzung mit den Lerninhalten auf einem für sie optimalen Niveau angeregt werden« (Leuders/Holzäpfel 2011, S. 213). Eine solchermaßen definierte kognitive Aktivierung scheint auf den ersten Blick wenig Neues zu bieten, immerhin wird die Bedeutung von Schüleraktivität für erfolgreiches Lernen nicht erst seit kurzem diskutiert, und guter Unterricht hat, z. B. über die Auseinandersetzung mit anspruchsvollen Inhalten, fordernde Aufgaben oder kontroverse Diskussionen, schon immer Schüler/innen dazu veranlasst, sich intensiv mit den Inhalten zu befassen. Offenkundig neu ist die Nennung des »optimalen Niveaus«, das darauf verweist, dass Lernende nicht im Gleichschritt angeregt werden können, und Aspekte wie Differenzierung, individuelle Förderung oder auch Adaptivität von Aufgaben bedeutsam erscheinen.

Weniger offenkundig in der obigen Definition ist ein weiterer Aspekt, der die heutige Diskussion um »kognitive Aktivierung« deutlich von bloßer »Schüleraktivität« abgrenzt. Die Forschungsergebnisse der vergangenen Jahre verweisen insbesondere darauf, dass die Oberflächen- oder Sichtstrukturen des Unterrichts, also z. B. die Frage nach den verwendeten Methoden oder Sozialformen, für den Lernerfolg weniger bedeutsam sind als die Tiefenstrukturen des Unterrichts. So sind viele Lernarrangements denkbar, bei denen die Lernenden zumindest vordergründig äußerst aktiv sind, z. B. wenn sie Experimente selbsttätig durchführen, ein Stationentraining absolvieren oder eine Aufgabe in Gruppen bearbeiten; diese beobachtbare Aktivität von Schülerinnen und Schülern sagt allerdings relativ wenig darüber aus, ob die Beteiligten sich wirklich intensiv – sprich »kognitiv aktiv« – mit den Inhalten befassen. In diesem Sinne kommt der Berücksichtigung der Tiefenstrukturen des Unterrichts hohe Bedeutung zu, z. B. auch im Vorfeld bei der Erstellung oder Auswahl von Aufgaben.

Im Zusammenhang mit kognitiver Aktivierung wird häufig darauf verwiesen, dass im Unterricht selten komplexe Aufgaben gestellt werden, die ein Potenzial zur kognitiven Aktivierung haben (Baumert/Lehmann 1997; Jatzwauk 2007; Kleinknecht 2010). Aufgaben werden überwiegend zur Reproduktion von Inhalten bzw. zum Einüben von Routinen eingesetzt. Demgegenüber sind kognitiv aktivierende Aufgaben z. B. nicht durch abrufbares Wissen oder mittels bekannter Routinen zu bearbeiten, sondern greifen Vorwissen bzw. Erfahrungen von Schülerinnen und Schülern auf, basieren auf neuen oder unbekannten Anforderungen bzw. fordernden Problemstellungen, ermöglichen mehrere Lösungswege und/oder stellen nicht alle zur Bearbeitung notwendigen Informationen zur Verfügung. Anregungen für eine Analyse des »kognitiven Potenzials« von Aufgaben finden sich bei Bohl et al. (2015). Das dort beschriebene Kategoriensystem versteht sich als allgemeindidaktisches Modell, ist also fächerübergreifend anwendbar, und bietet neben der Möglichkeit der Analyse auch Anregungen für die (Weiter-)Entwicklung eigener Aufgaben.

Mit Blick auf die Interaktion im Klassenzimmer, aber auch hinsichtlich der Implementation der angesprochenen »aktivierenden« Aufgaben in den Unterricht ergeben sich Hinweise darauf, dass das Potenzial beispielsweise von Unterrichtsgesprächen häufig nicht ausgeschöpft wird (Lipowsky et al. 2008; Brophy/Good 1996). Gerade das »fragend-entwickelnde Unterrichtsgespräch« bringt es beispielsweise mit sich, dass in vielen Fällen »unechte« Fragen gestellt werden. Dies betrifft z. B. Fragen, die suggestiv wirken, da in der Frage bereits die Antwort oder eine mehr oder weniger deutliche Antworttendenz enthalten ist (»Hat denn wirklich Schiller den Faust geschrieben?«). Solche Fragen sind zu vermeiden, da sie aus Schülersicht problematisch sind und kaum einen Beitrag zu einer intensiven Auseinandersetzung mit den Sachverhalten leisten können. Bei einer Frage wie im obigen Beispiel nach der Autorenschaft des Faust erscheint ein einfaches »Nein« als Antwort zu einfach – andererseits lohnt sich aus Sicht der Lernenden die intensivere Auseinandersetzung mit der Fragestellung kaum, da die Frage bereits eine klare Antworttendenz beinhaltet (Schaper 2017).

Mit Heymann (2015, S. 7) lassen sich einige Kernmerkmale kognitiver Aktivierung zusammenfassen. Kognitive Aktivierung:
- »zielt darauf ab, aktive Denk- und Problemlöseprozesse in Gang zu setzen
- führt zu einer aktiven geistigen Auseinandersetzung mit dem Lernstoff
- erlaubt eine intensivere gedankliche Durchdringung des Lernstoffs (größere Verarbeitungstiefe)
- fördert das Einbetten der zu lernenden Sachverhalte in größere Zusammenhänge und das Verstehen
- dient dem Aufbau gut vernetzter und transferfähiger Wissensstrukturen
- erleichtert die Anwendung des Gelernten in neuen Zusammenhängen«.

Dabei erscheint es notwendig, entsprechende Überlegungen fachspezifisch zu konkretisieren. Für den mathematisch-naturwissenschaftlichen Bereich wird vor allem das Aktivierungspotenzial von Aufgaben diskutiert. Einen anderen Fokus legt z. B. Thaler (2014) für den Bereich der Fremdsprachen an, wenn er für diese Fächer Aktivierung nicht (nur) als kognitive, sondern als »kommunikativ-kognitive« Aktivierung charakterisiert. So erscheint es im Fremdsprachenunterricht, bei dem die Sprache zugleich Lernziel, Inhalt, aber auch Medium des Unterrichts ist, notwendig, auf spezifische Elemente und Faktoren besonders zu achten, wie etwa auf möglichst hohe Sprechanteile der Lernenden, die Vorbildwirkung der Lehrkraft als Sprachmodell, die Bedeutung von ausreichenden Wartezeiten zwischen Lehrerfrage und Antwort bzw. zwischen Schülerantwort und Reaktion der Lehrkraft, die Rolle aktivierender Fragen oder auch den Einsatz von Methoden, die eine »kommunikativ-kognitive« Aktivierung möglichst aller Schüler/innen befördern. Um die Lernenden zu einer möglichst aktiven Auseinandersetzung mit den Inhalten anzuregen, erscheinen in den unterschiedlichen Fächern in diesem Sinne entsprechende Akzentuierungen nötig.

Nicht abschließend geklärt scheint derzeit die Frage, wie eng oder weit man das Konstrukt der kognitiven Aktivierung mit Blick auf unterschiedliche Lernarrangements anlegen sollte. Dem hier dargestellten Verständnis zufolge ist kognitive Aktivierung eng mit der Vorstellung einer aktiven Schülerrolle in einem konstruktivistisch geprägten Unterricht verknüpft. Mühlhausen (2015) weist allerdings darauf hin, dass auch der Lernerfolg in stärker instruktionsorientiertem Unterricht bzw. bei eher rezipierendem Lernen (z. B. mit Blick auf die erwähnten »unechten« Fragen im lehrergesteuerten Unterrichtsgespräch, Lehrervortrag, Diktat, Vokabellernen usw.) davon abhängt, inwiefern eine intensive geistige Auseinandersetzung und somit verstehendes Lernen angeregt werden kann.

Checklisten

Der folgende Lehrerfragebogen (Abb. 2, S. 109) zur kognitiven Aktivierung entstammt dem Projekt EMU (Evidenzbasierte Methoden der Unterrichtsdiagnostik und -entwicklung; und ist unter www.unterrichtsdiagnostik.de/media/files/EMU_LFB_ Kognitive_Aktivierung.pdf abrufbar). Er ist für den kollegialen Austausch konzipiert, der z.B. im Rahmen von Hospitationen zum Einsatz kommen kann. Der Fragebogen kann aber ebenso der einzelnen Lehrkraft dazu dienen, das »Aktivierungspotenzial« des eigenen Unterrichts bei der vorauslaufenden Planung bzw. der nachlaufenden Reflexion genauer in den Blick zu nehmen. Es geht also nicht darum, möglichst viele der genannten Aspekte in jeder Unterrichtsstunde unterzubringen, sondern mögliche Anknüpfungspunkte für eine kognitive Aktivierung der Schülerinnen und Schüler im Rahmen des Unterrichts zu eruieren.

Die Items fokussieren dabei auf das Verhalten der Schüler/innen – nicht auf das »Angebot« der Lehrkraft – und umfassen die Bereiche Visualisieren, Reduzieren/Filtern, Elaborieren/Reflektieren, Korrigieren/Evaluieren, Recherchieren und Selbststeuerung, denen jeweils das Potenzial zur kognitiven Aktivierung zugesprochen wird.

Als Pendant zum Lehrerfragebogen gibt es einen Fragebogen für Schüler/innen (abrufbar unter http://www.unterrichtsdiagnostik.de/media/files/EMU_SFB_Kognitive_Aktivierung.pdf).

Lehrerfragebogen zur kognitiven Aktivierung im Unterricht

Wie oft ungefähr sind folgende Dinge in diesem Schuljahr vorgekommen?

Die Schülerinnen und Schüler dieser Klasse haben...
(bitte den treffenden Kreis ankreuzen!)

		nie	selten 1-2mal im Halbjahr	manchmal 1-2mal im Monat	oft 1-2mal pro Woche

Visualisieren

1. den Lernstoff in Form einer Zeichnung oder eines Diagramms dargestellt ... ① ② ③ ④
2. ein Schaubild entwickelt, um Aspekte des Lernstoffs zu verdeutlichen ... ① ② ③ ④
3. ihr Wissen mit Hilfe einer Mindmap oder einer vergleichbaren Methode visualisiert ... ① ② ③ ④
4. Ergebnisse ihrer Arbeit in Form eines Plakates, eines Posters oder einer Wandzeitung festgehalten ... ① ② ③ ④

Reduzieren / Filtern

5. den Lernstoff mit eigenen Worten zusammengefasst ... ① ② ③ ④
6. Schlüsselbegriffe zum Stoff gesucht ... ① ② ③ ④
7. in einem Text die wesentlichen Aussagen markiert ... ① ② ③ ④
8. einen Vortrag schriftlich zusammengefasst ... ① ② ③ ④
9. Wichtiges aus einem Text herausgezogen ... ① ② ③ ④
10. einen persönlichen "Spickzettel" für eine Präsentation hergestellt ... ① ② ③ ④
11. nach Stichworten etwas vorgetragen ... ① ② ③ ④

Elaborieren / Reflektieren

12. Fragen zur Bedeutung des Lernstoff für den Alltag gestellt ... ① ② ③ ④
13. nach Ähnlichkeiten und Querverbindungen zu früher behandeltem Stoff im gleichen Fach gesucht ... ① ② ③ ④
14. nach Ähnlichkeiten und Querverbindungen zu anderen Fächern gesucht ... ① ② ③ ④
15. kommentiert, welche Rolle der Lernstoff für sie persönlich spielt ... ① ② ③ ④
16. Stellen oder Passagen identifiziert, die das Verständnis des Textes erschweren ... ① ② ③ ④
17. anderen schwer verständliche Stellen eines Textes erklärt ... ① ② ③ ④
18. nach Fehlern, Widersprüchen oder Lücken in einem Text gesucht ... ① ② ③ ④
19. selbst Fragen entwickelt, mit denen sich das Verständnis des Lernstoffs prüfen lässt ... ① ② ③ ④
20. ihre Arbeitsergebnisse mit anderen verglichen ... ① ② ③ ④
21. Aussagen des Lernstoffs kritisch kommentiert ... ① ② ③ ④
22. "Eselsbrücken" zu finden versucht ... ① ② ③ ④
23. nach Merksätzen gesucht ... ① ② ③ ④
24. Material zur Unterstützung von Reflexionsprozessen eingesetzt, z.B., Lernjournal, Lerntagebuch, Portfolio ... ① ② ③ ④

© A. Helmke, 2015

Wie oft ungefähr sind folgende Dinge in diesem Schuljahr vorgekommen? **Die Schülerinnen und Schüler dieser Klasse haben…** (bitte den treffenden Kreis ankreuzen!)	nie	selten 1-2mal im Halbjahr	manchmal 1-2mal im Monat	oft 1-2mal pro Woche
Korrigieren / Evaluieren				
25. Ihre eigenen Fehler selbst korrigiert	①	②	③	④
26. andere Schüler korrigiert	①	②	③	④
27. andere Schüler abgefragt	①	②	③	④
28. Punkte zusammengestellt, nach denen eine Leistung bewertet werden kann	①	②	③	④
29. ihre eigenen Arbeitsergebnisse selbst beurteilt	①	②	③	④
30. ihr eigenes Lernverhalten selbstkritisch eingeschätzt	①	②	③	④
31. Material zur Unterstützung der Selbstevaluation eingesetzt, z.B., Selbstkontrollblatt, Bewertungsbogen	①	②	③	④
32. die Arbeitsergebnisse anderer (Lernpartner oder Gruppen) beurteilt	①	②	③	④
33. den Lernweg bzw. den Arbeitsprozess anderer (Lernpartner oder Gruppen) beurteilt	①	②	③	④
34. über Lernfortschritte und Lernzuwachs berichtet	①	②	③	④
Recherchieren				
35. im Internet nach bestimmten Informationen recherchiert	①	②	③	④
36. im Internet in entsprechenden Foren den aktuellen Stand von Kontroversen und Debatten recherchiert	①	②	③	④
37. in Wörterbüchern oder Lexika relevante Informationen gesucht	①	②	③	④
Selbststeuerung				
38. selbstständig und ohne Lehrerhilfen nach Informationen gesucht	①	②	③	④
39. die Möglichkeit genutzt, den Lernort selbst zu wählen	①	②	③	④
40. einen Arbeitsplan entwickelt und befolgt	①	②	③	④
41. die Möglichkeit genutzt, Lern- und Arbeitsmaterial selbst auszuwählen	①	②	③	④
42. die Möglichkeit genutzt, sich für die Form des Lernens selbst zu entscheiden (Einzelarbeit, Wahl eines Partners, Bildung einer Lerngruppe)	①	②	③	④

© A. Helmke, 2015

Abb. 2: Lehrerfragebogen zur kognitiven Aktivierung (Helmke et al. 2015)

Grenzen und Risiken

Grenzen des Konstrukts der kognitiven Aktivierung lassen sich schon mit Blick darauf, dass Unterricht ein Angebot ist, das vom Lernenden nicht zwingend genutzt werden muss (Helmke 2010), festhalten. Schüler/innen können so betrachtet nicht »aktiviert werden«, sie können das Angebot der Lehrkraft annehmen – oder eben nicht. Ansätze zur Aktivierung von Schülerinnen und Schülern sind in diesem Sinn als Versuch zu verstehen, möglichst viele Lernende über Unterrichtsaktivitäten, denen ein möglichst großes Potenzial zur Aktivierung innewohnt, zu einer möglichst intensiven und elaborierten Auseinandersetzung mit den Inhalten anzuregen. Dies impliziert auch einen hohen Grad an (individueller) Unterstützung durch die Lehrkraft (Gold 2015).

Zudem kann die kognitive Aktivierung nicht isoliert von anderen Unterrichtsprinzipien oder Merkmalen guten Unterrichts betrachtet werden. So besteht zum Beispiel ein Spannungsverhältnis zum Prinzip der Strukturierung: Hohe Anforderungen, z. B. über komplexe Aufgaben vermittelt, können Schüler/innen zwar aktivieren, bei zu geringer Strukturierung aber auch überfordern. Anders herum kann eine starke Strukturierung, z. B. das Zerlegen von komplexen Aufgaben in übersichtliche Teilschritte, dazu führen, dass ebendiese Aufgaben ihr kognitives Anregungspotenzial verlieren (Kleickmann 2012). Ebenso offenkundig ist ein Spannungsverhältnis mit den Prinzipien der Motivierung oder auch der Differenzierung:

Kognitive Aktivität kostet Anstrengung, Lernende müssen dazu motiviert werden – und diese Anstrengung kann, je nach Alter, Anstrengungsbereitschaft, Unterrichtsthema usw., mehr oder weniger lang aufrechterhalten werden. Aktivierung soll, wie in der Eingangsdefinition erwähnt, die Schüler/innen zu einer aktiven Auseinandersetzung auf dem für sie optimalen Niveau anregen. Dieses »optimale Niveau« für jede Schülerin oder jeden Schüler festzustellen und Lernarrangements so zu gestalten, dass jeder Lernende mit »passenden« aktivierenden Lernaktivitäten konfrontiert wird, erscheint schon mit Blick auf den Aufwand der Lehrkraft als große Herausforderung. Mühlhausen (2015) verweist zudem anschaulich darauf, dass Aktivierungskonzepte in der konkreten Unterrichtssituation auch scheitern können bzw. an Grenzen stoßen. Beispielhaft sei hier auf die Rolle von Schülerexperimenten im naturwissenschaftlichen Unterricht verwiesen (unter Aktivierungsgesichtspunkten sollten Schüler/innen hier möglichst selbstständig, entdeckend lernen): Diese sind einerseits störungsanfällig, andererseits ist schon aus Sicherheitsaspekten ein gewisser einschränkender Grad an Steuerung notwendig, der die »Aktivierung« im Endeffekt zu einer reinen »Aktivität«, einem »Agieren nach Anweisungen« (Mühlhausen 2015, S. 33), werden lassen kann.

Das Prinzip der kognitiven Aktivierung wird derzeit vor allem mit Blick auf den Anregungsgehalt von Aufgaben, insbesondere im mathematisch-naturwissenschaftlichen Bereich diskutiert. Auch wenn, wie bereits angesprochen, in anderen Fächern/Fachdidaktiken Bemühungen zu einer Umsetzung festzustellen sind, erscheint es zum jetzigen Stand nicht umfassend geklärt, ob und wie dieses Prinzip in anderen Domänen umsetzbar ist bzw. wie »kognitive Aktivierung« in anderen Kontexten als der

Mathematik akzentuiert werden muss, um die Ziele des jeweiligen Fachs zu unterstützen (Pirner 2013). Unabhängig vom jeweiligen Unterrichtskontext erscheint es aber auch abseits des mathematisch-naturwissenschaftlichen Fächerkanons unabdingbar, sich als Lehrkraft Gedanken darüber zu machen, wie eine möglichst intensive Auseinandersetzung der Schüler/innen mit den Inhalten des Unterrichts erreicht werden kann – dazu geben die Überlegungen, wie sie z. B. in der obigen Checkliste oder im folgenden Fallbeispiel aufgeführt werden, einige Anregungen.

Fallbeispiel

Brüning (2015) beleuchtet anhand einer Unterrichtsstunde (Fach Deutsch, 12. Jahrgangsstufe einer Gesamtschule) die Frage, ob und wie die kognitive Aktivierung von Schülerinnen und Schülern im Rahmen kooperativer Unterrichtsmethoden erreicht werden kann. Anhand des Beispiels wird deutlich, wie die Unterrichtsplanung, das reale Unterrichtsgeschehen, die subjektive Wahrnehmung der Lehrkraft und die entsprechenden situativen Entscheidungen zusammenhängen.

In der Unterrichtsstunde soll zur Epoche des »Sturm und Drang« hingeführt werden. Ein Teillernziel ist es, in Anknüpfung an die Phase der »Aufklärung« aufzuzeigen, dass Epochenwechsel nicht abrupt auftreten, sondern als Transformationsprozess zu verstehen sind und dass sie, historisch betrachtet, nachträgliche Konstruktionen nachfolgender Generationen sind. Zudem sollen zentrale Merkmale der Epoche herausgearbeitet werden.

> Die Lehrkraft beginnt den Unterricht mit einem Lehrervortrag, mit dem eine Brücke vom vorher behandelt Thema der »Aufklärung« hin zum »Sturm und Drang« geschlagen werden soll. Auch im Rahmen des Vortrags bemüht sich die Lehrkraft, die Schüler/innen zu aktivieren, z. B. indem sie sich im Klassenraum bewegt, einzelne Schüler/innen direkt anspricht und immer wieder versucht, Verknüpfungen zur Lebenswelt der Lernenden herzustellen. Eine solche Verknüpfung zur Lebenswelt der Lernenden kann bei diesem Thema z. B. dadurch hergestellt werden, dass exemplarische Bezüge von der Gedankenwelt des »Sturm und Drang« zu modernen Popsongs aufgezeigt werden. Die Unterrichtsplanung sieht vor, dass im Anschluss auf den einleitenden Vortrag eine Erarbeitungsphase folgt, in der die Schüler/innen anhand von zwei Textbeispielen ein zentrales Merkmal des »Sturm und Drang« identifizieren sollen. Die Lehrkraft zweifelt aufgrund der zurückhaltenden Reaktionenen der Schüler/innen zum Vortrag allerdings daran, ob sie bereits zur Erarbeitungsphase fortschreiten kann oder spontan erst eine Verarbeitungsphase einfügen sollte.
> Die Lehrkraft entscheidet sich für letzteres: Die Schüler/innen sollen in Einzelarbeit die zentralen Aussagen des Lehrervortrags notieren, um ihre Notizen anschließend mit denen der Platznachbarin/des Platznachbars zu vergleichen und gegebenenfalls zu ergänzen. Zum Abschluss dieser Phase werden einzelne Schüler/innen gebeten, die zentralen Aussagen aus dem Lehrervortrag zu nennen. Dies geschieht allerdings nicht per Frage und Aufrufen wie im fragend-entwickelnden Unterricht; die Lehrkraft nutzt vielmehr einen Würfel mit 20 Seiten (solche Würfel mit 20 oder, für größere Schülergruppen, auch 30 Seiten sind im Handel erhältlich), bei dem jeder Schülerin/jedem Schüler eine Ziffer zugeordnet ist. Alle Schüler/innen sind so zumindest potenziell »aktiviert«, da nach

dem Zufallsprinzip jede/r Beteiligte jederzeit aufgerufen werden kann. Die Lehrkraft nutzt die Rückmeldungen der auf diese Art und Weise aufgerufenen Schüler/innen, um richtige Aussagen zu bestätigen und vage oder falsche Aussagen nochmals einzuordnen.

Nun kann in der Erarbeitungsphase der These nachgegangen werden, dass gerade in der Epoche des »Sturm und Drang« die Naturdarstellung als Metapher für innere Vorgänge interpretiert werden kann. Die Lehrkraft trägt zwei Textstellen aus Goethes »Die Leiden des jungen Werther« vor. Interessant mit Blick auf die kognitive Aktivierung möglichst vieler Schüler/innen erscheinen im Nachgang die Überlegungen der Lehrkraft zum weiteren Vorgehen, da die Schüler/innen vom Vortrag unterschiedlich berührt werden. Ein Schüler äußert sich und bezeichnet die vorgetragenen Passagen als kitschig. Die Lehrkraft überlegt, ob sie auf diese Rückmeldung eingehen – und damit bereits eine Phase der Wertung einläuten – oder das Unterrichtsziel weiter verfolgen soll. Mit dem Fokus darauf, möglichst alle Schüler/innen zu aktivieren und mit einer möglichst tiefen Verarbeitung des eigentlichen Themas das Unterrichtsziel im Blick zu behalten, entschließt sich die Lehrkraft, die durch die Bewertung der Textstelle »Kitsch oder nicht« angeregte Diskussion zu vertagen und weiterhin den Zusammenhang von Naturschilderung und inneren seelischen Vorgängen von den Schülerinnen und Schülern in zwei Phasen erarbeiten zu lassen. Die Schüler/innen sollen erst in Einzelarbeit, dann in arbeitsteiligen Gruppen entsprechende Textstellen identifizieren und diskutieren. Danach sollen die Lernenden an ihre Tische zurückkehren und sich, ähnlich dem Vorgehen bei einem Gruppenpuzzle (Stammgruppe/Expertengruppe), wechselseitig über die Ergebnisse informieren. Als »Produkt« soll jede Schülerin/jeder Schüler fähig sein, über den Text zu berichten, den sie/er in der Arbeitsphase nicht selbst bearbeitet hat. Dies führt im Beispiel zu einem intensiveren Austausch über die Ergebnisse der Gruppenarbeit. Zum Aufrufen der Ergebnisse wird wieder der bereits erwähnte Würfel verwendet.

Nachdem zwei ausgewählte Lernende ihre Ergebnisse vorgestellt haben, neigt sich die Unterrichtsstunde dem Ende zu. Die Lehrkraft fasst die bisherigen Überlegungen der Schüler/innen noch einmal zusammen und verweist darauf, dass in der kommenden Sitzung die Analyse weitergeführt und zentrale Ergebnisse, gegebenenfalls ergänzt durch Informationen der Lehrkraft, festgehalten werden sollen. Die letzten Minuten der Unterrichtsstunde nutzt die Lehrkraft, um die zuvor übersprungene Diskussion zur Frage »Kitsch oder nicht« aufzugreifen.

Literatur

Baumert, J./Lehmann, R. (1997): TIMSS. Mathematisch-naturwissenschaftlicher Unterricht im internationalen Vergleich. Deskriptive Befunde. Opladen: Leske und Budrich.

Bohl, T./Drüke-Noe, C./Hoppe, H./Kleinknecht, M./Maier, U./Metz, K. (2015): Was bringt diese Aufgabe? Lehrerinnen und Lehrer analysieren das kognitive Potenzial von Aufgaben. In: Pädagogik 5, S. 28–31.

Brophy, J./Good, T. L. (1986): Teacher Behavior and Student Achievement. In: Wittrock, M.C: (Hrsg.): Handbook of Research on Teaching. New York: Macmillan, S. 328–375.

Brüning, L. (2015): Kooperatives Lernen und kognitive Aktivierung. Eine Deutschstunde in der Oberstufe. In: Pädagogik 5, S. 10–13.

Gold. A. (2015): Guter Unterricht: Was wir wirklich darüber wissen. Göttingen: Vandenhoeck & Ruprecht.

Helmke, A. (2010): Unterrichtsqualität und Lehrerprofessionalität. Diagnose, Evaluation und Verbesserung des Unterrichts. Seelze-Velber: Kallmeyer/Klett.

Helmke, A./Helmke, T./Lenske, L./Pham, G. H./Praetorius, A.-K./Schrader, F.-W./Ade-Thurow, M. (2015): Studienbrief Unterrichtsdiagnostik (Kultusministerkonferenz: Projekt EMU (Evidenzbasierte Methoden der Unterrichtsdiagnostik)). Version 6.01. www.unterrichtsdiagnostik.de (Abruf: 24.01.2017). Landau: Universität Koblenz-Landau, Campus Landau.

Heymann, H.W. (2015): Warum sollte Unterricht »kognitiv aktivieren«? In: Pädagogik 5, S. 6–9.

Jatzwauk, P. (2007): Aufgaben im Biologieunterricht. Eine Analyse der Merkmale und des didaktisch-methodischen Einsatzes von Aufgaben im Biologieunterricht. Berlin: Logos.

Kleickmann, T. (2012): Kognitiv aktivieren und inhaltlich strukturieren im naturwissenschaftlichen Sachunterricht. Publikation des Programms Sinus an Grundschulen. Kiel: IPN.

Kleinknecht, M. (2010): Aufgabenkultur im Unterricht. Eine empirisch-didaktische Video- und Interviewstudie an Hauptschulen. Baltmannsweiler: Schneider Verlag Hohengehren.

Leuders, T./Holzäpfel, L. (2011): Kognitive Aktivierung im Mathematikunterricht. In: Unterrichtswissenschaft 39, H. 3, S. 213–230.

Lipowsky, F. (2015): Unterricht. In: Wild, E./Möller, J. (Hrsg.): Pädagogische Psychologie. Berlin/Heidelberg: Springer, S. 69–105.

Lipowsky, F./Pauli, C./Rakoczy, K./Gläser-Zikuda, M./Seifried, J. (2008): Schülerbeteiligung und Unterrichtsqualität. In: Gläser-Zikuda, M./Seifried, J. (Hrsg.): Lehrerexpertise – Analyse und Bedeutung unterrichtlichen Handelns. Münster: Waxmann, S. 67–90.

Lotz, M. (2016): Kognitive Aktivierung im Leseunterricht der Grundschule. Eine Videostudie zur Gestaltung und Qualität von Leseübungen im ersten Schuljahr. Wiesbaden: Springer VS.

Mühlhausen, U. (2015): Die Schüler und Schülerinnen motivieren und kognitiv aktivieren. In: Pädagogik 2, S. 42–46.

Pirner, M. L. (2013): Kognitive Aktivierung als Merkmal eines guten Religionsunterrichts. Anregungen aus der empirischen Unterrichtsforschung. In: Theo-Web 12, H. 2, S. 228–245.

Schaper, C. (2017): Unterrichtsgespräche führen. In: Schaper, C. (Hrsg.): Werkzeugkoffer Pädagogisches Handeln. Göttingen: Vandenhoeck & Ruprecht, S. 319–336.

Thaler, E. (2014): Kognitive Aktivierung & Hattie & Fremdsprachenunterricht. In: Praxis Fremdsprachen 6, S. 5–6.

Literaturhinweise

Jordan, A./Krauss, S./Löwen, K./Kunter, M./Baumert, J./Blum, W./Neubrand, M./Brunner, M. (2008): Aufgaben im COACTIV-Projekt: Zeugnisse des kognitiven Aktivierungspotentials im deutschen Mathematikunterricht. In: Journal für Mathematikdidaktik (JMD) 29, H. 2, S. 83–107.

Ranger, G./Martschinke, S./Kopp, B. (2014): »Überlegt mal alle!«. Werden Kinder in kooperativen Lernphasen kognitiv aktiviert? In: Blömer, D./Lichtblau, M./Jüttner, A.-K./Koch, K./Krüger, M./Werning, R. (Hrsg.): Perspektiven auf inklusive Bildung. Gemeinsam anders lehren und lernen. Jahrbuch Grundschulforschung, Bd. 18. Wiesbaden: VS, S. 189–195.

Stahns, R. (2013): Kognitive Aktivierung im Grammatikunterricht: Videoanalysen zum Deutschunterricht. Baltmannsweiler: Schneider Verlag Hohengehren.

1.13 Kooperativ arbeiten

»Kooperatives Lernen basiert auf der Überlegung, dass Lernen ein natürliches soziales Geschehen darstellt, in dem die Teilnehmer miteinander kommunizieren und sich gegenseitig anregen. […] Im Idealfall sind alle Gruppenmitglieder gleichberechtigt am Lerngeschehen beteiligt und tragen gemeinsam Verantwortung« (Konrad/Traub 2010, S. 5).

Stand der Forschung

Teamfähigkeit ist eines der zentralen Postulate, die die Wirtschaft im Hinblick auf die schulische Ausbildung fordert. Zudem ist im Rahmen der Entwicklung von Kompetenzen die Teamfähigkeit als Teilaspekt der Sozialkompetenz ein wesentlicher Faktor, der sich auch in allen Lehrplänen wiederfindet. Wie es auch im Eingangszitat deutlich wird, kann kooperativs Arbeiten, um gemeinsam Problemlösestrategien hinsichtlich der Lösung komplexer Probleme zu entwickeln, über verschiedene Sozialformen wie Partner- oder Gruppenarbeit geschehen, die unterschiedlich gestaltet und initiiert werden können.

»Kooperatives Lernen« (Collaborative learning) hat besonders im amerikanischen und kanadischen Raum eine längere Tradition und wird dort auch viel systematischer angewandt und untersucht als in Deutschland. So hat z. B. bereits 1996 das »Durham Board of Education« – ein Schulamt in der Provinz Ontario/Kanada – das kooperatives Lernen als Reforminstrument sowohl zwischen Schülerinnen und Schülern als auch zwischen Lehrkräften konsequent eingesetzt hat, den Carl Bertelsmann-Preis für Innovative Schulsysteme erhalten.

Wesentliche Untersuchungen zum kooperativen Arbeiten stammen aber schon aus den 1980er-Jahren von Johnson und Johnson (Johnson/Johnson 2008). In ihren Untersuchungen kamen sie – ausgehend von der Theorie der sozialen Interdependenz von Lewin von 1935 – zu Ergebnissen, die als wesentlich für kooperatives Lernen angesehen werden können. So haben sie fünf Elemente für kooperatives Lernen bestimmt: 1. positive Abhängigkeit, 2. individuelle Verantwortlichkeit, 3. gegenseitige Unterstützung, 4. angemessener Einsatz sozialer Kompetenzen und 5. die Reflexion der Gruppenprozesse, die in allen Konzeptionen zum kooperativen Lernen eine wesentliche Rolle spielen.

Vielfältige Untersuchungen der Lehr-Lern-Forschung bestätigen den sinnvollen Einsatz von Formen des kooperativen Arbeitens. Nach der Forschergruppe um die amerikanische Erziehungswissenschaftlerin Lou sind Gruppen im Hinblick auf das fachliche Lernen sinnvoller als Klassenverbände, wobei sich insbesondere Gruppengrößen von etwa vier Schülerinnen und Schülern als effektiv erwiesen. Interessant ist vor allem ein Ergebnis hinsichtlich der Gruppenzusammensetzung: »Schwächere und sehr kompetente Schüler lernten besser in heterogenen Gruppen, während sich für durchschnittlich befähigte Schüler homogene Gruppen als günstiger erwiesen« (Lou et al 1996, S. 423 f.; Hänze 2008, S. 24).

Nach Hänze ist ein weiteres wichtiges Ergebnis der Lehr-Lernforschung die Frage nach der Effektivität. So ist u. a. die Effektivität in kooperativen Lernformen dann gegeben, wenn die Gruppenmitglieder über ein hohes Maß an Autonomie verfügen.

Weitere positive Effekte kooperativen Lernens beschreiben Perrez, Huber und Geißler (2005); sie machen insbesondere diese fünf Elemente aus:

1. *Gruppenbelohnung:* Sie kann die Einsicht bewirken dass nur die gemeinsame Arbeit zum Lernerfolg geführt hat.
2. *Aufgabenspezifische Interaktion:* Hier führt nicht Spontaneität in Gruppenprozessen zum Erfolg, sondern »aufgabenspezifische Rollenvorgaben, Lernskripte, Kompetenztrainings oder die Reflexion aufgabenspezifischer Interaktionen« (ebd., S. 408).
3. *Gruppenspezifische Interaktionen:* Bei ihnen steht die »Förderung sozialer Kompetenzen durch Rollenvorgaben, Skripte und Trainings oder die Reflexion gruppenbezogener Interaktionen im Mittelpunkt« (ebd., S. 408).
4. *Aufgabenspezialisierung:* Sie meint, dass einzelne Gruppenmitglieder zu Expertinnen/Experten werden und die übrigen Mitglieder über den jeweiligen Sachverhalt unterrichten.
5. *Gruppengröße und -zusammensetzung:* Es wird von Gruppengrößen zwischen mindestens zwei und maximal sechs Mitgliedern ausgegangen, die den besten Lernausgang ermöglichen. »Man kann davon ausgehen, dass in größeren Gruppen mehr Wissen vorhanden ist, aber auch die Wahrscheinlichkeit ungünstiger Interaktionsmuster steigt« (ebd., S. 409).

Zu erwähnen sind in diesem Zusammenhang auch die Arbeiten von Fischer, der insbesondere die positiven Effekte multimedialer Lernumgebungen im Rahmen kooperativen Arbeitens betont. (Kollar/Fischer/Slotta 2007)

Auch in den Metaanalysen von Hattie wird kooperatives Lernen sehr hervorgehoben und als effektivste Lernmethode im Vergleich zum individuellen bzw. kompetitiven – also am Wettbewerb orientierten – Lernen bezeichnet. So ist »Kooperation bezüglich der Leistungsförderlichkeit dem Wettbewerb überlegen [...], und zwar über alle Fächer hinweg [...], für alle Altersgruppen [...] [und] für Aufgaben, die das Entwickeln von Konzepten, das verbale Problemlösen, das Kategorisieren, das räumliche Problemlösen, das Gedächtnis und das Erinnern betreffen [...]« (Hattie 2013, S. 251).

Wichtig für das Kooperative Lernen ist zudem der Faktor der positiven Abhängigkeit. Green und Heckt unterscheiden neun Formen, die das gemeinsame Lernen von Schülerinnen und Schülern positiv beeinflussen können (Green/Heckt 2000, S. 28):

»1. *Ziel:* Ein gemeinsames Ziel ist festgelegt. Der Einzelne erreicht es, wenn die Gruppe es erreicht.
2. *Anreiz:* Alle Arbeitspartner erhalten die gleiche Anerkennung, wenn das Team erfolgreich ist.
3. *Arbeitsmittel:* Jede Gruppe erhält gleiche Arbeitsmittel.

4. *Rollenverteilung:* Jedem Gruppenmitglied wird eine Rolle zugeteilt, die das Team verbindet.
5. *Ablauf:* Das übergeordnete Ziel wird in kleinere Einheiten unterteilt und Schritt für Schritt ausgeführt.
6. *Simulation:* Es werden hypothetische Situationen durchgespielt, um zum Ziel zu gelangen und/oder zu ›überleben‹.
7. *Äußerer Einfluss:* Die Gruppen konkurrieren gegen einen Einfluss von außen.
8. *Umweltbedingungen:* Alle arbeiten unter den gleichen Bedingungen.
9. *Identität:* Die Teammitglieder erarbeiten durch einen Gruppennamen, ein Logo, ein Lied etc. eine gemeinsame Gruppenidentität.«

Checklisten

Eine effektive Kleingruppenarbeit anzubahnen und im Unterricht umzusetzen, bedeutet für den Lehrenden, den einzelnen Gruppenmitgliedern dabei zu helfen, die Bedeutung von Zusammenarbeit und Interaktion zu erkennen. Vor diesem Hintergrund stellen die beiden folgenden Checklisten eine Zusammenstellung der wichtigsten Aspekte von kooperativem Lernen dar, die den Ausführungen von Green/Heckt (2000, S. 27 f.) folgen: Die erste Checkliste stellt die fünf wichtigsten Merkmale des kooperativen Lernens dar (Tab. 16), während die zweite Übersicht die wesentlichen Merkmale kooperativen Lernens konkretisiert und die entsprechenden Schritte zur Einführung dieser Lernform beschreibt (Tab. 17):

Merkmale	Beschreibung
Direkte Interaktion	Die Arbeitspartner können unmittelbar miteinander kommunizieren, um einen dauernden Fortschritt zu ermöglichen.
Soziale Kompetenzen	Gemeint sind Interaktionsformen, die der Gruppe ermöglichen, effektiv zu arbeiten (zum Beispiel Aufgaben übernehmen, sich gegenseitig ermutigen, zuhören, helfen, Unklarheiten klären, nachfragen, ausprobieren). Diese Fähigkeiten verbessern bzw. erleichtern die Kommunikation, das Vertrauen, die Gruppenleitung, das Treffen von Entscheidungen und das Lösen von Konflikten.
Gemeinsamer Fortschritt	Die Gruppenmitglieder richten die Zusammenarbeit darauf aus, Fortschritte zu erzielen.
Persönliche Verantwortung	Jedes Gruppenmitglied ist dafür verantwortlich, dass das Lernziel erreicht wird.
Positive Abhängigkeit	Alle Teammitglieder fühlen sich miteinander verbunden, um auf ein gemeinsames Ziel hinzuarbeiten. Jede/r Einzelne muss Erfolg haben, damit die Gruppe das Ziel erreichen kann.

Tab. 16: Wichtige Merkmale kooperativen Lernens

Basiselemente (»key-concepts«)	Beschreibung	Einführungsphase	Fortgeschrittene Phase	Endziel
Face-to-face-Interaktion	Die Gruppenmitglieder sitzen nah zusammen und kommunizieren miteinander, sodass gemeinsames Vorwärtskommen ermöglicht wird.	Die Tische werden so arrangiert, dass man sich gegenübersitzen kann.	Die Schülerinnen und Schüler gehen nach Aufforderung automatisch zu ihren kooperativen Gruppen.	Die Gruppenmitglieder verstehen das Konzept und bilden Gruppen, die eine maximale Interaktion ermöglichen.
Soziale Fertigkeiten	Interaktionsformen, die dazu beitragen, dass die Gruppenprozesse gedeihlich verlaufen.	Eine einzelne soziale Fertigkeit (z. B. »aktives Zuhören«) wird eingeführt.	Die Schülerinnen und Schüler bestimmen selbst soziale Fertigkeiten, die verbessert werden sollen, wobei eine Konzentration auf zwei pro Lerneinheit ausreichend ist.	Jedes Gruppenmitglied beherrscht sicher eine Bandbreite sozialer Fertigkeiten.
Bewertung sozialer Fertigkeiten	Die Gruppenmitglieder bewerten ihre kooperativen Lernerfolge und streben Verbesserungen an.	Einfache Methoden der Evaluation sozialer Fertigkeiten (Angabe von der Lehrkraft festgelegter Kriterien) werden eingeführt.	Die Schülerinnen und Schüler beeinflussen die Bewertungskriterien.	Die Gruppenbewertung schließt eine Fülle von Gruppen-, Lehrer- und Selbstevaluationstechniken ein.
Persönliche Verantwortung	Jedes Gruppenmitglied fühlt sich verantwortlich für die Gruppenaufgabe und trägt tatkräftig zu ihrer Vollendung bei.	Es erfolgt eine Zuordnung von Rollen für die Gruppenaktivitäten, d. h. auch, dass die Schüler alle Gruppenarbeiten mit ihrem Namen unterschreiben.	Es findet eine fortgesetzte Selbst- und Gruppenbewertung statt. Auf Anforderung tauschen die Schüler ihre Gruppenrollen.	Die Gruppenmitglieder leisten verantwortlich Beiträge zum Erfüllen fachlicher und sozialer Ziele und erleben ihren eigenen Stellenwert für das Erreichen der Ziele.

Basiselemente (»key-concepts«)	Beschreibung	Einführungsphase	Fortgeschrittene Phase	Endziel
Positive Abhängigkeit	Die Gruppenmitglieder fühlen sich untereinander verbunden durch das Hinarbeiten auf ein gemeinsames Ziel.	Es werden eine oder zwei Arten positiver Abhängigkeit in einer Lerneinheit eingeführt. Die Schülerinnen und Schüler gehen nach Aufforderung automatisch zu ihren kooperativen Gruppen.	Die Gruppenmitglieder sind vertraut mit allen neun Arten positiver Abhängigkeit.	Alle neun Arten positiver Abhängigkeit werden angemessen angewandt.

Tab. 17: Elemente zur Einführung kooperativen Lernens

Grenzen und Risiken

Dass große Klassen keine Grenzen für das Lernen darstellen, sondern eine gute Basis für gemeinsames Lernen bedeuten können, haben die Untersuchungen von Lou et al. (1996) zum kooperativen Lernen gezeigt. Risiken gibt es bei der Lernform Kooperatives Lernen dennoch einige, die jedoch meist im fehlerhaften Lehrerhandeln begründet sind. Kooperatives Arbeiten ist, wie gezeigt, eine von Beginn an systematische bzw. strukturierte Form des Arbeitens, die von einer, zumindest in der Anfangsphase, hohen Vorbereitungs- und Planungszeit ausgehen muss, wenn sie gelingen will. So scheitert kooperatives Lernen, wenn Schülerinnen und Schüler unvorbereitet, ohne genaue Kenntnis von Methoden und Nutzen dieser Lernform zusammen arbeiten müssen. Das bedeutet auch, dass kooperative Lernformen Schritt für Schritt eingeführt werden müssen, damit alle Lernenden ein breites Methodenspektrum kennenlernen können bzw. allmählich mit dieser Arbeitsweise vertraut gemacht werden. Erst wenn dies geschehen ist, kann die zunehmende Autonomie der Gruppen, also die Unabhängigkeit von der Lehrerinstruktion, gelingen. Ebenfalls ist es wichtig, dass kooperative Lernformen keine einmalige oder selten eingesetzte Lernform darstellen, da sonst die positiven Effekte des kooperativen Lernens, wie beispielsweise die Entwicklung sozialer Kompetenzen, nicht zum Tragen kommen. Ein weiteres Risiko besteht in der Zusammensetzung der Gruppen. So kann es sinnvoll sein, Gruppenzusammensetzungen zu bestimmen bzw. auch Gruppenmitglieder zu wechseln, damit Kooperationen auch zwischen Schülerinnen und Schülern entstehen, die sonst wenig miteinander zu tun haben. Zu enge Freundschaften können kontraproduktiv sein, genauso aber auch die Zusammenarbeit zwischen problematischen Schülerinnen und Schülern.

Eine weitere Problematik besteht oft darin, dass vonseiten der Lehrkraft die individuellen Fähigkeiten und Fertigkeiten der Lernenden nur unzureichend berücksichtigt werden. Das bedeutet, dass die Lehrkraft bei der Einführung kooperativen Arbeitens darauf achten sollte, dass die einzelnen Fähigkeiten der Schüler/innen, die zum kooperativen Arbeiten notwendig sind, gefördert werden, und dass alle Schülerinnen und Schüler einer Lerngruppe mit in den Lernprozess eingebunden werden.

Fallbeispiel

Als Fallbeispiel wird hier exemplarisch die Methode des Gruppenpuzzles als eine Möglichkeit kooperativen Arbeitens beschrieben. Es ist eine Methode zur Wissensvermittlung bzw. Wissensaneignung. Ihr Hintergrund ist die Vorstellung, dass die Schüler/innen durch einen Prozess des wechselseitigen Unterrichtens zu einer wirksamen Aneignung des Gegenstands gelangen und gleichzeitig vielfältige Lernkompetenzen entwickeln oder vertiefen können. Die Durchführung verlangt von den Schülerinnen und Schülern viele Einzelkompetenzen, daher ist eine sorgfältige Einführung durch die Lehrkraft notwendig. Je mehr die Schüler/innen über Lernkompetenzen wie erklären, sich Notizen machen, visualisieren usw. verfügen, desto erfolgreicher werden sie bei der Vermittlung sein. Daneben ist das Gruppenpuzzle auch geeignet, um zu üben und zu wiederholen, den gelernten Stoff anzuwenden bzw. den Inhalt aus unterschiedlichen Perspektiven zu vertiefen. Das Gruppenpuzzle kann in allen Fächern eingesetzt werden, wenn es möglich ist, ein Wissensgebiet oder einen Unterrichtsgegenstand in drei oder vier etwa gleich große Teileinheiten aufzugliedern. Die Darstellung der Methode folgt in leicht abgeänderter Weise nach Brüning und Saum (2008, S. 14 f.):

> Die Lehrkraft teilt die Schüler/innen in etwa gleich große Gruppen auf (z. B. 4er-Gruppen). Die Schülerinnen und Schüler einer Gruppe bekommen von der Lehrkraft jeweils unterschiedliche Materialien, alle Gruppen erhalten aber die gleichen Materialien. Durch die Aufarbeitung ihrer jeweiligen Materialien werden die Schüler/innen zu Expert/innen ihres Themas. Dann vermitteln sie das erworbene Wissen an diejenigen weiter, die andere Materialien bekommen haben. Es ist dabei wichtig, dass jede Expertin/jeder Experte genau notiert, was sie/er vermitteln will. So kann sie/er sich in der Vermittlungsphase, die mitunter in die kommende Stunde fällt, daran erinnern. Zudem hat die Lehrkraft während des Arbeitsprozesses die Möglichkeit, die vorläufigen Ergebnisse der einzelnen Gruppen zu prüfen. Um die Gefahr der Abhängigkeit von den Lernfortschritten der anderen Schülerinnen und Schülern etwas zu reduzieren, kann die Lehrkraft nach dem Lernprozess an jede/n Schüler/in die Materialien der anderen Expert/innen austeilen.
>
> Wichtig sind genaue Zeitvorgaben, da dadurch Probleme in der Vermittlungsphase vermindert werden. Dies ist vor allem bedeutsam, wenn es 3er-Gruppen gibt, die keine Expertinnen/Experten für das vierte Thema haben, oder ein Mitglied einer 4er-Gruppe in dieser Phase fehlt. In diesem Fall kann sich die betroffene Gruppe bei dem Thema, für das sie keine Expertinnen/Experten hat, auf die anderen Tische verteilen. Folgende fünf Phasen können unterschieden werden (siehe auch Abb. 3):

1. *Individuelle Erarbeitungsphase:* Die Schüler/innen erarbeiten ihre Teilgebiete individuell und überlegen, was die zentralen Informationen sind, die sie den anderen vermitteln wollen.
2. *Kooperative Erarbeitungsphase:* Die Schüler/innen, die dieselben Materialien bekommen haben, bilden Expertengruppen. Dort vergleichen sie ihre Ergebnisse, korrigieren und ergänzen einander und legen fest, was sie in der nächsten Phase vermitteln möchten. In der zweiten Phase können die Schüler/innen auch Kontrollfragen mit Lösungen entwickeln, die ihre Zuhörenden am Ende der 3. Phase beantworten müssen. Daraus kann auch ein Abschlusstest entwickelt werden.
3. *Vermittlungsphase:* Die Schüler/innen gehen in ihre Gruppen zurück, um den anderen ihr Wissen zu vermitteln. Zunächst stellt Experte/in A ihr/sein Expertenwissen vor, erläutert dieses und beantwortet Fragen. Die anderen notieren sich das Wesentliche. Die Expert/innen B, C und D folgen entsprechend.
4. *Doppelter Boden:* Wenn noch etwas Zeit bleibt, gehen die Schüler/innen noch einmal in ihre Expertengruppen zurück. Denn manchmal erklären Schüler/innen etwas nicht vollständig oder verständlich und dann kann man jetzt noch einmal nachfragen, wie die anderen es in der Vermittlungsphase verstanden haben.
5. *Präsentation und Integration:* Nun stellen einzelne Schüler/innen oder Gruppen ihre Ergebnisse vor. Anschließend müssen die verschiedenen Inhalte in einen Zusammenhang gebracht werden.

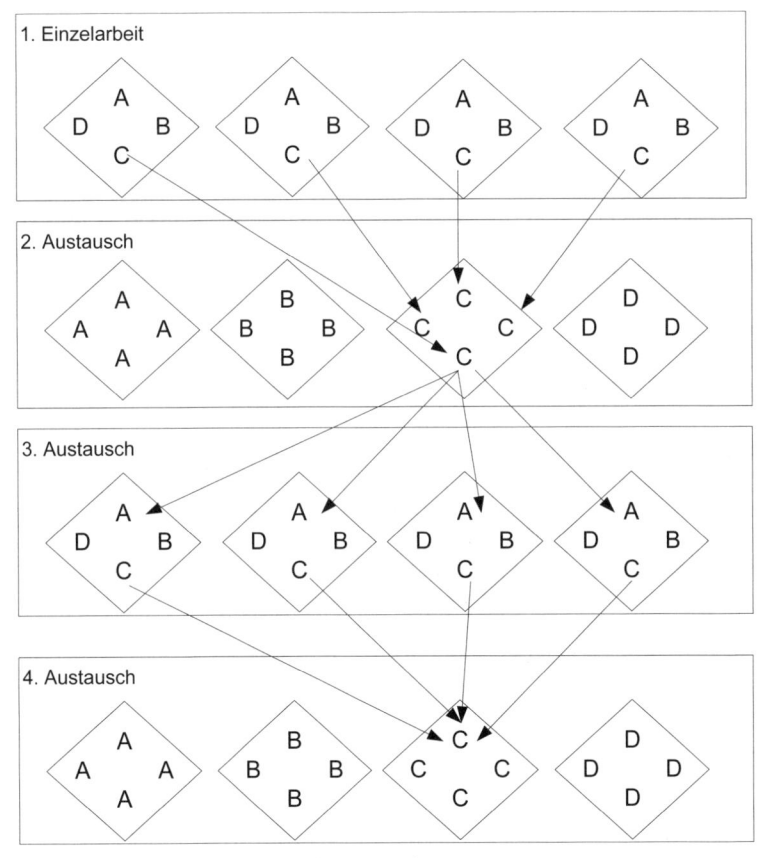

Abb. 3: Ablauf der Gruppenpuzzle-Methode

Literatur

Brüning, L./Saum, T. (2008): Kooperatives Lernen. Methoden für den Unterricht. Seelze: Friedrich-Verlag.
Green, N./Green, K. (2005): Kooperatives Lernen im Klassenraum und im Kollegium. Das Trainingsbuch. Seelze: Kallmeyer.
Green, N./Heckt, D. (2000): Was ist kooperatives Lernen? In: Grundschule 12, S. 27–32.
Hänze, M. (2008): Was bringen kooperative Lernformen? Ergebnisse aus der empirischen Lernforschung. In: Friedrich-Jahresheft XXVI, S. 24–25.
Hattie, J. (2013): Lernen sichtbar machen. Beywl, W./Zierer, K. (Übers.), Baltmannsweiler: Schneider Verlag Hohengehren.
Johnson, D. W./Johnson, R. T. (2008): Wie kooperatives Arbeiten funktioniert. Über die Elemente einer pädagogisches Erfolgsgeschichte. In: Friedrich-Jahresheft XXVI, S. 16–20.
Konrad, K./Traub, S. (2010): Kooperatives Lernen. Theorie und Praxis in Schule, Hochschule und Erwachsenenbildung. Baltmannsweiler: Schneider Verlag Hohengehren.
Kollar, I./Fischer, F./Slotta, J. D. (2007): Internal and external scripts in computer-supported collaborative inquiry learning. In: Learning & Instruction 17, H. 6, S. 70–721.
Lou, Y./Abrami, P./Spence, J./Poulsen, C./Chambers, B./d'Apollonia, S. (1996): Within-class grouping: A meta-analysis. In: Review of Educational Research 66, S. 423–458.
Perrez, M./Huber, G. L./Geißler, K. A. (2006): Psychologie der pädagogischen Interaktion. In: Krapp, A./Weidenmann, B. (Hrsg.): Pädagogische Psychologie. 5. Aufl. Weinheim und Basel: Beltz PVU, S. 357–421.

Literaturhinweise

Fischer, F./Neber, H. (2011): Kooperatives und Kollaboratives Lernen. In: Kiel, E./Zierer, K. (Hrsg.): Basiswissen Unterrichtsgestaltung Bd. 2 Unterrichtsgestaltung als Gegenstand der Wissenschaft. Baltmannsweiler: Schneider Verlag Hohengehren, S. 103–112.
Haag, L. (2008): Gruppenunterricht erfolgreich organisieren. Forschungsergebnisse zum kooperativen Lehrerhandeln. Friedrich-Jahresheft XXVI, S. 50–53.
Henning, C. (2010): Kooperativ von Anfang an. Kooperatives Lernen – Grundlagen. In: Grundschule 42, H. 5, S. 40–42.
Henseler, R./Möller, S. (2009): Kooperativ arbeiten. Der fremdsprachliche Unterricht. In: Englisch, 43, H. 99, S. 10–15.
Johnson, D. W./Johnson, R. T. (2002): Cooperative learning methods: A meta-analysis. In: Journal of Researching in Education 12, H. 1, S. 5–14.
Johnson, D. W./Johnson, R. T. (1989): Cooperation and competition: Theory and research. Edina, MN: Interaction Book Company.
Lier, S. (2014): Kooperativ lehren und lernen. Deutsche Universitätszeitung, 70, H. 9, S. 77–79.
Meyer, M. A./Heckt, D. (2008): Individuelles und kooperatives Arbeiten. Über das enge Verhältnis scheinbar widersprüchlicher Ansätze. In: Friedrich-Jahresheft XXVI, S. 7–11.
Traub, S. (2010): Kooperativ lernen. In: Buholzer, A./Kummer Wyss, A. (Hrsg.): Alle gleich – alle unterschiedlich! Zum Umgang mit Heterogenität in Schule und Unterricht. Zug: Klett und Ballmer Verlag, S. 138–151.

1.14 Kreativität fördern

»Kreativität ist multifaktoriell bestimmt. Sie wird durch Evolution, Innovation und Phantasie angeregt und vollzieht sich als eine Art divergierendes Denken, welches sich durch Originalität, Offenheit und Eigenständigkeit auszeichnet und zu ungewöhnlichen Ideen, schöpferischem Handeln und unerwarteten Realisierungen führt« (Schröder 2002, S. 276).

Stand der Forschung

Kreativität ist in den letzten Jahren zu einem Modewort geworden – vielleicht sogar zu einer Forderung an den Menschen des 21. Jahrhunderts. Wer sich in der modernen Arbeitswelt behaupten möchte, dieser Eindruck wird zumindest vermittelt, wird sich ohne die Fähigkeit zur kreativen Problemlösung schwertun. Bei aller Häufigkeit, mit der der Begriff verwendet wird, fällt doch eine große Unschärfe bezüglich des jeweiligen Verständnisses von Kreativität auf: »Kreativität ist kein einheitlich verstandenes Konzept« (Weiß 2012, S. 122). Was ist also Kreativität – und was ist sie nicht? Woolfolk (2008, S. 373; mit eigenen Ergänzungen) diskutiert folgende Mythen über Kreativität:

- »Menschen werden kreativ geboren«: Die Forschung zeigt, dass Kreativität durch Umwelteinflüsse gefördert werden kann. Entsprechend kann die Förderung von Kreativität durchaus als Auftrag an die Schule gewertet werden.
- »Kreativität ist mit negativen Begleiterscheinungen verbunden«: Es stimmt, dass manche kreativen Menschen non-konformistisch sind oder mentale oder emotionale Probleme haben, aber vielen nicht-kreativen Menschen geht es ebenso. Die Gefahr dieses Mythos ist, dass Lehrkräfte bei kreativen Schülerinnen und Schülern befürchten, sie bereiteten nur Ärger, weshalb sie ihnen nicht objektiv gegenübertreten.
- »Kreativität wird in der Gruppe gefördert«: Es stimmt, dass das Zusammentragen von Einfällen in einer Gruppe zu kreativen Lösungen führen kann. Jedoch können Gruppenanstrengungen noch kreativer ausfallen, wenn Individuen zuerst eigene Einfälle für sich allein zusammentragen.
- »Kreative Menschen sind in allen Bereichen kreativ«: Die Befundlage deutet darauf hin, dass es keine »Kreativität für jede Gelegenheit« gibt. Menschen sind also vor allem in einem speziellen Bereich kreativ.
- »Kreative Leistungen passieren nebenbei«: Ein Merkmal von Kreativität ist, dass das Erschaffene beabsichtigt ist, der Fokus also auf der aktiven Erschaffung liegt und nicht auf Zufall beruht.

Häufig herangezogen wird auch die Definition von Berk (2005, S. 419), nach der Kreativität die Fähigkeit bezeichnet, »ein originelles, aber angemessenes – unter Umständen unnützes – Werk herzustellen, auf das andere nicht gekommen wären«. Ein Produkt in diesem Sinne kann im Rahmen des Unterrichts z. B. auch ein kreativer

Lösungsweg für ein algebraisches Problem sein. Offen bleibt aber in dieser und vielen anderen Definitionen, wie und aus welcher Perspektive denn die Originalität bzw. Nützlichkeit zu bemessen sei.

Den Grundstein für die empirische Kreativitätsforschung legte J. P. Guilford Anfang der 1950er-Jahre mit seiner Unterscheidung von konvergentem und divergentem Denken. Klar definierte Probleme, für die es genau eine richtige Lösung gibt, erfordern konvergentes Denken. Kreativität hingegen meint nach Guilford die Fähigkeit zu divergentem Denken, das nötig ist, wenn die Problemstellung unklar ist und unterschiedliche Lösungswege abgewogen werden müssen (Asendorpf 2011). Die von Guilford beschriebenen Komponenten von Kreativität, nämlich »Flexibilität im Denken«, »Originalität«, »Problemsensitivität« und »Praktikabilität«, prägen die Diskussion bis heute.

Nach einem gängigen Modell von Preiser und Buchholz (2004) wird ein kreativer Prozess durch ein Problem angestoßen. Die Lösung dieses Problems, das kreative Produkt, wird durch Merkmale der Person (z. B. Fähigkeiten, Denkstile und Denkstrategien, Persönlichkeitsmerkmale) sowie das Problemumfeld (Kontextfaktoren, in der Schule z. B. das Klassenklima) beeinflusst – diese multifaktorielle Bestimmtheit des Konstrukts Kreativität klingt auch im Eingangszitat an. Kreative Produkte zeichnen sich in diesem Sinne dadurch aus, dass sie neuartig und sinnvoll sind sowie auf Akzeptanz stoßen. Dieses Modell impliziert also eine Bewertung eines kreativen Produkts durch andere als notwendigen Bestandteil, was durchaus umstritten ist. So verweist z. B. Brodbeck (2003) darauf, dass auch eine subjektive Bewertung eines Produkts als »kreativ« ihre Berechtigung haben kann.

Die Messung bzw. Bewertung von Kreativität erscheint schon mangels einer allgemein anerkannten Definition als schwieriges Unterfangen (Weiß 2012). Zudem ist die Validität von isolierten Testverfahren anzuzweifeln. Gemessen wird in der Regel die Fähigkeit zum divergenten Denken, die sich aber nicht deutlich von anderen Komponenten, wie z. B. der Intelligenz, abgrenzen lässt und nur einen Teilaspekt des Konstrukts Kreativität abbildet. Fernerhin lassen solche Tests keine Aussagen darüber zu, wie kreativ sich die Untersuchungsperson voraussichtlich in der Praxis verhalten wird. Angesichts spezifischer Problemlagen, Personeneigenschaften und Kontexten wird deutlich, dass Kreativität z. B. im Arbeitsleben mehr beinhaltet als lediglich die kognitive Fähigkeit zu divergentem Denken. In diesem Sinne zeigt sich kreatives Handeln nur in der Performanz.

Kreativität im Kontext Schule wird im Alltagsverständnis gelegentlich verkürzt aufgefasst und allein auf kreative Prozesse in den musischen Fächern bezogen. Die Kreativitätsförderung ist jedoch, z. B. mit Blick auf den heute besonders akzentuierten Zusammenhang von Kompetenzen und Problemlösefähigkeiten, Auftrag und Ziel schulischer Bildungsprozesse in allen Schularten und Fächern. Nach dem hier entwickelten Verständnis beziehen sich die Möglichkeiten der Kreativitätsförderung auf den Gesamtkontext Schule und die gesamte Bandbreite der Unterrichtsgestaltung – die Zusammenstellung unter »Checkliste« weist auf einige dieser Möglichkeiten hin.

Hattie (2013) verweist auf starke Effekte von Programmen zur Kreativitätsförderung auf die Lernleistung ($d = 0{,}65$), z. B. wenn Techniken wie flexibles Denken oder der Einbezug von ungewöhnlichen Denkansätzen bei der Bearbeitung von Problemstellungen gefördert werden. Allerdings muss festgehalten werden: Kreatives Denken und Handeln lässt sich mittels Trainingsmaßnahmen nicht automatisch erzeugen. Kreativitätsförderung in der Schule darf sich entsprechend nicht im Versuch der Förderung individueller Fähigkeiten und Eigenschaften erschöpfen, sondern setzt unbedingt auch die Gestaltung kreativitätsförderlicher Bedingungen voraus.

Checklisten

Kreativitätsförderung in der Schule ist ein komplexes Konstrukt, das sich auf viele miteinander verschränkte Dimensionen schulischen Handelns (Schüler/innen, Lehrkräfte, Lernumgebung bis hin zum Klassenklima) bezieht. Folgende Aspekte erscheinen geeignet, um Kreativität im schulischen Kontext zu fördern (Weiß 2012; Preiser 2006; Urban 2004):

- *Klima und Interaktion*: Eine positive Atmosphäre erscheint für die Kreativitätsentwicklung im schulischen Rahmen unabdingbar. Dies betrifft z. B. die Wertschätzung kreativer Ideen seitens der Lehrkraft und eine positive Fehlerkultur, in deren Rahmen Fehler als »normal« angesehen werden. Die Lehrkraft hat großen Einfluss darauf, ob und in welcher Ausprägung ein solchermaßen kreativitätsförderliches, kooperatives Klima in der Klasse entstehen kann. Das eigene Verhalten, z. B. mit Blick auf das Ermutigen von Schülerinnen und Schülern, konstruktive Rückmeldungen oder das Eingehen auf ungewöhnliche Denkansätze prägt die gesamte Klasse und kann dazu beitragen, eine »schöpferische Gruppenatmosphäre« (Urban 2004, S. 79) entstehen zu lassen, in der angstfrei und ohne Furcht vor Sanktionen gearbeitet werden kann. Dazu gehört auch die Anforderung an Lehrkräfte, auf ungeplante Ereignisse oder überraschende Schülerfragen möglichst flexibel zu reagieren – so kann eine provokante Frage von Seiten eines Lernenden möglicherweise als Angriff auf die Rolle als Lehrkraft gedeutet werden, andererseits aber mit Blick auf die Kreativitätsförderung eine Chance zur Förderung eines entsprechenden Klimas erkannt werden.
- *Allgemeine Gestaltung der Lernumgebung*: Ebenso unabdingbar erscheint eine anregende und aktivierende Gestaltung der Lernumgebung, die Raum für originelle Ideen oder Problemlösungen lässt. Autonomie, z. B. mit Blick auf die Wahlfreiheit bei der Herangehensweise, und Mitbestimmung seitens der Schüler/innen sind bedeutsame Bestandteile einer kreativitätsförderlichen Lernumgebung – aber auch maßvoll einzusetzen. Das Gewähren von Autonomie impliziert weder uneingeschränkte Freiheit noch die Beliebigkeit von Zielen, vielmehr können instruktionale Elemente und Vorgaben (z. B. Verfahrensregeln) dazu beitragen, eine gemeinsame Arbeitsbasis zu schaffen und kreative Vorgehensweisen erst zu ermöglichen. Auf

solch einer Basis können offene Unterrichtsformen, entdeckendes Lernen, selbstgesteuerte bzw. kooperative Lernprozesse aufbauen.

- *Aufgabengestaltung*: Mit der bedeutendste – für die Lehrkraft jedoch sehr anspruchsvolle – Aspekt zur Förderung der Kreativität liegt wohl in der Auswahl oder Gestaltung von Aufgaben, die kreative Prozesse zulassen und auf einem passenden Anforderungsniveau liegen. Kreativitätsförderliche Aufgaben lassen ad hoc keine klaren Rückschlüsse auf die Lösung oder den Lösungsweg zu (haben gegebenenfalls auch gar keine eindeutige Lösung) und bieten die Möglichkeit, mehrere Lösungswege zu nutzen. Im Idealfall führen verschiedene, auch neue oder bisher nicht im Unterricht behandelte Ansätze zu einem Erfolg. Das Anforderungsniveau sollte dabei weder unter- noch überfordern, d. h. die Aufgabenstellung sollte durchaus fordernd, aber bearbeitbar erscheinen.
- *Kreative Techniken*: Um eine vielfältige Auseinandersetzung mit dem Stoff und eine Erweiterung der Sichtweisen zu fördern, bieten sich bestimmte Kreativitätstechniken an. Solche Techniken sind in Form fachbezogener Ansätze (z. B. kreatives Schreiben als Element des Deutschunterrichts) teils fester Bestandteil von Curricula. Daneben gibt es aber auch Techniken, die ungeachtet fachlicher Zusammenhänge in vielfältigen Situationen Anwendung finden können. Dazu gehören die freie Assoziation (z. B. Brainstorming mit Schülerinnen und Schülern zu einer aktuellen Fragestellung), die Visualisierung (z. B. Mind Map zur Systematisierung von Ideen), die Verwendung von Analogien (z. B. Verweis auf ähnliche Problemlagen in anderen Kontexten), die Verfremdung (z. B. zufällige Begriffe auf ein Problem anwenden und die Schüler/innen dazu assoziieren lassen), die systematische Variation (z. B. erste Lösungsansätze aus dem Bearbeitungskontext lösen und bewusst variieren), das ins Gegenteilverkehren (z. B. bezogen auf diesen Beitrag mittels der Frage »Wie könnte man Kreativität bei Schülerinnen und Schülern am besten verhindern?«).
- *Rahmenbedingungen*: Auch die Rahmenbedingungen des Unterrichts können förderliche oder hemmende Wirkungen auf die Entwicklung von Kreativität haben. Dies betrifft räumliche Voraussetzungen ebenso wie das Vorhandensein von Materialien (je nach Art der Aufgabenstellung auch Infotexte, Lexika, Recherchemöglichkeiten, Möglichkeiten für die Ausarbeitung von Ideen wie Flip-Chart-Papier usw.), insbesondere aber die zur Verfügung stehende Zeit. Der Faktor Zeit kann zwar gegebenenfalls kreative Prozesse auch anstoßen, wenn es z. B. die knappe Bearbeitungszeit einer Aufgabe erforderlich macht, gewohnte Denkwege zu verlassen. Andererseits erscheint es gerade mit Blick auf die Kreativitätsförderung unabdingbar, im Unterricht auch Phasen einzuplanen, in denen die Schüler/innen sich ohne Druck, ohne Ziel der Erstellung eines konkreten Produkts oder auch ohne die Aussicht auf eine nachlaufende Bewertung mit einem Sachverhalt auseinandersetzen. Aber auch bezogen auf ungeplante Vorkommnisse wie »kreative«, ungewöhnliche oder abweichende Schülerfragen oder Vorschläge seitens Schülerinnen und Schülern ist der Zeitaspekt bedeutsam – ein gewisses, schon in der Unterrichtsplanung vorgesehenes

Zeitpolster ermöglicht es, auch auf solche Aspekte einzugehen und damit gegebenenfalls eine kreative Atmosphäre in der Klasse zu befördern.

Grenzen und Risiken

Wie bereits kurz erläutert, ist davon auszugehen, dass die Förderung bzw. Hemmung von Kreativität im Unterricht eng mit Aspekten wie dem Klassenklima bzw. dem Verhalten der Lehrkraft zusammenhängt, dass Kreativität also z. B. durch Leistungsdruck, autoritäres Lehrerverhalten oder schwierige Beziehungen in der Klasse gehemmt werden kann, und der Grad an kreativitätsförderlichem Verhalten gegebenenfalls auch von der eigenen Kreativität der Lehrkraft bzw. deren Überzeugungen zum Lehren und Lernen abhängt (Theurer/Berner/Lipowsky 2012).

Da sich Kreativitätsförderung im Kontext Schule, wie in der obigen Aufzählung unter »Checkliste« angesprochen, vor allem in offenen, problembasierten Lehr- und Lernumgebungen realisieren lässt, erscheinen die aus diesem Bereich bekannten Restriktionen auch für den Bereich der Kreativität im Unterricht bedeutsam:
- Eine Begrenzung von Kreativität im Kontext Schule kann darin liegen, dass sich kreatives Arbeiten unter Umständen schwer mit der Leistungsbeurteilung in Einklang bringen lässt (siehe das Fallbeispiel bei Lerche 2012).
- Kreatives (problemlösendes, entdeckendes) Lernen braucht Zeit (Liebig 2002).
- Nicht alles kann entdeckt werden, und nicht alle Themen eignen sich für kreatives Arbeiten. Im Fach Englisch beispielsweise kann durchaus kreativ mit Sprache umgegangen werden, wenn es z. B. um Übersetzungen geht. Eine »kreative« Erarbeitung von Grammatikregeln erscheint hingegen kaum denkbar.
- Kreativität im Kontext Schule ist nicht nur methodisch eine Herausforderung für Lehrkräfte. Tiggelers (2007) merkt an, dass eine Unterscheidung von kreativem Verhalten und störendem Verhalten nicht immer eindeutig möglich ist. So kann eine unerwartete Frage durchaus den Ablauf des Unterrichts stören und Unruhe im Klassenzimmer auslösen. Unkreative Schüler/innen erscheinen in diesem Sinne einfacher zu handhaben, d. h. auch Kreativität muss von der Lehrkraft toleriert werden (Westby/Dawson 1995; Schröder 2002).

Fallbeispiel

Die folgenden zitierten Beispiele für einen kreativen Umgang mit Gedichten in der Grundschule sind mit eigenen Ergänzungen mithilfe der Broschüre »Gedichte im Klassenzimmer« der Stiftung Lesen (2010) zusammengestellt.
- *Ideen zum Gedichtvortrag*: Thema dieser Einheit sind unterschiedliche Ausdrucksformen wie Klang, Rhythmus und Reim. Den Schülerinnen und Schülern liegt eine Kopie eines Gedichts vor.

- Die Lehrkraft könnte nun »theoretisch« auf Aspekte wie Betonung oder Rhythmus eingehen und das Gedicht entsprechend vortragen. Eine Möglichkeit eines kreativitätsförderlichen Umgangs wäre es demgegenüber, wenn die Lehrkraft das Gedicht in mehreren Versionen vorträgt und dabei ein bestimmtes Ausdrucksmittel variiert. Das kann zum Beispiel bedeuten ohne Pausen zu rezitieren, bewusst falsche Rhythmisierungen zu setzen, zu leise oder zu laut zu sprechen oder auch die verschiedenen Akteure in obigem Gedicht stimmlich zu imitieren oder dies zu unterlassen. Die Schüler/innen werden aufgefordert, die passende Vortragsweise zu erkennen – bzw. ist davon auszugehen, dass die Schüler/innen diese sehr schnell selbst erkennen.
- Die Schüler/innen können aus einer Vorauswahl selbst ein Gedicht auswählen, das sie alleine oder in einer Kleingruppe erarbeiten; den Schülerinnen und Schülern kann so in gewissem Umfang Autonomie gewährt werden. Über unterschiedliche Textlängen oder Schwierigkeitsgrade bietet sich zudem die Möglichkeit der Differenzierung, mit Blick auf den Anwendungsbereich in der Grundschule z. B. zwischen schnelleren und langsameren Lesern.
- Die Erarbeitung von Gedichten kann auch mit Bewegungen oder Ausdrucksmitteln wie Gestik und Mimik kombiniert werden. Diese können einerseits den Inhalt veranschaulichen, andererseits aber auch als Erinnerungshilfe beim Auswendiglernen genutzt werden. Passende zusätzliche Ausdrucksmittel zu einzelnen Versen können von den Schülerinnen und Schülern selbst, z. B. in Kleingruppen, erarbeitet werden. Gedichte, in denen mehrere Protagonisten auftauchen, können auch mit verteilten Rollen vorgetragen werden.
- *Weitere Formen des Umgangs mit Gedichten:* Über die Frage der Ausdrucksmittel und das Auswendiglernen hinaus bieten Gedichte vielfältige weitere Möglichkeiten der kreativen Auseinandersetzung.
  - Um eine intensive Auseinandersetzung mit den Inhalten des jeweiligen Gedichts zu fördern, bietet es sich z. B. an, dass die Schüler/innen alleine oder in Gruppen zu den einzelnen Versen oder Strophen Bilder gestalten.
  - Um die Stimmung eines Gedichts hervorzuheben kann es auch szenisch dargestellt oder mit Geräuschen unterlegt werden.
  - Auch mit Blick auf Wortbildungen (z. B. zusammengesetzte Nomen) bieten viele Gedichte kreative Ansatzpunkte, wenn die Schüler/innen z. B. aufgefordert werden Worte zu bilden, neu zusammenzusetzen usw., um damit letztlich spielerisch den Wortschatz zu erweitern.
  - Nicht zuletzt bietet gerade das Thema Gedichte in der Grundschule eine wunderbare Möglichkeit, die Schüler/innen selbst zum Verfassen eigener kurzer Gedichte zu inspirieren und damit den kreativen Umgang mit Sprache zu fördern. Für den Grundschulbereich passende Formen sind z. B. Treppengedichte, Elfchen oder Haikus.

Literatur

Asendorpf, J.B. (2011): Persönlichkeitspsychologie. Berlin u.a.: Springer.
Berk, L.E. (2005): Entwicklungspsychologie. München: Pearson.
Brodbeck, K.-H. (2003): Kreativität und Fantasie im schulischen Lernen. In: Schulmagazin 5–10 71, H. 4, S. 9–12.
Hattie, J. (2013): Lernen sichtbar machen. Überarbeitete deutschsprachige Ausgabe von »Visible Learning«, besorgt von Wolfgang Beywl und Klaus Zierer. Baltmannsweiler: Schneider Verlag Hohengehren.
Lerche, T. (2012): Menschenbilder im Erziehungsprozess. In: Kiel, E. (Hrsg.): Erziehung sehen, analysieren, gestalten. Bad Heilbrunn: Klinkhardt, S. 81–122.
Liebig, S. (2002): Entdeckendes Lernen – wieder entdeckt? In: Aepkers, M./Liebig, S. (Hrsg.): Entdeckendes, forschendes, genetisches Lernen. Hohengehren: Schneider, S. 4–16.
Preiser, S. (2011): Sozialkompetenz-, Gewaltfreiheits- und Kreativitätserziehung – Psychologische Beiträge. In: Limbourg, M./Steins, G. (Hrsg.): Sozialerziehung in der Schule. Wiesbaden: VS Verlag für Sozialwissenschaften, S. 131–156.
Preiser, S. (2006): Kreativität. In: Schweizer, K. (Hrsg.): Leistung und Leistungsdiagnostik. Heidelberg: Springer, S. 51–67.
Preiser, S./Buchholz, N. (2004): Kreativität. Ein Trainingsprogramm für Alltag und Beruf. Heidelberg: Asanger.
Schröder, H. (2002): Lernen – Lehren – Unterricht: lernpsychologische und didaktische Grundlagen. München/Wien: Oldenbourg.
Stiftung Lesen (2010): Gedichte im Klassenzimmer. Ideen für den Unterricht in Klasse 1–4. Mainz: Stiftung Lesen.
Theurer, C./Berner, N./Lipowsky, F. (2012): Die Entwicklung der Kreativität im Grundschulalter: Zur Kreativitätsmessung im PERLE-Projekt. In: Journal for Educational Research Online 4, H. 2, S. 174–190.
Tiggelers, K.H. (2007): Kreativität und Schule. In: Konrad, F.M./Sailer, M. (Hrsg.): Homo educabilis. Münster: Waxmann, S. 65–79.
Urban, K. (2004): Kreativität. Herausforderung für Schule, Wissenschaft und Gesellschaft. Münster: Lit.
Weiß, S. (2012): Kreativitätsförderung. In: Kiel, E. (Hrsg.): Unterricht sehen, analysieren, gestalten. Bad Heilbrunn: Klinkhardt, S. 121–144.
Westby, E.L./Dawson, V.L. (1995): Creativity: Asset or Burden in the Classroom? In: Creativity Research Journal 8, H. 1, S. 1–10.
Woolfolk, A. (2008): Pädagogische Psychologie. München: Pearson.

Literaturhinweise

Calvert, K./Hausberg, A. (2011): PhiNa. Philosophieren mit Kindern über die Natur. Baltmannsweiler: Schneider Verlag Hohengehren.
Csikszentmihalyi, M. (2015): Flow und Kreativität. Stuttgart: Klett-Cotta.
Serve, H.J. (1995): Förderung der Kreativitätsentfaltung als implizite Bildungsaufgabe der Schule. München: PimS-Verlag.
Hentig, H. von (2007): Kreativität. Hohe Erwartungen an einen schwachen Begriff. Weinheim und Basel: Beltz.

1.15 Rituale einsetzen

»[Rituale sind] Sozial geregelte und von den Mitgliedern einer Gruppe, Institution oder Gesellschaft weitgehend gleichförmig ausgeführte Handlungen. Sie [...] schaffen [...] eine grundlegende Handlungskompetenz [...], strukturieren soziale Prozesse und vermitteln ein Gefühl der Zusammengehörigkeit« (Schaub/Zenke 2007, S. 532).

Stand der Forschung

Rituale im Unterricht sind insbesondere aus der unterrichtlichen Praxis der Grundschule bekannt, haben jedoch zwischenzeitlich auch ihren Weg in die Sekundarstufe gefunden und bilden hier einen festen Bestandteil schulischen Lernens und Lebens. Rituale tragen besonders dazu bei, die Kultur innerhalb der Schule, aber auch besonders innerhalb einer Klasse zu gestalten und zu prägen, was auch deutlich in amerikanischen Untersuchungen herausgestellt wird (Gallego/Cole u. a. 2001).

Ihren Ursprung haben Rituale in religiösen Kontexten und bezeichnen hier einen bestimmten Brauch, der eigenen Regeln folgt, wobei das hier gezeigte spezifische Verhalten ein tradiertes, eingeübtes und meist unbewusst aufgenommenes Verhalten ist. Dieses spezifische Verhalten zeigt sich insbesondere durch eine bestimmte Sprache und bestimmte Handlungen bzw. Gesten, die nur im Zusammenhang mit dem Ritual ihre Bedeutung erlangen und verstanden werden. Losgelöst vom religiösen Kontext können Rituale als verlässlich wiederkehrende Handlungssequenzen, die strukturbildend wirken und für die Gruppe eine Verstrauen schaffende Erfahrung darstellen, verstanden werden. Für die Schule wird als positiv herausgestellt, dass sie Zugehörigkeit und Sicherheit im Klassenkontext begründen (siehe auch die Definition von Ritualen im Eingangszitat). Als allgemeine Merkmale von Ritualen kann man festhalten, dass diese nach bestimmten Regeln ablaufen, meist eine lange Zeit in der bestehenden Form ihre Gültigkeit haben, wodurch sie in gewisser Weise überraschungsarm sind. Ihnen liegt eine Symbolik zugrunde, die ohne große Erklärungen verstanden wird, da sich die Rituale für alle durch gleichartige Handlungsformen auszeichnen, außerdem sind sie interaktiv und haben einen gemeinsamen Bezugspunkt. Oerter (1999) macht im Hinblick auf Rituale drei Funktionen aus:

1. *Ordnung und Sicherheit:* Eine zentrale Funktion die Rituale haben, ist die, dass sie zu Ordnung und Sicherheit in der Klasse beitragen, zum einen im Umgang zwischen Lehrerinnen und Lehrern und Schülerinnen und Schülern und zum anderen im Umgang den Schülerinnen und Schülern untereinander. Durch ihr regelmäßig wiederkehrendes Auftreten strukturieren sie bestimmte Zeiträume (Tage, Wochen, Monate, Jahre) sowie generell das schulische Geschehen und können so als Rahmen für den Unterrichtsalltag gesehen werden. Des Weiteren dienen sie zur Gemeinschafts- und Konsensbildung, da sie Geborgenheit und Sicherheit vermitteln, »wie ein Geländer, das der kindlichen Seele Halt geben kann« (Winkler 1994, S. 10).

Aus diesem Aspekt heraus geht von Ritualen auch eine Integrationswirkung aus, d.h. dass sie zur sozialen Einbindung von Außenseitern oder auch neu in die Klasse gekommenen Schülerinnen und Schülern beitragen.
2. *Selbsterhöhung:* Eine zweite Funktion, die Oerter anführt, ist die der Selbsterhöhung. Unter Selbsterhöhung ist die besondere Hervorgehobenheit einmal des Rituals selbst und zum anderen der durch das Ritual vollzogenen Handlung zu sehen. Die Selbsterhöhung vollzieht sich durch eine emotionale Bindung an die Handlung, sofern sich die/der Einzelne auf diese Handlung einlässt. In diesem Zusammenhang ist es wichtig, dass Rituale immer ganzheitlich gestaltet sind, sie werden nicht nur über die Sprache vermittelt, sondern sie sprechen den ganzen Menschen in den Bereichen von Kognition, Emotion, Motorik sowie allen Sinnen an. Dies wird auch durch die den Ritualen innewohnende Symbolkraft deutlich, denn Rituale können den einzelnen Schülerinnen und Schülern nicht aufgezwungen werden, vielmehr üben sie aus sich heraus einen gewissen Zwang aus, dem man, sobald man sich darauf einlässt, unwillkürlich folgt.
3. *Erleichterung:* Als dritte Funktion bestimmt Oerter die Erleichterung, die von Ritualen ausgeht, da sie Gewohnheit und Gewöhnung gleichermaßen bedeuten. So geht von Ritualen eine Signalwirkung aus, da sie als Symbolhandlungen in der Regel von den Beteiligten sofort verstanden werden. Darüber hinaus vermindern sie den Entscheidungsdruck, d.h., wenn Rituale einmal eingeführt sind, müssen sie nicht jedes Mal neu eingeführt werden bzw. die spezifische Darbietungsform der Rituale wird bei häufiger Durchführung vergessen und es findet eine Konzentration auf das Wesentliche statt. Somit können Rituale auch einen Beitrag zur Konzentrationsförderung leisten, da sie durch ihren punktuellen Einsatz auch zur Entspannung im Schulalltag beitragen können.

Es sei abschließend noch darauf hingewiesen, dass Rituale eine gewisse Dynamik haben. Trotz der Langlebigkeit von Ritualen und der damit starken Gewohnheit an ein Ritual wird im gegenwärtigen Verständnis davon ausgegangen, dass sie hinterfragbar bleiben und sich im Laufe der Zeit entwickeln bzw. modifizieren können.

Checklisten

Rituale werden in den verschiedenen Darstellungen mit unterschiedlichen Kategorien klassifiziert (Tab. 18). Der folgende Überblick geht von vier Kategorien aus, denen beispielhaft einige Rituale zugeordnet sind, wobei dieser Überblick nicht als abschließend angesehen werden kann. Begrüßungs- und Verabschiedungsrituale strukturieren den Beginn oder das Ende eines Schultags oder einer Schulwoche. Als Schulgestaltungsrituale werden solche Rituale verstanden, die strukturierend auf das Schulleben der Gesamtschule oder auch der Einzelklasse einwirken bzw. die das Zusammenleben der Schüler/innen untereinander sowie zwischen der Lehrkraft und den Schülerinnen und Schülern gestalten. Daneben werden noch Kommunikationsrituale zur Strukturierung von Gesprächssituationen bzw. Unterrichtsrituale, die als Gestaltungs- und Strukturierungsmomente des Unterrichts angesehen werden, unterschieden (Fuchs et al. 2004; Steffensky 1994).

Kategorien	Beispiele
Begrüßungs- und Verabschiedungsrituale	• Erzählkreis, der zu Beginn oder am Ende der Schulwoche stattfinden kann • Freiarbeit als offener Beginn des Tages vor dem regulären Schulbeginn • Begrüßung mit Handschlag durch die Lehrkraft • Begrüßungs- und/oder Abschiedslieder
Schulgestaltungsrituale	• Dienste in einer Klasse (z. B. Tafel-, Blumen-, Austeildienste etc.) • Streitschlichter/Mediatoren • Klassenrat (wöchentliche Besprechung klasseninterner Anliegen, Probleme und Konflikte) • Feiern und Feste (Sport- und Spielfeste, Aufnahme- und Entlassungsfeier neuer und alter Jahrgänge, Weihnachtsfeier, Sommerfeste) • Geburtstagsrituale
Kommunikationsrituale	• fest vereinbarte Gesprächsregeln • Erzählkreis (z. B. wöchentlich zur Besprechung aktueller Anliegen) • Erzählstein (nur das Kind, das den Stein in Händen hält, spricht) • Handzeichen (die erhobene Hand der Lehrkraft oder eines Schülers als Ruhezeichen)
Unterrichtsrituale	• Entspannungsübungen (Meditation, Fantasiereisen etc.) • Projektende (Ergebnisse jährlicher Projekte werden auf besondere Weise der Schulöffentlichkeit präsentiert) • Freiarbeitsphasen (festgelegte Zeiten in der Woche für Freiarbeit, Wochenplanarbeit) • Lieblingsbuch (Schüler stellen ein selbst gewähltes Buch vor mit dem Ziel, Sozialkompetenz und Lesekompetenz zu fördern)

Tab. 18: Übersicht über verschiedene Rituale im Schulalltag

Grenzen und Risiken

Rituale sind ein wesentliches Gestaltungselement des Schulalltags, dennoch gibt es viele kritische Stimmen, die in diesem Zusammenhang Bedenken äußern und auf mögliche Gefahren bzw. Probleme hinweisen. Deutlich drückt dies Hilbert Meyer aus: »Sie schaffen kalkulierbare Verhaltenserwartungen für Lehrer und Schüler, sie dienen der Demonstration der Macht der Institution, aber auch der Kanalisierung der

Triebpotentiale des Lehrers und der Formierung und Unterdrückung der Interessen, Phantasien und motorischen Bedürfnisse der Schüler« (Meyer 1999, S. 190). In diesem Kontext wird Schule als Machtinstitution dargestellt, die Rituale als disziplinierendes und repressives Instrument verwendet.

In der pädagogischen Literatur wird oft darauf hingewiesen, dass Rituale ihren Sinn verlieren, wenn sie als Disziplinierungsmittel eingesetzt werden. Dennoch soll an dieser Stelle darauf hingewiesen werden, dass es in der schulischen Praxis durchaus Rituale gibt, die zur Disziplinierung bzw. zur Sanktionierung von Fehlverhalten eingesetzt werden, wie beispielsweise das Abschreiben der Klassenregeln oder der Schulordnung bei fortgesetzten Störungen des Unterrichts. Inwieweit Sanktionierungsrituale sinnvoll oder pädagogisch angemessen sind, bleibt dahingestellt. Zumindest können sie als Teil der Unterrichtspraxis ausgemacht werden. Auch für Schülerinnen und Schüler können Sanktionierungsrituale eine Orientierungshilfe sein, d.h. die Folgen für ein bestimmtes Fehlverhalten sind bekannt und abschätzbar.

Des Weiteren ist es problematisch, wenn Rituale in Routine erstarren, denn routiniertes Handeln kann den Blick auf gruppendynamische Prozesse vernebeln, vor allem weil Schülerinnen und Schüler beispielsweise bei Konflikten bzw. Störungen im Rahmen von Kommunikation ihre eigenen Interessen schlecht durchsetzen können. Das bedeutet, dass ihre Anwendung gerade im Fall der Konfliktlösung im Sinne einer Abwägung und objektiven Einschätzung der Situation flexibel bleiben muss, denn besonders Konfliktlösungsrituale, die immer nach dem gleichen Schema ablaufen, können hierbei ihre Wirkung nicht immer entfalten. Somit müssen Rituale immer hinterfragbar bleiben.

Fallbeispiel

Der vorliegende Fall schildert das Aufnahmeritual für Kinder der 5. Klasse an der Helene-Lange-Schule in Wiesbaden (Riegel 1994). Deutlich werden hier die beschriebenen Funktionen von Ritualen, und zwar im Hinblick auf Orientierungs- und Identitätsstiftung für die neuankommenden Schülerinnen und Schüler sowie auch deren Eltern und für die ganze Schule, als Fest- bzw. Feierzeremonie, die eine das Schuljahr strukturierende Wirkung hat.

> *»Am zweiten Sonntag nach den Sommerferien findet alljährlich in der Helene-Lange-Schule das große Fest zur Aufnahme des neuen Jahrgangs 5 statt. Dieses Fest wird vorbereitet von dem vorhergehenden Jahrgang. [...] Jedes Jahr erhalten die neuen Schülerinnen und Schüler Geschenke von den Sechstklässlern, und zwar eine große Fahne aus 100 Stoffteilen, auf der alle bisherigen Schülerinnen und Schüler der Gesamtschule ihren Namen eingetragen haben, und die von Jahrgang zu Jahrgang weitergereicht wird. Das zweite traditionelle Geschenk ist ein Bild von Helene Lange mit dem von den Schülern selbst eingedruckten Datum der Einschulung als Erinnerung*

an diesen Tag. Zu Beginn des Festprogramms hält die Schulleiterin eine Rede und am Ende stellt sich auf originelle und überraschende Weise das jeweilige Lehrerteam vor. Am Ende der Feier werden alle neuen Schülerinnen und Schüler auf die Bühne gerufen. Die Schulleiterin nennt jedes einzelne Kind beim Namen und gibt ihm die Hand zum Zeichen, daß es nun in die Helene-Lange-Schule aufgenommen ist. [...]«

Literatur

Fuchs, Katrin et. al (2004): Regeln und Rituale im Unterricht. Schulraumgestaltung. www.rpi-virtuell.net/workspace/users/1762/Oeffentliches/oeffentliches/Regeln_und_Rituale_im_Unterricht.pdf (Abruf: 20.06.2016).
Gallego, M.A./Cole, M./The Laboratory of Comparative Human Cognition. (2001): Classroom Cultures and Cultures in the Classroom. In: V. Richardson (Hrsg.): Handbook of Research on Teaching. Washington: AERA, S. 951–997.
Meyer, H. (1999): Unterrichtsmethoden Bd. 2 Praxisband. 6. Aufl. Berlin: Cornelsen.
Oerter, R. (1999): Rituale in der Schule – ein notwendiger Bestandteil von Schulkultur. In: Praxis Schule 5–10, H. 4, S. 6–8.
Riegel, E. (1994): Rituale: oder die Kunst des Zusammenlebens. In: Pädagogik 46, H. 1, S. 6–9.
Schaub, H./Zenke, K.G. (2007): Wörterbuch der Pädagogik. München: dtv.
Steffensky, F. (1994): Rituale als Lebensinszenierungen. In: Pädagogik 46, H. 1, S. 27–29.
Winkler, A. (1994): Rituale in der Grundschule. Erfundene Wirklichkeiten gestalten. In: Pädagogik 46, H. 1, S. 10–12.

Literaturhinweise

Bloch, B./Schilk, M. (2013): Didaktik von Ritualen und Alltagsroutinen. In: N. Neuß (Hrsg.): Grundwissen Didaktik für Krippe und Kindergarten. Berlin: Cornelsen, S. 138–148.
Butters, Ch./Gerhardinger, R. (1996): Die Kraft der Rituale. In: Grundschulmagazin, 11, H. 2, S. 34–37.
Combe, A.(1994): Wie tragfähig ist der Rekurs auf Rituale? In: Pädagogik 46, H. 1, S. 22–25.
Franzen, C.G.F. (1951): Life Adjustment and the Four Major Objectives of Secondary Education. In: NASSP Bulletin 35, H. 180, S. 99–111.
Hielscher, C. (2015): Rituale mit Bewegung. Bewegungsgestütztes Lernen im Schulalltag. In: Grundschulmagazin 83, H. 3, S. 43–50.
Miller, R. (1994): Lehrerinnen und Lehrern zugeschaut. Ein Ideenmosaik für Rituale im Schulalltag. In: Pädagogik 46,H. 1, S. 13–17.
Seydel, O. (1994): Die Postmütze oder: Rituale sind klüger als Menschen. In: Pädagogik 46, H. 1, S. 18–21.
Straub, C. (2015): Die pädagogische Bedeutung von Ritualen. In: Sportunterricht 64, H. 2, S. 36–40.
Trost, A./Esslinger-Hinz, I. (2014): Mit Hilfe des Redestabs über Unterricht reden. Ein Ritual, das Zugang zu Konflikten schafft und bei deren Lösung hilft. In: Pädagogik 66, H. 9, S. 12–13.
Wulf, C. (2014): Die Geste in der Schule. Rituale und Inszenierungen im schulischen Alltag. In: Ethik und Unterricht, 25, H. 1, S. 16–19.

1.16 Rhythmisieren von Unterricht

»Bei der Rhythmisierung des Schultages geht es darum, den in 45-Minuten-Einheiten zerlegten und nach Fächern gegliederten Unterrichtsvormittag durch ein Konzept zu ersetzen, das auf die Konzentrationsfähigkeit der Kinder (Leistungskurve) zugeschnitten ist. Da die Lehrperson das nicht für alle Kinder vorwegplanen kann, muss das Ziel darin bestehen, dass die Kinder selbst lernen, ihren Tag zu rhythmisieren. Die Abkehr vom 45-min-Takt ist daher nicht nur ein Zeitproblem, sondern ein zutiefst inhaltlich-didaktisches« (Carle 2004).

Stand der Forschung

Rhythmisierung als Orientierung am natürlichen Rhythmus des Kindes steht in der Tradition der Reformpädagogik der 1920er-Jahre, in der eine kind- und lebensweltorientierte Gestaltung von Schule und Unterricht propagiert wurde. Neben der Orientierung am altersangemessenen Bio-Rhythmus der Schüler/innen und der Frage nach Anspannung und Entspannung geht es heute bei der Rhythmisierung um eine Neuorientierung der Lernorganisation an den Schulen. Die zeitliche Struktur des Schultages und der Schulwoche soll der Lehr-Lern-Struktur folgen und nicht umgekehrt, wobei sich die jeweilige Lehr-Lernstruktur innerhalb der verschiedenen Schulformen und Klassenstufen unterschiedlich gestaltet. Das bedeutet, einen Wechsel von Lernen und Freizeit als didaktisches Strukturierungselement zu nutzen, z. B. in Form von zeitlich ausbalancierten Wechseln von Anstrengung und Erholung, Bewegung und Ruhe, kognitiven und praktischen Arbeitsphasen, Aufnehmen und Besinnen, gelenktem Arbeiten und Selbsttätigkeit, Konzentration und Zerstreuung sowie individuellem Arbeiten und Arbeiten in der Gruppe.

Rhythmisierung von Unterricht war in früheren Jahren verstärkt ein Thema der Grundschule, hier vor allem im Hinblick auf die Rhythmisierung des einzelnen Schultags bzw. der Schulwoche (wie es im Eingangszitat erkennbar ist, wird auch oft Kritik an der Starrheit des 45-Minuten-Taktes des Unterrichts geübt). Bedingt durch Schulstrukturreformen wie der Einführung des G8 oder auch des Umbaus vieler Schulen zu Ganztagsschulen ist die Frage nach der Rhythmisierung von Schule zunehmend auch ein Thema für die Sekundarstufe. Vor dem Hintergrund des massiven Ausbaus von Ganztagsschulen erhält die Rhythmisierung des Schultags eine ganz besondere Relevanz, da Ganztagsschulangebote ein Zukunftsmodell darstellen. Rhythmisierung innerhalb von Ganztagsschulen geschieht unter der Prämisse, Schule als Lern- und Lebensraum zu sehen, also einer Orientierung an zeitlichen, inhaltlichen, biologischen und lernpsychologischen Aspekten. Im Rahmen des ganztägigen Unterrichts hilft Rhythmisierung, den einzelnen Schultag so zu strukturieren, dass das Lernen und Leisten in einer für die Schüler und Schülerinnen gemäßen Art erreicht wird (Dollinger 2014). Rhythmisierung innerhalb eines Unterrichtstages kann beispielsweise durch den Wechsel von verschiedenen Fächern, die verschiedene Sinnesbereiche von Schülerinnen und Schülern ansprechen (ganzheitlicher bzw. fächerübergreifender Unterricht und Projektunterricht) oder auch durch die Abfolge von Unterrichtsphasen, die durch das gezielte Setzen von Pausen zusammen mit Bewegungs- und Freizeitangeboten einer einseitigen kognitiven Ausrichtung des Unterrichts entgegenwirken, realisiert werden. Auch hier sind über Konzentrationsübungen und -spiele, Fantasiereisen und meditative Übungen, Bewegungsspiele und vielem mehr Möglichkeiten gegeben, eine Stunde zu strukturieren sowie für Abwechslung und neue Motivation zu sorgen (Greiner 2010).

Während bei der Umstrukturierung hin zum G8 die Ganztagsschule zuerst ohne konzeptionelle Überlegungen, sondern allein durch die Verkürzung und Neuverteilung der Fächer entstanden ist, zeichnen sich nun in vielen Bundesländern und Kommunen generelle und konzeptionell angelegte Umstrukturierungen der Schulen in Ganztagsschulen ab. So gibt es Bezeichnungen bzw. Konzepte wie »Verlässliche Grundschule« (Baden-Württemberg), »Verlässliche Halbtagsgrundschule« (Berlin) oder auch den »Pakt für den Nachmittag« (Hessen) bis hin zu Ganztagsgrundschulen in offener oder gebundener Form. Aber auch andere Schulformen weiten ihr Angebot auf den Nachmittag aus und entdecken so die positiven Effekte, die von der Rhythmisierung ausgehen.

Im Rahmen von Prozessen der Schulprofilbildung kann die Rhythmisierung ein wichtiges gestalterisches Element sein, um ein spezifische Profil zu entwickeln. In diesem Zusammenhang gehört auch das Konzept der »Bewegten Schule«, dass Bewegung nicht nur in Form von Spiel, Spaß und Sport betrachtet, sondern Bewegung auch auf das didaktische und methodische Handeln in anderen Fächern bezieht (Hildebrandt-Stramann 2007; Fischer 2000). Eine andere Bedeutung hat eine Rhythmisierung in Form einer klaren Aufteilung zwischen Lernzeit und schulischer Freizeit, z.B. für Schülerinnen und Schüler mit ADHS. So haben Antrop, Roeyers und De Baecke (2005) in einer Studie herausgefunden, dass es für Kinder mit ADHS im Rahmen einer ganztägigen Beschulung besser ist, wenn das fachliche Lernen als Block am Vormittag und das nicht-fachliche Lernen bzw. Fächer wie Sport am Nachmittag stattfindet, da sowohl Konzentration, als auch Unruhe und Nervosität durch Spiel und Sport begünstigt werden kann. Der Wechsel von freieren Sport- und Spielphasen wieder zurück ins fachliche Lernen und das Wiedererinnern von Verhaltensregeln gestaltete sich als äußerst schwierig. D.h., dass dieser Faktor bei einer Planung des Wechsels von Lern- und Ruhephasen ebenfalls bedeutsam sein kann.

Checklisten

Wie ein Schultag rhythmisiert werden kann, zeigt folgendes Beispiel für die Grundschule (Tab. 19). Es ist eine gekürzte und modifizierte Darstellung eines Vorschlags der Schulbehörde aus Berlin für die Gestaltung des Grundschulunterrichts an Berliner

Grundschulen. (Die ausführliche Version der Berliner Senatsverwaltung kann man unter folgendem Link finden: www.berlin.de/sen/bildung/schule/ganztaegiges-lernen/ganztagsschulen/artikel.442996.php.)

Zeit	Montag bis Freitag
ab 7.30	Betreuung durch Erzieher/innen bzw. Lehrkräfte
7.50–8.15	Begleitender Schulbeginn/Offener Anfang
8.15–9.45	1. Block (1./2. Stunde): Unterricht durch die Lehrkraft mit entsprechenden Pausen
9.45–10.10	Frühstückspause bzw. Aktive Pause
10.10–11.40	2. Block (3./4. Stunde): Unterricht durch die Lehrkraft mit entsprechenden Pausen
11.40–12.00	Aktive Pause
12.00–13.30	3. Block (5./6. Stunde): Unterricht durch die Lehrkraft mit entsprechenden Pausen
ab 13.30	• Mittagessen und Nachmittagsbetreuung • Spiel • Bewegung • Entspannung • Hausaufgabenbetreuung • Arbeitsgemeinschaften • Exkursionen für Kinder mit Betreuungsanspruch (offener Ganztagsbetrieb – kostenpflichtig) • gegebenenfalls Unterrichtsangebote für Klassenstufe 3 bis 6 (Fachunterricht, Arbeitsgemeinschaften etc.)

Tab. 19: Beispiel für einen rhythmisierten Grundschultag im Ganztagesunterricht

Grenzen und Risiken

Rhythmisierungsbemühungen stoßen im Schulalltag nicht selten an faktische Grenzen, die sich aus den zeitlichen (z. B. feste Zeiten für Schülerbeförderung) wie räumlichen Rahmenbedingungen (z. B. Sporthallen, Ruheräume), aus den personellen Voraussetzungen und nicht zuletzt aus der Verpflichtung zur Einhaltung der Stundentafel ergeben. Ein weiteres Problem liegt in den Ressourcen der Schulen bzw. den Ressourcen, die den Schulen zur Verfügung gestellt werden. In Programmen zur Ganztagesbeschulung sowohl im Grund- als auch im Sekundarschulbereich aus Hamburg, Bremen und Berlin wird mit zusätzlichen pädagogischen Kräften gearbeitet, wie Sozialpädagogen, Erzieherinnen oder auch weiteren Lehrkräften im Rahmen von Team-Teaching. Dies ist jedoch nicht überall der Fall. Rhythmisierung, die sich am Lernen und am Biorhythmus der Kinder und Jugendlichen orientieren will, bedarf auch des Ausbaus der notwendigen Ressourcen.

Fallbeispiel

Wie eine Rhythmisierung des Schulalltags gelingen kann, wird in den folgenden Beispielen der Anne-Frank-Oberschule, Sachsen (Servicestelle Ganztagsangebote Sachsen, S. 18 f.) deutlich:
Der Schulbeginn am Morgen ist z. B. sehr strukturiert und ermöglicht ein selbstständiges und selbstorganisiertes Lernen:

> *»Denn obwohl alle Klassenzimmertüren offenstehen, dringt aus den Räumen nicht die übliche Geräuschkulisse des sich gerade warmlaufenden Unterrichts einer ersten Stunde. Umso überraschender der Blick in eines der Zimmer: Alle Kinder einer Klasse sind anwesend, schreiben, malen, rechnen, vergleichen Lösungen oder holen sich Rat bei der Lehrerin. Der Geräuschpegel steigt dabei nicht über Flüster-Niveau. Ruhiges, konzentriertes Arbeiten gehört hier zum Lehr- und Lernkonzept. Daran werden die Kinder mit dem Eintritt in die Oberschule ›Anne Frank‹ in der sogenannten freien Stillarbeit herangeführt. Hier arbeiten die Schüler an Themen des Lehrplans oder erhalten GTA [=Ganztagsangebot]-gestützte Förderung in differenzierten Kleingruppen. So wird beispielsweise für die Klassen 8 bis 10 spezielle Förderung in den ›Brennpunktfächern‹ Mathematik, Deutsch und Englisch angeboten, es werden entwicklungsbedingte Probleme angesprochen und Lösungen gefunden [...].«*

Wichtig ist, dass diese Form der freien Stillarbeit organisatorisch in den Schulalltag eingebettet ist und so vorbereitet wird, dass alle Schülerinnen und Schüler ohne großen Aufwand der Lehrkraft anfangen können zu arbeiten:

> *»In jedem Klassenzimmer hängt, für alle zugänglich, ein Plan mit den anstehenden Aufgaben aus, passend zum Stoff der gerade im jeweiligen Fachunterricht behandelt wird. ›Paul und das Altpapier‹ heißt eine Aufgabe für den Ethikunterricht. Materialien wie Arbeitsblätter, Setzkästen oder Vokabelboxen sind in jedem Klassenzimmer nach einem einfachen Farbsystem sortiert. Grüne Ablage: Biologie, blaue Ablage: Mathematik – das Klassenzimmer ist durchorganisiert. Alle sieben Wochen gibt es einen neuen Plan. Bis dahin muss jedes Kind die Aufgaben erfüllt haben – in welcher Reihenfolge und in welchem Tempo bleibt ihm selbst überlassen. Dabei gibt es auch verschiedene Schwierigkeitsgrade. So fühlt sich kein Kind über- oder unterfordert [...].«*

Die Lehrkräfte müssen in diesem Konzept ihre eigene Tätigkeit bzw. Rolle überdenken, d. h. das auf die Lehrperson zentrierte Arbeiten wie im Frontalunterricht funktioniert hier nicht, da die Schülerinnen und Schüler mit ihrer individuellen Lernarbeit im Vordergrund stehen und auch angehalten sind, sich zunächst gegenseitig zu helfen bzw. ihre Aufgaben selbst zu kontrollieren:

»*Der Klassenleiter, der die freie Stillarbeit stets betreut, übernimmt in diesem Konzept eine völlig neue Rolle. Er ist nicht mehr Zentrum des Klassengeschehens, wie das im Frontalunterricht der Fall ist. In der freien Stillarbeit wird der Klassenleiter vom Stoffvermittler zum Beobachter – auch er muss sich an die Regel der Stille halten. Der Lehrer muss hier lernen, sich bewusst zurückzunehmen. Er muss aktiv zuhören, sich auf die Schüler zubewegen, nicht umgekehrt. Hinter dem Lehrerpult, das in der Freiarbeit unauffällig abseits vom Geschehen steht, ist eine Übersicht für alle Kinder an die Wand gepinnt. Hier wird abgehakt, wer welche Aufgaben bereits erfüllt hat. Anhand dessen kann der Klassenleiter also auch Probleme der Kinder erkennen und notfalls unterstützend eingreifen [...].*«

Wichtig ist, dass es in der Schule eine offene Atmosphäre gibt, bei der die Kinder frei lernen können und auch entsprechende Hilfsangebote, Medien etc. bereit stehen:

»*Trotz der entspannten Atmosphäre herrscht Bewegung in den Zimmern und auf den Fluren. Die Kinder können frei umherlaufen, sich Platz schaffen oder auch ihren jeweiligen Fachlehrer im Schulhaus aufsuchen, wenn sie Hilfe bei einem Problem brauchen. Auch Bibliothek und Computerraum können zur Recherche genutzt werden, da diese durch die GTA-Förderung auch vormittags beaufsichtigt werden.*«

Literatur

Antrop, I., Roeyers, H./De Baecke, L. (2005): Effects of Time of Day on Classroom Behaviour in Children with ADHD. In: School Psychology International 26, H. 1, S. 29–43.

Carle, U. (2004): TQSE Thüringer Qualitätsinstrumente für die Schuleingangsphase. Dimensionen der Entwicklung der Schuleingangsphase: Rhythmisierung. Folie 7: Ansatzpunkte der Entwicklung (Ansatzpunkte). www.tqse.uni-bremen.de/dimensionen/rhythmisierung.html (Abruf: 24.01.17).

Dollinger, S. (2014): Ganztagsschule neu gestalten. Bausteine für die Schulpraxis. Weinheim und Basel: Beltz.

Fischer, P. R. (2000): Bewegte Schule Sinnvolle Integration von Bewegung und Entspannung in der Schule. Kissing: WEKA.

Greiner, F. (2010): Methoden, Tricks und Kniffe für den täglichen Unterricht Klassenführung, Rituale, Aktivierung, Rhythmisierung und Disziplin. Ideen für die Praxis. Für alle Klassenstufen und Schularten. Augsburg: Brigg Pädagogik.

Hildebrandt-Stramann, R. (2007) (Hrsg.): Bewegte Schule – Schule bewegt gestalten. Baltmannsweiler: Schneider Verlag Hohengehren.

Nerowski, C./Weier, U. (2010) (Hrsg.): Ganztagsschule organisieren – ganztags Unterricht gestalten. Bayerischer Ganztagsschulkongress. Ganztagsschule Organisieren – Ganztags Unterricht Gestalten. Bamberg: Univ. of Bamberg Press.

Otto, H.-U./Oelkers, J. (2006) (Hrsg.): Zeitgemäße Bildung. Herausforderung für Erziehungswissenschaft und Bildungspolitik. München: Ernst Reinhardt.

Senatsverwaltung für Bildung, Jugend und Wissenschaft. Rhythmisierung in der Grundschule. Was verändert sich am Schulrhythmus durch die verlässliche Halbtagsgrundschule? www.berlin.de/sen/bildung/schule/ganztaegiges-lernen/ganztagsschulen/artikel.442996.php (Abruf: 24.01.17).

Staatsinstitut für Schulqualität und Bildungsforschung München. Gebundene Ganztagsschulen in Bayern Anregungen und Hilfestellungen zur praktischen Umsetzung. www.isb.bayern.de/down load/1466/leitfaden_gebundene_ganztagsschulen_2010.pdf (Abruf: 24.01.17).

Servicestelle Ganztagsangebote Sachsen (o.J.) (Hrsg.): Wie tickt die Uhr im Ganztag? Schulbeispiele aus Sachsen. www.sachsen.ganztaegig-lernen.de/sites/default/files/rhytmisierung_final-1.pdf (Abruf: 24.01.2017).

Literaturhinweise

Bartels, J./Baur, C. (2013): Ganztägig Lernen: Eckpunkte für eine gute Ganztagsschule. Berlin: Senatsverwaltung für Bildung, Jugend und Wissenschaft. www.berlin.de/sen/bildung/schule/ganz taegiges-lernen/ganztagsschulen/berlinerschule_ganztag_final.pdf (Abruf: 24.01.2017).

Bosse, D./Mammes, I./Nerowski, C. (2008): Ganztagsschule. Perspektiven aus Wissenschaft und Praxis. Bamberg: Univ. of Bamberg Press.

Deutsche Kinder- und Jugendstiftung (2006) (Hrsg.): Den ganzen Tag – von Anfang an. Überlegungen, Beispiele, Einblicke vom 1. Berliner Forum der Ganztagsgrundschulen am 17./18. März 2006. www.berlin.ganztaegig-lernen.de/sites/default/files/Dokumentation_2.pdf (Abruf: 24.01.2017).

Dirkmann, K.-H. (2010): Rhythmisierung in GanztagsSchule und Unterricht. Eine Handreichung, herausgegeben von der Serviceagentur Ganztägig lernen. c/o Bildungswerk der Niedersächsischen Wirtschaft Hannover. www.sh.ganztaegig-lernen.de/sites/default/files/Rhythmisch_Ler nenV3.pdf (Abruf: 24.01.2017).

Holtappels, H.G. (2007): Rhythmisierung in der schulischen Realität. In: Ganztags Schule machen 1, H. 1, S. 26–28.

Holtappels, H.G. (2007): Organisation und Lernkultur in Ganztagsschulen – Erste Ergebnisse aus der bundesweiten StEG-Studie. In: Appel, S./Ludwig, H./Rother, U./Rutz, G. (Hrsg.): Jahrbuch Ganztagsschule 2008 – Lernkultur. Schwalbach/Ts: Wochenschau Verlag, S. 11–29.

Holtappels, H.G./Klieme, E./Rauschenbach. T./Stecher, L. (Hrsg.) (2008): Ganztagsschule in Deutschland. Ergebnisse der Ausgangserhebung der »Studie zur Entwicklung von Ganztagsschulen« (StEG). Studien zur ganztägigen Bildung (Band 1). Weinheim und Basel: Beltz Juventa.

ISB – Staatsinstitut für Schulqualität und Bildungsforschung (Hrsg.) (2006): Ganztägiger Unterricht am G8. Leitfaden mit Anregungen und Empfehlungen. Hrsg. vom Staatsinstitut für Schulqualität und Bildungsforschung München: ISB. www.isb.bayern.de/download/1294/ganztaegiger-unter richt-am-g8.pdf (Abruf: 24.01.2017).

ISB – Staatsinstitut für Schulqualität und Bildungsforschung (o.J.): Offene Ganztagsschulen in Bayern. Anregungen und Hilfestellungen zur praktischen Umsetzung. www.isb.bayern.de/down load/2052/leitfaden_offene_ganztagsschulen-ii.pdf (Abruf: 24.01.2017).

Ramseger, J. (2009): Rhythmisierung – der Versuch, eine gute Zeitstruktur zu finden. Vorschläge zur Gestaltung des Ganztags im Berliner Bildungsprogramm für die offene Ganztagsgrundschule. In: Appel, S./Ludwig, H./Rother, U./Rutz, G. (Hrsg.): Leben – Lernen – Leisten. Schwalbach/Ts: Wochenschau Verlag, S. 121–130.

Ramseger, J./Preissing, C./Pesch, L./Leitner, B. (2009): Berliner Bildungsprogramm für die offene Ganztagsgrundschule. Gestaltungsprinzipien, Aufgabenfelder und Entwicklungsziele. Weimar u.a.: Verlag das Netz.

Scheuerer, A. (2008): »Rhythm Is It!« – Rhythmisierung, Ganztagsschule und schulische Förderung. In: Appel, S./Ludwig, H./Rother, U./Rutz, G. (Hrsg.): Leitthema Lernkultur. Schwalbach/Ts.: Wochenschau Verlag, S. 53–64.

1.17 Hausaufgaben als Potenzial nutzen

Hausaufgaben sind eine [...] Maßnahme zur Unterstützung, Ergänzung und Steigerung der Schulleistungen« (Böhm 2000, S. 231).

Stand der Forschung

Hausaufgaben sind in der Forschung ein Thema, das noch nicht in allen Aspekten und Fragestellungen untersucht ist, trotz der Relevanz, die Hausaufgaben im Schulalltag und im Leben von Schülerinnen und Schülern einnehmen. Mit Hausaufgaben werden unterschiedliche Aufgaben und Zwecke verfolgt (z.B. Derschau 1979, siehe auch das obige Zitat von Böhm):

- Übungsaufgaben sollen das im Unterricht erarbeitete Wissen vertiefen und festigen.
- Anwendungsaufgaben sollen helfen, das gelernte Wissen und die erworbenen Fähigkeiten auf neue Lernsituationen zu übertragen.
- Ein Großteil der Hausaufgaben dient der Vorbereitung des jeweiligen Fachunterrichts (insbesondere in geistes- und gesellschaftswissenschaftlichen Fächern).
- Hausaufgaben ermöglichen Schülerinnen und Schülern eine Kontrolle über den persönlichen Lernerfolg sowie das Feststellen von Lücken.
- Hausaufgaben sind auch ein Mittel zu Hinführung und Einübung selbstständigen Arbeitens.

Ausgehend von dieser Zusammenstellung sind Hausaufgaben nicht nur eine sinnvolle, sondern auch notwendige Ergänzung zur Unterrichtsarbeit in der Schule. Konkret heißt dies, dass Hausaufgaben von Schülerinnen und Schülern nur dann als sinnvoll empfunden werden, wenn sie eine klare didaktische Funktion haben. Diese didaktische Funktion wird im Zuge der Vertiefung bestimmter Inhalte, der Übung und der Überprüfung des Lernfortschritts deutlich. Ergänzend hierzu kann Standop angeführt werden, die insbesondere die Qualität von Hausaufgaben betont und davon ausgehend die Lernwirksamkeit von Hausaufgaben beschreibt. Gerade die Frage nach der Lernwirksamkeit sollte als leitendes Kriterium bei Lehrkräften für die Sinnhaftigkeit von Hausaufgaben präsent sein (Standop 2013).

Ein wichtiges Element von Hausaufgaben ist immer auch der Aspekt der Selbstständigkeit, was bedeutet, dass Hausaufgaben in der Regel so gestellt werden müssen, dass diese selbstständig bearbeitet werden können. Hierfür ist es bedeutsam, dass im Unterricht die für das Erledigen der Hausaufgaben notwendigen Lern- und Arbeitstechniken bzw. auch die adäquate Verwendung von Hilfsmitteln eingeübt wird. Dies ist insbesondere wichtig, da auch Leistungsschwächere die Hausaufgaben bewältigen müssen (Seupel 2006).

Kontrolle von bzw. Rückmeldung auf Hausaufgaben ist im Zuge eines kontinuierlichen Arbeitens – gerade was den Lernfortschritt betrifft – elementar und darf weder in der Primar- noch in der Sekundarstufe vernachlässigt werden, da dies sonst auch ein Infragestellen des Sinns von Hausaufgaben vonseiten der Lehrkraft bedeuten würde. In diesem Zusammenhang haben Haag und Mischo in einer Studie eine positive Beeinflussung des Hausaufgabenverhaltens über einen längeren Zeitraum durch eine konsequente individuelle Rückmeldung festgestellt. So arbeiten sie in ihrer Studie heraus, dass diese Art von Rückmeldung tendenziell förderlich für die Entwicklung des Fachinteresses der einzelnen Schülerin/des einzelnen Schülers ist, wohingegen ein hoher Zeitaufwand, der für Hausaufgaben aufgebracht werden muss, eher negativ auf die Entwicklung deren Interessen wirkt (Haag 1991; Haag/Mischo 2002).

Interessant sind auch die großen Untersuchungen von Cooper, Robinson und Patall (2006) zu Hausaufgaben. Sie haben in mehreren Untersuchungen das Hausaufgabenverhalten und die Einstellungen zu Hausaufgaben amerikanischer Schülerinnen und Schüler verschiedener Altersstufen untersucht und hierbei insbesondere zu Dauer und Umfang der Hausaufgaben eine Faustregel entwickelt. So sagen sie, dass Hausaufgaben, wenn diese von den Schülern als sinnvoll erachtet werden sollen, pro erreichter Klassenstufe immer zehn Minuten umfassen sollen, d. h. dass eine Schülerin/ein Schüler in der 8. Klasse 80 Minuten Hausaufgaben bewältigen muss und in der 12. Klasse 120 Minuten (Cooper/Robinson/Patall 2006).

In der großen Metaanalyse von Hattie (2013) wird Hausaufgaben auf einen ersten Blick eine eher untergeordnete Rolle zuteil, d. h. sie nehmen, bemessen nach den Effektstärken, einen Platz im hinteren Drittel der Faktoren für gutes Lernen ein und könnten somit als überflüssig angesehen werden. Zierer und Beywl schreiben allerdings hierzu: »Wer diese Schlüsse zieht hat Hattie falsch interpretiert. So weist Hattie darauf hin, dass dieser Wert differenziert zu betrachten ist: In den höheren Klassenstufen […] bringen Hausaufgaben mehr […] als in der Grundschule. […] Also keine Hausaufgaben an der Grundschule? Nein. Hausaufgaben im Gymnasium können nur dann effektiv sein, wenn die Verantwortung dafür, die damit verbundene Arbeitskultur und die Selbstverpflichtung […] eben schon von Anfang an gelernt wurde« (Hattie 2013, S. IX).

In den Bundesländern gibt es rechtlich unterschiedliche Regelungen in Form von Schulordnungen, Erlassen oder auch Schulgesetzen zum Umgang mit Hausaufgaben, wobei man zusammenfassend sagen kann, dass Hausaufgaben für die Kultusministerkonferenz im Hinblick auf die Schülerinnen und Schüler einen generell übenden und den jeweiligen Fachunterricht unterstützenden Charakter haben, und die einzelne Schülerin/den einzelnen Schüler zur Selbstständigkeit im Hinblick auf das Lernen führen sollen.

Checklisten

Die hier aufgelisteten Punkte (Tab. 20) folgen in leicht modifizierter Form den Ausführungen des Studienseminars Koblenz (Staatliches Studienseminar für das Lehramt an Gymnasien in Koblenz o. J.). Es können verschiedene Möglichkeiten, die Hausaufgaben in den Unterricht zu integrieren, unterschieden werden:

Integration von Hausaufgaben in den Unterricht	• Besprechung als Block am Anfang der Stunde • gestufte Besprechung der Hausaufgaben, abhängig vom Fach und vom Verlauf der Stunde, wobei auf die Sinnhaftigkeit geachtet werden muss • induktives Vorgehen, d. h. an passenden Stellen werden einige Hausaufgaben vorgelesen, vorgerechnet, vorgetragen, vorgezeichnet, vorgemacht etc. • eigene Version der Lehrkraft als Beispiel/Kontrast, falls erwartete Lösungen der Schülerinnen und Schüler ausbleiben
Besprechung und Kontrolle der Hausaufgaben	• Rückmeldung an die Lehrkraft bzw. die Lernenden bezüglich des Könnens der jeweiligen Schülerinnen und Schüler • Hausaufgaben als Festigung, Sicherung, Übung sowie als Vorbereitung des Unterrichts • Hausaufgabenkontrolle durch mündliches und schriftliches Abfragen, Heftkontrolle und Benoten der Hausaufgaben
Alternative Formen von Hausaufgaben	• Hausexperimente • Internetrecherchen • gemeinsame Anfertigung einer Hausaufgabe über elektronische Post • elektronische Bearbeitung und elektronischer Versand der Hausaufgabe an den Fachlehrer

Tab. 20: Hausaufgaben im Kontext von Unterricht

Wichtig ist auch, wieviel Zeit für die Hausaufgaben aufzubringen sind. Vor diesem Hintergrund ist bei der Stellung von Hausaufgaben immer auch die Belastbarkeit der Schülerinnen und Schüler gemäß ihrem Alter zu berücksichtigen. Ausgehend von einem Erlass aus dem Jahr 1977, der 1997 marginal verändert wurde und bis heute gültig ist, nennt das Kultusministerium Niedersachsen folgende Richtwerte bei der Erledigung der Hausaufgaben:
- in den Schuljahrgängen 1–2: 30 Minuten
- in den Schuljahrgängen 3–4: 45 Minuten
- in den Schuljahrgängen 5–6: 1 Stunde
- in den Schuljahrgängen 7–10: 2 Stunden
- in den Schuljahrgängen 11–13: 3 Stunden

Grenzen und Risiken

Die Grenzen und Risiken von Hausaufgaben ergeben sich aus ihrem didaktischen Ort, der häufig nicht genug berücksichtigt bzw. kommuniziert wird. Oftmals wird Hausaufgaben unterstellt, dass sie dazu dienen, unerledigte Aufgaben aus der Schule auf das Zuhause zu verlagern. Aus diesem Grund werden sie häufig kritisiert und ihre Sinnhaftigkeit infrage gestellt.

Ebenso problematisch ist es, wenn Hausaufgaben zu einem Ritual bzw. zur »Beschäftigungstherapie« werden, da diese so von den Schülerinnen und Schülern nicht mehr als Lernmöglichkeit gesehen, sondern negativ besetzt werden. Ebenfalls negativ besetzt werden Hausaufgaben, wenn sie als Disziplinierungsmittel bzw. als Kollektivstrafe missbraucht werden, denn wer etwas zur Strafe tun muss, verliert auf diese Weise die Motivation durch Hausaufgaben zu lernen.

Da Hausaufgaben der selbstständigen Nachbereitung dienen, können diese die Schüler und Schülerinnen bei ungenügender Vorbereitung im Unterricht vor unlösbare Probleme stellen bzw. sie von fremder Hilfe abhängig machen. Dies führt dann zu einer starken Belastung am Nachmittag und zu einer möglichen Überforderung, wenn Schwierigkeitsgrad und voraussichtlicher Zeitaufwand von der Lehrkraft falsch eingeschätzt werden.

Ein weiteres Problem, das mit Hausaufgaben verbunden ist, ist die mögliche Förderung von sozialer Ungerechtigkeit aufgrund der unterschiedlichen Ressourcen des Elternhauses. Dies zeigt sich insbesondere in Form von materieller/finanzieller Ausstattung bzw. dem unterschiedlichen Grad der Elternmithilfe. D.h. zum einen, dass Eltern aus bildungsnahen Schichten ihren Kindern oft mehr inhaltlich helfen können bzw. auch, dass hier mehr Geld auch in Form von Nachhilfe für die Kinder investiert wird. Durch den Boom an privaten Nachhilfeinstituten und Hausaufgabenhilfen ist sichtbar, dass Hausaufgaben ihrem Anspruch, selbstständig erledigt werden zu können, in der Praxis bisher nicht immer zu genügen scheinen. Viele Lehrkräfte sind auch nicht umfassend darüber informiert, wie hoch das Ausmaß der Hilfe durch Eltern oder Nachhilfeinstitute wirklich ist. Die Folge ist, dass Lehrkräfte aufgrund der unterschiedlichen elterlichen Hilfe nur bedingt Aussagen über den tatsächlichen Unterrichtserfolg und den jeweiligen Leistungsstand der Schüler/innen erhalten.

Fallbeispiel

Das folgende Fallbeispiel schildert, wie problematisch Hausaufgaben sein können, gerade auch im Hinblick auf die Lernmotivation:

> Ein Kind in der ersten Klasse, das sehr motiviert im Kindergarten war und sich sehr auf die Schule gefreut hat, bekommt zum Halbjahr der ersten Klasse große Probleme. Den Eltern wurde auf dem Elternsprechtag mitgeteilt, dass es zu langsam sei und zu wenige Aufgaben in der Stunde bearbeiten würde. Die Eltern berichteten der Lehrkraft, dass es auch zu Hause bei den Hausaufgaben Probleme geben würde. Wenn ihr Kind am Nachmittag seine Hausaufgaben erledigen soll, so erzählt die Mutter der Lehrkraft, fängt es an zu schimpfen, äußert, dass Schule blöd ist, und hat während der Erledigung der Hausaufgaben ständig lange und nicht zum Thema gehörende Geschichten zu erzählen. Aus diesem Grund dauern die Hausaufgaben mittlerweile fast zwei Stunden. Der Mutter tut ihr Kind leid, da es länger braucht, als es eigentlich vom Umfang her sein müsste. Auch jegliche Aufforderung schneller zu arbeiten würde nichts helfen, was die Mutter an der Situation verzweifeln lässt.

Um hier eine Lösung für das häusliche Problem zu finden, müsste die Lehrkraft sowohl der Mutter als auch dem Kind durch Gespräche entsprechende Lern- bzw. Erziehungsstrategien vermitteln. Wichtig wäre es vor allem, dem Kind zum einen die Sinnhaftigkeit von Hausaufgaben deutlich zu machen und zum anderen Hausaufgaben zu stellen, die nicht nur Übungscharakter haben, sondern auch die Neugier des Kindes auf Lernen aufrechterhalten.

Literatur

Bartnitzky, H./Christiani, R. (1995): Die Fundgrube für jeden Tag. Das Nachschlagewerk für junge Lehrerinnen und Lehrer. Berlin: Cornelsen.
Böhm, W. (2000): Wörterbuch der Pädagogik. Stuttgart: Kröner.
Cooper, H., Robinson, J.C./Patall, E.A. (2006): Does homework improve academic achievement? A synthesis of research 1987–2004. In: Review of Educational Research 76, H. 1, S. 1–62.
Derschau v., D. (1979) (Hrsg.): Hausaufgaben als Lernchance. Zur Verknüpfung schulischen und außerschulischen Lernens. München: Urban & Schwarzenberg.
Haag, L. (1991): Hausaufgaben am Gymnasium. Eine empirische Untersuchung. Weinheim: Deutscher Studienverlag.
Haag, L./Mischo, Chr. (2002): Hausaufgabenverhalten: Bedingungen und Effekte. In: Empirische Pädagogik 16, H.3, S. 311–327.
Hattie, J. (2013): Lernen sichtbar machen. Beywl, W./Zierer, K. (Übers.), Baltmannsweiler: Schneider Verlag Hohengehren.
KM Niedersachsen (1997): Hausaufgaben an allgemeinbildenden Schulen. Erlass des Ministeriums für Kultus Niedersachsen vom 27.1.1997 mit Bezug vom 31.10.1977 (SVBl. 3/1997).
Meyer, H. (1996): Unterrichtsmethoden Bd. II: Praxisband. 8. Aufl. Berlin: Cornelsen.
Seupel, H. (2006): Hausaufgaben. In: Arnold, K.-H./Sandfuchs, U./Wiechmann, J. (Hrsg.): Handbuch Unterricht. Bad Heilbrunn: Klinkhardt, S. 382–386.
Staatliches Studienseminar für das Lehramt an Gymnasien in Koblenz (Allgemeines Seminar): Trainingsbaustein 3: Hausaufgaben aufgeben und kontrollieren. www.studienseminar-koblenz.de/medien/standardsituationen/9%20%20Aufgaben%20stellen.pdf (Abruf: 24.01.2017).
Standop, J. (2013): Hausaufgaben in der Schule. Theorie, Forschung, didaktische Konsequenzen. Bad Heilbrunn: Klinkhardt.

Literaturhinweise

Dohmes, G. (1995): Erkunden und Beobachten als Hausaufgabe. In: Bartnitzky, H./Christiani, R. (Hrsg.): Die Fundgrube für jeden Tag. Berlin: Cornelsen, S. 168–169.
Haag, L./Brosig, K.M. (2010): Hausaufgaben. Ihre Stellung in der heutigen Schule. In: Schulverwaltung. Bayern 33, H. 11, S. 306–308.
Hascher, T./Hofmann, F. (2008): Kompetenzbereich Hausaufgaben. In: Gläser-Zikuda, M./Seifried, J. (Hrsg.): Lehrerexpertise. Analyse und Bedeutung unterrichtlichen Handelns. Münster: Waxmann, S. 143–164.
Kleinen, K. (2009): Hausaufgaben in der Kritik. Erfahrungen und Forderungen aus Sicht der pädagogischen Fachberatung für die offene Ganztagsschule im Primarbereich. In: Schulverwaltung. Nordrhein-Westfalen 20, H. 10, S. 266–269.
Peterßen, W.H. (2000): Handbuch Unterrichtsplanung. Grundfragen, Modelle, Stufen, Dimensionen. 9., akt. und überarb. Aufl. München: Oldenbourg.
Petersen, J.; Reinert, G.-B./Stephan, E. (1990): Üben. Betrifft: Hausaufgaben. Ein Überblick über die didaktische Diskussion für Elternhaus und Schule. Frankfurt a.M.: Peter Lang.
Reach, K./Cooper, H. (2004): Homework hotlines: Recommendations for successful practice. In: Theory into Practice 43, H. 3, S. 234–241.
Trautwein, U./Lüdtke, O. (2008): Die Förderung der Selbstregulation durch Hausaufgaben. Herausforderungen und Chancen. In: Rohlfs, C./Harring, M./Palentien, C. (Hrsg.): Kompetenz-Bildung. Soziale, emotionale und kommunikative Kompetenzen von Kindern und Jugendlichen. Wiesbaden: VS, S. 239–251.
Wolf, N. (2008): Hausaufgaben an der Ganztagsschule. In: Appel, S./Ludwig, H. (Hrsg.): Leitthema Lernkultur. Schwalbach/Ts: Wochenschau Verlag, S. 184–201
Zepp, L. (2009): Zum Verhältnis von Hausaufgaben und schulischer Leistung(ssteigerung) bei Halbtags- und Ganztagsschülern. In: Appel, S./Ludwig, H./Rother, U./Rutz, G. (Hrsg.): Leben – Lernen – Leisten. Schwalbach/Ts: Wochenschau Verlag, S. 103–120.

2. Erziehen

2.1 Klassen führen

»*Klassenführung befasst sich mit der Gestaltung der auf Lernarbeit zielenden Interaktion zwischen Schüler(innen) und Lehrer(innen) in dem institutionalisierten sozialen Rahmen der Schulklasse. Sie will aktivieren, anleiten und beraten, Lernarbeit grundsätzlich ermöglichen, das Lernen für Schüler zur Verpflichtung machen und auch die Lehrer(innen) auf Vorbereitung und Durchführung von angemessenen Lehrertätigkeiten festlegen*« (Kiel 2009, S. 337).

Stand der Forschung

Die Bedeutung und Notwendigkeit von Klassenführung, die sich auch in der obigen Definition ausdrückt, wird schnell erkennbar, wenn man einige Spezifika kurz skizziert, die die Schule insgesamt, den Unterricht und die Bedingungen des Lehrerhandelns prägen (Seidel 2015; Kiel/Frey/Weiß 2013):

- *Unterricht als komplexes Geschehen*: Bezugnehmend auf Doyle (1986) lässt sich festhalten, dass Unterricht geprägt ist durch eine Vielzahl von Ereignissen mit unterschiedlichen Folgen, die kaum vorhersehbar sind, schnell aufeinander folgen oder auch parallel auftreten können. Die Unterrichtssituation ist öffentlich, d. h. einzelne Ereignisse werden von vielen Personen miterlebt, gegebenenfalls in der Schule oder auch zu Hause weitererzählt, zudem können vorauslaufende Ereignisse sich auch auf nachfolgende Situationen auswirken. Insgesamt ist das Unterrichtsgeschehen geprägt durch Entscheidungszwänge oder auch in Teilen paradoxe Anforderungen (z. B. Antinomien wie Nähe vs. Distanz) – Lehrerhandeln ist nicht technologisch planbar, der Umgang mit Unsicherheit im Handeln ist ein stetiger Begleiter.
- *Unterricht und Aushandlungsprozesse*: Im Unterricht treffen unterschiedliche Akteure mit unterschiedlichen Interessen, Motivationslagen, Zielen usw. aufeinander. Lernprozesse bei Lernenden können nicht von oben verfügt werden, letztlich kann die Lehrkraft durch entsprechende Maßnahmen nur die Wahrscheinlichkeit erhöhen, dass das Angebot genutzt wird.
- *Unterricht und soziale Gruppenprozesse*: Lehrkräfte sind mit der Anforderung konfrontiert, mit heterogenen sozialen Gruppen umzugehen, und müssen z. B. die eigene Aufmerksamkeit sowohl auf individuelle Bedürfnisse einzelner Schüler/innen als auch auf die gesamte Gruppe richten.
- *Unterricht im institutionellen Kontext der Schule*: Lehrkräfte sind einerseits mit Blick auf ihr Handeln an bestimmte Rahmenbedingungen (Gesetze, Lehrpläne, Ressourcen usw.) gebunden. Auch wird von ihnen erwartet, dass sie Ziele (z. B. die in

den Bildungsstandards formulierten Kompetenzerwartungen) in einer festgelegten Zeitspanne erreichen.

Der Begriff der Klassenführung bezieht sich auf unterschiedliche Traditionslinien und hat über die letzten Jahrzehnte hinweg diverse Akzentuierungen erfahren. Traditionell wurde unter Klassenführung die Herstellung und Aufrechterhaltung von Disziplin verstanden. So wurden, unter Bezug auf behavioristische Ansätze, z. B. Reaktionsmöglichkeiten auf Unterrichtsstörungen bzw. auch erwünschtes Verhalten mit Verstärkern (Lob, Tadel, Sanktionen etc.) fokussiert. Mit den Arbeiten von Kounin (1976), die weiter unten skizziert werden, rückte erstmals der Aspekt der Prävention in den Vordergrund; weitere Entwicklungen zeigen sich mit Blick darauf, dass spätestens mit den Arbeiten der Forschergruppe um Evertson (z. B. Evertson/Emmer/Worsham 2006) eine Perspektive auf die Lernenden und deren Lernprozesse mit in die Überlegungen zur Klassenführung eingeflossen ist, und heute auch danach gefragt wird, wie Klassenführung z. B. im Rahmen einer neuen Lernkultur mit schülerzentrierten, selbstgesteuerten und/oder offenen Lernarrangements umgesetzt werden kann.

Dem heutigen Verständnis nach impliziert Klassenführung also weit mehr als das Herstellen oder Aufrechterhalten von Ordnung, auch wenn diese Funktion weiterhin bedeutsam erscheint: »Klassenführung bezeichnet die Art und Weise, wie eine Lehrkraft so genannte Unterrichtsaktivitäten einvernehmlich mit den Schülern etabliert und ihren störungsfreien und reibungslosen Ablauf während des Unterrichts gewährleistet. Das Ziel von Klassenführung besteht in der Maximierung der individuellen Lernzeit für jeden einzelnen Schüler« (Gold/Holodynski 2011, S. 133). Auch die eingangs aufgeführte Definition nach Kiel (2009) weist darauf hin, dass bei der Klassenführung heute, breit aufgefasst, als Zielperspektive gerade das möglichst effektive Lernen jeder Schülerin und jedes Schülers im Fokus stehen sollte. Dabei ist Klassenführung in einem Beziehungsgeflecht zwischen der Kommunikation im Unterricht, der Organisation von Unterricht sowie der Regulation von Unterricht angesiedelt (Haag/Streber 2013) und umfasst präventive, proaktive und reaktive Elemente. So betrachtet ist die Aufgabe der Klassenführung integraler Bestandteil jeglichen Unterrichts und integriert als Querschnittsaufgabe unterschiedliche Anforderungen (Unterrichten, z. B. die Aufgabe der Aktivierung; Erziehen, z. B. die Aufgabe des Umgangs mit Regeln und Konsequenzen usw., Haag/Brosig 2012). Die unter »Checkliste« aufgeführten Aspekte effektiven Klassenmanagements nach Evertson und Kollegen verdeutlichen diese Bandbreite der mit Klassenführung verknüpften Aufgaben und Aktivitäten von Lehrkräften.

Klassenführung ist also mit vielen Aspekten des Lehrerhandelns verknüpft, auch solchen, die im Rahmen dieses Buches in anderen Teilkapiteln zu finden sind. Ohne geeignete Maßnahmen der Strukturierung, der Motivierung, der Aktivierung, nicht zuletzt ohne eine positive Beziehungsgestaltung, eine empathische Grundhaltung oder einen autoritativen Erziehungsstil scheinen Überlegungen zur Klassenführung, wie sie in den angeführten Definitionen genannt werden, kaum umsetzbar.

Die Wirksamkeit von Maßnahmen der Klassenführung und deren Bedeutung für gelingendes Lernen sind in der Forschung weithin unumstritten, an dieser Stelle sei nur zusammenfassend auf einige ausgewählte Aspekte verwiesen. Die breite Befundlage zeigt, »dass kein anderes Merkmal so eindeutig und konsistent mit dem Leistungsniveau und dem Leistungsfortschritt von Schulklassen verknüpft ist wie die Klassenführung« (Helmke, 2010, S. 174). Trotz teils unterschiedlicher Bezeichnungen, z. B. einem Fokus auf Strukturierung bei Meyer (2004), finden sich Elemente der Klassenführung in allen gängigen Darstellungen zu Qualitätskriterien guten Unterrichts (z. B. Brophy 2006; Lipowsky 2007; Helmke 2010) an prominenter Stelle. Nur angemerkt sei, dass die Hattie-Studie (Hattie 2013) zum Bereich der Klassenführung wenig aussagekräftig ist, da die verwendete Datenbasis als gering einzuschätzen ist.

Im Folgenden sollen einige ausgewählte Aspekte dargestellt werden, die in der Literatur als besonders hilfreich für eine effektive Klassenführung genannt werden.

Besondere Bedeutung mit Blick auf eine effektive Klassenführung hat einerseits die Etablierung von Regeln, zusammen mit der Kontrolle deren Einhaltung sowie der Handhabung von Konsequenzen. Klare Regeln sind deswegen so bedeutsam, weil sie Orientierungssicherheit schaffen (Kiel 2009), die Schüler/innen also beispielsweise bei gut eingeführten Regeln wissen, was von ihnen erwartet wird – aber auch, welche Konsequenzen möglicherweise bei Nichtbeachtung der Regeln zu erwarten sind. Regeln können sich dabei auf ganz unterschiedliche Aspekte beziehen: auf organisatorische Abläufe (z. B. das Vorbereiten von Arbeitsmaterialien vor Unterrichtsbeginn), die soziale Interaktion (z. B. Melden statt Hereinrufen) oder das Verhalten im Klassenzimmer. Die Wirksamkeit der Etablierung von Regeln ist vielfach empirisch bestätigt worden (Ophardt/Thiel 2008; Schönbächler 2008). Regeln können, in Abhängigkeit von der jeweiligen Klassenkonstellation, Jahrgangsstufe etc., einerseits von der Lehrkraft gesetzt werden – dies auch mit Blick darauf, dass an vielen Schulen gemeinsame Schulregeln bestehen, auf die sich möglichst alle Lehrkräfte und Klassen stützen sollten. Andererseits kann es auch sinnvoll sein, Regeln (oder einen Teil der Regeln) gemeinsam mit der Klasse auszuhandeln, das kann z. B. den Verpflichtungscharakter der auf diese Weise gemeinsam erstellten Regeln erhöhen.

Kiel, Frey und Weiß (2013, S. 71) haben, auf Basis unterschiedlicher Befunde und Auflistungen, eine Übersicht von förderlichen Aspekten im Umgang mit Regeln zusammengestellt:

- »Sie sollten frühzeitig in der Klasse etabliert werden, […].
- Die Formulierung sollte klar und eindeutig sein; […].
- Regeln sollten das gesamte Spektrum des akademischen und sozialen Verhaltens umfassen.
- Im Optimalfall gibt es gemeinsame Regeln für die ganze Schule.
- Es ist auf konsequentes Einhalten zu achten; […].
- Es sind Konsequenzen festzulegen, […].
- Ein Verbindlichkeitscharakter entsteht z. B. durch das Aufhängen erarbeiteter Regeln oder persönliche Unterschrift des Regelkatalogs.

- Ebenso erhöht die Erarbeitung und Festlegung zusammen mit den Schülerinnen und Schülern die Verbindlichkeit.
- Bestehende Regeln müssen über das Schuljahr immer wieder in Erinnerung gerufen und eventuell durch neue Regeln ergänzt werden.«

Ebenso bedeutsam wie die Etablierung von Regeln ist deren Kontrolle bzw. der Umgang mit Konsequenzen. Meist werden dabei nur negative Konsequenzen in den Blick genommen, die bei der Nicht-Einhaltung von Regeln zum Tragen kommen. Allerdings können auch positive Konsequenzen, die bei Einhaltung der Regeln, guter Mitarbeit usw. gesetzt werden, als Anreize deren Wirksamkeit unterstützen (Nolting 2002). Beispiele dafür sind z. B. die Reduzierung von Hausaufgaben, Spiele oder sonstige Aktivitäten, für die ein Teil der Unterrichtszeit wegfällt oder auch Token-Systeme, bei denen Punkte gesammelt werden, die dann ab einer bestimmten Menge in eine Belohnung umgewandelt werden können. Negative Konsequenzen sollen mit Blick darauf eingesetzt werden, dass das Ziel letztlich in einer Steigerung des positiven Verhaltens liegt. Das spricht dafür, dass Konsequenzen wenn möglich einen klaren Bezug zum Verhalten haben sollten (z. B. Verschmutzung des Klassenzimmers, Konsequenz: Aufräumen, Säubern), andererseits aber auch angemessen und nicht willkürlich sein sollten – dies kann z. B. die Wegnahme von Punkten bei Token-Systemen bedeuten oder die kleinschrittige Vergabe von gelben bzw. roten Karten bei Fehlverhalten, die dann gegebenenfalls in weitere, vorab festgelegte Konsequenzen münden kann (Ermert-Heinz/Bürgermeister/Kossack 2016). Die Schülerin/der Schüler erhält so betrachtet die Gelegenheit, die Folgen des eigenen Verhaltens zu erfahren und kann erkennen, dass sie/er selbst über das Verhalten entscheidet und somit negative Folgen selbst verhindern kann.

Regeln und entsprechende Konsequenzen bei der Einhaltung bzw. Nichteinhaltung sind ein grundlegendes Element von Klassenführung. Um die Abläufe in der Klasse zu steuern, sind aber darüber hinaus weitere prozessorientierte Aspekte zu beachten (Gold/Holodynski 2011). Die schon als klassisch zu bezeichnenden »Techniken der Klassenführung« nach Jakob S. Kounin (erstmals publiziert 1970; die deutschsprachige Erstauflage stammt aus dem Jahr 1976) haben bis heute nichts an ihrer Aktualität verloren und gelten immer noch als grundlegende Strategien, um bei Unterrichtsstörungen nicht nur interventiv zu reagieren, sondern diesen vielmehr proaktiv zu begegnen. Die von Kounin herausgearbeiteten Dimensionen wurden in vielen Studien repliziert.

- *Allgegenwärtigkeit*: Diese Dimension bezieht sich auf die Fähigkeit der Lehrkraft, den Schülerinnen und Schülern zu vermitteln, dass sie über die Vorgänge im Klassenzimmer informiert ist und, falls nötig, reagieren wird. Sprichwörtlich kann dies mit den »Augen im Hinterkopf« umschrieben werden, Störungen können so vermieden oder frühzeitig gestoppt werden. Mit Blick auf mögliche Reaktionen erscheinen die Art der Ansprache (z. B. knapp verbal oder über Blickkontakt mit der Schülerin/dem Schüler), der Zeitpunkt (prompt, um unerwünschtes Verhalten nicht weiter entwickeln zu lassen) sowie der passende Ansprechpartner (die Schülerin/der Schüler mit unerwünschtem Verhalten) bedeutsam, so dass sich das unerwünschte Verhalten nicht weiter ausbreiten kann und andererseits der Unterrichtsfluss nicht über die Maßen unterbrochen wird. Diese klare Präsenz der Lehrkraft ist grundlegend bedeutsam für die Mitarbeit von Schülerinnen und Schülern und hemmt Fehlverhalten.

- *Überlappung*: Dies bezeichnet die Fähigkeit der Lehrkraft, zwei oder mehrere Aspekte des Unterrichtsgeschehens gleichzeitig nicht nur wahrnehmen, sondern gegebenenfalls auch steuern zu können. Das ist z. B. der Fall, wenn eine Lehrkraft das Unterrichtsgespräch weiterlaufen lässt und nebenbei mit einem Blickkontakt das Schwätzen zweier Schüler/innen unterbindet; der Unterrichtsfluss wäre gestört, wenn die Lehrkraft ausschließlich auf das Schwätzen eingehen würde, andererseits könnte sich, bei Nichtbeachtung des Schwätzens, die Störung ausweiten.
- *Reibungslosigkeit und Schwung*: Beide Dimensionen beziehen sich auf die Steuerung von Unterrichtsprozessen mit dem Ziel, den Unterrichtsfluss nicht zu unterbrechen bzw. Leerlauf oder auch Hektik zu vermeiden. Reibungslosigkeit fokussiert die Fähigkeit, zwischen verschiedenen Unterrichtssequenzen oder beim Wechsel von Aktivitäten, flüssige Übergänge zu schaffen. Der Schwung hingegen betrifft die Abläufe innerhalb einer bestimmten Aktivität, z. B. die Angemessenheit des Tempos, den Einsatz von Instruktionen oder Hilfestellungen, die Aufgabenstellungen usw. Bestimmte steuernde Handlungen wie das Herstellen von Orientierungssicherheit (z. B. klare Zielformulierungen, transparente Leistungserwartungen, Strukturierungshilfen wie advance organizer, angekündigte Wechsel von einer Aktivität zur nächsten), die Klarheit im Ausdruck (akustische Verständlichkeit, sprachliche Prägnanz und Anschaulichkeit, inhaltliche Kohärenz und fachliche Korrektheit) oder die Berücksichtigung unterschiedlicher Arbeitstempi helfen, möglichst vielen Schülerinnen und Schülern gleichzeitig eine angemessene, aktiv genutzte Auseinandersetzung mit den Unterrichtsinhalten zu ermöglichen.
- *Aufrechterhalten des Gruppenfokus*: Hier geht es darum, möglichst alle Schüler/innen dauerhaft zu mobilisieren und ihre Aufmerksamkeit zu gewinnen bzw. zu erhalten. Dazu sind unterschiedliche Mittel denkbar, z. B. beim Aufrufen von Schülerinnen und Schülern Spannung zu erzeugen, indem Pausen eingesetzt werden, Blickkontakt aufgenommen wird oder die Lernenden per Zufallsprinzip aufgerufen werden. Ist den Schülerinnen und Schülern also nicht klar, wer als nächstes aufgerufen wird, oder werden nicht nur bestimmte Lernende in die Unterrichtsabläufe einbezogen (z. B. leistungsstarke Schüler/innen, die sich häufig melden) ist zu erwarten, dass eine möglichst aktive Mitarbeit der gesamten Klasse erreicht werden und unerwünschtes Verhalten reduziert werden kann. Dies gilt ebenso für weitere Aspekte wie eine möglichst motivierende Unterrichtsgestaltung oder den Ansatz, von jedem Lernenden Rechenschaft über seine Lerntätigkeiten einzufordern. Letzteres ist nicht als rigide Kontrolle zu verstehen sondern, verknüpft mit einem konstruktiven Feedback, im Sinne einer Würdigung der Schüleraktivität.

- *Programmierte Überdrussvermeidung*: Die Planung und Durchführung von Unterricht sollte so gestaltet sein, dass die Aktivitäten von den Schülerinnen und Schülern als abwechslungsreich, aber auch als fordernd empfunden werden. Dies betrifft z. B. die kognitiv aktivierende Gestaltung von Aufgaben (weder unter- noch überfordernd) oder den Wechsel bezüglich der im Unterricht verwendeten Aktivitäten, Methoden oder Sozialformen.

Neben diesen genannten Techniken nach Kounin können auch Routinen und Rituale ein bedeutsames Element von Klassenführung darstellen. Sie können dabei helfen, schulische Abläufe zu strukturieren und diese vorhersehbar zu machen, da sie klare Verhaltensweisen in spezifischen, wiederkehrenden Situationen abbilden. Häufig sind Rituale und Routinen entsprechend mit speziellen Signalen, Gesten oder Symbolen verknüpft; ebenso wie die genannten Regeln müssen aber auch sie schrittweise etabliert werden und regelmäßig Anwendung finden. Hier einige Beispiele aus dem Bereich der Grundschule (ISB 2009), die auf Basis eines Klassenlehrerprinzips formuliert wurden, aber abhängig von der Jahrgangsstufe und anderen Einflussfaktoren auch adaptiert werden können:
- *Tagesplan*: Die Besprechung eines Tagesplans, eines Ablaufplans zu Unterrichtsbeginn oder der Einsatz eines advance organizers kann dabei helfen, Schülerinnen und Schülern Struktur zu verschaffen.
- *Vorviertelstunde*: Die Schüler/innen kommen morgens 15 Minuten vor Unterrichtsbeginn in die Klasse. Die Lehrkraft ist bereits anwesend, Fragen und Organisatorisches können vor Unterrichtsbeginn geklärt werden, die Schüler/innen können vorbereitete Aufgabenblätter bearbeiten oder die Zeit zum »Ankommen« nutzen.
- *Akustische Signale*: Signale wie Gong, Klangschale o. Ä. können z. B. genutzt werden, um Übergänge zwischen Arbeitsphasen anzukündigen oder auch. um bei zu hoher Lautstärke im Klassenzimmer ohne große Eingriffe zu intervenieren.
- *Kummerkasten*: Ein solcher Kasten kann den Schülerinnen und Schülern die Möglichkeit eröffnen, gegebenenfalls anonym zu Papier zu bringen, was sie belastet.

Wie bereits angesprochen, umfasst das heutige Begriffsverständnis von Klassenführung mehr als das Herstellen und Aufrechterhalten von Ordnung und Disziplin. Maßnahmen der Prävention und Intervention von und bei Störungen sind aber alleine schon dafür, um Lernprozesse in der Klasse überhaupt zu ermöglichen, bedeutsam. In den Ausführungen zu den Arbeiten Kounins wird zudem bereits deutlich, dass zwischen präventiven Maßnahmen und dem Ziel einer möglichst lernförderlichen Unterrichtsgestaltung (z. B. mit Blick auf die Lernzeit) klare Zusammenhänge bestehen. Darüber hinaus kann unter Klassenführung auch explizit das »Management von Lernzeit« (Seidel 2015, S. 115) oder die »Begleitung von Lernprozessen bei Schülern« (Seidel 2015, S. 116) verstanden werden. Bei ersterem liegt der Fokus darauf, möglichst viel Zeit für eine aktive Auseinandersetzung mit den Unterrichtsinhalten bereitzustellen – entsprechend werden Aspekte wie die Organisation und Steuerung unterrichtlicher Prozesse, die klare Strukturierung oder auch klare Arbeitsanweisungen, Zielstellungen und Leistungserwartungen in den Vordergrund gestellt. Letzteres Verständnis fokussiert eine individuelle Sicht auf den jeweiligen Lernenden und dessen Lernprozesse; im Mittelpunkt der Betrachtung stehen entsprechend Fragen der kognitiven Aktivierung oder auch der Motivierung einzelner Schüler/innen im Rahmen einer vorstrukturierten Lernumgebung. Setzen sich Schülerinnen und Schüler intensiv und möglichst langfristig mit Inhalten auseinander, so kann sich dies wiederum auf das Klassenklima auswirken, dass dann im Idealfall durch eine intensive Arbeitsatmosphäre, aber auch durch Aspekte wie gegenseitige Wertschätzung geprägt ist.

Bezogen auf schülerzentrierte, offene Unterrichtsaktivitäten, bei Formen des kooperativen Lernens etc. mit dem Fokus auf eine zunehmende Selbststeuerung der Lernenden zeigt sich noch eine andere Akzentuierung von Klassenführung. Sollen solche Formen gewinnbringend eingesetzt werden, so wird auch die Klassenführung tendenziell zur Gemeinschaftsaufgabe von Lehrkräften und Schülerinnen und Schülern. Klassenführung muss so zumindest in Teilen zu einer Selbstverantwortung der Lernenden werden, selbst wenn die Lehrkraft weiterhin die Hauptverantwortung trägt (Eikenbusch 2009; Tiemann 2016). Allerdings gilt: »Je selbstorganisierter oder selbstbestimmter Lernprozesse angelegt sind, desto komplexer sind die Überlappungen, desto höher wird der Anspruch an Allgegenwärtigkeit, desto wichtiger wird es, Störungen frühzeitig bzw. präventiv, ruhig, freundlich, zügig, unauffällig zu klären, desto wichtiger wird die diagnostische, die didaktische und fachliche Expertise, die sich sowohl in der Interaktion als auch in der Lernumgebung und im Lernmaterial zeigen« (Bohl 2009). Vor allem offene Lernarrangements benötigen so gesehen Anleitung, eine klare Struktur und klare Regeln – der jeweils notwendige Grad an Reglementierung hängt letztlich auch davon ab, ob und wie solche Arbeitsformen in der Klasse bekannt sind und in welcher Form das Lernarrangement (Lernort, Material, Aufgaben, Regeln) eine »stille« Führung ohne stetiges Eingreifen der Lehrkraft ermöglicht. Mit Blick z.B. auf Freiarbeit kann dies beinhalten, dass diese durch einen Wochenplan mit gekennzeichneten Wahl- und Wahlpflichtaufgaben, eindeutige Aufgabenstellungen, klare Vorgaben zur Vorgehensweise (z.B. Materialbeschaffung, Umgang mit Arbeitsmaterial) oder auch eine Vorgabe bezüglich der Struktur des Arbeitsplatzes oder einer zeitlichen Struktur mehr oder weniger stark strukturiert sein kann. Entsprechende Möglichkeiten werden unter »Fallbeispiel« illustriert.

Checklisten

Die Arbeitsgruppe um Carolyn M. Evertson hat, gewissermaßen als Quintessenz langjähriger Forschungsbemühungen, folgende elf Punkte eines effektiven Klassenmanagements zusammengestellt, die das im Rahmen dieses Kapitels angeführte Begriffsverständnis von Klassenführung prägnant illustrieren (Evertson/Emmer/Worsham 2006; Helmke 2010; Haag/Streber 2012; Hennemann et al. 2015):

1. *Klassenraum vorbereiten:* Die Vorbereitung des Klassenraums mag als Hinweis zur proaktiven Klassenführung trivial erscheinen, stellt aber eine wichtige Basis sowohl zur Störungsvermeidung als auch zur Effektivität des Unterrichts dar. Wichtige Elemente sind, dass der Raum und das Geschehen gut einsehbar sind, dass notwendige Materialien den Schülerinnen und Schülern leicht zugänglich sind und dass mögliche Störungen oder Stockungen im Ablauf schon im Vorfeld bedacht werden. Neben der Sitzordnung betrifft dies auch Aspekte wie die Sichtbarkeit von Klassenregeln an einem von allen Schülerinnen und Schülern einsehbaren Ort oder das Freihalten von Wegen, sodass die Lehrkraft jeden Lernenden gut erreichen kann. Ein solchermaßen vorbereiteter Raum bietet Sicherheit und Orientierung für alle Beteiligten.
2. *Regeln planen und Verfahrensweisen klar festlegen:* Klare Regeln schaffen ebenso wie Routinen und Rituale (z. B. festgelegte akustische Signale, die den Übergang in eine neue Unterrichtsphase eindeutig ankündigen) Orientierungssicherheit.
3. *Konsequenzen festlegen:* Positive Konsequenzen (z. B. Belohnungen) und negative Konsequenzen (z. B. Sanktionen) sind vorab klar (für alle nachvollziehbar, für die Lehrkraft durchsetzbar) definiert und finden als Reaktion bei angemessenem bzw. unangemessenem Verhalten möglichst direkt und konsistent Anwendung.
4. *Unterbindung von unangemessenem Verhalten:* Eine auftretende Störung (z. B. Hereinrufen, Schwätzen, mit dem Stuhl kippeln) sollte konsequent, andererseits aber so unauffällig wie möglich unterbunden werden, um den Unterrichtsfluss nicht mehr als nötig zu stören – häufig lassen sich solche Situationen auch mit einem Hinweis, einem Blickkontakt, einem Kopfnicken o. Ä. klären, ohne dass eine öffentliche Ermahnung folgen muss.
5. *Regeln und Prozeduren unterrichten:* Regeln und Unterrichtsabläufe müssen nicht nur festgelegt, sondern auch vermittelt und eingeübt werden. Auf bestehende Regeln muss bei Bedarf immer wieder hingewiesen werden, gegebenenfalls müssen Regeln im Lauf des Schuljahres auch angepasst oder ergänzt werden.
6. *Gemeinschaftsfördernde Aktivitäten:* Unter den Schülerinnen und Schülern soll möglichst ein Wir-Gefühl entstehen; gerade zu Schuljahresbeginn kann dies über Aktivitäten wie Ausflüge, Spiele, gemeinsame Projekte entwickelt werden. Ein positives Klima in der Klasse trägt auch dazu bei, die weiteren hier genannten Aspekte effektiver Klassenführung leichter umsetzen und anwenden zu können.
7. *Strategien für eventuell auftretend Probleme:* Die Lehrkraft sollte Strategien und Vorgehensweisen parat haben, wie mit potenziellen Problemen im Unterrichtsablauf (z. B. Leerzeiten, Verständnisprobleme, Über- oder Unterforderung) bzw. mit Blick auf möglicherweise daraus erwachsende Störungen umzugehen ist.
8. *Überwachen des Schülerverhaltens:* Lehrkräfte sollten Prozesse in ihrer Klasse bzw. das Schülerverhalten genau beobachteten, auch um die Wirksamkeit der eigenen Handlungen zu reflektieren (z. B. Beobachten der Schüler/innen nachdem eine neue Aufgabe gestellt wurde, um die Klarheit der eigenen Instruktion zu überprüfen).

9. *Vorbereiten des Unterrichts:* Eine optimale Unterrichtsvorbereitung hilft nicht nur, die Lernzeit zu erhöhen, sondern kann auch einen Beitrag zur Prävention von Störungen leisten. So ist z. b. darauf zu achten, dass für leistungsheterogene Schüler/innen differenzierende Lernaktivitäten möglich sind, dass möglichst keine Brüche im Ablauf entstehen und dass die Klasse möglichst breit aktiviert wird.
10. *Verantwortlichkeit der Schüler/innen:* Das Gefühl der Verantwortung der Schüler/innen, z. B. für die Ergebnisse der eigenen Arbeiten, kann auch durch Maßnahmen der Lehrkraft gesteigert werden und bei den Lernenden dazu führen, dass die erfahrene Selbstwirksamkeit steigt. Schülerverantwortung kann sich auf konkrete Lernprozesse (z. B. Einbezug von Schülerinteressen bei der Planung und Gestaltung von Unterricht, kooperatives Lernen, Wochenplanarbeit) ebenso beziehen wie auf die Abläufe im Klassenzimmer (z. B. die Einführung bestimmter Klassenämter).
11. *Unterrichtliche Klarheit:* Ein klar strukturierter Unterricht kann dazu beitragen, Störungen durch Nachfragen (beim Banknachbarn, bei der Lehrkraft), Irritationen und Missverständnisse zu vermeiden. Klare Anforderungen (z. B. bei der Aufgabenstellung) bieten Orientierung.

Grenzen und Risiken

Klassenführung und die Qualität des Unterrichts bedingen sich gegenseitig – schon die Ausführungen zum heutigen Begriffsverständnis haben darauf verwiesen, dass Klassenführung als Querschnittsaufgabe in einem Wirkgeflecht aus Unterrichtsgestaltung, Beziehungsqualität und Klassenklima, aber auch Erziehungshandeln angesiedelt ist. Mit Blick auf mögliche Grenzen bedeutet dies unter anderem, dass z. B. bei ungünstigen Konstellationen (Schule im sozialen Brennpunkt o. Ä.) auch die Aufgabe der Klassenführung erschwert sein kann. Klassenführung ist insgesamt ein notwendiger Faktor, vielleicht sogar der Faktor schlechthin für guten Unterricht, z. B. unter der Perspektive der Steigerung der aktiven Lernzeit von Schülerinnen und Schülern – für gelingendes Lernen sind aber weitere Aspekte wie z. B. die fachliche und fachdidaktische Kompetenz der Lehrkraft bedeutsam (Helmke 2010).

Auch die Lehrerpersönlichkeit oder der individuelle Stil einer Lehrkraft, geprägt z. B. durch Kompetenzen, Wissensbestände, Einstellungen und Überzeugungen, Motive oder Persönlichkeitseigenschaften, kann offenkundig Einfluss auf das Klassenführungsverhalten haben. So wird eine eher extrovertierte Lehrkraft wohl anders »Allgegenwärtigkeit« im Sinne Kounins zeigen, als dies eine eher introvertierte Lehrkraft tun wird. Das Gelingen oder Nicht-Gelingen der Maßnahme ist davon u. U. gar nicht tangiert, beide Lehrkräfte können erfolgreich handeln – notwendig erscheint es aber, den eigenen Stil zu finden, im Rahmen dessen authentisches Handeln möglich ist (Kiel/Frey/Weiß 2013).

Adaptiert werden muss aber gegebenenfalls nicht nur das eigene Handeln als Lehrkraft, sondern auch das Handeln gegenüber den Schülerinnen und Schülern muss immer wieder neu auf die Klasse und die einzelnen Lernenden abgestimmt werden. Klassenführung und die angesprochenen Elemente sollten nicht, wie es die Bezeichnung Kounins suggeriert, als reine »Techniken« verstanden werden, die ubiquitär anwendbar wären und egal in welchem Kontext und in welcher Situation zum Erfolg führen. Ebenso sollten Elemente der Klassenführung wie die angesprochenen Regelsysteme nicht als rigider Verhaltenskodex betrachtet werden. Dabei geht es nicht darum, bestehende Regeln aufzuweichen, dennoch muss ein flexibler Umgang im Sinne des Pädagogischen Takts, z. B. bei individuellen Problemlagen bei einzelnen Schülerinnen und Schülern, mitbedacht werden (Gärtner 2016). So erscheint es beispielsweise wenig sinnvoll, bei einer Schülerin/einem Schüler, der/dem das Stillsitzen schwerfällt, die gleichen Maßstäbe und Sanktionen anzuwenden wie bei einer/einem grundlegend ruhigen Lernenden – hier mag es z. B. eher wirksam sein, mit den Betroffenen individuelle Vereinbarungen zu treffen (z. B. ruhig sitzen für einen bestimmten Zeitraum) und erwünschtes Verhalten positiv zu verstärken.

Fallbeispiel

Tiemann (2016) beschreibt in einem anschaulichen Beitrag am Beispiel der Arbeit in einem Lernbüro, wie Klassenführung und eigenverantwortliches Lernen in der Schule zusammenwirken können. Der Beitrag wird hier in Ausschnitten und in teils kommentierter Form wiedergegeben:

> An der Gesamtschule Höhscheid bildet die Arbeit im Lernbüro, neben der Werkstattarbeit (in den Fächern Kunst, Musik, Sport, Wahl von Schwerpunkten) sowie dem epochalen Projektunterricht (Naturwissenschaften, Gesellschaftslehre etc. epochenweise in Blöcken) eine der drei Säulen der schulischen Arbeit. Der Unterricht in den Fächern Deutsch, Mathematik und Englisch ist (mit Ausnahme einer Klassenstunde pro Woche und Fach) in Form eines Lernbüros organisiert. Die Schülerinnen und Schüler wählen selbst aus, welches Fach und welchen spezifischen »Lernjob« (Aufgaben und Übungen zu einem spezifischen Kompetenzbereich) sie im Rahmen der Lernbürozeit (in der Regel 90 Minuten) bearbeiten.
> Der Grad an Reglementierung und Strukturierung der Lernjobs nimmt über die Jahrgangsstufen hinweg ab (Jahrgang 5 meist Pflichtaufgaben, in höheren Jahrgängen sollen die Schüler/innen die Themen weitgehend frei bearbeiten).
> Nach dem Schulgesetz in NRW ist es möglich, dass die Schüler/innen selbst entscheiden, wann sie einen Leistungsnachweis erwerben, lediglich ein grober Zeitrahmen ist vorgegeben. In der Regel schreiben die Schüler/innen eine Arbeit, wenn ein bestimmter Lernjob bearbeitet wurde.
> Zum Abschluss der Arbeit im Lernbüro vermerken die Schüler/innen ihre Arbeit in einem Lernplaner. Hier werden im Sinne eines Portfolios die Lerninhalte und der Lernprozess abgebildet und dokumentiert, zudem finden sich hier zentrale Absprachen und Regeln, und er dient auch der Kommunikation mit dem Elternhaus.

Mit Blick auf Aspekte der Klassenführung lassen sich bei dieser stark selbstgesteuerten Form der Lernorganisation folgende Elemente festhalten:
- *Klar strukturierter und vorbereiteter Lernort:* Aufgaben und Materialien sind gut organisiert verfügbar. Das Mobiliar ist so arrangiert, dass Einzelarbeit ebenso möglich ist wie die Arbeit mit Partnern oder Gruppen. Haben Schüler/innen das benötigte Material nicht zu Stundenbeginn vor sich an ihrem Arbeitsplatz, erfolgt eine Mitteilung an die Eltern über den genannten Lernplaner. Durch die Vielzahl an Aufgaben und Materialien werden Leerzeiten vermieden, die ansonsten häufig zu Unterrichtsstörungen führen können.
- *Eindeutige Regeln und Verhaltensweisen:* Für die Arbeit im Lernbüro wurden mit den Schülerinnen und Schülern klare Prozeduren vereinbart (zur Pünktlichkeit, zu den Arbeitsabläufen, zum Verhalten). Diese Regeln sind auch im individuellen Lernplaner schriftlich festgehalten. Bei Nichtbeachtung folgen unterschiedliche Rückmeldungen bzw. Konsequenzen. So haben die Schüler z. B. pro Woche ein »Guthaben« von fünf Smileys für einzelne Aspekte wie Pünktlichkeit oder Regeleinhaltung, bei Verstößen wird jeweils ein Smiley abgezogen. Bei Störungen werden zudem Verwarnungen und gegebenenfalls Konsequenzen wie Nacharbeit angewendet. Bei körperlichen Auseinandersetzungen folgt konsequent der sofortige Ausschluss vom Unterricht. Andererseits findet auch positives Verhalten Beachtung und wird mit Verstärkern unterstützt. Die Schüler/innen können mithilfe eines Aufstellers symbolisch signalisieren, ob sie Hilfe benötigen, ob sie angesprochen werden können oder ob sie gerade konzentriert arbeiten und nicht gestört werden möchten.
- *Arbeitsverhalten:* Die Lehrkraft reflektiert regelmäßig zusammen mit den Lernenden das Arbeitsverhalten und vereinbart gegebenenfalls Ziele für Verhaltensänderungen. Die Schüler/innen selbst schätzen am Ende jeder Einheit ebenso ihr Arbeitsverhalten auf einer Skala von 1 bis 10 ein und vermerken dies in ihrem Lernplaner. Während der Lernbürozeit ist die Lehrkraft im Raum anwesend und zuständig für die Einhaltung der Arbeitsatmosphäre, aber auch die Beantwortung von Fragen oder die Beratung von Schülerinnen und Schülern.
- *Interaktion:* Die Stärkung des Wir-Gefühls ist ebenso bedeutsam, um diese Form des selbstgesteuerten Lernens zum Erfolg zu bringen und um z. B. gegenseitige Unterstützung, aber auch gegenseitige Regulierung zu fördern.

Literatur

Bohl, T. (2009): Handout zum Vortrag Classroom-Management und Selbstbestimmung. 26.11.2009 am Staatlichen Seminar für Didaktik und Lehrerbildung (Gym) Stuttgart. www.seminare-bw.de/site/pbs-bw-new/get/documents/KULTUS.Dachmandant/KULTUS/Seminare/seminar-stuttgart-gym/Impulse/Bohl_Gy_Seminar_S_%20Handout_2009.pdf (Abruf: 24.01.2017).

Brophy, J. (2006): Observational Research on Generic Aspects of Classroom Teaching. In: Alexander, P. A./Winne, P. H. (Hrsg.): Handbook of Educational Psychology. Mahwah, NJ: Lawrence Erlbaum, S. 755–780.

Doyle, W. (1986): Classroom organization and management. In: Wittrock, M. C. (Hrsg.): Handbook of Research on Teaching. London: Macmillan, S. 392–431.
Eikenbusch, G. (2009): Classroom Management – für Lehrer und für Schüler. In: Pädagogik 2, S. 6–9.
Ermert-Heinz, M./Bürgermeister, M./Kossack, R. (2016): Klassenführung und der Umgang mit Störungen. In: Pädagogik 1, S. 14–17.
Evertson, C. M./Emmer, E. T./Worsham, M. E. (2006): Classroom Management for Elementary Teachers. Boston: Allyn and Bacon.
Gärtner, E. (2016): Klassenführung als Ressource für die Lehrergesundheit Eine salutogene Interventionsstudie mit erfahrenen Lehrkräften. München: Utz.
Gold, B./Holodynski, M. (2011): Klassenführung. In: Kiel, E./Zierer, K. (Hrsg.): Unterrichtsgestaltung als Gegenstand der Praxis. Baltmannsweiler: Schneider Verlag Hohengehren, S. 133–151.
Haag, L./Brosig, K. M. (2012): Klassenführung – Worauf kommt es an? In: SchulVerwaltung 35, H. 6, S. 169–172.
Haag, L./Streber, D. (2013): Klassenführung. In: Haag, L./Rahm, S./Apel, H.-J./Sacher, W. (Hrsg.): Studienbuch Schulpädagogik. Bad Heilbrunn: Klinkhardt, S. 221–242.
Haag, L./Streber, D. (2012): Klassenführung. Erfolgreich unterrichten mit Classroom Management. Weinheim und Basel: Beltz.
Hattie, J. (2013): Lernen sichtbar machen. Überarbeitete deutschsprachige Ausgabe von »Visible Learning«, besorgt von Wolfgang Beywl und Klaus Zierer. Baltmannsweiler: Schneider Verlag Hohengehren.
Helmke, A. (2010): Unterrichtsqualität und Lehrerprofessionalität. Diagnose, Evaluation und Verbesserung des Unterrichts. Seelze-Velber: Kallmeyer/Klett.
Hennemann, T./Hövel, D./Casale, G./Hagen, T./Fitting-Dahlmann, K. (2015): Schulische Prävention im Bereich Verhalten. Stuttgart: Kohlhammer.
ISB – Staatsinstitut für Schulqualität und Bildungsforschung (2009): Präventives Lehrerverhalten. Erziehung konkret 2. www.isb.bayern.de/download/1782/erziehungkonkret_2-finalnetz.pdf (Abruf: 24.01.2017).
Kiel, E. (2009): Klassenführung. In: Apel, H.-J./Sacher, W. (Hrsg.): Studienbuch Schulpädagogik. Bad Heilbrunn: Klinkhardt, S. 337–354.
Kiel, E./Frey, A./Weiß, S. (2013): Trainingsbuch Klassenführung. Bad Heilbrunn: Klinkhardt.
Kounin, J. S. (1976): Techniken der Klassenführung. Bern/Stuttgart: Huber/Klett.
Lipowsky, F. (2007): Was wissen wir über guten Unterricht? In: Friedrich Jahresheft 25, S. 26–30.
Meyer, H. (2004): Was ist guter Unterricht? Berlin: Cornelsen.
Nolting, P. (2002): Störungen in der Schulklasse. Ein Leitfaden zur Vorbeugung und Konfliktlösung. Weinheim und Basel: Beltz.
Ophardt, D./Thiel, F. (2008): Klassenmanagement als Basisdimension der Unterrichtsqualität. In: Schweer, M. (Hrsg.): Lehrer-Schüler-Interaktion. Wiesbaden: VS Verlag, S. 258–282.
Schönbächler, M.-T. (2008): Klassenmanagement. Situative Gegebenheiten und personale Faktoren in Lehrpersonen- und Schülerperspektive. Bern: Haupt.
Seidel, T. (2015): Klassenführung. In: Wild, E./Möller, J. (Hrsg.): Pädagogische Psychologie. Berlin/Heidelberg: Springer, S. 107–119.
Tiemann, C. (2016): Klassenführung und eigenverantwortliches Handeln. In: Pädagogik 1, S. 20–24.

Literaturhinweise

Becker, G. E. (2006): Lehrer lösen Konflikte. Handlungshilfen für den Schulalltag, Weinheim und Basel: Beltz.
Eichhorn, C. (2015): Classroom Management: Wie Lehrer, Eltern und Schüler guten Unterricht gestalten. Stuttgart: Klett-Cotta.
Städeli, C./Obrist, W./Grassi, A. (2013): Klassenführung. Unterrichten mit Freude, Struktur und Gelassenheit. Bern: hep.
Syring, M. (2017): Classroom Management. Theorien, Befunde, Fälle – Hilfen für die Praxis. Göttingen: Vandenhoeck & Ruprecht.

2.2 Individuell erzieherisch handeln

»Erziehung ist die soziale Interaktion zwischen Menschen, bei der ein Erwachsener planvoll und zielgerichtet versucht, bei einem Kind unter Berücksichtigung der Bedürfnisse und der persönlichen Eigenart des Kindes erwünschtes Verhalten zu entfalten oder zu stärken. Erziehung ist ein Bestandteil des umfassenden Sozialisationsprozesses; der Bestandteil nämlich, bei dem vom Erwachsenen versucht wird, bewusst in den Prozess der Persönlichkeitsentwicklung von Kindern einzugreifen – mit dem Ziel, sie zu selbständigen, leistungsfähigen und verantwortungsvollen Menschen zu bilden« (Hurrelmann 1994, S. 13).

Stand der Forschung

Verschiedene Strömungen in der Erziehungswissenschaft und Lehrerbildung betonen immer wieder andere Aspekte des Berufsbilds der Lehrkraft, so wurde auch der Aufgabe des Erziehens immer wieder unterschiedliche Bedeutung beigemessen. So forderte beispielsweise Giesecke die Lehrkräfte auf, »jeglichen ›Erziehungsauftrag‹ zurückzuweisen, der nicht aus den Bedingungen des Unterrichts notwendig erwächst« (1985, S. 144). Dieser Sichtweise nach soll also Erziehung als Aufgabe von Lehrkräften, wenn überhaupt, die Voraussetzung dafür schaffen, dass Unterricht möglich ist. Ebenso wird Erziehung von manchen vorwiegend als Handeln in kritischen Situationen verstanden, z. B. mit Blick auf den Umgang mit aggressivem Verhalten oder Unterrichtsstörungen. Diese Diskussion ist keine rein theoretische, es gibt sicherlich auch Lehrkräfte, die sich eher als Vermittler von fachlichen Inhalten denn als erzieherisch tätige Person betrachten. Für Vertreter des »Erziehenden Unterrichts« hingegen kann oder soll jegliche Form des Unterrichts, unabhängig vom jeweiligen Unterrichtsinhalt, erzieherisch wirksame Elemente beinhalten (Czerwanski 2004). Teils wird die Erziehung als Aufgabe von Lehrkräften dahingehend akzentuiert, dass Werteerziehung, Soziales Lernen usw. explizit benannte Kernaufgabe der Schule seien, die sich ja als überfachliche Ziele von Schule auch in den Lehrplänen widerspiegeln. Insgesamt scheint sich in der heutigen Diskussion als Konsens herauszubilden, dass das Erziehen eine der zentralen Aufgaben von Lehrkräften darstellt (siehe auch die Standards für die Lehrerbildung, KMK 2004) – ungeachtet dessen ob nun explizit benannte Erziehungsziele als Lernziele im Fokus stehen (z. B. Werteerziehung als Unterrichtsinhalt) oder der Unterricht, schon aufgrund der Interaktion der Lehrkräfte und Schüler/innen, aber auch aufgrund der Vorbildwirkung der Lehrkraft, per se ein »Erziehender Unterricht« ist.

Der Kompetenzbereich Erziehen spielt auch in der öffentlichen Wahrnehmung des Lehrerberufs eine große Rolle. Beispielhaft sei hier auf die Studie »Was Eltern wollen« (Vodafone-Stiftung 2015) verwiesen. Demnach wird Lehrkräften eine hohe Bedeutung als Ratgeber in Erziehungs- und Bildungsfragen zugesprochen, in entsprechende

Ratschläge von Lehrkräften wird auch mehr Vertrauen gesetzt als in die anderer Personen (z. B. Freunde, eigene Eltern).

Blickt man auf die Frage der Definition eines Erziehungsbegriffs wird häufig auf die Definition von Brezinka verwiesen: »Erziehung umfasst alle Handlungen, durch die Menschen versuchen, das Gefüge der psychischen Dispositionen anderer Menschen in irgendeiner Weise dauerhaft zu verbessern oder seine als wertvoll erachteten Komponenten zu erhalten, oder die Entstehung von Dispositionen, die als schlecht bewertet werden, zu verhüten« (1974, S. 98). Dieser intentionale Begriff von Erziehung ist inhaltsleer, d. h. es wird nicht darauf eingegangen, welches denn nun »veränderungswürdige«, »verbesserungswürdige« oder »erhaltenswürdige« Dispositionen sind. Das Eingangszitat, in dem der um Ziele wie Selbständigkeit, Leistungsfähigkeit oder Verantwortungsübernahme erweiterte Erziehungsbegriff nach Hurrelmann, der sich ansonsten an Brezinkas Definition anlehnt, angeführt wird, gibt Beispiele dafür. Für Brezinka hingegen ist die Festlegung von Zielen eine Frage von Werten und Normen, und diese sind für ihn nicht Teil von Wissenschaft, sondern ein Teil der pädagogischen Praxis (Kiel 2012). Lehrkräfte müssen sich also, genauso wie Eltern, für Erziehungsziele entscheiden, diese Ziele setzen und ihre Umsetzung kontrollieren. Problematisch ist nun, dass es zwar einerseits allgemeine Erziehungsziele wie Selbständigkeit, Höflichkeit, Hilfsbereitschaft oder Gewissenhaftigkeit gibt, die auf einen recht breiten gesellschaftlichen Konsens stoßen – dass es aber andererseits Werten und Normen im Zuge der postmodernen Partikularisierung z. B. in unterschiedlichen Milieus unterschiedliche Wichtigkeit und Bedeutung zugesprochen wird (Liebenwein 2012). Entsprechend erscheint es für Lehrkräfte bedeutsam, sich darum zu bemühen, die subjektiven Voraussetzungen (Welche Ansichten habe ich selbst? Was bringt die Schülerin/der Schüler mit?) und die intersubjektiven Vereinbarungen (z. B. welche Erziehungsziele werden im Lehrplan verfolgt?) zu erkennen und die eigenen Erziehungshandlungen danach auszurichten.

Neben der Frage nach wünschenswerten oder unerwünschten Zielen fällt bei der obigen Definition auf, dass ein Widerstand von Schülerinnen und Schülern gegen das »Einwirken« nicht direkt thematisiert wird. Dieser Aspekt taucht nur indirekt auf, indem die erzieherische Tätigkeit als »Versuch« gewertet wird, der gegebenenfalls auch scheitern kann. Dabei ist Widerstand gegen Erziehungsmaßnahmen, ob rational (z. B. wenn Schüler/innen aus sachlichen Gründen widersprechen) oder irrational (z. B. bloßes »Dagegensein«), eine normale Reaktion auf das sogenannte Kant'sche Paradox »Wie kultiviere ich die Freiheit bei dem Zwange?« (Kant 1995, S. 711). Anders ausgedrückt: Eine Entwicklung zur Freiheit ohne jeglichen Zwang erscheint nicht möglich. Freiheitserziehung in der Tradition von Kant oder auch Rousseau bedeutet nicht, dass Schüler/innen keine Grenzen kennen lernen sollten – im Gegenteil. Der aus der Mode gekommene Begriff Zwang wird jedoch heute leicht missverstanden im Sinne von Gewaltanwendung, Dressur oder Gehorsam (Steinherr 2012). Der heutigen Diktion folgend könnte man den »Zwang« mit dem »Grenzen setzen« in Verbindung bringen, dieser Begriff findet sich auch in einer modernen Erziehungskonzeption von Klaus Schneewind.

Die Konzeption »Freiheit in Grenzen« (Schneewind 2010) zielt klar darauf ab, den Menschen zur Freiheit, zum mündigen und selbstgesteuerten Handeln zu leiten. Dabei berücksichtigt Schneewind aber auch, dass dies nicht ohne sinnvolle Grenzsetzungen geschehen kann. Insgesamt verschiebt sich der Fokus der Erziehung gegenüber der genannten Definition nach Brezinka von der Verhaltensänderung hin zur Erziehung zur Selbstständigkeit. Der zu Erziehende muss nicht »funktionieren«, er muss auf seinem Weg hin zum selbstgesteuerten Handeln in der Gesellschaft begleitet und angeleitet werden.

Schneewind spricht von drei Dimension innerhalb seines Erziehungskonzeptes, die jeweils eine hohe Ausprägung haben sollten:
- *Elterliche Wertschätzung*: z. B. die Kinder als einmalig und besonders anerkennen; die Kinder respektvoll behandeln; gemeinsame Aktivitäten genießen.
- *Fordern und Grenzensetzen*: z. B. den Kindern etwas zutrauen und Forderungen stellen, die die Entwicklung der Kinder voranbringen; Konflikte nicht vermeiden, sondern konstruktiv austragen; klare, dem Entwicklungsstand angemessene Grenzen ziehen und auf deren Einhaltung bestehen.
- *Gewährung von Eigenständigkeit*: z. B. Entscheidungsspielräume geben; die Möglichkeit geben, eigene Erfahrungen zu sammeln.

Eltern sollen ihren Kindern also, auf Basis eines wertschätzenden Umgangs, einerseits Grenzen setzen, innerhalb dieser sich die Kinder aber eigene Freiräume schaffen können. Hier können sie Erfahrungen sammeln und die Konsequenzen ihres Handelns erleben und erkennen. Vielfältige Forschungsbemühungen haben aufgezeigt, dass ein solchermaßen orientierter Erziehungsstil einen wichtigen Beitrag zu einer prosozialen und autonomen Persönlichkeitsentwicklung von Kindern und Jugendlichen leisten kann. »Freiheit in Grenzen« ist mit einem autoritativen Erziehungsstil (Baumrind 1991) vergleichbar und muss abgegrenzt werden von »Freiheit ohne Grenzen« (Laissez-faire oder auch vernachlässigender Stil) und »Grenzen ohne Freiheit« (autoritärer Stil). Obwohl Schneewind nur von der Eltern-Kind-Beziehung spricht, kann seine Theorie auch auf den schulischen Kontext bezogen werden, der Abschnitt »Checkliste« führt einige Überlegungen dazu auf.

Ein Problem, wenn nicht das Grundproblem, der Erziehung, ob nun im familiären oder im schulischen Kontext, ist, dass auch eine Konzeption wie »Freiheit in Grenzen«, die heute weithin auf Zustimmung stößt, zwar eine Grundhaltung transportiert, aber noch keine praktischen Handlungsweisen automatisch in sich birgt. Konkrete Handlungen müssen in Hinblick auf die Situation, z. B. wenn Grenzen »getestet« werden, ausgewählt werden und können Irrtümer ebenso wie ein mögliches Scheitern in sich tragen. Zudem sind für das erzieherische Handeln in der Schule nur bestimmte Erziehungsmittel zulässig. Handelt es sich um ein Verhalten, das als positiv erlebt wird bzw. der gewünschten Norm entspricht, kann die Lehrkraft Loben oder versuchen, das

Verhalten zu verstärken (Fleißbildchen, Token, Befreiung von Hausaufgaben etc.), sie kann aber z. B. keine finanzielle Belohnung ausloben (Mägdefrau 2013, S. 349).

Erzieherisches Handeln in der Schule kann mit Blick auf normwidriges Verhalten (Konflikte, Unterrichtsstörungen, Fernbleiben vom Unterricht etc.) sowohl präventiven als auch interventiven Charakter haben. Die potenzielle Bandbreite an Phänomenen reicht hier von kleineren Störungen im Unterricht, bei denen im Sinne der Beibehaltung des Unterrichtsflusses auch das Übergehen eine passende Reaktion sein kann, bis hin zu schwerwiegenden Störungen der schulischen Ordnung (Erpressung, Mobbing, Drogenhandel etc.), die eine adäquate Reaktion bedingen. Entscheidend für das Lehrerhandeln erscheint das Abwägen zwischen der Verhältnismäßigkeit der Reaktion, pädagogischen Erwägungen und rechtlichen Vorschriften im Sinne des »Pädagogischen Takts«. Rechtlich wird, ungeachtet teils unterschiedlicher Begrifflichkeiten in den Bundesländern der BRD, zwischen Erziehungs- und Ordnungsmaßnahmen unterschieden (Saalfrank 2012). Erstere stellen die untere Stufe der Reaktion dar und können in der Regel von der Lehrkraft selbst angeordnet und verantwortet werden. In den Schulgesetzen existiert keine Auflistung von erlaubten bzw. unerlaubten Erziehungsmaßnahmen, letztlich ist das Kriterium der Angemessenheit und Verhältnismäßigkeit entscheidend bei der Bewertung von Lehrerhandlungen, die ansonsten mit Blick auf die konkrete Situation recht frei ausgewählt werden können. Mit Blick auf mögliche Erziehungsmaßnahmen können folgende allgemeine Leitlinien genannt werden:
- Sie dürfen die Schülerin/den Schüler nicht schwerwiegend in seiner Rechtssphäre beeinträchtigen, dürfen also z. B. keinen ausschließlich bestrafenden Charakter haben.
- Sie müssen angemessen gestaltet sein, also im Verhältnis zum Vergehen stehen.
- Sie sollen darauf abzielen, die Schülerin/den Schüler von Sinn und Zweck eines regelkonformen Verhaltens zu überzeugen.
- Die Erziehungsmaßnahme muss zudem erforderlich sein, d. h. es darf kein milderes Mittel mit denselben Erfolgsaussichten zur Verfügung stehen.
- Alle wesentlichen gesetzlichen Vorschriften müssen beachtet werden. Das betrifft insbesondere das Verbot entwürdigender, demütigender und diskriminierender Maßnahmen (Art. 1–3 GG) sowie das Verbot körperlicher Züchtigung (§ 1631 BGB)

Unter Beachtung dieser Leitlinien wären typische Beispiele für angemessene Erziehungsmaßnahmen z. B.:
- allgemeines Gespräch mit dem Schüler/der Schülerin, z. B. bezüglich unerwünschtem Verhalten
- spezielle Beratungsgespräche zusammen mit der Klassenlehrkraft, der Beratungslehrkraft, der Schulleitung o. Ä.
- Mitteilung an die Eltern bzw. Elterngespräch, gegebenenfalls auch zusammen mit der Schülerin/dem Schüler
- mündliche oder schriftliche Ermahnungen

- Eintrag ins Klassenbuch
- Gelegenheit zur Wiedergutmachung eines Schadens, z. B. Aufräumen
- kurzfristiger Ausschluss, z. B. Schüler/in in den Trainingsraum schicken
- Strafarbeiten, sofern die entsprechenden Aufgaben geeignet sind, der Schülerin/den Schüler das eigene Fehlverhalten erkennen zu lassen
- Nachsitzen, solange die Verhältnismäßigkeit gewahrt bleibt
- Änderung der Sitzordnung

Reichen die genannten Erziehungsmaßnahmen nicht aus bzw. liegt ein gravierendes Fehlverhalten vor, kommen sogenannte Ordnungsmaßnahmen in Betracht. Diese müssen offiziell angeordnet und teils von Gremien wie der Lehrerkonferenz (je nach Bundesland verschieden) beschlossen werden. Die Bandbreite reicht hier – ungeachtet kleinerer Unterschiede zwischen den Bundesländern – von schriftlichen Verweisen über die zeitweilige Versetzung in die Parallelklasse bis hin zu verschiedenen Stufen des Ausschlusses aus dem Unterricht (in bestimmten Fächern, bei bestimmten Veranstaltungen, vom Unterricht insgesamt) oder letztlich die Entlassung aus der Schule oder sogar der gesamten Schulart (für einen Überblick siehe Saalfrank 2012).

Mit Blick auf die Erziehung als Aufgabe von Lehrkräften zeigt z. B. ein Blick auf das Verhältnis von Schule und Elternhaus, dass schulische Erziehung mit elterlicher Erziehung in Konflikt stehen kann. Das Grundgesetz erkennt die Pflege und Erziehung der Kinder als das natürliche Recht der Eltern und die zuerst ihnen obliegende Pflicht an, die Eltern haben aber keinen ausschließlichen Erziehungsanspruch. Der staatliche Erziehungsauftrag in der Schule ist in seinem Bereich dem elterlichen Erziehungsrecht nicht nach-, sondern gleichgestellt. (Bundesverfassungsgericht 06.12.1972, AZ 1 BvR 230/70, 1 BvR 95/71). Auf der Basis dieser Vorgaben verpflichtet z. B. das Bayerische Gesetz über das Erziehungs- und Unterrichtswesen (BayEUG), wie andere länderspezifische Regelungen auch, Eltern und Schule zu einer von Vertrauen getragenen Zusammenarbeit im Interesse der Bildung und Erziehung der Schüler/innen: »Die gemeinsame Erziehungsaufgabe, die Schule und Erziehungsberechtigte zu erfüllen haben, erfordert eine von gegenseitigem Vertrauen getragene Zusammenarbeit«.

Durch das genannte Elternrecht sind der Schule aber zumindest Grenzen dahin gehend gesetzt, dass die Schule den elterlichen »Gesamtplan« für die Erziehung zu respektieren hat (§§ 1626 ff. BGB). Das bedeutet: Die Schule muss einerseits akzeptieren, dass es, z. B. in unterschiedlichen Milieus, unterschiedliche Wertvorstellungen geben kann, sie darf andererseits jedoch ihre Wertvorstellungen für den schulischen Bereich als Erziehungsziel festsetzen und muss sich nicht vom Elternhaus Werte und Normen vorschreiben lassen (Avenarius 2010). Somit sind umgekehrt auch der Mitbestimmung der Eltern mit Blick auf Aspekte der Erziehung in der Schule Grenzen gesetzt. In der Praxis sollte aber auf eine möglichst kooperative Herangehensweise zwischen Schule und Elternhaus abgezielt werden, gerade wenn man das Wohl des Kindes als zentral erachtet. Diese Abstimmung kann z. B. mittels sogenannter Erziehungsvereinbarungen, die bisweilen für alle Schülerinnen und Schüler schon bei der

Einschulung bzw. Einschreibung pauschal eingefordert werden, abgesichert werden (siehe unter »Fallbeispiel«). Erziehungsvereinbarungen haben allerdings keine rechtliche Grundlage, sie sind eine freiwillige Vereinbarung zwischen Eltern und Schule – die vereinbarten Aspekte sind somit nicht einklagbar. Sinnvoll sind sie dennoch, denn die Schule kann bei Erziehungsproblemen beispielsweise darauf verweisen, dass die Eltern die Erziehungsvereinbarung bei der Einschulung unterschrieben haben. Erziehungsvereinbarungen bilden damit eine mögliche Grundlage einer vertrauensvollen Zusammenarbeit und sind bei Konfliktfällen eine Instanz, auf die zurückgegriffen werden kann (Saalfrank 2012).

Bereits die knappen Ausführungen zur Erziehung zwischen Schule und Elternhaus verweisen darauf, dass Erziehung auch und gerade mit Blick auf die Schule in verschiedenen Spannungsfeldern angesiedelt ist. Schon da unterschiedliche Akteure auf verschiedenen Ebenen beteiligt sind, bietet sich eine systemische Sicht auf das Erziehungshandeln an (Kiel et. al 2011; Weiß 2012). Solch eine systemische Sichtweise auf Erziehungsfragen im Kontext der Schule lässt sich auf die Arbeiten Bronfenbrenners zur Ökologie der menschlichen Entwicklung (1981) zurückführen und geht davon aus, dass sich bestimmte Symptome bzw. Problemlagen (z.B. Schulabsentismus, Unterrichtsstörungen) nicht monokausal interpretieren lassen. Die Schüler/innen werden nicht nur als Individuen, sondern als Teil verschiedener sozialer Systeme gesehen, zwischen denen Wechselwirkungen bestehen (Kiel et al. 2011, S. 96 f.). Mögliche Einflussfaktoren auf bestimmte Problemlagen, die für die Analyse und Lösungsfindung bedeutsam sein können, zeigt die folgende Aufzählung:

- *Schüler/in*: z.B. Begabung, Interesse, Kompetenzen, Selbstkonzept, Konstitution und Gesundheit, Entwicklungskrisen …
- *Schule*: z.B. Lehrerpersönlichkeit, Erziehungs- und Unterrichtsstil, Leistungsanforderungen, Schulklima, Beziehungen im Kollegium, Lehrplan, Führungsstil der Schulleitung …
- *Familie*: z.B. Familienstruktur, Klima in der Familie, Trennung und Scheidung, Geschwisterrivalität, Überforderung der Eltern, Anregung und Förderung, Krankheit …
- *Umwelt*: z.B. mediale Einflüsse, Lärm, gesellschaftlicher Wandel, Wohnverhältnisse, Peer-Group …

Eine schlecht ausgefallene Klassenarbeit aus dem System »Schule« kann so betrachtet zu Veränderungen im System »Familie« führen, z.B. wenn die betreffende Schülerin/der betreffende Schüler dafür zu Hause eine Bestrafung erhält. Genauso kann das System »Familie« auf das System »Schule« einwirken, wenn die Schülerin/der Schüler zu Hause Unterstützung erhält, wenn ein Elternteil erkrankt, und die Schülerin/der Schüler zusätzliche Pflichten übernehmen muss, wenn Eltern sich trennen etc.

Führt man sich nun vor Augen, dass ein Individuum mit vielen unterschiedlichen Systemen und verschiedenen Akteuren (neben Schule und Familie auch Freunde, Peer-Group, Vereine, Betreuungseinrichtungen usw.) zu tun hat wird die Komplexität der

Zusammenhänge schnell deutlich – und es wird klar, dass eine systemische Sicht für erzieherische Handlungen im schulischen Umfeld unabdingbar erscheint. Zum einen bergen monokausale Interpretationen die Gefahr der Vereinfachung, z. B. wenn die eigentlichen Ursachen für ein Verhalten übersehen werden. Grundsätzlich ist es bei der Analyse von Erziehungshandlungen und Erziehungsbedingungen immer wichtig, alle Ebenen zu analysieren – also z. B. eine Schülerin/einen Schüler mit einem bestimmten Verhalten nicht »abzustempeln« und die Ursache einseitig auf einen bestimmten Einfluss (mangelndes Interesse, mangelnde Kompetenz, schlechte Erziehung ...) zurückzuführen, sondern auch sonstige mögliche Ursachen zu berücksichtigen. Zum anderen kann schulische Erziehung nur sinnvoll funktionieren, wenn die einzelnen Teile des Systems Schule (Schüler/in, Klasse, Lehrkraft, Kollegium, Schulleitung, Eltern, außerschulische Akteure ...) zumindest annähernd eine Einigung über Erziehungsziele, Erziehungshandeln und das zugrundeliegende Menschenbild erzielen.

Checklisten

Die hier aufgeführten »10 Erziehungstipps für Lehrer/innen« stellen den Versuch dar, das dargestellte Erziehungskonzept »Freiheit in Grenzen« mit Blick auf das Lehrerhandeln zu konkretisieren. Die Zusammenstellung basiert auf einer Ideensammlung, die im Rahmen des Seminars »Erziehung und Schule« an der LMU München durchgeführt wurde (Sommersemester 2012; Dozentin Dr. Barbara Meyer). Leitend sind dabei die Dimensionen »Wertschätzung«, »Gewähren von Eigenständigkeit«, aber auch das »Grenzen setzen«, wie sie nach Schneewind eingeführt wurden.
1. *Erkennen Sie die individuellen Stärken Ihrer Schüler/innen:* Seien Sie präsent und aufmerksam und gehen Sie auf die Stärken Ihrer Schüler/innen ein. Wenden Sie Methoden an, die bei Schülerinnen und Schülern Lernfreude fördern. Verstärken Sie positives Verhalten und Leistung.
2. *Klären Sie Ihre Erziehungsgrundsätze:* Überlegen Sie, welche Grundsätze Ihnen in der Erziehung wichtig sind, sprechen Sie sich auch mit dem Kollegium und gebenenfalls mit den Eltern ab, damit alle an einem Strang ziehen. Passen Sie die Erziehungsziele gegebenenfalls an die Klasse an.
3. *Handeln Sie nach einem Konflikt nicht aus dem Affekt heraus:* Beruhigen Sie sich nach einem Konflikt zuerst und nehmen Sie sich eine Auszeit. Beispielsweise können Konflikte statt sofort auch nach der Stunde oder in einer »Schülersprechstunde« besprochen werden.
4. *Gehen Sie auf Probleme der Schüler/innen direkt und unmittelbar ein:* Weisen Äußerungen und Reaktionen der Schüler/innen auf verdeckte Probleme hin, reagieren Sie darauf möglichst zeitnah und gehen Sie den Problemen mit der Schülerin/dem Schüler zusammen nach. Unterstützen Sie die Schülerin/den Schüler, eine Lösung zu finden (»Hilfe zur Selbsthilfe«).

5. *Geben Sie klare Anweisungen für Arbeitsaufträge:* Überlegen Sie sich im Voraus, wer mit wem wann wo und wie lange was genau tun soll. Wenn Sie diesen Punkt kommunizieren, vergessen Sie nicht, das Ziel eines Arbeitsauftrags zu benennen. Wenn Sie das Gefühl haben, Aufträge sind von Schülerinnen und Schülern nicht verstanden worden, können Sie gegebenenfalls Klassenkameradinnen bzw. Klassenkameraden bitten, diese noch einmal zu erklären.
6. *Reden und Handeln Sie respektvoll:* Lassen Sie sich als Lehrkraft nicht provozieren. Behandeln Sie auch schwierige Schüler/innen mit Respekt, selbst wenn dies einseitig ist. Arbeiten Sie an einer hohen Frustrations- und Aggressionstoleranz – Sie sind als Lehrkraft Vorbild für die Klasse. Kontrollieren Sie den Umgangston zwischen Schülerinnen und Schülern und erarbeiten Sie gegebenenfalls gemeinsame Regeln des Umgangs.
7. *Sprechen Sie von sich selbst:* Senden Sie Ich-Botschaften oder Botschaften mit einem hohen Selbstoffenbarungsanteil. Teilen Sie Ihre eigenen Gefühle mit und begründen Sie diese. Zeigen Sie persönliches und individuelles Interesse an den Schülerinnen und Schülern. Verhalten Sie sich berechenbar und konsequent. Gestehen Sie auch eigene Fehler ein, dann gehen Sie mit gutem Beispiel voran.
8. *Lassen Sie die Schülerin/den Schüler entscheiden*: Bieten Sie den Schülerinnen und Schülern Wahlmöglichkeiten und Gelegenheiten zur Partizipation, zum Beispiel bei:
   – Wochenplanarbeit/Stationenarbeit
   – Klassensprecherwahl
   – Wandertag
   – Hausaufgaben
   – Sitzordnung
   – der Bestimmung eigener Strafen
   – Mitspracherecht bei der Unterrichtsplanung (nach Möglichkeit)
9. *Verwenden Sie Regeln und Absprachen:* Erarbeiten Sie mit der Klasse gemeinsam sinnvolle Regeln oder führen Sie Regeln mit Begründung ein. Sorgen Sie konsequent für die Einhaltung der Regeln bzw. bestimmen Sie jemanden, der konsequent dafür sorgt. Strukturieren Sie den Unterricht, z. B. durch Morgenrituale oder ritualisierte Feedbackrunden.
10. *Seien Sie konsequent mit Konsequenzen:* Bevorzugen Sie logische und natürliche Konsequenzen. Machen Sie deutlich, dass die Konsequenz die letzte Maßnahme ist, die Sie ergreifen, und formulieren Sie diese möglichst genau. Die Maßnahme sollte von kurzer Dauer sein und möglichst zeitnah erfolgen. Senden Sie keine leeren Drohungen!

Grenzen und Risiken

Zunächst ist sicher zu nennen, dass Erziehung, wie es schon in der Definition nach Brezinka anklingt, auch scheitern kann. Erzieherisches Handeln von Lehrkräften kann also durchaus an Grenzen stoßen, z. B. wenn die als idealtypisch genannte Erziehungspartnerschaft schon deswegen nicht zustande kommt, weil Eltern kein Interesse an einer Kooperation zeigen, oder auch wenn man trotz aller Bemühungen an einzelne Schüler/innen nicht herankommt etc. Andererseits kann ein mögliches Scheitern auch vom schulischen Rahmen bzw. vom Handeln der einzelnen Lehrkraft ausgehen, z. B. wenn die Schule keine gemeinsame Linie entwickelt, wenn die einzelne Lehrkraft nicht als Vorbild agiert oder ihr Erziehungsstil sich als ungünstig erweist. Das erzieherische Handeln von Lehrkräften ist offenkundig abhängig von der jeweiligen Lehrerpersönlichkeit, aber auch von der subjektiven Sicht auf die Profession. So gibt es z. B. große interindividuelle Unterschiede dahingehend, ob und wie stark eine Situation im Unterricht überhaupt als Störung – und in der Folge auch als Belastung – wahrgenommen wird und welche Erziehungshandlungen damit einhergehen. Die eine Lehrkraft wird es z. B. gar nicht bemerken bzw. nicht als störend empfinden, wenn eine Schülerin/ein Schüler mit dem Stuhl kippelt, eine andere Lehrkraft mag dies eventuell als Affront auffassen und entsprechend sofort einschreiten. Auch das Professionsverständnis kann sich als »Grenze« für das erzieherische Handeln herausstellen, je nachdem ob Lehrkräfte eher eine »logotrope« oder eine »paidotrope« Haltung haben (Caselmann 1970). Beim logotropen Typus dominiert die fachwissenschaftliche Begeisterung und die pädagogische Aufgabe wird als untergeordnet betrachtet, beim paidotropen Typus ist es umgekehrt.

Nicht zuletzt ist die Dichotomie zwischen Freiheit und Grenzen auch – oder, aufgrund der institutionellen Rahmenbedingungen, gerade – in der Schule nicht »auflösbar«. In jeder Situation, egal ob die Lehrkraft eher agiert oder reagiert, muss neu und mit Blick auf die spezifische Konstellation abgewogen werden, welche Erziehungsmittel Erfolg versprechen, wie viel Freiheit möglich bzw. wie viel Zwang nötig ist.

Fallbeispiele

Wie bereits kurz erwähnt ist es in manchen Bundesländern bzw. an manchen Einzelschulen üblich, Grundsätze bezüglich Erziehungszielen und wechselseitigen Rechten und Pflichten mittels einer Erziehungsvereinbarung zwischen Lehrkräften, Eltern und Schülerinnen und Schülern (bisweilen auch der Schulleitung oder anderen Akteuren wie den Betreuer/innen im Ganztagsbereich) festzuhalten. Folgende Formulierungsbeispiele (Tab. 21) stammen aus einer Erziehungsvereinbarung der Grundschule Hoven in Düren (hier sind in Auszügen einige Punkte der Vereinbarung exemplarisch dargestellt; die vollständige Version ist unter www.grundschule-hoven.de/Erziehungsvereinbarung.pdf abrufbar). Im Bundesland NRW werden solche Erziehungsvereinbarungen als Soll-Vorschrift explizit im Schulgesetz genannt: § 42 (5) »In Bildungs-

und Erziehungsvereinbarungen sollen sich Schule, Schülerinnen und Schüler und Eltern auf gemeinsame Erziehungsziele und -grundsätze verständigen und wechselseitige Rechte und Pflichten in Erziehungsfragen festlegen.« An der Grundschule Hoven wurde die hier aufgeführte Auflistung von Grundsätzen sowie Rechten und Pflichten der Akteure von der Schulkonferenz beschlossen und fest in das Schulprogramm integriert. Die Vereinbarung wird von allen Beteiligten unterzeichnet.

Als Eltern ist uns besonders wichtig:
- Wir sorgen dafür, dass unsere Kinder pünktlich in die Schule kommen, ausgeschlafen sind und ein ausgewogenes Frühstück dabei haben.
- Wir statten unsere Kinder mit den notwendigen Lern- und Arbeitsmaterialien aus.
- Wir begleiten die Schulzeit unserer Kinder in verantwortungsvoller Fürsorge und nehmen bewusst und aktiv an deren schulischer Entwicklung teil: Wir leiten sie zur Selbständigkeit und Eigenverantwortlichkeit an (z. B. Schulweg zu Fuß gehen, Schnürsenkel binden, Schultasche selbst tragen, Ordnung in der Tasche halten).
- Wir informieren die Schule noch am selben Morgen vor dem Unterricht über die Abwesenheit/Krankheit unserer Kinder und legen bei Bedarf eine schriftliche Entschuldigung bei der Klassenlehrerin/dem Klassenlehrer vor.
- Wir nehmen an Schulveranstaltungen teil, die unsere Kinder betreffen, insbesondere an Elternabenden, Elternsprechtagen und Beratungsgesprächen.
- [...]

Uns Kindern ist besonders wichtig:
- Wir gehen rücksichtsvoll und freundlich miteinander um.
- Im Schulgebäude schreien und rennen wir nicht herum.
- Wir folgen aufmerksam dem Unterricht und nehmen Rücksicht auf die anderen Kinder.
- Die Hausaufgaben erledigen wir zuverlässig und ordentlich. Mitteilungen der Schule geben wir sofort weiter.
- Wir bringen unsere Arbeitsmaterialien mit (Hefte, Mappen, Bücher, Etuis usw.) und vergessen auch nicht unsere Sport- und Schwimmsachen.
- Wir kränken andere nicht mit Schimpfwörtern oder abwertenden Äußerungen und wenden keine körperliche Gewalt an.
- Wir sorgen selbst für Sauberkeit und Ordnung und respektieren das Eigentum anderer und zerstören oder beschädigen dieses nicht.
- [...]

Uns Lehrern ist besonders wichtig:
- Wir sind für die Belange der Kinder offen, zeigen Verständnis für die oft schwierige Ausgangssituation vieler Kinder und bieten Hilfen an.
- Wir ermöglichen eine positive Lernatmosphäre und bewerten Schülerleistungen vorurteilsfrei und durchschaubar.
- Wir informieren die Eltern rechtzeitig über Probleme ihrer Kinder in der Schule und bieten ihnen die Gelegenheit, sich an Elternsprechtagen oder vereinbarten Gesprächsterminen über ihre Kinder zu informieren.
- Wir stärken gemeinsam mit den Eltern die Kinder in ihrem Selbstbewusstsein und ihrer Persönlichkeit und tragen somit zur Bildung sozialer Fähigkeiten, wie Höflichkeit, Hilfsbereitschaft, Toleranz, Rücksichtnahme und Teamfähigkeit, bei.
- [...]

Tab. 21: Erziehungsmaßstäbe der Grundschule Hoven

Literatur

Avenarius, H. (2010): Die öffentliche Schule als Einrichtung der Bildung und Erziehung. In: Avenarius, H./Füssel, H.-P. (Hrsg.): Schulrecht: ein Handbuch für Praxis, Rechtsprechung und Wissenschaft. Kronach: Link, S. 108–138.
Baumrind, D. (1991): Parenting styles and adolescent development. In: Lerner, R. M./Petersen, A. C./Brooks-Gunn, J. (Hrsg.): Encyclopedia of adolescence (Vol II). New York: Garland Publishing, S. 746–758.
Brezinka, W. (1974): Grundbegriffe der Erziehungswissenschaft. München: Ernst Reinhardt.
Bronfenbrenner, U. (1981): Die Ökologie der menschlichen Entwicklung. Stuttgart: Klett.
Caselmann, C. (1970): Wesensformen des Lehrers. Stuttgart: Klett.
Czerwanski, A. (2004): Erziehender Unterricht. Begriffliche Klärung und Perspektiven der Umsetzung. In: Pädagogik 9, S. 6–9.
Giesecke, H. (1985): Das Ende der Erziehung. Neue Chancen für Familie und Schule. Stuttgart: Klett-Cotta.
Hurrelmann, K. (1994): Mut zur demokratischen Erziehung. In: Pädagogik 7–8, S. 13–17.
Kant, I. (1995): Schriften zur Anthropologie, Geschichtsphilosophie, Politik und Pädagogik (2. Band): Über Pädagogik. Frankfurt am Main: Suhrkamp.
Kiel, E. (2012): Einleitung: Was ist Erziehung? In: Kiel, E. (Hrsg.): Erziehung sehen, analysieren, gestalten. Bad Heilbrunn: Klinkhardt, S. 9–15.
Kiel, E./Kahlert, J./Haag, L./Eberle, T. (2011): Herausfordernde Situationen in der Schule. Ein fallbasiertes Arbeitsbuch. Bad Heilbrunn: Klinkhardt.
KMK – Sekretariat der Ständigen Konferenz der Kultusminister der Länder in der Bundesrepublik Deutschland (2004). Standards für die Lehrerbildung: Bildungswissenschaften. Beschluss der Kultusministerkonferenz vom 16.12.2004. www.kmk.org/fileadmin/Dateien/veroeffentlichungen_beschluesse/2004/2004_12_16-Standards-Lehrerbildung.pdf (Abruf: 24.01.2017).
Liebenwein, S. (2012): Milieuspezifische Erziehungsstile. In: Kiel, E. (Hrsg.): Erziehung sehen, analysieren, gestalten. Bad Heilbrunn: Klinkhardt, S. 161–181.
Mägdefrau, J. (2013): Erziehung in Schule und Unterricht. In: Haag, L./Rahm, S./Apel, H.-J./Sacher, W. (Hrsg.): Studienbuch Schulpädagogik. Bad Heilbrunn: Klinkhardt, S. 345–365.
Saalfrank, W.-T. (2012): Erziehung zwischen Familie und Schule. In: Kiel, E. (Hrsg.): Erziehung sehen, analysieren, gestalten. Bad Heilbrunn: Klinkhardt, S. 123–160.
Schneewind, K. (2010): »Freiheit in Grenzen« – Begründung eines integrativen Medienkonzepts zur Stärkung elterlicher Erziehungskompetenzen. www.achim-schad.de/mediapool/86/864596/data/F-i-G_Medienkonzept.pdf (Abruf: 24.01.2017).
Steinherr, E. (2012): »Wie kultiviere ich die Freiheit bei dem Zwange?« In: Kiel, E. (Hrsg.): Erziehung sehen, analysieren, gestalten. Bad Heilbrunn: Klinkhardt, S. 45–79.
Vodafone-Stiftung (2015): Was Eltern wollen. Informations- und Unterstützungswünsche zu Bildung und Erziehung. www.vodafone-stiftung.de/uploads/tx_newsjson/Vodafone_Stiftung_Was_Eltern_wollen_2015_03.pdf (Abruf: 24.01.2017).
Weiß, S. (2012): Denken in Systemen. In: Kiel, E. (Hrsg.): Erziehung sehen, analysieren, gestalten. Bad Heilbrunn: Klinkhardt, S. 17–44.

Literaturhinweise

Baumgart, F. (Hrsg.) (2007): Erziehungs- und Bildungstheorien. Bad Heilbrunn: Klinkhardt.
Böhm, T. (2011): Erziehungs- und Ordnungsmaßnahmen in der Schule. Schulrechtlicher Leitfaden. Neuwied: Luchterhand.
Edelstein, W./Oser, F./Schuster P. (Hrsg.) (2001): Moralische Erziehung in der Schule: Entwicklungspsychologie und pädagogische Praxis. Weinheim und Basel: Beltz.
Kiel, E. (Hrsg.) (2012): Erziehung sehen, analysieren, gestalten. Bad Heilbrunn: Klinkhardt.
Saalfrank, W.-T. (2009): Das freie Kind. Erzieherisches Handeln als Orientierung am Kind – Beispiele und Analyse. Münster: LIT.

2.3 Beziehungen gestalten

»Lehrer und Schüler begegnen sich zunächst als Persönlichkeiten; sie beurteilen sich gegenseitig aufgrund persönlicher Werte. Der Unterricht hat also zunächst eine zwischenmenschliche Bedeutung und erst danach eine unterrichtliche oder professionelle Bedeutung. […] Der Ton wird von der persönlichen Begegnung bestimmt« (Stevens 2001, S. 18).

Stand der Forschung

Legt man eine systemische Sichtweise an die Schule an, so wird schnell die Vielfalt an »Beziehungen« deutlich, die im Lehrerberuf eine Rolle spielen – nicht nur mit Schülerinnen und Schülern oder deren Eltern, auch mit Kolleginnen und Kollegen, Schulleitung, außerschulischen Partnern, Bildungsverwaltung etc. Im Zentrum dieses Kapitels steht jedoch die Gestaltung von Beziehungen innerhalb des Teilsystems »Schulklasse«.

Innerhalb einer Klasse sind zum einen die Lehrer-Schüler-Beziehungen, zum anderen aber auch die Schüler-Schüler-Beziehungen bedeutsam. Diese unterscheiden sich durch einige Besonderheiten von anderen zwischenmenschlichen Beziehungen: So interagieren die Beteiligten z. B. nicht auf rein freiwilliger Basis, sondern haben gewissermaßen zwangsweise miteinander zu tun. Die Beziehung bzw. Interaktion zwischen den Beteiligten findet im Rahmen der Institution Schule statt, damit gehen bestimmte Regeln, aber auch Rollen- und Verhaltenserwartungen für alle Beteiligten einher. Nicht zuletzt ist die Lehrer-Schüler-Beziehung eine asymmetrische Beziehung, schon weil die Lehrkräfte mit Blick auf den Wissens- und Erfahrungsvorsprung, die Leistungsbewertung, Sanktionsmöglichkeiten usw. wesentlich mehr Einfluss darauf haben, wie und auf welche Weise sich die Beziehungen entwickeln (Ulich 2001). Diese Rahmenbedingungen prägen Möglichkeiten, aber auch Grenzen der Gestaltung von Beziehungen im schulischen Umfeld. Kaum jemand wird die Bedeutung von Beziehungen in der Schule abstreiten, diese können aber je nachdem sowohl eine Belastungsquelle als auch ein Unterstützungssystem darstellen (Jerusalem/Mittag 1997).

Die Bedeutung von Beziehungen in Schule und Unterricht wird nicht erst thematisiert, seit die empirische Unterrichtsforschung positive Beziehungen – z. B. im Sinne eines »lernförderlichen Klimas« – als wichtiges Qualitätsmerkmal von Unterricht betont. Letztlich findet sich bereits in der Antike die Idee, dass die Beziehung zwischen einer Lehrperson und einer/einem Lernenden nicht nur eine rein inhaltsbezogene, sondern auch eine persönliche Beziehung ist (Brenner 2009). In reformpädagogischen Strömungen, in der Psychotherapie, bei Vertretern der Kommunikationstheorie oder auch in der geisteswissenschaftlich geprägten Pädagogik wurde und wird auf die zentrale Bedeutung gelingender Beziehungen verwiesen (siehe für einen Überblick Leitz 2015). Insgesamt kann man konstatieren, dass die positive Gestaltung von Beziehungen heute allgemein als bedeutsame Grundlage für Schule und Unterricht angesehen wird (Thurn 2014), wie es auch das angeführte Eingangszitat zum Ausdruck bringt.

Auch der Bereich der Forschung zum Schul- und Klassenklima ist in diesem Zusammenhang zu nennen (siehe für einen ausführlichen Überblick Eder 2011; siehe für einen differenzierten und kritischen Blick auf die Klimaforschung sowie den Zusammenhang von »Klima« und »Beziehung« Leitz 2015). Einflüsse auf die Entwicklung des Klimas in einer Klasse liegen dabei zum einen grundlegend in der Interaktion innerhalb der Klasse; darüber hinaus wird aber auch auf den Einfluss von Kompositionseffekten (z. B. Einfluss von Alter, Jahrgangsstufe, Geschlecht, sozialem Hintergrund der Schüler/innen) sowie des institutionellen und organisationalen Rahmens (z. B. Schultyp, regionale Gegebenheiten, Schulkultur) verwiesen. Diese Zusammenhänge verdeutlichen, dass die Lehrkraft durchaus großen Einfluss darauf hat, wie es um das Klima in der Klasse bestellt ist – dass es aber auch andere Faktoren gibt, die von der Lehrkraft kaum oder gar nicht zu beeinflussen sind.

Das Klima in einer Schulklasse wird dabei als dynamisches, sich prozesshaft entwickelndes und subjektives Konstrukt betrachtet, d. h. dass Individuen das Klima unterschiedlich wahrnehmen. Die Bemühungen zur Erforschung des Klimas gehen unter dieser Prämisse dahin, herauszufinden, welche Aspekte eines »guten Klimas« für möglichst viele Beteiligte bedeutsam sind. Als Ausdruck eines positiven Klimas werden genannt:

- »ein durch Wertschätzung, Unterstützung, Fürsorglichkeit und Gerechtigkeit geprägter kooperativer Umgang der Lehrer/innen mit den Schüler/innen
- ein von Vermittlungsqualität, Abwechslung, Offenheit, Mitwirkungs- und Selbsttätigkeitsmöglichkeiten geprägter Unterricht
- eine durch Regelklarheit, Aufgabenorientierung und Disziplin geprägte Klassenführung
- positive soziale Beziehungen der Schüler/innen untereinander
- kooperative, aktive, eigenständige und partizipative Arbeit der Schüler/innen an den Lernaufgaben« (Eder 2009, S. 45).

Bülter und Meyer (2004) verwenden in diesem Zusammenhang den Begriff des »Arbeitsbündnisses«, das mithilfe unterschiedlicher Klimafacetten wie Gerechtigkeit, Fürsorge, Vertrauen oder auch Humor entstehen kann. Dieser Begriff erscheint unseres Erachtens als Leitbild für die Lehrer-Schüler-Beziehungen durchaus geeignet, da er zum einen auf die notwendige Nähe oder Beziehungsqualität verweist, zum anderen mit ihm aber auch angedeutet wird, dass das Verhältnis zwischen Lehrkraft und Schülerinnen und Schülern ein professionelles ist und ebenso Distanz benötigt.

In diesem Sinne sollte festgehalten werden, dass der Fokus auf positive Beziehungen zwischen Lehrkraft und Schülerinnen und Schülern nicht mit einer »Kuschelpädagogik« zu verwechseln ist (Raufelder 2010). Wenn Wertschätzung, Anerkennung, die Freiheit des Einzelnen, soziale Ordnung usw. Merkmale einer guten Beziehung sind, geht damit einher, dass diese Anforderungen auf Gegenseitigkeit beruhen – also auch von den Schülerinnen und Schülern einzuhalten sind. Überschreiten Schüler/innen Grenzen, dann geht es im Sinne einer positiven Beziehungsgestaltung nicht darum, wegzusehen oder nachgiebig zu sein; vielmehr ist es Aufgabe der Lehrkraft einerseits klar und bestimmt, andererseits aber auch ohne Anschuldigungen, Wertungen oder Beschimpfungen aufzutreten (Tausch 2008).

Positive Beziehungen bzw. ein positives Klima in der Schulklasse wirken sich nicht nur auf das allgemeine Wohlbefinden o. ä. aus, die Forschung verweist auf vielfältige Befunde bis hin zu »handfesten« Aspekten wie der Leistungsentwicklung von Schülerinnen und Schülern (Raufelder 2010; Leitz 2015; Eder 2011):

- Wirkungen sind auf Schülerseite festzustellen mit Blick auf positive Einstellungen zum Lernen, auf die Zufriedenheit mit der Schule und die Freude am Schulbesuch, auf die Entwicklung von Interesse und Eigeninitiative, auf die Wahrnehmung von Stress bzw. das Auftreten von Schulangst, auf das Anstrengungsverhalten oder auch die Selbstwirksamkeit von Schülerinnen und Schülern. Mit Blick auf Aspekte der Motivation verweisen z. B. Deci und Ryan (1993) auf die Rolle der »Sozialen Eingebundenheit« als eines von drei psychologischen Grundbedürfnissen neben dem Erleben von Kompetenz und Autonomie. In den zuletzt breit rezipierten Arbeiten von Hattie (2013) lassen sich einzelne Faktoren eines wirksamen Lernklimas nachzeichnen, die sich wiederum positiv auf den Lernerfolg von Schülerinnen und Schülern auswirken, z. B. das Lehrer-Schüler-Verhältnis ($d = 0{,}72$), der Verzicht auf Etikettierungen (»not labeling students«, $d = 0{,}61$), der Klassenzusammenhalt ($d = 0{,}53$), oder angstreduzierende Maßnahmen (»reducing anxiety«, $d = 0{,}40$). Insgesamt betrachtet stellt somit auch Hattie heraus, »dass ein fürsorgliches und vertrauensvolles, auf Fairness beruhendes und respektvolles Klassenklima eine der wichtigen Voraussetzungen für ein erfolgreiches Lernen darstellt« (Höfer/Steffens 2012, S. 7).
- Auf Seiten der Lehrkräfte verweisen Befunde z. B. auf Wirkungen positiver Beziehungen bzw. eines positiven Klimas auf die Lehrergesundheit sowie die Berufszufriedenheit.
- Mit Blick auf die Klasse gibt es Befunde z. B. dahingehend, dass in Klassen mit einem positiven Klima weniger Störungen bzw. ein geringerer Grad an abweichendem oder aggressivem Verhalten vorkommen.

Checkliste

Bülter und Meyer (2004) verweisen darauf, dass das Ziel eines positiven, lernförderlichen Klimas auch und vor allem eine Frage der Haltung ist, mit der sich die Akteure im Schulalltag begegnen; diese sollte von Selbstachtung, wechselseitigem Respekt sowie Kooperationsbereitschaft geprägt sein. Als weitere Prämisse mag gelten, dass es keine Rezepte gibt, um ein lernfreundliches Klima herzustellen oder gute Beziehungen zu kreieren – dafür sind die Lehrkräfte, die Schüler/innen, die Wechselwirkungen zwischen den Akteuren in der Klasse, aber auch weitere Aspekte wie das schulische Umfeld zu verschieden und konkrete Situationen im Schulalltag zu wenig vorhersehbar. So gesehen sind die folgenden ausgewählten und hier nur knapp skizzierten Aspekte als Anregungen für Lehrkräfte zu verstehen, die je nach konkreter Konstellation angewendet bzw. adaptiert werden können. Der Schwerpunkt liegt dabei, mit Blick auf die Konzeption dieses Buches, auf Maßnahmen, die innerhalb einer Klasse durchführbar sind – eingedenk der Tatsache, dass a) viele Aspekte durch eine gemeinsame Linie der Schule erst ermöglicht werden bzw. diese deutlich wirksamer sind, wenn es sich nicht um individuelle Initiativen einzelner Lehrkräfte handelt und b) gegebenenfalls auch andere Schulentwicklungsmaßnahmen wie Personalentwicklung (Lehrerfortbildung, Supervision, Hospitation) oder Organisationsentwicklung (z.B. Schulklima, Klassenzusammensetzung, Führung durch Schulleiter/innen) bedeutsam erscheinen, um eine Verbesserung des Klimas bzw. der Beziehungsqualität erreichen zu können (Zusammenstellung nach Bülter/Meyer 2004; Eder 2011; ISB 2008; Christian 2003; Kahlert/Sigel 2002):

- *Gesprächsklima*: Förderung einer rücksichtsvollen und offenen Gesprächskultur, z.B. indem die Phase des »Ankommens« nicht nur für Administratives, Abfragen oder die Kontrolle von Hausaufgaben, sondern auch für persönliche Gespräche genutzt wird. Eine Möglichkeit wäre es auch, Gesprächsanlässe zu ritualisieren, z.B. mittels der »Freundlichen zehn Minuten«: Die Schüler/innen können hier alles sagen, was sie freut, was ihnen gefallen hat, was sie an ihren Mitschülerinnen und Mitschülern mögen. Solche Ritualisierungen können den Schülerinnen und Schülern helfen, ihren Fokus bewusst auf Positives zu lenken und Negatives nicht in den Mittelpunkt zu stellen – Wertschätzung und Anerkennung benötigen durchaus auch sprachliche Mittel zur Artikulation, die mit solchen Mitteln gefördert werden können.
- *Beziehungsgestaltung*:
  – Lehrende sollen für ein schützendes Umfeld sorgen, welches Lernerfahrungen begünstigt, und Sorge dafür tragen, dass Bloßstellungen und Benachteiligungen im schulischen Umfeld unterbleiben (Oser/Spychiger 2005).
  – Lehrkräfte sollten es als ihre Aufgabe betrachten, eine Mitverantwortung für die individuelle Entwicklung ihrer Schüler/innen zu übernehmen (Dubs 2011).
  – Angestrebt werden sollte ein von emotionaler Wärme geprägtes, aber auch Orientierung und gegebenenfalls Grenzen vermittelndes Auftreten. Ein positives Sozialklima wird dadurch geschaffen, dass die Lehrkräfte die Schüler/innen auch unabhängig von Lernen und Leistung als Persönlichkeit wahrnehmen, dass sie als Ansprechpartner auch für außerunterrichtliche Fragen zur Verfügung stehen, dass sie sich bei der Unterrichtsplanung und -durchführung an den Lernenden orientieren und dass sie von den Schülerinnen und Schülern als interessiert, gerecht und fair wahrgenommen werden (Steinherr 2016).
  – Solche und vergleichbare Aspekte werden heute unter dem Begriff des »Caring« diskutiert (Dubs 2011, S. 135): »Eine Lehrperson bemüht sich, die Gefühle sowie das Denken und Handeln ihrer Schülerinnen und Schüler, vor allem durch gutes Beobachten und aktives Zuhören, zu verstehen, sie zunächst so zu akzeptieren,

wie sie sind, ihre Ängste, Unsicherheiten und Probleme zu erkennen, um ihnen im vertrauensvollen, unterstützenden Dialog zu helfen, ihr Lernen zu verbessern und sich als Persönlichkeit weiterzuentwickeln sowie zu lernen, sich aufgrund einer Beurteilung der eigenen Möglichkeiten und Grenzen richtig einzuschätzen. Letztes Ziel sollte der Aufbau eines dauerhaften gegenseitigen Vertrauens sein«.

- *Ausbau der Mitbestimmung*: Beispielsweise durch eine aktive Unterstützung und Einbindung von Klassensprecherinnen bzw. Klassensprechern, die Einrichtung weiterer Klassenämter, eine Schülerbeteiligung oder Schüler-Vertretungen an Elternabenden bzw. Elternsprechtagen, oder auch die Arbeit mit Klassenräten oder Schülerparlamenten. Mit Blick auf die verschiedenen Formen von Mitbestimmung scheint bedeutsam, dass diese nicht nur nominell bestehen. Wenn z. B. die mögliche Vermittlungsfunktion von Klassensprecher/innen verdeutlicht wird kann eine echte Anlaufstelle für Probleme in der Klasse entstehen, die sich positiv auf das Klima auswirken kann. Wenn ein Klassenrat, möglichst über einen festen Termin, institutionalisiert wird, kann diese Maßnahme nicht nur die Selbstverantwortung der Schüler/innen fördern, sondern auch positive Wirkungen auf die Beziehungen und das Klima in der Klasse entfalten. Thematisiert werden können hier nicht nur Konflikte, sondern auch Reflexionen über Vorgänge in der Klasse, die Besprechung von Regeln oder organisatorischen Fragen etc.
- *Lernklima*: Ziel sollte es sein, ein möglichst angstfreies Lernklima zu schaffen. Dies bedingt zum einen transparente Leistungserwartungen, ein positiv und nach vorne gerichtetes Feedback oder auch Maßnahmen, um den Konkurrenzdruck in der Klasse zu verringern. Vertreter einer positiven Fehlerkultur treten für einen konstruktiven Umgang mit Fehlern im Unterricht ein (z. B. Oser/Spychiger 2005). Demnach sollten Lehrkräfte und Schüler/innen offen mit Fehlern im Unterricht umgehen und diese als »normalen« Bestandteil von Lernprozessen – gegebenenfalls sogar als sinnvollen Impuls – betrachten. Daneben wird einer schülerorientierten Unterrichtsgestaltung aber auch ganz allgemein das Potenzial zugesprochen, Klima und Beziehungsqualität in der Klasse positiv zu beeinflussen, z. B. über den Einsatz kooperativer Lernformen.
- *Förderung der Klassengemeinschaft*: Hier sind, letztlich auch abhängig von der jeweiligen Jahrgangsstufe, vielfältige Maßnahmen denkbar, diese reichen von Spielangeboten über gemeinsam durchgeführte Projekte bis hin Ausflügen, Schullandheimaufenthalten etc. (Christian 2003).

Neben diesen ausgewählten Aspekten können natürlich auch weitere Gesichtspunkte des Lehrerhandelns bedeutsam sein, um die Beziehungsqualität bzw. das Klassenklima positiv zu beeinflussen. So haben der Führungsstil und weitere Dimensionen aus dem Bereich der Klassenführung (z. B. Regeln) ebenso Einfluss wie z. B. die Raumgestaltung oder der Einsatz von verschiedenen Maßnahmen zum Sozialen Lernen oder der Gewaltprävention, z. B. Projekte wie Peer Mediation/Streitschlichter oder auch spezifische Trainingsprogramme (siehe Steinherr 2016; Girod et al. 2005).

Grenzen und Risiken

Grenzen der Förderung guter Beziehungen bzw. eines positiven, lernförderlichen Klassenklimas liegen zum einen sicherlich darin begründet, dass es für jegliche zwischenmenschliche Beziehung kein Patentrezept dazu gibt, wie diese optimal auszugestalten wäre. Die Schüler/innen reagieren, genauso wie die Lehrkraft, nicht mechanisch auf ihre Umwelt. Die Interaktion im Klassenzimmer beruht nicht auf bestimmten Merkmalen des Settings, sondern auf der interpersonellen Wahrnehmung der unterschiedlichen Akteure. So betrachtet sind gute Beziehungen nicht »machbar« – das gilt umso mehr als (je nach Schulart, Jahrgang etc. mehr oder weniger) das »System« Schulklasse nicht statisch ist, sondern sich schon aufgrund einer gewissen Fluktuation bei Lehrkräften oder Schülerinnen und Schülern (Lehrerwechsel, Klassenwiederholungen usw.) genauso verändern kann wie es die Beziehungen im Zeitverlauf per se tun (z. B. aufgrund der persönlichen Entwicklung von Lehrkräften und Schülerinnen und Schülern). Insgesamt ist zu festzuhalten, dass der institutionelle schulische Rahmen diversen Möglichkeiten der Beziehungsförderung entgegensteht bzw. diese gegebenenfalls nur eingeschränkt zulässt – der Hinweis auf den Unterschied zwischen einer Grundschulklasse, die überwiegend von einer einzigen Klassenlehrkraft unterrichtet wird, und einer Klasse des Gymnasiums mit täglich mehrfach wechselnden Fachlehrkräften als Bezugspersonen mag hier, neben dem Hinweis auf die Frage der Ressourcen (z. B. Aufteilung der jeweiligen Stundendeputate, Zeitressourcen für außerunterrichtliche Aktivitäten) genügen. Und auch wenn die Schule ein gemeinsames Leitbild hat (und die einzelnen Klassen sogar konsequent daraus abgeleitet eigene Regeln aufgestellt haben), muss festgehalten werden, dass die Effizienz solcher Leitlinien mit der Überführung in die alltägliche Schulpraxis steht und fällt. So unterscheiden sich z. B. Schulen, die ein Streitschlichter-Programm eingeführt haben, ganz erheblich, was die konkrete Umsetzung und Nutzung dieses Konzepts angeht (Steinherr 2016).

Speziell aus Sicht der Lehrkräfte ist zudem der Aspekt der Antinomie von Nähe und Distanz (Helsper 2002) im Zusammenhang mit der Beziehungsgestaltung zu nennen. Diese Ambivalenz zwischen einerseits einer professionell-distanzierten Haltung gegenüber Schülerinnen und Schülern (z. B. mit Blick auf das eigene Belastungserleben, aber auch hinsichtlich einer objektiven Beurteilung von Leistungen) und andererseits einer notwendigen emotionalen Zuwendung zum Individuum gilt es in der täglichen Arbeit auszubalancieren. Letztlich könnte man die gelungene Lehrer-Schüler-Beziehung so gesehen als »professionelle Beziehung mit persönlichen Anteilen« (Helsper/Hummrich 2009, S. 605) bezeichnen. »Rezepte« zur Förderung von Beziehungen sind allerdings auch deswegen problematisch, weil es mindestens ebenso bedeutsam ist, authentisch zu agieren als möglichst jede vorgeschlagene Maßnahme zur Beziehungsförderung aufzugreifen. Wenn etwa, wie zumindest im anglo-amerikanischen Raum üblich, in der Literatur häufig dazu aufgefordert wird, Humor einzusetzen, um das Klima zu verbessern (»Use humor!«), dann mag das für einzelne Lehrkräfte eine hilfreiche Anregung sein. Bei anderen Lehrkräften jedoch wäre dieser »Tipp« wenig gewinnbringend, wenn es z. B. nicht deren Persönlichkeit entspricht, die Stunde mit einem lockeren Witz über das aktuelle Zeitgeschehen zu beginnen – das Lehrerhandeln könnte unauthentisch wirken und sich gegebenenfalls sogar negativ auf die Beziehungen oder das Klima auswirken.

Fallbeispiel

In der Publikation »Auf dem Weg zu einem besseren Klassen- und Schulklima an der Grundschule« finden sich anschauliche Darstellungen von »Grundschulen mit bewährter Klimapraxis« (Girod et al. 2005). Ausgewählte Aspekte sollen an dieser Stelle schlaglichtartig skizziert werden, da sie authentische Einblicke in die Möglichkeiten der Gestaltung des Schul- und Klassenklimas bieten. Zudem wird an ihnen deutlich, wie bereits kurz erwähnt, dass ein positives Klassenklima ohne ein entsprechendes Schulklima kaum »herstellbar« erscheint bzw. durch das Klima an der Schule immens beeinflusst wird.
- »Wer die Regenbogenschule im Ebsdorfer Grund anruft, erfährt über den Anrufbeantworter durch eine Kinderstimme, wann das Sekretariat momentan nicht besetzt ist« (Girod et al. 2005, S. 63). Dass eine Schülerin oder ein Schüler den Anrufbeantworter der Schule bespricht ist per se sicher noch kein Nachweis von Partizipationsmöglichkeiten oder eines guten Schulklimas – aber auch solche Elemente können durchaus dazu beitragen, eine positive Atmosphäre zu fördern.
- »Seit 1996 gibt es [an derselben Schule] ein Schülerparlament, in dem alle Klassen durch ihre Klassensprecher (jeweils ein Junge und ein Mädchen) vertreten sind. Das Parlament tritt einmal im Monat zusammen und berät mit zwei Lehrern gemeinsam, welche Vorhaben besprochen und durchgeführt werden sollen. Die Kinder bringen Vorschläge ein, bearbeiten Klagen und Wünsche. Sie versuchen, ihre Schule so kinderfreundlich und angenehm wie möglich zu gestalten« (Girod et al. 2005, S. 64). Solche und vergleichbare konkrete Möglichkeiten der Partizipation gibt es in unterschiedlicher Ausprägung (z. B. abhängig von der Schulart, teils unter Einbezug der Eltern, mit unterschiedlichen Einflussmöglichkeiten usw.) in allen Bundesländern. Allerdings bürgt alleine die Institutionalisierung solcher Gremien nicht dafür, dass echte Mitsprachemöglichkeiten mit einem positiven Einfluss auf das Schulklima entstehen. Anders betrachtet: Das Gewähren von Mitsprache vonseiten der Schule ist nur dort und in dem Umfang sinnvoll, wo für die Beteiligten die konkrete Möglichkeit besteht, eigene Anliegen einzubringen und sich aktiv am Entscheidungsprozess zu beteiligen.
- Die Grundschule in Hadamar etablierte, angestoßen durch Initiativen vonseiten der Eltern und des Kollegiums, z. B. gemeinsame Morgenkreise im Schulhof, Sitzgruppen im Grünbereich oder auch Unterrichtsprojekte wie »Wir sind Kinder einer Welt« (Girod et al. 2005, S. 65). Das Schulklima, aber auch Innovationen an Schulen werden zwar durch Schulleitungen entscheidend geprägt – wie das Beispiel der

Grundschule in Hadamar und viele vergleichbare Initiativen zeigen können Schulentwicklungsprozesse hin zur Förderung der Beziehungen und des Klimas aber selbstredend ihren Ursprung auch in Anregungen von Schülerinnen und Schülern, Eltern, Kollegium oder auch dem schulischem Umfeld haben.

Literatur

Brenner, P. J. (2009): Wie Schule funktioniert. Schüler, Lehrer, Eltern im Lernprozess. Stuttgart: Kohlhammer.
Bülter, H./Meyer, H. (2004): Was ist ein lernförderliches Klima? Voraussetzungen und Wirkungen. In: Pädagogik 11, S. 31–36.
Christian, H. (2003): Das Klassenklima fördern. Ein Methoden-Handbuch. Berlin: Cornelsen Scriptor.
Deci, E. L./Ryan, R. M. (1993): Die Selbstbestimmungstheorie der Motivation und ihre Bedeutung für die Pädagogik. In: Zeitschrift für Pädagogik 39, S. 223–238.
Dubs, R. (2011): Kommunikation und Interaktion im Unterricht. In: Kiel, E./Zierer, K. (Hrsg.): Unterrichtsgestaltung als Gegenstand der Wissenschaft. Basiswissen Unterrichtsgestaltung Band 2. Baltmannsweiler: Schneider Verlag Hohengehren, S. 129–143.
Eder, F. (2011): Klassenklima. In: Kiel, E./Zierer, K. (Hrsg.): Unterrichtsgestaltung als Gegenstand der Wissenschaft. Basiswissen Unterrichtsgestaltung Band 2. Baltmannsweiler: Schneider Verlag Hohengehren, S. 113–127.
Eder, F. (2009): Schul- und Unterrichtsklima (Teil 1). Definition, Merkmale und Möglichkeiten der Diagnose. In: Schulverwaltung 28, H. 2, S. 44–46.
Girod, C./Balser, H./Schulz, C./Hildebrand, J./Weinz, G.(2005): Auf dem Weg zu einem besseren Klassen-und Schulklima an der Grundschule. Modelle und Praxis. Bundesministerium für Bildung und Forschung. www.bildung-lsa.de/pool/schulqualitaet/8_schulklima.pdf (Abruf: 24.01.2017).
Hattie, J. (2013): Lernen sichtbar machen. Überarbeitete deutschsprachige Ausgabe von »Visible Learning«, besorgt von Wolfgang Beywl und Klaus Zierer. Baltmannsweiler: Schneider Verlag Hohengehren.
Helsper, W. (2002): Lehrerprofessionalität als antinomische Handlungsstruktur. In: Kraul, M./Marotzki, W./Schweppe, C. (Hrsg.): Biographie und Profession. Bad Heilbrunn: Klinkhardt, S. 64–102.
Helsper, W./Hummrich, M. (2009): Die Lehrer- und Schülerbeziehung – professionelles Arbeitsbündnis oder individuationsermöglichende Sozialisationsbeziehung? In: Lenz, K./Nestmann, F. (Hrsg.): Handbuch Persönliche Beziehungen. Weinheim und Basel: Beltz Juventa, S. 605–630.
Höfer, D./Steffens, U. (2012): »Visible Learning for Teachers – Maximizing impact on learning«. Zusammenfassung der praxisorientierten Konsequenzen aus der Forschungsbilanz von John Hattie »Visible Learning«. www.visiblelearning.de/wp-content/uploads/2013/04/Hattie-2_Vero eff_Zsfa_2012_09_26.pdf (Abruf: 24.01.2017).
ISB – Staatsinstitut für Schulqualität und Bildungsforschung (2008): Klassenklima. Erziehung konkret 1. www.isb.bayern.de/download/1707/08-09-23_erziehungkonkret_klassenklima.pdf (Abruf: 24.01.2017).
Jerusalem, M./Mittag, W.(1997): Schulische Gesundheitsförderung: Differentielle Wirkungen eines Interventionsprogramms. In: Unterrichtswissenschaft 25, H. 2, S. 133–149.
Kahlert, J./Sigel, R. (Hrsg.) (2002): Achtsamkeit und Anerkennung. Materialien zur Förderung des Sozialverhaltens in der Grundschule. Herausgegeben im Auftrag der Bundeszentrale für gesundheitliche Aufklärung. Köln. www.bzga.de/botmed_20420000.html (Abruf: 24.01.2017).

Leitz, I. (2015): Motivation durch Beziehung. Wiesbaden: Springer VS.
Oser, F./Spychiger, M. (2005): Lernen ist schmerzhaft. Zur Theorie des Negativen Wissens und zur Praxis der Fehlerkultur. Weinheim und Basel: Beltz.
Raufelder, D. (2010): Soziale Beziehungen in der Schule – Luxus oder Notwendigkeit? In: Ittel, A./Merkens, H./Stecher, L./Zinnecker, J. (Hrsg.): Jahrbuch Jugendforschung 8. Wiesbaden: VS Verlag, S. 187–202.
Steinherr, E. (2016): Die gewaltpräventive Schule. In: Kiel, E./Weiß, S. (Hrsg.): Schulentwicklung gestalten. Theorie und Praxis von Schulinnovation. Stuttgart: Kohlhammer, S. 56–81.
Stevens, L. (2001): Denkpause. Ein Arbeitsbuch für Lehrer zum Umgang mit Schülern beim Lehren und Lernen. Baltmannsweiler: Schneider Verlag Hohengehren.
Tausch, R. (2008): Personzentriertes Verhalten von Lehrern in Unterricht und Erziehung. In: Schweer, M. (Hrsg.): Lehrer-Schüler-Interaktion. Inhaltsfelder, Forschungsperspektiven und methodische Zugänge. Wiesbaden: VS Verlag, S. 155–176.
Thurn, S. (2014): Klassenklima – Schulklima. Ich gehöre dazu – ich kann's – ich werde ernst genommen. In: Pädagogik 7–8, S. 40–43.
Ulich, K. (2001): Einführung in die Sozialpsychologie der Schule. Weinheim und Basel: Beltz.

Literaturhinweise

Hatto, C. (2003): Das Klassenklima fördern. Ein Methoden-Handbuch. Berlin: Cornelsen Scriptor.
Kiper, H. (1997): Selbst- und Mitbestimmung in der Schule. Das Beispiel Klassenrat. Baltmannsweiler: Schneider Verlag Hohengehren.
Trenz, G. (2008): Interaktionsprozesse im Unterricht. In: Bovet, G./Huwendiek, V./Abele, U. (Hrsg.): Leitfaden Schulpraxis. Pädagogik und Psychologie für den Lehrberuf. Berlin: Cornelsen, S. 401–416.
Schweer, M. K. W. (2008): Lehrer-Schüler-Interaktion. Inhaltsfelder, Forschungsperspektiven und methodische Zugänge. Wiesbaden: VS Verlag.

3. Beraten

3.1 Mit Eltern kooperieren

Furian versteht die Elternarbeit als »*die Summe aller pädagogischen Angebote für Eltern und Bemühungen zur Verbesserung des elterlichen Erziehungsverhaltens, die Offenlegung und Abstimmung der Erziehung zwischen Familien und außerfamiliären Erziehungseinrichtungen und die Verbesserung der Erziehungssituation in außerfamiliären Einrichtungen unter Einbeziehung der Eltern*« (Furian 1982, S. 17).

Stand der Forschung

Familie und Schule sind Subsysteme der Gesellschaft, welche die Sozialisation von Kindern und Jugendlichen entscheidend prägen. Die gemeinsame Erziehungsaufgabe von Schule und Elternhaus basiert auf rechtlichen Grundlagen, die beiden eine gleichgeordnete Stellung zuweisen. Dieses Verhältnis impliziert die Notwendigkeit einer vertrauensvollen Kooperation zwischen Schule und Elternhaus (Saalfrank 2012). So wird Elternarbeit heute im Vergleich mit der angeführten Definition weniger im Sinne des erstgenannten Aspekts der »Elternbildung« gesehen, sondern eher in Hinblick auf eine Erziehungs- und Bildungspartnerschaft zwischen Schule und Elternhaus diskutiert (Sacher 2014). Der Forschungsstand verweist insgesamt deutlich auf die Relevanz einer Kooperation von Schule und Elternhaus, z.B. mit Blick auf die Schulleistungen, die Reduktion von unangemessenen Verhaltensweisen oder auch die Stärkung häuslicher Unterstützung, wenn Lehrkräfte z.B. Eltern in Bezug auf die optimale Gestaltung der Hausaufgabensituation beraten (Hertel et al. 2013). Mit Blick auf die Lehrkräfte selbst gibt es Hinweise dahingehend, dass eine gelingende Zusammenarbeit mit Eltern sich positiv auf die Wahrnehmung von Belastungen sowie die Zufriedenheit mit dem Beruf auswirkt (Schwanenberg 2015).

Elternarbeit bzw. eine Erziehungs- und Bildungspartnerschaft zwischen Schule und Elternhaus kann sich in folgenden Formen konkretisieren (Uhlendorff 2009):

- *Formelle Kontakte*, die in den jeweiligen Schulordnungen und -bestimmungen festgelegt sind und regelmäßig durchgeführt werden, z.B. Elternsprechstunden, Elternsprechabende, Klassenelternversammlungen.
- *Informelle Kontakte*, die abseits der formalen Kontaktmöglichkeiten ablaufen. Informelle Kontakte können sich auch spontan ergeben bzw. müssen diese nicht zwingend schulische Themen zum Inhalt haben, z.B. Tür-und-Angel-Gespräche, Telefonate, Hausbesuche, Eltern-Lehrer-Café, Kontakte bei schulischen Veranstaltungen (Feste, Theatervorführungen, Informationsveranstaltungen usw.).

- *Informationsaustausch*, hierunter fallen z. B. Elternrundbriefe (in der Regel als »Kontaktmöglichkeit« der Schulleitung) oder das Mitteilungsheft, aber auch Formen des Feedbacks (z. B. Lernentwicklungsgespräche, an denen die Eltern teilnehmen und so eine Rückmeldung über Leistung und Verhalten der Schülerin/des Schülers erhalten).
- *Elternbeteiligung*, die sich in unterschiedlichen Ausprägungen zeigen kann. Eine formale Form wäre z. B. die schulrechtliche geregelte Beteiligung von Eltern an und in Gremien wie dem Elternbeirat oder dem Schulforum mit festgelegten Informations- und Mitbestimmungsrechten zu bestimmten Fragestellungen. Andererseits gibt es auch niederschwelligere Formen wie die Mithilfe bei schulischen Veranstaltungen oder die Begleitung bei Ausflügen.
- *Elternbildung*, worunter sowohl die Beratung von Eltern durch Lehrkräfte (Lernberatung, Beratung zu Erziehungsfragen), aber auch Angebote wie Elternkurse oder -trainings (z. B. Programme zur Stärkung der Erziehungskompetenz, Deutschkurse für Eltern) fallen.

Eine vertrauensvolle Kooperation zwischen Schule und Elternhaus ist in der Praxis allerdings nicht immer gegeben. So zeigt eine Studie der Universität Erlangen, dass viele Eltern ein distanziertes Verhältnis zur Schule pflegen (Sacher 2005). Bezogen auf Elterngespräche wird unter anderem festgestellt, dass sich diese häufig auf die formellen Kontaktmöglichkeiten (Elternsprechstunden und -sprechtage, Klassenelternabende) beschränken und die informellen Kontaktmöglichkeiten kaum genutzt werden. Zudem sollten sich Bemühungen rund um eine verbesserte Kooperation mit Eltern letztlich positiv auf die Entwicklung der Schülerinnen und Schüler auswirken – häufige Kontakte zwischen Lehrkräften und Eltern, angenehme Beziehungen usw. sind hierfür eine notwendige, aber keine hinreichende Bedingung: »Um sich im Schulerfolg und in einer positiven Entwicklung der Schülerinnen und Schüler niederzuschlagen, muss Elternarbeit darüber hinaus Eltern aktiv einbeziehen, und zwar nicht nur durch Übertragung von Aufgaben und durch Zugestehen von Entscheidungsbefugnissen in Schule und im Unterricht. Darüber hinaus und vor allen Dingen gilt es, Eltern zu veranlassen, ihre Rolle als Erzieher und Organisatoren der häuslichen Lernumgebung ihrer Kinder aktiv und angemessen auszuüben« (Sacher 2014). Geht es primär um das Wohl der Schüler/innen, so sollten diese, wo es möglich erscheint, aktiv miteinbezogen werden. Gespräche zusammen mit Eltern, Lehrkräften, aber auch den betreffenden Schülerinnen und Schülern oder gemeinsam geschlossene Lernvereinbarungen können eine gute Gelegenheit bieten, die Auswirkungen einer positiv gestalteten Erziehungs- und Bildungspartnerschaft zu stärken.

Checkliste

Ein wichtiger Ansatzpunkt zu einer konstruktiv-kooperativen Zusammenarbeit von Schule und Elternhaus kann in der Gesprächsführung bei Elterngesprächen verortet werden. Hennig und Ehinger (2010) identifizieren folgende Grundhaltungen von Lehrkräften gegenüber Eltern als Basis erfolgreicher Gesprächsführung:
- *Empathie*: Damit ist das Einfühlungsvermögen in die subjektive Sicht der Eltern gemeint. Es geht also darum, das Gegenüber auch bei gegensätzlichen Ansichten zu akzeptieren und dessen Befindlichkeit sensibel wahrzunehmen. Mit der Empathie einher geht die Kongruenz, ein authentisches Auftreten, das auf der Übereinstimmung von dem »was« man sagt und der Frage »wie« man es sagt basiert.
- *Berücksichtigung des Kontextes*: Hier geht es um eine systemische Sichtweise, welche die Lebenswelt sowie die Ressourcen und gegebenenfalls Widrigkeiten, die das Leben der Schülerin/des Schülers und ihrer/seiner Familie prägen, berücksichtigt. Das kann sich auf die materielle Situation, die Wohnverhältnisse, die familiäre Konstellation oder die Einbettung in Unterstützungssysteme beziehen, aber auch auf den Kontext des konkreten Elterngesprächs (z. B. ob das Gespräch einen akuten Anlass hat, wie eine schlechte Note, oder allgemeiner Natur ist). Das »Hineinfühlen« in das Umfeld stellt eine wichtige Basis dafür dar, im Gespräch geeignete Lösungswege zu entwickeln.
- *Stärkung der Eigenverantwortlichkeit der Eltern*: Damit ist gemeint, dass die Eltern als gleichberechtigte Partner der Lehrkraft angesprochen werden sollten, dass also z. B. im Elterngespräch keine (künstlichen) Hierarchien aufgebaut werden. Dies impliziert auch, dass Eltern eine Bereitschaft zur Kooperation nur dann entwickeln, wenn für sie die Möglichkeit, selbst Einfluss auf die Veränderung einer bestimmten Problemlage zu nehmen, erkennbar ist.
- *Ressourcenorientierung*: In diesem Zusammenhang erscheint es bedeutsam, im Gespräch statt einer defizitorientierten Sicht eine ressourcenorientierte Sichtweise anzuwenden. Diese impliziert, dass Ausgangspunkt von Lösungswegen nicht die Probleme, sondern die positiven Aspekte (Stärken und Fähigkeiten) der Schülerin/des Schülers bzw. deren/dessen Eltern sein sollten. Es ist davon auszugehen, dass die Kooperationsbereitschaft steigt, wenn sich z. B. ein Gesprächseinstieg eher auf die Stärken und Fähigkeiten fokussiert.
- *Lösungsfokussierung*: Damit ist gemeint, dass die gemeinsame Entwicklung von Lösungsschritten Vorrang vor einer Aufbereitung der Problemlage haben sollte. Die Betrachtung des Problems ist nur so lange hilfreich, wie sie zur Entwicklung konstruktiver Lösungswege notwendig erscheint.

Hennig und Ehinger (2010) betonen, dass diese Grundhaltungen stärker zum Gelingen oder Misslingen eines Elterngesprächs beitragen können als konkrete Gesprächstechniken.

Grenzen und Risiken

Auch bei Beachtung der genannten Grundhaltungen gilt, dass Elternarbeit mitunter an ihre Grenzen stößt und ein Elterngespräch auch scheitern kann. Grenzen in Bezug auf den Erfolg von Elterngesprächen und letztlich die Kooperation von Schule und Elternhaus lassen sich zum einen aus der Kommunikationstheorie, zum anderen aus der Forschung zur Elternarbeit mit schwer erreichbaren Eltern ableiten.

Eine Ursache für viele Konflikte besteht nach Schulz von Thun (2006) darin, dass Botschaften beim Empfänger häufig anders ankommen, als es der Sender eigentlich beabsichtigt hat. Mit jeder Nachricht wird nicht nur eine bestimmte, klar definierte Botschaft übermittelt, vielmehr existieren nach dem Modell Schulz von Thuns vier Seiten einer Nachricht, d.h. der Sender übermittelt vier Botschaften, der Empfänger nimmt vier Botschaften auf:
- *Sachinhalt*: Hier steht die Sachinformation im Fokus (Daten, Fakten, Sachverhalte).
- *Selbstoffenbarung*: Jeder Sender, der eine Nachricht übermittelt, tut dies nicht, ohne bewusst oder unbewusst auch Informationen über sich selbst, wie etwa seine aktuelle Stimmungslage, zu kommunizieren.
- *Beziehung*: Mit der Nachricht übermittelt der Sender bewusst oder unbewusst auch, wie er zum Empfänger steht – z.B. über die Art der Formulierung, den Tonfall, Mimik und Gestik.
- *Appell*: Unter Appell versteht man die Intention des Senders, die dieser mit dem Übermitteln der Nachricht verbindet. In der Regel will der Sender – ob offen oder verdeckt – auf den Empfänger in irgendeiner Art und Weise Einfluss nehmen.

Botschaften der vier Ebenen können nach Schulz von Thun offen oder verdeckt übermittelt werden und kongruent (d.h. die vier Botschaften der Nachricht weisen in eine Richtung) oder inkongruent (d.h. die vier Botschaften widersprechen sich) sein. Bedenkt man nun noch die Bedeutung der Anteile nonverbaler Kommunikation (Stimme, Betonung und Aussprache, Mimik und Gestik), die nicht immer kongruent mit dem Gesagten sein müssen, wird schnell offensichtlich, wie viele »Stolperschwellen« in der zwischenmenschlichen Kommunikation lauern – insbesondere in Elterngesprächen, die häufig einen Konflikt (Notengebung, Übertritt, disziplinarische Probleme) zum Anlass haben (Kiel et al. 2011).

Neben den kommunikationstheoretischen Überlegungen ist es in vielen Fällen aber die mangelnde Kooperationsbereitschaft der Eltern, die Elternarbeit an ihre Grenzen stoßen lässt. Hinweise darauf ergeben z.B. die Befunde von Sacher (2005):
- Bei mehr als der Hälfte der Lehrkräfte (54,2 Prozent) besucht allenfalls die Hälfte der Eltern die Sprechstunden, davon bei 25,7 Prozent sogar weniger als ein Viertel.
- Bei fast einem Viertel (24,7 Prozent) der Lehrkräfte besucht allenfalls die Hälfte der Eltern die Elternabende, davon bei 4,4 Prozent in Realschulen und bei 7,4 Prozent in Gymnasien sogar weniger als ein Viertel.

- Ebenfalls bei nahezu einem Viertel (23,1 Prozent), in Realschulen und Gymnasien sogar bei fast einem Drittel (32,0 Prozent) der Lehrkräfte besucht allenfalls die Hälfte der Eltern die Elternsprechtage, davon bei 4,1 Prozent sogar weniger als ein Viertel.

Sacher weist darauf hin, »dass gerade jene Eltern den Kontaktbemühungen von Lehrkräften, Ausbilderinnen/Ausbildern und sonstigen Fachkräften am wenigsten zugänglich sind, mit denen am dringendsten kooperiert werden müsste« (2012, S. 297). Mit dem Label »schwer erreichbar« werden in der Diskussion allerdings sehr unterschiedliche Konstellationen versehen:
- Eltern aus bestimmten Milieus (z. B. bildungsferne Eltern, Migranten, aber auch bildungsnahe Eltern, die keinen Wert auf Kooperation mit Lehrkräften legen)
- Eltern mit schwierigen familiären Bedingungen (z. B. Alleinerziehende, von konfliktreiche Beziehungen, Arbeitslosigkeit und/oder Armut, Suchtprobleme Betroffene)
- Anderweitig stark beanspruchte Eltern (z. B. beruflich stark eingebundene Eltern, vom Schulsystem enttäuschte/frustrierte Eltern)

Schon die Heterogenität der Gruppe der »schwer erreichbaren« Eltern zeigt die große Bedeutung eines differenzierten Kooperationsangebots seitens der Schule. Dies beinhaltet z. B. niederschwellige Formen der Kontaktaufnahme, aufsuchende Elternarbeit, die aktiv von der Lehrkraft ausgeht, sowie aktivierende Elternarbeit, bei der die Lehrkraft z. B. konkrete Unterstützungsmaßnahmen vorschlägt (Sacher 2012). Eine Unterstützungsmaßnahme kann sein, zu Elterngesprächen mit Eltern, die über mangelnde Deutschkenntnisse verfügen, einen Übersetzer einzuladen – teils können diese über die Schulverwaltung angefordert werden. In der Praxis werden allerdings mangels Verfügbarkeit von professionellen Dolmetschern häufig die betreffenden Schüler/innen, Klassenkameradinnen und -kameraden, Lehrkräfte mit entsprechenden Sprachkenntnissen oder andere Eltern herangezogen, was z. B. schon mit Blick auf die Vertraulichkeit problematisch sein kann.

Fallbeispiel

Beispiele für eine als Erziehungs- und Bildungspartnerschaft verstandene Elternarbeit finden sich in vielfältigen Publikationen (z. B. Stiftung Bildungspakt Bayern 2014; ISB 2008; Vodafone Stiftung 2013). Ausgewählte Umsetzungsbeispiele aus verschiedenen Schularten sollen an dieser Stelle, kategorisiert nach unterschiedlichen Ebenen der Zusammenarbeit, skizziert werden, da sie authentische Einblicke in die Möglichkeiten der Gestaltung von schulischer Elternarbeit geben:
- *Vernetzung:* An der Staatlichen Fachoberschule Erding wird der Versuch unternommen, durch eine enge Kooperation mit den Zubringerschulen bereits vor dem Übertritt der Schüler/innen Kontakt zu den zukünftigen Schülerinnen und Schülern und

Eltern herzustellen, um den Übertritt zu erleichtern (Stiftung Bildungspakt Bayern 2014). Das Erreichen dieses Ziels wird durch vielfältige Einzelmaßnahmen angestrebt, z. B. Kontaktaufbau zu Beratungslehrkräften der Zubringerschulen, um über die Fachoberschule zu informieren; Durchführung von internen und externen Informationsabenden für Eltern; individuelle Beratungsangebote für Eltern schon vor dem Übertritt; Schnuppertage für zukünftige Schüler.

Vergleichbare Versuche der frühzeitigen Kontaktaufnahme zu Schülerinnen und Schülern und Eltern sowie der Zusammenarbeit mit »abgebenden Einrichtungen« finden sich z. B. auch an vielen Standorten im Grundschulbereich mit Blick auf den Übergang von der Kindertagesstätte in die Grundschule.

- *Einschulung und Begrüßung:* An der Richard-Rother-Realschule in Kitzingen gibt es ein spezielles »Begrüßungsprogramm« nicht nur für neue Schüler/innen, sondern auch für deren Eltern. Ziel ist es, von Beginn an eine gute Basis für die Kooperation von Schule und Elternhaus zu legen und Kontaktmöglichkeiten sowie den Informationsaustausch zu stärken (ISB 2008). So wird der erste Schultag bewusst nicht nur als Neubeginn für die Schülerinnen und Schüler, sondern als »Einschulung der Eltern« betrachtet. Den Eltern wird an diesem Tag ein eigenes Programm angeboten, z. B. stellen sich die Lehrkräfte den Eltern persönlich vor; es gibt ein Elterncafé mit der Möglichkeit, Lehrkräfte und Schulleitung kennen zu lernen; es wird eine Begrüßungsmappe ausgegeben, die wichtige Informationen, Formblätter, Bestellscheine für Schulmaterial usw. enthält. Das Elternprogramm ist zeitlich so abgestimmt, dass die Schüler/innen im Anschluss abgeholt werden können und der erste Schultag so gemeinsam endet.
- *Begegnungsorte:* An der Sophien-Grundschule in Hof wurde ein Elterncafé etabliert, das als Möglichkeit der regelmäßigen Kontaktaufnahme nicht nur zwischen Eltern, sondern auch zwischen Schule und Elternhaus dient (Stiftung Bildungspakt Bayern 2014). Das Elterncafé wird von den Eltern betrieben, hat täglich von 07.45 Uhr bis ca. 09.00 Uhr geöffnet und wird auch von Lehrkräften und Schulleitung besucht. In regelmäßigen Abständen findet im Rahmen dieses Treffpunkts das sogenannte Elternforum statt. Dieses bietet Eltern auch abseits der regulären Elternvertretung die Möglichkeit, Ideen und Anregungen gegenüber Lehrkräften und Schulleitung einzubringen.
- *Kommunikation und Information:* An der Realschule Herrieden wurde ein schuleigenes Hausaufgabenheft eingeführt (Stiftung Bildungspakt Bayern 2014), das als Kommunikationsmittel und stetiger Lernbegleiter fungiert. Neben Feldern für die Eintragung der Hausaufgaben sind jeweils Bereiche für allgemeine Informationen durch die Lehrkräfte (z. B. zu anstehenden Aktivitäten), Felder für spezifische Rückmeldungen an Eltern (z. B. zu Schülerverhalten, Zuspätkommen), aber auch eine komplette und immer wieder aktualisierte Übersicht zu schulischen Leistungen (Noteneinträge) sowohl vonseiten der Lehrkraft als auch die jeweilige Selbsteinschätzung vonseiten der Schüler/innen enthalten. In der Einschätzung der Schule

stellt dieses Instrument eine gute Möglichkeit dar, eine zeitnahe Kommunikation mit den Eltern zu stärken.
- *Türöffner:* An der Hans-Böckler-Schule, einer städtischen Real- und Wirtschaftsschule in Fürth, wird konsequent Wert darauf gelegt, positive Kontakte zwischen Eltern und Lehrkräften zu ermöglichen, um so von Beginn an eine vertrauensvolle Atmosphäre aufzubauen (ISB 2008). Leitend dabei ist die Vorstellung, dass Kontakte zwischen Schule und Elternhaus häufig mit Konfliktthemen (Leistung, Absenzen, Disziplinprobleme) belastet sind und dass bewusst initiierte, positive Kontakte nicht nur eine bessere Atmosphäre schaffen, sondern auch bei auftretenden Problemlagen und deren Lösung hilfreich sein können. An Einzelmaßnahmen werden z.B. ein Elternstammtisch, Elternabende zu speziellen Themen (Berufsvorbereitung, Bewerbung), ein Schulradio, ein Sponsorenlauf für einen guten Zweck oder Projekte wie »Eltern klettern mit ihren Kindern« genannt.
- *Partizipation:* An der Grund- und Mittelschule Utting wird regelmäßig ein Projekttag »Eltern in die Schule« durchgeführt, bei dem Eltern als aktive Mitgestalter auftreten (ISB 2008). Die Schule soll sich nach außen öffnen, Eltern sollen einen Einblick in die schulischen Abläufe erhalten, Lehrkräfte und Eltern sollen sich besser kennen lernen. Die Umsetzung erfolgt an einem Projekttag ohne regulären Unterricht. Eltern, die sich freiwillig gemeldet haben, und Fachlehrkräfte bieten, je nach Kompetenzen und Fähigkeiten, unterschiedliche Workshops an, die von den Schülerinnen und Schülern besucht werden.

Für den Einbezug der Eltern gibt es viele unterschiedliche Möglichkeiten, sei es die Hilfe bei der Gestaltung und Renovierung der Schule, die Mitarbeit bei Schulfesten, die Begleitung bei Ausflügen oder Exkursionen, die Nutzung elterlicher Kontakte zu außerschulischen Angeboten usw. (siehe auch Vodafone-Stiftung 2013).

Literatur

Furian, M. (Hrsg.) (1982): Praxis der Elternarbeit in Kindergarten, Hort, Heim und Schule. Heidelberg: Quelle & Meyer.
Hennig, C./Ehinger, W. (2010): Das Elterngespräch in der Schule. Von der Konfrontation zur Kooperation. Donauwörth: Auer.
Hertel, S./Bruder, S./Jude, N./Steinert, B. (2013): Elternberatung an Schulen im Sekundarbereich. In: Zeitschrift für Pädagogik Beiheft 59, S. 40–62.
ISB – Staatsinstitut für Schulqualität und Bildungsforschung (2008): Schule und Familie – Verantwortung gemeinsam wahrnehmen. www.isb.bayern.de/download/1694/km_isb_vip_web_einzelseiten.pdf (Abruf 24.01.2017).
Kiel, E./Kahlert, J./Haag, L./Eberle, T. (2011): Herausfordernde Situationen in der Schule. Ein fallbasiertes Arbeitsbuch. Bad Heilbrunn: Klinkhardt.
Saalfrank, W.-T. (2012): Erziehung zwischen Familie und Schule. In: Kiel, E. (Hrsg.): Erziehung sehen, analysieren, gestalten. Bad Heilbrunn: Klinkhardt, S. 123–160.
Sacher, W. (2014): Elternarbeit als Erziehungs- und Bildungspartnerschaft. Grundlagen und Gestaltungsvorschläge für alle Schularten. Bad Heilbrunn: Klinkhardt.

Sacher, W. (2012): Schule: Elternarbeit mit schwer erreichbaren Eltern. In: Stange, W./Krüger, R./ Henschel, A./Schmitt, C. (Hrsg.): Erziehungs- und Bildungspartnerschaften. Elternarbeit in Kooperation von Schule, Kita, Jugendhilfe und Familie. Wiesbaden: Verlag für Sozialwissenschaften, S. 297–303.

Sacher, W. (2005): Erfolgreiche und misslingende Elternarbeit. Ursachen und Handlungsmöglichkeiten. Erster Übersichtsbericht. Schulpädagogische Untersuchungen Nürnberg, Nr. 24, Nürnberg: Universität Nürnberg-Erlangen.

Schulz von Thun, F. (2006): Miteinander reden 1: Störungen und Klärungen. Reinbek bei Hamburg: Rowohlt.

Schwanenberg, J. (2015): Elterliches Engagement im schulischen Kontext. Analyse der Formen und Motive. Münster: Waxmann.

Stiftung Bildungspakt Bayern (2014): Schulversuch AKZENT Elternarbeit. Anregungen zur Gestaltung der Bildungs- und Erziehungspartnerschaft von Schule und Elternhaus. www.bildungspakt-bayern.de/akzent-elternarbeit (Abruf 24.01.2017).

Uhlendorff, H. (2009): Kooperation zwischen Bildungseinrichtungen und Eltern. Bericht für das Landesinstitut für Schule und Medien Berlin-Brandenburg (Lisum). Ludwigsfelde: Lisum.

Vodafone Stiftung (2013): Qualitätsmerkmale schulischer Elternarbeit. Ein Kompass für die partnerschaftliche Zusammenarbeit von Schule und Elternhaus. www.vodafone-stiftung.de/uploads/tx_newsjson/vfst_qm_elternarbeit_web.pdf (Abruf 24.01.2017).

Literaturhinweise

Bauer, P./Brunner, E. J. (2006): Elternpädagogik: Von der Elternarbeit zur Erziehungspartnerschaft. Freiburg: Lambertus.

Bonananti, M./Knapp, C. (2016): Eltern – Lehrer – Schüler: Theoretische und qualitativ-empirische Betrachtungen zum Verhältnis von Elternhaus und Schule sowie zu schulischen Gesprächen. Bad Heilbrunn: Klinkhardt.

Korte, J. (2008): Erziehungspartnerschaft Eltern – Schule. Von der Elternarbeit zur Elternpädagogik. Weinheim und Basel: Beltz.

Schnebel, S. (2007): Professionell beraten: Beratungskompetenz in der Schule. Weinheim und Basel: Beltz.

Wild, E./Lorenz, F. (2010): Elternhaus und Schule. Paderborn: Schöningh.

3.2 Beraten in der Schule

»Beratung ist prinzipiell freiwillig: das gilt für den Ratsuchenden wie für den Berater. [...] Um die Unabhängigkeit von Ratsuchenden und Berater zu gewährleisten, muss die Beratungssituation freigehalten werden von Sanktionen. [...] Der Ratsuchende bestimmt von sich aus den Gegenstand der Beratung und hat die Freiheit der Wahl zwischen den sich anbietenden Entscheidungs- und Handlungsalternativen« (Benz/Rückriem 1978, S. 21).

Stand der Forschung

Beratung ist in unserer sich immer stärker ausdifferenzierenden Gesellschaft ein wichtiger Arbeitsbereich geworden, so gibt es die unterschiedlichsten Beratungsmöglichkeiten wie z.B. Verbraucher-, Erziehungs-, Lebens-, Familien-, Ehe-, Bildungs-, Berufs-, Sexual-, Unternehmensberatung etc. Beraten und beraten werden begegnet uns im Alltag in vielfältigen Situationen – formell wie informell (Dietrich 1983). Ob im Gespräch mit Freunden und Kollegen, ob beim Friseur, im Taxi oder anderswo. Überall stoßen wir auf Anlässe, in denen eine Beratung erfolgt. Beratung kann demnach als ein alltägliches Phänomen angesehen werden. Es gibt so viele Beratungsanlässe, wie es problematische Person-Umwelt-Bezüge gibt. Im Rahmen der Tätigkeit als Lehrkraft ist das Beraten eine der zentralen Aufgaben, die schon vom Deutschen Bildungsrat und letztendlich auch von der Kultusministerkonferenz in der Beschreibung der Lehrertätigkeiten angeführt wird. Während wir uns im Alltag in einer nicht professionellen bzw. semiprofessionellen Beratungssituation befinden, sollte der Beratungskontext in der Schule professionellen Charakter besitzen.

Nach Dietrich ist »Beratung [...] in ihrem Kern jene Form einer interventiven und präventiven helfenden Beziehung, in der ein Berater mittels sprachlicher Kommunikation und auf der Grundlage anregender und stützender Methoden innerhalb eines vergleichsweise kurzen Zeitraums versucht, bei einem desorientierten, inadäquat belasteten oder entlasteten Klienten einen auf kognitiv-emotionaler Einsicht fundierten Lernprozess in Gang zu bringen, in dessen Verlauf seiner Selbsthilfebereitschaft, seine Steuerungsfähigkeit und seine Handlungskompetenz verbessert werden können« (1983, S. 2). Beratung ist ein diskontinuierlicher und meist kurzfristiger Prozess. Durch den Beratungsprozess soll ein begrenzter Bereich der personalen Kompetenz wiederhergestellt werden, sowie die Selbsthilfeintentionen, die Selbststeuerungsfähigkeit und die Handlungskompetenz gefördert werden. Die Beratung hat mit Personen zu tun, die sich in einer Problemlage befinden, die subjektiv als belastend und schwer lösbar erscheint. Es handelt sich dabei um Personen, die Entscheidungsschwierigkeiten haben, bedingt beispielsweise durch Informationslücken bis hin zu Personen, die insgesamt Schwierigkeiten haben, sich im Alltag zurechtzufinden. Wichtig ist innerhalb dieses Kontextes auch, dass Beratung, wie es im einführenden Zitat deutlich wird, immer ein freiwilliger Prozess ist, da eine Beratung, die von außen aufgezwungen wird, zu keinem Erfolg führt. Beratung ist über die ganze Lebensspanne hin möglich.

Berater/in und Ratsuchende/r haben in der Regel ein partnerschaftliches Verhältnis, die/der Ratsuchende soll von der Beraterin/vom Berater in erster Linie Hilfe zur Selbsthilfe bekommen. Problematisch wird diese Sicht in Bezug auf die spezifische Situation in der Schule. Die Schule hat durch ihren normativen Charakter mit hierarchischen und institutionalisierten Strukturen eine andere Zielsetzung als eine außerschulische Beratungsstelle im pädagogischen Bereich, was bedeutet, dass zwischen Lehrkräften und Eltern bzw. Lehrkräften und Schülerinnen und Schülern ein asymmetrisches Verhältnis besteht, was sich aus Faktoren wie Schulpflicht, Selektion und Leistungsbeurteilung sowie der Vergabe von Berechtigungen ergibt.

Beratung muss abgegrenzt werden von Therapie. Letztere setzt ein, wenn Probleme und Schwierigkeiten chronischen Charakter angenommen haben, d.h. der Problemdruck sich zum Leidensdruck gesteigert hat und für die/den Einzelne/n schwer lösbar wird. Eigene Lösungsstrategien bestehen oft aus Fehl- und Ersatzlösungen. Therapien sind meist längerfristiger angelegt als eine Beratung. Je nachdem, welche Therapieform angewandt wird, lässt sich ein unterschiedliches Machtgefälle zwischen Therapeut/in und Klient/in feststellen.

Beratung in der Schule kann neben der eigentlichen Lehrkraft (Klassen- oder Fachlehrer/in) auch durch Beratungslehrer/innen, Schulpsychologen/-psychologinnen oder Schulsozialarbeiter/innen erfolgen. Letztere stellen ein Bindeglied dar zwischen der schulischen Beratungsarbeit und außerschulischen Beratungsinstitutionen. Die Felder, in denen Beratung in der Schule stattfindet, sind vielfältig (Zand/Gouwens/Evenson 2006). So gibt es u.a. folgende Beratungsfelder bzw. -anlässe:

- *Bildungswegberatung:* Schullaufbahn, Einschulung, Schulübertritt, Schulwechsel, Fächerkombination, Kurswahl, Studien- und Berufswahlentscheidungen, mögliche Fort- und Weiterbildung.
- *Schulleistungsprobleme:* Lernstörungen und Teilleistungsstörungen (Legasthenie, Dyskalkulie), Motivationsstörungen, Lern- und Arbeitsstrategien, Konzentrationsstörungen, Underachievement, Hochbegabung, Auffälligkeiten in der Leistungsentwicklung, sonderpädagogischer Förderbedarf.
- *Schulische Verhaltensauffälligkeiten:* Schulunlust, Schulangst, Prüfungsangst, aggressives Verhalten, Mobbing/Bullying, spezielle Verhaltensauffälligkeiten (Bettnässen, Hyperaktivität etc.), Drogenmissbrauch, Außenseiterproblematik, Lehrer-Schüler-Interaktion, Disziplinprobleme.
- *Institutionelle Ebene:* Innovationsprozesse, Lehrer-Eltern-Konflikte, Lehrer-Schulrat-Konflikte.

Die professionelle pädagogisch-psychologische Beratung richtet sich an Einzelpersonen wie Erzieher/innen, Lehrer/innen, Schüler/innen und Eltern (Einzelfallberatung); an Gruppen wie Familien, Schulklassen (Gruppenberatung) und Institutionen wie Einzelschule oder Schulbehörden (Systemberatung). Hierbei bezieht sich die pädagogisch-psychologische Beratung jedoch »nur auf einen Teil der möglichen Beratungsanlässe, nämlich auf solche Situationen, in denen Fragen der Erziehung im weitesten Sinn zum Problem werden« (Schwarzer/Posse 1986, S. 638).

Wichtig ist in der Beratung auch die Art der Gesprächsführung. Man unterscheidet zwischen direktiver und non-direktiver Gesprächsführung. Eine direktive Gesprächsführung ist in der Regel asymmetrisch. Sie ist gekennzeichnet durch die einseitige Festlegung der Gesprächsthemen, geschlossenen Fragen und der Schwerpunktlegung auf Fachinformationen, Ratschläge und Anweisungen. Im Rahmen der pädagogischen Beratung empfiehlt sich die non-direktive Gesprächsführung, die durch Empathie, offene Fragen und insbesondere durch das sogenannte aktive Zuhören gekennzeichnet ist. Die non-direktive Gesprächsführung ist in vielen Kontexten sicherlich die sinnvollste Variante eines Beratungsgesprächs. Doch gibt es auch in der Schule Situationen, in denen eine direktive Beratung zu erfolgen hat, wie beispielsweise in der Schullaufbahnberatung oder auch in der Lernprozessberatung.

In einem Beratungsgespräch ist es wichtig, dass ein Perspektivwechsel stattfindet, d. h., dass die Teilnehmenden des Beratungsgesprächs die Perspektiven der anderen in dem Beratungsfall involvierten Personen einnehmen. So wird eine mehrdimensionale Beratung möglich, in der eine Problemstellung nicht nur aus der Sicht einer einzigen beteiligten Person betrachtet, sondern die Gesamtsituation verdeutlicht wird. Darüber hinaus hält ein Perspektivwechsel zur Selbstreflexion an.

Checklisten

Die folgenden Checklisten thematisieren den Ablauf eines Beratungsprozesses (nach Müller-Fohrbrod 1999 und Schwarzer/Buchwald 2006), die Merkmale aktiven Zuhörens nach Rogers (2007) sowie den möglichen Ablauf einer Schullaufbahnberatung nach Aurin (1981). Gerade die beiden Ablaufprozesse einer allgemeinen Beratung sind auf vielfältige Beratungsanlässe in der Schule anwendbar und übertragbar.

Beratungshandeln als Problemlöseprozess lässt sich nach Schwarzer/Posse (1986) in Ergänzung mit Schwarzer/Buchwald (2006) in sechs Schritte unterteilen:
1. *Allgemeine Orientierung:* Abklärung der subjektiven Erwartungen und Einstellungen in Bezug auf das zu lösende Problem und den Weg, wie das Problem aus der Sicht des Ratsuchenden angegangen werden kann.
    – Welche Einstellung hat die Klientin/der Klient zum Problem?
    – Wodurch ist ihres/seines Erachtens das Problem entstanden?
    – Wie lässt es sich nach ihrer/seiner Auffassung am besten lösen?
2. *Problemanalyse:* Das Problem soll in dieser Phase vom aktuellen Stand her betrachtet werden, d. h. wie es die/der Ratsuchende im Moment einschätzt und welche Lösungsversuche sie/er bis zu diesem Zeitpunkt unternommen hat.

- Wie ist es dazu gekommen?
- Welche Problemlösung wird angestrebt?
- Was wurde bislang zur Lösung des Problems unternommen? Wie erfolgreich war das?

3. *Erzeugung/Sammlung und Bewertung von Alternativen:* In dieser Phase sollen mehrere Lösungsstrategien erarbeitet und hinsichtlich der Zielsetzungen der/des Ratsuchenden bewertet werden. Die/Der Ratsuchende erfährt über die Vielfalt der Handlungsmöglichkeiten eine aktive Kontrolle ihrer/seiner Problemsituation.
   - Welche Lösungsalternativen gibt es? Bringen sie die Klientin/den Klienten erfolgreich zum Ziel?
   - Die/Der Ratsuchende erkennt die Vielfalt ihrer/seiner Handlungsmöglichkeiten.
   - Sie/Er gewinnt zunehmend das Gefühl, ihr/sein Problem aktiv kontrollieren zu können.

4. *Entscheidung und Planung der Durchführung:* Die in der dritten Phase erarbeiteten und bewerteten Lösungsalternativen werden in dieser Phase nun miteinander verglichen, vor allem hinsichtlich ihrer Konsequenzen, die sie für die/den Ratsuchende/n haben. Die/Der Ratsuchende soll so in die Lage versetzt werden, eine eigene begründete Lösung zu finden, deren Realisierung anschließend mit der Beraterin/dem Berater angegangen wird.
   - Welche Lösung erscheint der Klientin/dem Klienten am Erfolg versprechendsten?
   - Wie begründet die/der Ratsuchende ihre/seine Entscheidung?
   - Klient/in und Berater/in legen nach der Planung und Besprechung die Schritte zur Realisierung fest.

5. *Durchführung der konkretisierten Lösungsstrategie:* Die Beraterin/Der Berater beginnt sich in dieser Phase allmählich von der/vom Ratsuchenden zu lösen, damit die/der Ratsuchende nun selbständig in kleinen Schritten die erarbeitete Lösung umsetzen kann. Die Beraterin/Der Berater begleitet die Ratsuchende/den Ratsuchenden nur noch und bespricht beispielsweise strategische Dinge mit ihr/ihm, die zur Umsetzung notwendig sind.
   - Die Lösungsstrategie wird in möglichst verschiedenen Problemsituationen eingeübt.
   - Zwischenschritte werden gezielt auf die jeweiligen Anforderungen zugeschnitten.
   - Erfolge werden möglichst auf die Anstrengungen der Klientin/des Klienten zurückgeführt; gleichzeitig nimmt die beraterische Hilfe allmählich ab.

6. *Evaluierung:* Die letzte Phase dient der Bewertung der Problemlösung und des Weges dorthin. Sollten Schwierigkeiten aufgetreten sein, ist hier der Zeitpunkt, an dem Änderungen vorgenommen werden können.
   - Wie zufrieden ist man mit dem Ergebnis?
   - Müssen Änderungen vorgenommen werden?

Ein zentraler Aspekt für das Gelingen von Beratungsprozessen stellt das aktive Zuhören nach Rogers (2007) dar. Folgende Merkmale sind hierfür von Bedeutung:
- sich auf das Gegenüber einlassen und konzentrieren, und dies durch die eigene Körperhaltung ausdrücken
- mit der eigenen Meinung zurückhaltend umgehen
- bei Unklarheiten nachfragen
- Zuhören heißt nicht gutheißen
- Pausen aushalten, sie können ein Zeichen sein für Unklarheiten, Angst oder Ratlosigkeit
- auf die eigenen Gefühle achten
- die Gefühle des Partners erkennen und ansprechen
- bestätigende, kurze Äußerungen tätigen
- Geduld haben und die Sprecherin/den Sprecher ausreden lassen
- Blickkontakt halten
- sich durch Vorwürfe und Kritik nicht aus der Ruhe bringen lassen
- Empathie ausüben und sich innerlich in die Situation des Sprechers versetzen.

Das nächste Beispiel (Abb. 4) zeigt den idealtypischen Verlauf einer Schullaufbahnberatung (Aurin 1981). Hier wird auch der direktive Charakter eines solchen Beratungsgesprächs deutlich:

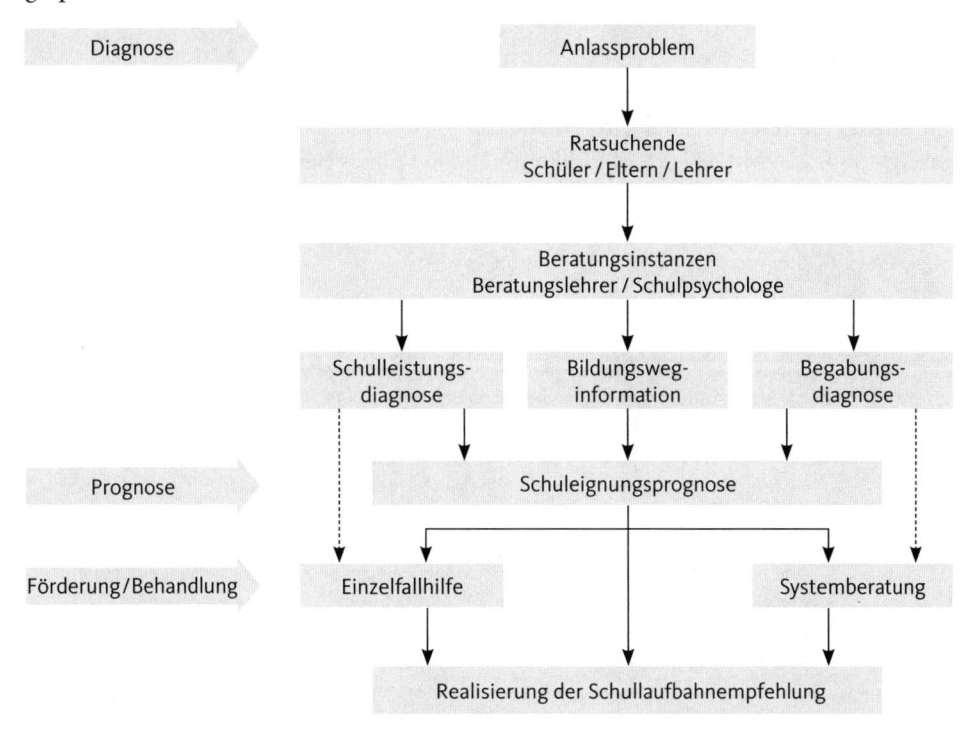

Abb. 4: Ablauf einer Schullaufbahnberatung nach Aurin (zit. in Schwarzer/Posse 1986, S. 637)

Grenzen und Risiken

Beratung ist ein unverzichtbarer Bestandteil professionellen Lehrerhandelns, dennoch gibt es auch Grenzen und Risiken, die dabei zu beachten sind. So weist Pfitzner (2005) auf folgende Punkte hin:
- Kenntnisdefizite von Beratungslehrerinnen und -lehrern
- Problem aus Schülersicht sehen
- Hereinholen der Außenperspektive
- Wertepluralismus
- unterschiedliche Erziehungsvorstellungen von Eltern und Lehrkräften
- Gefahr, dass sich Beratungslehrkräfte bei bestimmten Problemen übernehmen

Lehrkräfte und insbesondere Beratungslehrkräfte benötigen eine Basis aus pädagogischem, rechtlichem, psychologischem und administrativem Wissen und müssen dadurch auch imstande sein, die Grenzen der eigenen Beratungskompetenz zu erkennen und zu wissen, wo, wann und welche außerschulische professionelle Hilfe angebracht ist. Oft ist es auch wichtig, dass professionelle und nicht-professionelle Beratung bei der Bewältigung von Problemen Hand in Hand gehen (z. B. Kooperation von Eltern und Beratungslehrkräften).

Fallbeispiel

An einem konkreten Beispiel wird nun der mögliche Ablauf einer komplexen Beratung gezeigt (Tab. 22). Mit einigen Modifikationen folgt dieses Beratungsbeispiel Schwarzer und Buchwald (2006, S. 589):

Beratungsform	Situation	Beratungsverlauf	Intervention
Einzelfallberatung	7. März Die Schülerin Carlotta (11. Klasse) sucht den Beratungslehrer (BL) mit der Bitte auf, ihr zu helfen. Sie hat große Angst, im Sommer nicht versetzt zu werden, und befürchtet massive Konsequenzen seitens ihrer Eltern. Der BL vereinbart für den folgenden Mittwoch einen Termin mit Carlotta.	12. März Der BL klärt mit Carlotta das weitere Verfahren ab und holt sich ihr Einverständnis ein. Der BL führt eine Reihe von Schulleistungstests mit Carlotta durch und unterhält sich lange mit ihr über ihre Ängste und Schwierigkeiten in der Schule. Ihr Intelligenz- und Leistungsniveau ist eher überdurchschnittlich. Der BL vereinbart einen neuen Termin.	19. März Der BL spricht mit Carlotta über ihre Schulangst, er trainiert mit ihr im Rollenspiel, nachzufragen, wenn sie etwas nicht verstanden hat. Außerdem bietet er ihr Muskelentspannungstraining an, das ihr helfen kann, besser mit ihrer Angst umzugehen. Sie vereinbaren fünf weitere Termine.

Beratungs-form	Situation	Beratungsverlauf	Intervention
			September Nach erfolgreicher Versetzung arbeiten der BL und Carlotta weiter an der Leistungsangst-Thematik.
Gruppen-beratung	*13. März* Der BL bittet in der großen Pause die Klassenlehrerin und die Fachlehrer für Mathematik und Deutsch zu einem Informationsgespräch über Carlotta, welches bereits am selben Tag stattfindet.	*17. März* Gespräch des BL mit Carlotta und ihren Eltern unter Beteiligung der Klassenlehrerin über die Schulschwierigkeiten von Carlotta.	*August* Der BL bietet »Sitzenbleibern« zu Beginn des neuen Schuljahres eine Gruppenberatung an.
			September Aufgrund der positiven Rückmeldungen aus der Lehrergesprächsgruppe richtet der BL einen Gesprächskreis zu pädagogischen Themen ein. Hier werden nicht nur Problemfälle besprochen, sondern konkrete Handlungsmöglichkeiten erarbeitet.
Systembe-ratung	*6. Mai* Nach Rücksprache mit der Schulleitung erläutert der BL auf der Lehrerkonferenz Vorschläge zur Betreuung von Quereinsteigern in das Schulsystem.	*6. Mai* Einrichtung einer Lehrergesprächsgruppe unter Leitung des BL für den Umgang mit ängstlichen Schülern.	*Beginn des neuen Schuljahres* Als Folge aus den Lehrergesprächsrunden werden generelle Maßnahme für ein »Anpassungstraining« für Oberstufenschüler eingeführt, um ähnlich gelagerte Probleme wie bei Carlotta in Zukunft früher anzugehen.

Tab. 22: Ablauf und Ebenen einer komplexen Beratung

Literatur

Aurin, K. u. a. (1981): Fernstudienlehrgang Ausbildung zum Beratungslehrer. Studienbrief 16: Organisation der Beratung. Tübingen: Deutsches Institut für Fernstudien an der Universität Tübingen.
Benz, E./Rückriem, N. (1978): Der Lehrer als Berater. Heidelberg: Quelle & Meyer.
Böckelmann, C. (2002): Beratung – Supervision – Supervision im Schulfeld. Eine theoretische Verankerung des Beratungshandelns. Innsbruck, München: StudienVerlag.
Dietrich, G. (1983): Allgemeine Beratungspsychologie: eine Einführung in die psychologische Theorie und Praxis der Beratung. Göttingen: Hogrefe.
Müller-Fohrbrodt, G. (1999): Konflikte konstruktiv bearbeiten lernen Zielsetzungen und Methodenvorschläge. Opladen: Leske & Budrich.
Pfitzner, M. (2005): Beratung und Profession. In: Apel, H.-J./Sacher, W. (Hrsg.): Studienbuch Schulpädagogik. Bad Heilbrunn: Klinkhardt, S. 327–351.
Rogers, C. R. (2007): Die nicht-direktive Beratung. Frankfurt: Fischer-Taschenbuch-Verlag.
Schwarzer, Ch./Buchwald, P. (2006): Beratung in Familie, Schule und Beruf. In: Krapp, A./Weidenmann, B. (Hrsg.): Pädagogische Psychologie. 5. Aufl. Weinheim und Basel: Beltz. S. 575–612
Schwarzer, Ch./Posse. N. (1986): Beratung. In: Weidenmann, B./Krapp, A./Hofer, M./Huber, G. L./Mandl, H. (Hrsg.): Pädagogische Psychologie. Ein Lehrbuch. München: Psychologie Verlags Union., S. 631–667
Zand, D. H./Gouwens, D. L./Evenson, R. C. (2006): Sex and Age Differences in Self-Reported Distress Among Affluent Adolescents in an Educational Counselling Setting in the United States. In: School Psychology International 27, H. 5, S. 615–626.

Literaturhinweise

Bamberger, G. G. (2010): Lösungsorientierte Beratung. Praxishandbuch. 4. Aufl. Weinheim und Basel: Beltz.
Grewe, N. (Hrsg.) (2005): Beratung in der Schule. Grundlagen, Aufgaben und Fallbeispiele. Neuwied: Luchterhand.
Gröning, K. (2015): Entwicklungslinien pädagogischer Beratung. Zur Geschichte der Erziehungs-, Berufs- und Sexualberatung in Deutschland. Gießen: Psychosozial-Verlag.
Gröning, K. (2006): Pädagogische Beratung. Konzepte und Positionen. Wiesbaden: VS Verlag.
Gröning, K./Kunstmann, A.-C./Neumann, C. (Hrsg.) (2015): Geschlechtersensible Beratung. Traditionslinien und praktische Ansätze. Gießen: Psychosozial-Verlag.
Hubrig, C./Herrmann, P. (2010): Lösungen in der Schule. Systemisches Denken in Unterricht, Beratung und Schulentwicklung. 3. Aufl. Heidelberg: Carl Auer. Keller, G. (2014): Professionelle Kommunikation im Schulalltag. Praxishilfen für Lehrkräfte. Göttingen: Hogrefe.
Schlee, J. (2012): Kollegiale Beratung und Supervision für pädagogische Berufe. 3. Aufl. Stuttgart: Kohlhammer.
Seeger, R./Seeger, N. (2011): Das professionelle Eltern-Lehrer-Gespräch. Ein Praxisbuch für lösungsorientierte, wirkungsvolle Beratungsgespräche. Augsburg: Brigg.
Steinebach, C./Atria, M. (Hrsg.) (2006): Handbuch Psychologische Beratung. Stuttgart: Klett Cotta.

3.3 Feedback geben

»*In general terms, feedback is any message generated in response to a learner's action*« (Mason/Bruning 2001, S. 1).

Stand der Forschung

Feedback stellt insbesondere im Rahmen von Schul- bzw. Unterrichtsentwicklungsprozessen ein zentrales Element dar und wird u. a. von Helmke (2004) als ein Punkt angeführt, der gute Unterrichtsqualität ausmacht, da er eine unmittelbare Rückmeldung der Lehrkräfte auf die Handlung der Lernenden bedeutet (siehe auch das Eingangszitat). Gegenwärtig wird im Zuge der Qualitätssicherung von Unterricht die Etablierung einer Feedbackkultur gefordert. Dieser Begriff impliziert jedoch weit mehr als Rückmeldungen an Schülerinnen und Schüler. Bezogen auf die Diskussion um die Qualität der Einzelschule wird Feedback z. B. auch als Maßnahme verstanden, um bei externen Evaluationen Schulen Rückmeldung zu geben, was gut und was weniger gut in dem evaluierten Zeitraum gelaufen ist. Von den beiden herkömmlichen Begriffen Lob und Tadel, die als positive und negative Verstärker gesehen werden, muss Feedback abgegrenzt werden. Während Lob und Tadel meist spontane und subjektive Reaktionen auf ein bestimmtes Verhalten sind, ist Feedback ein konstruktives, auf Regeln basierendes Verfahren, das strukturiert Rückmeldung auf erlebte Prozesse und Situationen, auf erbrachte bzw. nicht-erbrachte Leistungen etc. gibt.

Im Modell von Gagné und Driscoll aus dem Jahr 1988 ist Feedback bereits eine zentrale Größe der Unterrichtsqualität. So wird hier Feedback im Rahmen der Erwerbs- und Verhaltensphase als Instrument angesehen, das zur Lernzielkontrolle, zur positiven Verstärkung innerhalb des Unterrichtsgeschehens sowie zur Mitteilung und Analyse von Fehlern dient (Helmke 2004).

Hattie betont im Hinblick auf Feedback, dass dieses insbesondere einen hohen Effekt auf das affektive Lernen ($d = 1,15$) hat, und zwar stärker als auf die Lernleistung ($d = 0,16$). Dies ist wichtig, da das affektive Lernen, so Hattie, eine Voraussetzung für die Steigerung des kognitiven Lernens ist. Er zitiert die Studie von Allen et al. (2006), die »die Annahme vertreten, dass die Unmittelbarkeit der Lehrperson auch eine Quelle von Feedback durch die Lehrperson in Bezug auf ihr Interesse, ihre Sorge und ihre Beteiligung bezüglich des Lernens der Lernenden ist« (Hattie 2013, S. 218).

In den folgenden Ausführungen steht das Feedback im Rahmen des Unterrichts zwischen den jeweiligen Schülerinnen und Schülern und der Lehrkraft im Mittelpunkt, es kann dort auf zweierlei Weise erfolgen: Zum einen als Feedback der Lehrkraft gegenüber Äußerungen von Schülern, aber auch umgekehrt können die Schülerinnen und Schüler Feedback gegenüber der Lehrkraft äußern. In diesem Zusammenhang weist Helmke darauf hin, dass die Schülerbeurteilung des Unterrichts eine Möglichkeit in Richtung einer Verbesserung der Unterrichtsqualität sein kann. Er führt in diesem Zusammenhang zwei Untersuchungen aus Hamburg und Sachsen an, die die Schülerbeurteilung des von der jeweiligen Lehrkraft gehaltenen Unterrichts zum Thema haben (siehe hierzu genauer Helmke 2004)

Auch amerikanische Forschungen betonen die Bedeutung von Feedback für den Unterricht. So hat Schute (2008) in einer großen Untersuchung nachgewiesen, dass ein strukturiertes Feedback an Schülerinnen und Schüler, das kontinuierlich eingesetzt wird, zur Effektivität von Lehren und Lernen beiträgt. Hattie und Timperley (2007) sprechen gar vom »Power of Feedback« und heben mit Blick auf die Lehrkräfte die enorme Wirkung hervor, die ein strukturiertes Feedback auf die Gestaltung, Planung und Verbesserung von Unterricht haben kann.

Das, was mit Feedback innerhalb des schulischen Geschehens intendiert wird, fasst Eikenbusch (2001) sehr gut zusammen, wobei hier Termini aus dem Marketingbereich auf die Schulsituation übertragen werden: »Feedback kann – je nach angestrebten Zielen – genutzt werden,
1. um ›Kunden‹ den Eindruck zu vermitteln, dass sie mitbestimmen,
2. um eine Sache oder eine Person von anderen beurteilen zu lassen,
3. um herauszufinden, ob ein Ziel oder ein Zweck erreicht wurde,
4. um zu erfahren, wie man den Arbeitsprozess gestalten und eventuell Veränderungen herbeiführen kann,
5. um Prozesse gemeinsam zu reflektieren und die Beteiligten anzuregen, sie selbst zu beeinflussen.«

Checklisten

Das strukturierte und konstruktive Verfahren bei Feedback zeigt sich in den Rollen, die derjenige, der Feedback gibt und derjenige, der Feedback annimmt, einnehmen sollten und den entsprechenden Regeln, die für beide Seiten gelten (Feedback 2008).

- **Regeln für das Geben von Feedback**
  – wenn möglich erst Positives, dann Negatives ansprechen
  – offen und ehrlich sein
  – klar und genau formulieren
  – Subjektivität betonen: »aus meiner Sicht«
  – auf konkrete Beobachtungen beziehen, sachlich bleiben
  – Informationen auf eine Weise geben, die wirklich hilft
  – möglichst konkrete Verbesserungsvorschläge machen
  – Feedback nicht aufdrängen, sondern anbieten (Bedürfnisse des anderen berücksichtigen)
  – Moralische Bewertungen und Interpretationen vermeiden
  – Feedback so bald als möglich geben

- **Regeln für das Annehmen von Feedback**
  - bei Bedarf Feedback anfordern
  - offen sein für das Feedback
  - Feedback annehmen und nur zuhören, nicht rechtfertigen oder verteidigen
  - ausreden lassen
  - wenn etwas unklar ist, nachfragen
  - Feedback als Angebot sehen
  - für das Feedback danken

Bei der Befragung der Schüler/innen im Hinblick auf ein strukturiertes Feedback findet sich ein Beispiel für einen Schülerfeedbackbogen bei Helmke, der so oder in auch modifizierter Form verwendet werden kann (Helmke 2004, S. 173).

Grenzen und Risiken

Probleme bei Feedback ergeben sich aus einem falschen Verständnis von Feedback. Feedback ist keine Kritik und darf auch nicht als Kritik bzw. als Lob oder Tadel missverstanden werden. Wenn Feedback als Tadel und Kritik aufgefasst wird, sind Widerstände bzw. ein Rechtfertigungsdruck bei der/beim Feedbacknehmenden die Folge. Feedback ist daher immer sachlich und nicht persönlich zu gestalten. Wichtig ist dabei auch immer, dass das Feedback vorwurfsfrei und ohne Provokationen gegeben und auch nicht mit entsprechenden Anweisungen verbunden wird, ansonsten sind diesbezüglich ebenfalls Widerstände und Rechtfertigungsdruck die Folge.

Ein Problem entsteht auch durch unsachlich gegebenes Feedback: Auch bei diesem muss die/der Feedbacknehmende vorwurfsfrei und sachlich reagieren, in Form einer sachlich neutralen Äußerung ohne Demütigung und Herabwürdigung der/des Feedbackgebenden. Da die Feedbackregeln nicht immer allen bekannt sind, zeigt eine sachliche und offene Reaktion, z. B. in einem Dank für die Rückmeldung die Souveränität, mit der die/der Feedbacknehmende mit einem unsachlichen, regelwidrigen und persönlich gehaltenen Feedback umgehen kann.

Fallbeispiel

Die Möglichkeiten, Feedback in der Schule zu geben, sind sehr vielfältig. Als eine Möglichkeit für ein strukturiertes Feedback bieten sich Lerntagebücher an. In Lerntagebüchern können Aussagen über Unterrichtsgeschehen, Lernerfolge, Lernschwierigkeiten und andere Punkten getroffen werden. Die folgende Übersicht zeigt, mit welcher Struktur bzw. welchen Kriterien Lerntagebücher aufgebaut sein können. Die einzelnen Elemente werden kommentiert, um so die einzelnen Teile zu verdeutlichen. Eine Besonderheit beim Aufbau dieses Lerntagebuchs ist, dass der Lehrende Gelegenheit bekommt, eigene Kommentare und Sichtweisen hineinzuschreiben (siehe hierzu Winter 2004, S. 256 f.).

Name: .... / Kurs: .... / Datum: ....

Gegenstände dieser Stunde – inhaltliche Kurzbeschreibung:
⤑ Nennung des Unterrichtsthemas und kurze Beschreibung, was in der Stunde behandelt wurde.

Wie wurde gearbeitet:
⤑ Beschreibung der Sozial- bzw. Interaktionsformen

Was war heute mein Beitrag:
⤑ Beschreibung der eigenen Leistungen in der Stunde

Mit welchen neuen Dingen bin ich in Berührung gekommen?
⤑ Beschreibung des Lernzuwachses und der neuen Informationen, die man gewonnen hat.

Was davon möchte ich behalten bzw. weiterverwenden:
⤑ Kurzes Eingehen auf Aspekte, die für eine Weiterarbeit wichtig sind.

Was davon kann ich getrost vergessen:
⤑ Benennung von Punkten, die für unwichtig gehalten werden.

Eine Stimmungsäußerung:
⤑ Hier kann geschrieben werden, was einen möglicherweise berührt hat oder auch wie man die Stunde auf der emotionalen Ebene erlebt hat.

Wochenrückblick – Wochenkommentar – Vorausschau (Was plane ich zu tun?):
Wichtig ist hier kurz auf die inhaltlichen Aspekte zurückzublicken, die während der Woche behandelt wurden und diese zu kommentieren, aber auch einen Ausblick auf ausstehende Themen zu formulieren.

Platz für Rückmeldungen der/des Lehrenden:
»Ich freue mich mit dir, dass du deinen Text – trotz Aufregung – so gut in den Kurs einbringen konntest, und du hast ja auch nützliche, positive Rückmeldungen erhalten.«

Literatur

Eikenbusch, G. (2001): Erfahrungen mit Schülerrückmeldungen in der Oberstufe. In: Pädagogik 53, H. 5, S. 18–22.

Feedback (2008): Arbeitsmaterialien von Sprachraum, der Initiative der Psycholinguistik zur Förderung der Schlüsselkompetenz Sprache. München: LMU.

Gagné, R./Driscoll, M. (1988): Essentials of Learning for Instruction. 2. Aufl. Englewood Cliffs, NJ: Prentice-Hall.

Hattie, J. (2013): Lernen sichtbar machen. Beywl, W./Zierer, K. (Übers.), Baltmannsweiler: Schneider Verlag Hohengehren.

Hattie, J./Timperley, H. (2007): The Power of Feedback. In: Review of Educational Research 77, H. 1, 81–112.
Helmke, A. (2004): Unterrichtsqualität erfassen, bewerten, verbessern. 3. Aufl. Seelze: Kallmeyer.
Mason, B. J./Bruning, R. (2001): Providing feedback in computer-based instruction: What research tells us. Center for Instructional Innovation, University of Nebraska-Lincoln. www.researchgate.net/publication/247291218_Providing_Feedback_in_Computer-based_Instruction_What_the_Research_Tells_Us (Abruf: 24.01.2017).
Winter, F. (2004): Leistungsbewertung. Eine neue Lernkultur braucht einen anderen Umgang mit den Schülerleistungen. Baltmannsweiler: Schneider Verlag Hohengehren.

Literaturhinweise

Bastian, J. (2014): Feedback im Unterricht. Lernen verstehen und einen Dialog über Lernen beginnen. In: Pädagogik 66, H. 4, S. 6–9.
Bastian, J./Combe, A. (2008): Feedback tut not! Differenzierte Lehr-Lernformen brauchen das methodengeleitete Gespräch über Unterricht. In: Friedrich Jahresheft, S. 118–119.
Bastian, J./Combe, A./Langer, R. (2005): Feedback-Methoden. Erprobte Konzepte, evaluierte Erfahrungen. Weinheim und Basel: Beltz.
Buhren, C. G. (2015) (Hrsg.): Handbuch Feedback in der Schule. Weinheim und Basel: Beltz.
Denn, A.-K./Lotz, M./Theurer, C./Lipowsky, F. (2015): »Prima, Lisa. Richtig« und »Psst, Max. Hör auf zu stören!« Eine quantitative Studie zu Unterschieden im Feedbackverhalten von Lehrkräften gegenüber Mädchen und Jungen im Mathematikunterricht des zweiten Schuljahres. In: Gender 7, H. 1, S. 29–47.
Ditton, H./Müller, A. (2014) (Hrsg.): Feedback und Rückmeldungen. Theoretische Grundlagen, empirische Befunde, praktische Anwendungsfelder. Münster: Waxmann.
Fengler, J. (2004): Feedback geben: Strategien und Übungen. 3., neu ausgestattete Aufl. Weinheim und Basel: Beltz.

3.4 Konflikte bearbeiten

»*Folgende Bedingungen müssen erfüllt sein, damit wir von einem Konflikt sprechen können:*
- *mindestens 2 Parteien vorhanden [...]*
- *gemeinsames Konfliktfeld vorhanden [...]*
- *unterschiedliche Handlungsabsichten [...]*
- *Vorhandensein von Gefühlen [...]*
- *gegenseitige Beeinflussungsversuche [...]*« (Stangl 2012).

Stand der Forschung

Konflikte (Definition siehe Eingangszitat) können im Unterrichtsalltag immer entstehen. Die bedeutet auch, dass Konflikte in der Klasse bzw. Unterrichtsstörungen immer einen Einfluss auf das Lernen (siehe hierzu die Kap. 2.1 »Klassenführung« und Kap. 2.2 »Individuell erzieherisch handeln«) haben. So hat z. B. »die Anwesenheit von störenden Lernenden [...] negative Effekte auf deren eigene Lern-Outcomes und auf die aller anderen [...]« (Hattie 2013, S. 125). Hattie betont, dass es nicht um den Ausschluss von störenden Lernenden gehen soll, sondern um den konstruktiven Umgang mit Störungen, was bedeutet, dass entsprechende Programme zur Prävention und Intervention eingesetzt werden müssen, um Störungen zu reduzieren. Dabei haben »Programme, die auf akademische Outcomes ausgerichtet sind, [...] den größten Effekt, gefolgt von denen, die auf das Verhalten in der Klasse und auf soziale Interaktionen zielen. Die erfolgreichsten Programme umfassen soziale Verstärkung oder Verstärkung durch Symbole oder Token ($d = 1,38$), Kooperation ($d = 1,05$), verhaltenspsychologische Beratung ($d = 1,09$) und kognitive Verhaltensmodifikation ($d = 0,44$)« (ebd., S. 126).

In der Diskussion, wie schulischer Gewalt bzw. Konflikten zwischen Schülerinnen/Schülern begegnet werden kann, ohne dass der schulrechtliche Sanktionsrahmen von Ordnungsmaßnahmen ausgeschöpft oder gar erst in Anspruch genommen werden muss, gewinnt die Streitschlichtung bzw. die Mediation eine immer wichtigere Rolle im Schulalltag, um eine einvernehmliche und eine von allen Seiten akzeptierte Lösung zu ermitteln. Mediation als Methode wurde in den 1960er/70er-Jahren in den USA entwickelt (Tyrell/Seamus 1995; Cohen 1999) und wird insbesondere in vielen außerschulischen Bereichen immer bedeutsamer. Mediation ist ein Konfliktbearbeitungsverfahren, das außergerichtlich abläuft und in dem alle am Konflikt Beteiligten durch die Unterstützung eines externen, überparteilichen, also neutralen Dritten, der Mediatorin/des Mediators, ihre Konflikte freiwillig, eigenverantwortlich und gemeinsam lösen. Das Ziel ist eine fall- und problemspezifische Konfliktregelung bzw. -lösung zu erarbeiten, um eine individuelle, auf die Zukunft ausgerichtete tragfähige, also dauerhafte Konfliktregelung, die nach Möglichkeit ein Gewinn für alle Beteiligten ist, zu erreichen. Die Konfliktregelung erfolgt durch Konsens in Form der Vermittlung zwischen den Konfliktbeteiligten, und nicht durch Recht oder Macht, in der Weise, dass es keine Verlierer oder Gewinner gibt. Als zwingende Voraussetzung für Mediation sind Freiwilligkeit, Akzeptanz, Offenheit und Vertraulichkeit anzusehen. Es sollen unnötig lange Prozesse bzw. Gerichtsverfahren, die für die eine oder andere Seite in erheblichem Maße mit negativen Folgen verbunden sein können, abgewendet werden. Anwendungsbereiche für Mediation sind Familien-/Trennungs- und Scheidungskonflikte, Erbkonflikte, Wirtschafts- und Arbeitskonflikte (die Streikschlichtung zählt jedoch nicht dazu), Konflikte zwischen Arzt und Patient, Umweltkonflikte (bei Planung und Umsetzung größerer Projekte), Nachbarschaftskonflikte, Miet- und Verbraucherkonflikte, politische Konflikte – und eben auch auch schulische Konflikte.

Mediation als Methode zur Konfliktbewältigung ist an vielen Schulen in allen Bundesländern anzutreffen (Behn et al. 2006), auch wenn man diese in den schulrechtlichen Bedingungen vergebens sucht. Doch welche Ziele werden in der Schule im Hinblick auf die Konfliktbewältigung mit Mediation verfolgt?

Generell werden der Lehrkraft zur Bewältigung von Unterrichtsstörungen, zum Umgang mit verhaltensauffälligen Schülerinnen und Schülern, zum Umgang mit Schülergewalt oder Schülerkonflikten bestimmte Sanktionsmaßnahmen wie Verweise oder auch der Schulausschluss als oberste Stufe der Ordnungsmaßnahmen an die Hand gegeben (Saalfrank 2012). Daneben gibt es noch schul- bzw. klasseninterne Maßnahmen bei einem Verstoß gegen Regeln, die in der Schul- bzw. Klassenordnung festgehalten sind, z. B. Gesprächsregeln, Verhalten bei Konflikten. Mediation geht einen anderen Weg. Im Rahmen der Arbeit des schulpsychologischen Dienstes oder auch der Schulsozialarbeit wird ein Mediationsverfahren an den Schulen entwickelt und dort als Handlungsmodell aufgebaut. Denn bei der Anwendung von Sanktionen im herkömmlichen Sinne besteht die Gefahr, dass diese ins Leere laufen. Ein Erfolg von Sanktionen hängt immer davon ab, ob diese von den Schülern akzeptiert werden und zur Einsicht führen, ein bestimmtes Verhalten zu ändern. Werden Sanktionen nicht akzeptiert, können in der Folge sogar verstärkte Auffälligkeiten auftreten. Anders ausgedrückt: Es erfolgt keine durch Erziehungs- und Ordnungsmaßnahmen angestrebte Verhaltensänderung, da die angewandte Maßnahme die Schülerinnen und Schüler nicht berührt. Gerade da Mediation einen anderen Weg geht, bedarf es an der Schule struktureller Veränderungen, damit diese erfolgreich angewandt werden kann. Vor allem ist es wichtig, dass trotz Raumnot, die an vielen Schulen herrscht, ein Raum zur Mediation zur Verfügung gestellt wird, damit diese Methode auch nach außen hin eine entsprechende Anerkennung erfährt. Darüber hinaus wird durch Mediation demokratisches Handeln im Sinne einer echten Partizipation erreicht, was gleichzeitig Erziehungsziel sein kann. Ebenso wird ein Lernprozess in Gang gesetzt, der vermittelt, dass Konflikte kein defizitäres Verhalten einzelner Schüler/innen oder auch Lehrkräfte sind, sondern eine Normalität darstellen, der man entsprechend beggenen muss. Mediation kann dabei helfen, nicht abzustrafen, sondern Beziehungen durch ein strukturiertes Gespräch wiederherzustellen.

Mediation wird an vielen Schulen in Deutschland durchgeführt, wobei man verschiedene Ansätze ausmachen kann, die sich aber in vielen Aspekten ähneln. Im Folgenden soll exemplarisch auf den vom Kinderschutzbund Landau entwickelten Ansatz für eine Schulmediation eingegangen werden. Das Konzept zur Ausbildung von Mediatoren durch den Kinderschutzbund Landau wird seit 1999 durchgeführt. Das Konzept arbeitet (wie häufig in der Schul-Mediation) mit der Peer-Mediation, also der Mediation durch Gleichaltrige. Diese »basiert auf der Annahme, dass Gleichaltrige als Mediatoren tätig sind, da man davon ausgeht, dass sie eher die Sprache der Schüler sprechen und damit auch mehr Einfluss haben« (Maass 2003, S. 43). Lehrkräfte stehen als Mediatoren nur in Form von Hilfskräften in besonders schwierigen Situationen den Peer-Mediatoren zur Seite (besonders wenn es um Konflikte mit Lehrkräften geht). Zur Implementierung der Schulmediation in den Schulalltag geht das Landauer Konzept von fünf Phasen aus:

1. *Motivation:* Gerade wenn man Mediation als Schulentwicklungsprojekt betrachtet, ist es verständlich, dass es eine möglichst breite Basis an Zustimmung innerhalb der Schule benötigt, bevor es eingeführt wird. Deshalb müssen alle relevanten Gruppen, von der Schulleitung über das Kollegium bis hin zu den Schülerinnen und Schülern und auch den Eltern, darüber informiert und dazu motiviert werden, damit Mediation in der betreffenden Schule mit Erfolg gestartet werden kann: »Da die Mediation ein Verfahren ist, das sich an den Bedürfnissen der Beteiligten orientiert, darf die Einführung nicht leichtfertig mit Bedenken umgehen. […] Doch Mediation sollte nicht gegen den Willen, insbesondere des Kollegiums durchgesetzt werden, da es sonst sehr leicht zur Eintagsfliege verkommt« (Maass 2003, S. 44).
2. *Konkretion und Vorbereitung:* Wenn eine breite Zustimmung erreicht ist, beginnt die Phase der Konkretion in der die notwendigen Schritte zur Einführung der Mediation vorbereitet werden. Ein Organisationsteam aus Eltern, Lehrkräften und Schülerinnen und Schülern überlegt, welche Lehrkräfte an der Ausbildung teilnehmen. »[…], auch die Schülerauswahl erfolgt hier. Die Schüler melden sich freiwillig, und die Mediatorengruppe sollte sich paritätisch aus Jungen und Mädchen zusammensetzen« (ebd., S. 45).
3. *Ausbildung und Implementierung:* Die Ausbildung zur Mediatorin/zum Mediator durch den Kinderschutzbund Landau erfolgt über einen Zeitraum von 30 Wochenstunden, an der sowohl Lehrkräfte als auch Schüler/innen teilnehmen. Nach der Ausbildungsphase beginnt die Implementierung des Mediationsverfahrens in die betreffenden Schule (ebd.)
4. *Durchführung der Peer-Mediation:* Für die Durchführung der Mediation ist sinnvoll, die Pausen zu nutzen, und diese jeweils mit zwei Mediatoren durchzuführen. Für die Mediatoren ist es wichtig, dass regelmäßige Supervisionen stattfinden, um auftretende Schwierigkeiten zu besprechen (Maass 2003, S. 45).

5. *Evaluation und Weiterführung*: »Hier wird mit Lehrkräften [wobei natürlich auch die als Streitschlichter aktiven Schülerinnen und Schüler teilnehmen sollten, Anm. d. Verf.] über die Schwierigkeiten mit der Mediation gesprochen und häufig beginnt nach ca. einem Jahr ein neuer Ausbildungsgang« (Maass 2003, S. 45).

Es bleibt abschließend zu sagen, dass eine gelingende Mediation eine zum Teil längere Phase der Einübung benötigt, bis sie von allen Seiten akzeptiert und im Alltag genutzt wird. An dieser Stelle soll abschließend noch auf den Unterschied von Mediation (z. B. Peer-Mediation) und Schlichtung (z. B. Streitschlichtungsprogrammen) hingewiesen werden, da beide Begriffe an Schulen und auch im außerschulischen Bereich synonym verwendet werden. Im strengen Sinne wird bei Mediation zwischen zwei Konfliktparteien vermittelt, ohne dass der Mediator einen Lösungsvorschlag unterbreitet. Das bedeutet, dass der Mediator nur hilft, die beiden Konfliktparteien zu einer Lösung zu führen. Bei der Schlichtung hingegen wird vom Schlichter ein Lösungsvorschlag unterbreitet, den die beiden Konfliktparteien annehmen können oder nicht, wie es beispielsweise aus Tarifkonflikten bekannt ist.

Checklisten

In der Literatur zu Mediation trifft man auf unterschiedliche Angaben über die Anzahl von Phasen, die der strukturierte Verlauf eines Mediationsverfahrens beinhaltet. So schwankt die Zahl zwischen drei bis zu neun Phasen. In Anlehnung an Maass (2003) wird hier von fünf Phasen ausgegangen:
1. *Einleitung*: Kennenlernen von Regeln und Zielen der Mediation und Einlassen der Konfliktparteien auf das Mediationsverfahren (Prinzip der Freiwilligkeit).
2. *Sichtweise der Streitparteien*: Konfliktparteien schildern den Konflikt aus ihrer jeweiligen Sicht mit anschließender Überprüfung der Positionen durch die Mediatorin/den Mediator, ob sie/er die Parteien verstanden hat.
3. *Konflikterhellung*: Durch Klärung der Hintergründe des Konflikts sollen sich die Konfliktparteien annähern. Durch die Methode des aktiven Zuhörens seitens der Mediatorin/des Mediators soll versucht werden, es den Konfliktparteien zu erleichtern, über die Hintergründe zu sprechen, wobei auch Emotionen hier einen Raum haben.
4. *Lösungen suchen*: Sammeln von Lösungen ohne Bewertung durch die Mediatorin/den Mediator (Prinzip der Neutralität).
5. *Vereinbarungen*: Bewertung der Lösungen durch die Konfliktparteien. Die Mediatorin/Der Mediator achtet darauf, ob die Lösungen zu realisieren sind. Am Ende steht die schriftliche Vereinbarung der gemeinsam gefundenen Lösung, die von beiden Konfliktparteien unterschrieben wird. Nach geraumer Zeit wird von der Mediatorin/vom Mediator überprüft, ob die gefundene Lösung beiden Parteien in der Praxis gerecht wird.

Grenzen und Risiken

Mediation kann kein Ersatz für das Verhängen von Erziehungs- und Ordnungsmaßnahmen sein. Gerade im Hinblick auf das Einüben partizipativer und demokratischer Spielregeln, sowie zu einer Deeskalation schulischer Konflikte hat Mediation bzw. Streitschlichtung jedoch eine wichtige Funktion.

Die rechtlichen Regelungen zu Erziehungs- und Ordnungsmaßnahmen sind in den Bundesländern unterschiedlich geregelt, gerade, was die Verwendung von bestimmten Termini bzw. die Zuständigkeit bestimmter Instanzen (Klassenlehrer/in, Schulleitung, Lehrer- bzw. Schulkonferenz) betrifft. Generell lässt sich sagen, dass in den Schulgesetzen der Bundesländer üblicherweise festgelegt ist, dass Ordnungsmaßnahmen erst dann zu verhängen sind, wenn erzieherische Maßnahmen (wie Ermahnungen, Nachsitzen etc., siehe Saalfrank 2012, S. 133 ff.) versagen. So wird auch in allen Schulgesetzen zwischen Erziehungs- und Ordnungsmaßnahmen unterschieden. Ordnungsmaßnahmen sollen grundsätzlich die Bestrafung der Schülerin/des Schülers nach einer Pflichtverletzung bewirken, erzieherische Inhalte vermitteln und den Unterricht und die Erziehungsarbeit in der Gegenwart und Zukunft sichern. Da es immer Ermessensentscheidungen sind, wann Erziehungs- und wann Ordnungsmaßnahmen angewandt werden, ist auch deren Grenze oft fließend. Es lässt sich jedoch sagen, dass Ordnungsmaßnahmen als letzte disziplinarische Stufe anzusehen sind, wenn das Fehlverhalten sich als schwerer oder wiederholter Verstoß darstellt, die Sicherheit von Menschen bedroht ist, der ordnungsgemäße Ablauf des Schulbetriebs ernsthaft beeinträchtigt wird oder auch wenn willentlich, fahrlässig bzw. aus unverantwortlicher Leichtfertigkeit gegen bestimmte schulische Pflichten verstoßen wird (als Beispiele können Erpressung oder Gewalt gegen Mitschüler, der Konsum und Verkauf von Drogen, Gewalt gegen Lehrkräfte oder auch das Mitführen von Waffen genannt werden).

Ob und wann welche Form der Konfliktbearbeitung angewandt wird, liegt im Ermessen bzw. in der pädagogischen Verantwortung der Lehrkraft. Wenn die Möglichkeit besteht, über Mediation Konflikte beizulegen und dauerhafte Stabilität im Miteinander der Klasse zu erreichen, ist diese vorzuziehen.

Fallbeispiel

Wie die beschriebene Mediation durch Streitschlichter aussehen kann, schildert das folgende Fallbeispiel der Leopold-Bausinger-Schule, einer Förderschule mit dem Förderschwerpunkt Lernen im hessischen Geisenheim. Sie bietet für ihre Schüler/innen in der Berufsorientierungsstufe eine Streitschlichterausbildung an. Die Ausbildungseinheiten beziehen sich auf Aspekte wie Erklären der Regeln der Streitschlichtung, der Problembeschreibung sowie der Technik des Erarbeitens von Lösungsvorschlägen und der Arbeit mit Verträgen zwischen den Parteien (Streitschlichterausbildung o. J.):

»Die Absicht der Streitschlichterausbildung ist es, das soziale Klima an der Schule zu verbessern, Gewalt frühzeitig zu unterbinden und Lehrkräfte von Alltagskonflikten zu entlasten. Darüber hinaus werden den Schüler/innen soziale Kompetenzen vermittelt und Eigenverantwortung übertragen.

Schüler/innen können sich selbst melden, die zu Streitschlichtern ausgebildet werden wollen – die Auswahl erfolgt letzten Endes durch eine Lehrkraft, die mit den Schülern arbeitet und sich im Vorfeld mit dem gesamten Kollegium eng ausgetauscht hat.

Im Rahmen der Streitschlichterausbildung werden wiederholt Rollenspiele durchgeführt. [...] Außerdem erstellt jeder Schüler ein eigenes Handbuch, in dem wesentliche Inhalte festgehalten werden. Die Ausbildung endet, wenn ein/e Schüler/in den ›Führerschein zum Streitschlichter‹ bestanden hat.«

Literatur

Behn, S./Kügler, N./Lembeck, H.-J./Pleiger, D./Schaffranke, D./Schroer, M./Wink, S. (2006): Mediation an Schulen. Eine bundesdeutsche Evaluation. Wiesbaden: VS Verlag.
Cohen, R. (1999): The School Mediator's Field Guide: Prejudice, Sexual Harassment, Large Groups and Other Daily Challenges. Watertown: School Mediation Associates.
Grüner, T./Hilt, F./Tilp, C. (2015): Streitschlichtung mit Schülermediatoren. Hamburg: AOL-Verlag.
Hattie, J. (2013): Lernen sichtbar machen. Beywl, W./Zierer, K. (Übers.), Baltmannsweiler: Schneider Verlag Hohengehren.
Maass, S. (2003): »Mediation statt Sanktion – modische Eintagsfliege oder strukturelle Veränderung?« In: Beiträge Pädagogischer Arbeit 46, H. 4, 36–48.
Saalfrank, W.-T. (2012): Erziehung zwischen Familie und Schule. In: Kiel, E. (Hrsg.): Erziehung sehen, analysieren, gestalten. Bad Heilbrunn: Klinkhardt. S. 123–160.
Stangl, W. (2012): Was ist ein Konflikt? www.arbeitsblaetter.stangl-taller.at/KOMMUNIKATION/Konflikte.shtml (Abruf: 24.01.2017).
Streitschlichterausbildung (o. J.): Streitschlichterausbildung an der Leopold-Bausinger Schule. www.bausingerschule.de/bucket/streitschlichterausbildung-2/ (Abruf: 24.01.2017).
Tyrrell, J./Seamous, F. (1995): Peer Mediation in Primary Schools. Coleraine: University of Ulster.

Literaturhinweise

Kaeding P. (1999): Mediation – Schüler vermitteln in Konflikten. In: Journal für Schulentwicklung 3, S. 64–74.
Keller, G. (2014): Professionelle Kommunikation im Schulalltag. Praxishilfen für Lehrkräfte. Göttingen: Hogrefe.
Kirchhart, S. (2014): Mobbing in der Schule sicher begegnen. Handlungsstrategien und Werkzeuge für die Klasse und die gesamte Schule. Berlin: Raabe.
Klasen-Braune, M. (1999): Mediation an Schulen – Schülerinnen und Schüler lernen Konfliktlösung durch Mediation. In: SchulVerwaltung Rheinland-Pfalz/Saarland 5, H. 6, S. 129–131.
Krottmayer, K. (2012): Konflikte kooperativ und gewaltfrei regeln durch Peer-Mediation. In: Galsbacher, J./Pongratz, H. J. (Hrsg.): Persönlichkeiten stärken. Graz: Leykam. S. 153–159.
Lanig, J. (2014): Typischen Konflikten im Lehreralltag begegnen. Fallbeispiele und konkrete Handlungsempfehlungen. Mülheim an der Ruhr: Verlag an der Ruhr.

Matuschek, C. (2000): Mittels Streit-Schlichtung Bewegung in die Konfliktkultur einer Schule initiieren – Erfahrungsbericht über ein Schulentwicklungsprojekt. In: SchulVerwaltung Rheinland-Pfalz/Saarland 4, S. 85–90.

Meiser, L./Feichtner, A. (2003): Pädagogische Prävention – Ein ganzheitlicher und praxisorientierter Ansatz der saarländischen Landesregierung. In: Schulverwaltung Hessen/Rheinland-Pfalz/Saarland 3, S. 71–74.

3.5 Kooperieren mit außerschulischen Einrichtungen

»Primäre Lernorte dienen [...] vor allem pädagogischen und didaktisch-methodischen Anforderungen, wie Schule, Universität und Lehrwerkstatt. Davon zu unterscheiden sind Stätten oder Einrichtungen, die außerpädagogischen Zwecken dienen und die erst durch den Einbezug in den Unterricht zu Lernorten werden. Sie werden als sekundäre Lernorte bezeichnet [...]. Auf diese Weise kann alles Mögliche zum Lernort werden: der Bahnhof, eine Baustelle, der Teich neben der Schule oder ein Supermarkt« (Feige 2006, S. 377).

Stand der Forschung

Mit dem Postulat der Öffnung der Schule (Benner 1989) nach außen ins direkte Umfeld (siehe die Definition im Eingangszitat), sind vielfältige Kooperationsmöglichkeiten entstanden bzw. vertieft und erweitert worden, gerade im kulturellen Bereich (Theater, Museen, Bibliotheken), aber auch im Bereich der Privatwirtschaft (Schule und Betrieb). Daneben gibt es noch weitere Kooperationen, insbesondere im Bereich der Kinder- und Jugendhilfe sowie im Rahmen der Öffnung in die Kommune, hier die Kooperation mit Vereinen und Verbänden oder im Rahmen von Profilbildungsmaßnahmen mit Institutionen wie der UNESCO. Immer haben Kooperationen das Ziel, schulische Handlungsspielräume zu erweitern, neue Unterrichtsformen zu ermöglichen und die Schülerinnen und Schülern Primärerfahrungen machen zu lassen, damit eine neue Lernkultur entstehen kann. Bei Kooperationen von Schule und Unternehmen stehen neben dem Kennenlernen von Betrieben, Berufsfeldern und Arbeitsplätzen auch ganz praktische Aspekte wie die Anbahnung von Praktika oder weiterführend gar Ausbildungen im Vordergrund.

In der Kooperation mit außerschulischen Institutionen erhält insbesondere die Kooperation Schule und Wirtschaft eine immer stärkere Bedeutung. So gibt es eine Vielzahl an regionalen, nationalen und europäischen Initiativen dazu. Eine Initiative auf europäischer Ebene ist z. B. die Entwicklungspartnerschaft »Auf KURS in die Zukunft – Kooperation Schule und Wirtschaft gestalten«, die im Rahmen des Gemeinschaftsprojektes EQUAL der EU in den Jahren 2005 bis 2007 gefördert wurde und vorrangig zum Ziel hatte, Arbeitslosigkeit zu reduzieren. In diesem Projekt wurden neue Konzepte für die Weiterentwicklung von Politik und Praxis in Beschäftigung und Weiterbildung bzw. verschiedenen thematischen Bereichen, wie zum Beispiel der Förderung jüngerer Menschen an der Schnittstelle von Schule, Ausbildung und Beruf entwickelt. »Auf KURS in die Zukunft« hatte sich folgende Ziele gesetzt:
- Verbesserung der beruflichen Perspektiven für die Gruppen von Jugendlichen, deren Zugang zum Ausbildungs- und Arbeitsmarkt aus verschiedenen Gründen erschwert ist,
- eine frühzeitige und systematische Wirtschafts- und Berufsorientierung,

- eine verlässliche Zusammenarbeit von Schulen und Unternehmen,
- die Kompetenzentwicklung von Schülerinnen und Schülern, Lehrkräften sowie Beschäftigten von Unternehmen,
- eine interkulturelle Sensibilisierung,
- die Stärkung von Netzwerken (regional, national und international),
- die Entwicklung und Erprobung von analytischen Instrumenten zur Selbstbewertung« (Baedeker/Rohn/Lubjuhn 2007, S. 4).

Im Rahmen von Schulentwicklungsmaßnahmen werden solche Tendenzen zur Kooperation unter dem Stichwort der Entwicklung einer regionalen Bildungslandschaft zusammengefasst (Lohre 2000). Exemplarisch für das, was unter regionaler Bildungslandschaft verstanden werden kann, können die Bemühungen in Nordrhein-Westfalen herangezogen werden, die bereits sehr früh mit Kooperationen – Mitte der 1990er-Jahre mit der Denkschrift »Zukunft der Bildung« (1995) – begonnen haben, die damals in dem gemeinsam mit der Bertelsmann-Stiftung durchgeführten Projekt »Selbständige Schule« als ein zentraler Punkt angeführt werden (Saalfrank 2005).

In der Kooperation mit außerschulischen Institutionen können drei Ebenen unterschieden werden: (1) eine erzieherisch-beraterische Ebene, hierzu gehören Institutionen wie verschiedene Einrichtungen der Jugendhilfe, Drogenberatungsstellen, Gesundheitsämter, aber auch Beratungszentren der Arbeitsagentur, (2) Kooperationen auf der kulturellen Ebene mit Museen, Theatern, Galerien, Bibliotheken, (3) die betriebliche Ebene, hierunter zählen alle Kooperationen mit der Privatwirtschaft sowohl im Hinblick auf Praktika als auch was das Lernen mit Expertinnen/Experten betrifft (Jürgens 1993).

Eine wichtige theoretische Grundlage für Kooperationen mit außerschulischen Einrichtungen etc. liefert die Lernorttheorie von Mitchell (1974). In der Theorie von Mitchell ist der Lernort nicht der konkret vorfindbare Ort, sondern er meint eine Vielzahl gesellschaftlicher Institutionen, die zum lebenslangen Lernen beitragen. Die Kooperationen tragen in Mitchells Lernorttheorie dazu bei, dass erzieherische und bildnerische Prozesse ablaufen bzw. unterstützt werden, da vielfältige Erfahrungen gemacht werden können. So schreibt er: »In einem hierarchisch angeordneten Modell befindet sich Schule neben Beruf, sozialem Leben und Öffentlichkeit an der Spitze des Lernortkegels. Dem Subkegel Schule folgend teilt sich dieser auf der folgenden Ebene in die verschiedenen Schulstufen einschließlich der Vorschule auf. Auf derselben Ebene befinden sich aus anderen Bereichen etwa die Lernorte Medien oder Freizeit. Eine Ebene weiter darunter befindet sich wieder dem Subkegel Schule folgend, der tertiäre Bildungsbereich; Freizeit etwa gliedert sich hier auf in Spiel, Kultur und Reise« (Feige 2006, S. 377).

Ausgehend von Mitchells Modell haben Keck und Sandfuchs (1979) ihr Konzept des erfahrungsoffenen Schullebens entwickelt mit dem Ziel, alle Institutionen, die an der kindlichen Sozialisation teilhaben, in einen Zusammenhang zu bringen. Ihnen ist es wichtig festzuhalten: »Lernen außerhalb der Schule heißt demnach nicht Lernen ohne oder gar gegen die Schule, vielmehr ist außerschulisches Lernen immer auf schulisches Lernen bezogen, geht davon aus und führt darauf zurück« (Feige 2006, S. 378). In den Kontext des außerschulischen Lernens, den Mitchell bzw. Keck und Sandfuchs beschreiben, gehört auch das Lernen mit Expertinnen/Experten (Thiel 2006), die über ein spezifisches Erfahrungswissen verfügen und dieses entweder durch einen Besuch in der Schule oder durch einen Besuch der Schüler/innen im entsprechenden Kontext des Experten weitergeben. Im Rahmen der entsprechenden Lerntheorien zum Lernen mit Expertinnen/Experten – Experten-Novizen-Interaktion – können drei Ansätze unterschieden werden: (1) das Cognitive Apprenticeship (Collins/Brown/Holum 1991), das die Lehrkraft selbst in der Rolle des Experten bzw. Meisters sieht, (2) das Cognitive Mentoring (Schlager/Poirer/Means 1996), das außerschulische Expertinnen/Experten in den Unterricht holt und deren Wissen im Rahmen entsprechender Einheiten fruchtbringend einbaut, (3) Cognitive Integration, das Expertinnen/Experten vollständig in den Unterricht integrieren will; es ist z. B. mit dem Programm LEAS (Lernen mit Experten an allgemeinbildenden Schulen), das von Lenzen/Thiel/Ulber (2004) initiiert wurde, gegeben.

Nach Hattie weisen viele Studien darauf hin, dass außerunterrichtliche Aktivitäten einen gewichtigen Beitrag für den Lernerfolg leisten. Bei Hattie werden Aktivitäten unterschieden, die in engerem Bezug zur Schule stehen und solche mit einem weiteren Bezug. Generell kann man sagen, »[…] dass die effektivsten außercurricularen Programme über ein hohes Maß an Organisation und Struktur verfügen, regelmäßig abgehalten werden [und] die Ausbildung zunehmend komplexerer Fähigkeiten bedeuten […]« (Hattie 2013, S. 189).

Checklisten

In der folgenden Tabelle 23 wird eine Möglichkeit der Kooperationen zwischen Schule und Betrieb aufgezeigt, die sowohl die Unternehmens- als auch die Schulseite zeigt. Basierend auf einer Handreichung für Unternehmen vom Deutschen Industrie- und Handelskammertag (DIHK o. J.) wurde diese für Schulen erweitert und wird hier modifiziert wiedergegeben:

Unternehmensseite	Schulseite
I. Vorbereitung der Kooperationsarbeit im Unternehmen und in der Schule	
Welche Ziele möchten das Unternehmen und die Schule über die Partnerschaft erreichen?	
• gemeinsam mit Mitarbeitern und gegebenenfalls externen Partnern die Ziele definieren	• Definition von Zielen innerhalb einer Gesamtlehrer-, Stufenlehrer- oder Fachlehrerkonferenz
Auf welchem Wege komme ich zu einer Zielfindung?	
• Brainstorming zur Ideenfindung mit interessierten Mitarbeitern • Schwerpunktsetzung und Festlegung der Beteiligten	• möglicherweise Einbeziehung von Eltern und Schülern/Schülerinnen in die Ideensammlung • Bestimmung von Lehrkräften als Ansprechpartner
• Entwicklung eines Kooperationsprogrammes	
II. Partnersuche	
Mit welcher Schulform bzw. welchem Unternehmen möchten wir gerne zusammenarbeiten?	
• Bestimmung geeigneter Schulformen, Auswahl der Schule/Schulen	• Auswahl geeigneter Unternehmen auf Kommunal- oder Kreisebene
• Nutzung von Netzwerken zur Beratung und Kontaktanbahnung/Partnersuche • Abgleich der Erwartungen und Zielsetzungen der Partnerschule mit denen des Unternehmens • Planung von Auftakt-Veranstaltungen und gemeinsamen Aktivitäten	
III. Umsetzung der Kooperationsarbeit	
Welche konkreten Schritte sind bei der Umsetzung zu verfolgen?	
• Kontaktaufnahme (z. B. durch Vorstellung des Wirtschaftsvertreters im Lehrerkollegium, Präsentation des Schul-Projektes des Betriebes in der Kooperationsschule, Betriebsbesichtigung zusammen mit der Lehrerschaft). • gemeinsames Erarbeiten und Abschluss einer Kooperationsvereinbarung • Abgleich der Termine (Klausurphasen, Ferienzeiten, starke Auftragslagen) und Anpassung der geplanten Aktivitäten • Projektstrukturplan und -ablaufplan; Festlegung der Arbeitspakete auf schulischer und betrieblicher Seite. • Einbindung der Fachbereiche in die Projektarbeit (Welches Fach können wir durch welche Aktivitäten/welches Projekt konkret unterstützen?) • konsequente Einhaltung des gemeinsam erarbeiteten Konzeptes • Fortlaufende Dokumentation, verbunden mit einer professionellen Öffentlichkeitsarbeit (von Unternehmensseite aber auch von Schulseite) und möglicherweise Anpassung der Kooperationsvereinbarung	

Unternehmensseite	Schulseite
IV. Überprüfung der Effizienz, Qualitätssicherung	
Wie kann ich die Kooperation auf ihre Effizienz und ihren Nutzen überprüfen?	
• Überprüfung der Zielerreichung nach einem Schuljahr sowohl im Unternehmen als auch in der Schule sowie im gemeinsamen Austausch • Einbindung von Verbesserungsvorschlägen in das Gesamtkonzept • Planung eines neuen Konzeptes für das nächste Jahr anhand der Erfahrungswerte	
• Erstellung von Ausarbeitungen bzw. von Best-Practice-Beispielen	• Evaluation und Dokumentation von Schülerpraktika bzw. Hospitationen
• Berichterstattung an Projekte, Initiativen, Dachorganisationen im Bereich Schule und Wirtschaft und die regionale Presse sowie die entsprechenden Stellen bei der Schulaufsicht	
V. Beispiele für Inhalte einer Kooperationsvereinbarung Schule/Wirtschaft	
Welche Punkte könnten konkret in eine Kooperationsvereinbarung aufgenommen werden?	
• Berufsorientierung durch intensive Erlebnisse und Erfahrungswerte in der Praxis • Betriebsbesichtigungen und Erkundungen • Betriebspraktika • Erprobung neuer Praktikumsmodelle • Vorbereitung auf Bewerbung, Probebewerbungen beim Partnerbetrieb • Informationsmaterial zur Berufsvorbereitung und über Berufsbilder • Berichte über Veränderungen der Arbeitswelt • Beratung von Schülerinnen in »Männerberufen« bzw. von Schülern in »Frauenberufen« • Beratung von Firmen für Schülerfirmen • Seminare für Lehrkräfte • Gemeinsame Seminare von Ausbilder/innen bzw. Ausbildern und Lehrkräften zu Unterrichtsmethoden • Hospitanz von Lehrkräften im Betrieb • Mitwirkung bei der Unterrichtsgestaltung/Einbringen von Praxisbeispielen	

Tab. 23: Vorgehensweise bei der Planung einer Kooperation von Schule und Wirtschaft

Grenzen und Risiken

Kooperieren mit außerschulischen Institutionen hat, wie gezeigt, sowohl einen pädagogischen Sinn, da neue Lernmöglichkeiten eröffnet werden, als auch einen Nutzen für die Schule durch die positive Außenwirkung, die mit solchen Kooperationen erreicht werden. Dennoch gibt es Grenzen und Risiken der Kooperation mit außerschulischen Einrichtungen, sie sind insbesondere in dreierlei Hinsicht zu sehen.
• ungenaue Planung bzw. Vorbereitung
• fehlender Bezug zum Unterricht
• mangelhafte Nachbereitung

Eine ungenaue Planung sowie Vorbereitung erschwert für alle Beteiligten die Durchführung solcher Kooperationen. Es müssen genaue Absprachen getroffen werden, damit die betreffende Institution weiß, was mit dieser Kooperation bezweckt werden soll. Für die Schülerinnen und Schüler ist eine genaue Planung ebenso wichtig, da dadurch das damit verbundene Lernziel deutlich gemacht wird. Ein weiterer Fehler kann dadurch entstehen, wenn die Ziele der Kooperation nicht in den Unterricht eingebaut werden. Durch diesen fehlenden Bezug geht den Schülerinnen und Schülern die Sinnhaftigkeit verloren und der mögliche Lerneffekt, der aus solch einer Kooperation erwächst, hat keine Nachhaltigkeit für das Lernen der Klasse. Eine mangelhafte Nachbereitung der Kooperation trägt ebenfalls dazu bei, dass das Gelernte schnell verpufft und nicht dazu führt, dass die einzelne Schülerin/der einzelne Schüler ihren/seinen persönlichen Gewinn aus der Kooperation ziehen kann. Lehrkräfte müssen sich bewusst sein, dass sie eine »Scharnierfunktion« innehaben und somit zwischen der kooperierenden Institution und ihrer eigenen Lerngruppe geschaltet sind. Das heißt, dass auch eine Grenze darin liegt, wie gut oder schlecht eine Lehrkraft diese Scharnierfunktion ausfüllt.

Fallbeispiel

Das folgende Fallbeispiel beschreibt eine Zusammenarbeit von Schule und Wirtschaft und schildert ein konkretes Projekt, das im Rahmen des BLK-Programms »Demokratie lernen & leben« (Franke/Urban 2004) entstanden ist. Dabei geht es um einen Kooperationsvertrag, der zwischen der Schule, der Kommune und einem Wirtschaftsunternehmen in Elsterwerda abgeschlossen wurde:

> »Die Realschule Elsterwerda-Biehla schloss 2001 einen Kooperationsvertrag mit den ortsansässigen Stadtwerken und der Stadt Elsterwerda ab. Ziel war es, den Schüler/innen gezielt Wirtschaftskenntnisse zu vermitteln und den Einstieg in das Berufsleben zu erleichtern. In diesem Vertrag wurden verschiedene Vereinbarungen der gegenseitigen Unterstützung getroffen« (Franke/Urban 2004, S. 2).

Die Aufgabenverteilung war zwischen den einzelnen Kooperationspartnern gut verteilt, um einen großen Nutzen für die Schülerinnen und Schüler zu gewährleisten: Die Stadtwerke unterstützten die Schule unter anderem

> »im Bereich der Berufswahlvorbereitung mit der Vorstellung von Ausbildungsmöglichkeiten und Berufsbildern des Stadtwerkes, in der Projektwoche der Realschule, welche unter dem Motto ›Wir erkunden das Umfeld unserer Schule‹ stand, mit dem Erkunden von Bereichen und Arbeitsweisen der Stadtwerke, sowie im Bereich des Schülerbetriebspraktika Kl. 9/10 mit der Beschäftigung und Betreuung der Schüler/innen« (ebd., S. 2).

Auch die Stadt bzw. Stadtverwaltung war in dieses Projekt integriert und hat sich vor allem dem Bereich der politischen Bildung angenommen, so

> »mit den Themen Stadtverwaltung, Stadtentwicklung und Durchführung von Foren. Im Gegenzug unterstützt die Realschule die Stadtwerke und die Stadt z. B. durch kulturelle Umrahmung von Veranstaltungen, durch die Gestaltung von Ausstellungen und durch Repräsentationen zum ›Tag der offenen Tür‹« (ebd., S. 2)

Literatur

Baedeker, C./Rohn, H./Lubjuhn, S. (2007): Die Entwicklungspartnerschaft »Auf KURS in die Zukunft – Kooperation Schule und Wirtschaft gestalten«. Abschlussdokumentation. Wuppertal: Wuppertal Institut für Klima, Umwelt, Energie GmbH.

Benner, D. (1989): Auf dem Wege zur Öffnung von Unterricht und Schule. Theoretische Grundlegung zur Weiterentwicklung der Schulpädagogik. Die Grundschulzeitschrift 27, S. 46–55.

Collies, A./Brown, J. S./Holum, A. (1991): Cognitive apprenticeship: Making thinking visible. In: American Educator 15, H. 6–11, S. 38–46.

DIHK – Deutschen Industrie- und Handelskammertag (o. J.): Leitfaden zum Aufbau von Kooperationen zwischen Schulen und Unternehmen. http://www.bso-hessen.de/blob/da_praktikumsportal/Downloads/3250508/12e99ef1fcbfb3e7275bffa0e3128bdc/Darmstadt_Leitfaden_SH_fuer_Schule_Wirtschaft-Projekte_1-data.pdf (Abruf: 24.01.2017).

Feige, B. (2006): Lernorte außerhalb der Schule. In: Arnold, K.-H./Sandfuchs, U./Wiechmann, J. (Hrsg.): Handbuch Unterricht. Bad Heilbrunn: Klinkhardt, S. 375–381.

Franke, N./Urban, U. (2004): Kooperation Schule-Wirtschaft. Eine für alle Beteiligten gewinnbringende Partnerschaft. Demokratie-Baustein Kooperation Schule-Wirtschaft im Rahmen des BLK-Programms »Demokratie lernen & leben«. http://degede.de/uploads/media/Ko_S_W.pdf (Abruf: 24.01.2017).

Hattie, J. (2013): Lernen sichtbar machen. Beywl, W./Zierer, K. (Übers.), Baltmannsweiler: Schneider Verlag Hohengehren.

Jürgens, E. (1993): Außerschulische Lernorte. Erfahrungs- und handlungsorientiertes Lernen außerhalb der Schule. In: Grundschulmagazin, H. 7/8, S. 4–6.

Keck, R.W./Sandfuchs, U. (1979): Erfahrung und Schule. Zur Begründung eines erfahrungsorientierten Schullebens. In: Keck, R.W./Sandfuchs, U. (Hrsg.): Schulleben konkret. Zur Praxis einer Erziehung durch Erfahrung. Bad Heilbrunn: Klinkhardt, S. 11–23.

Lenzen, D., Thiel, F./Ulber, D. (Hrsg.): (2004): Abschlussbericht des Projekts »Schulen im gesellschaftlichen Verbund« in Bayern. München: BMW.

Lohre, W. (2000): Einzelschulen entwickeln sich. Gemeinsam auf dem Weg zu einer regionalen Schul- und Bildungslandschaft. In: Pädagogik 52, H. 7/8, S. 10–13.

Mitchell, P. D. (1974): Verschiedene Lernorte im Zusammenhang der Éducation Permanente. In: Unterrichtswissenschaft 1, S. 43–51.

Saalfrank, W.-T. (2005): Schule zwischen staatlicher Aufsicht und Autonomie. Konzeptionen und bildungspolitische Diskussion in Deutschland und Österreich im Vergleich. Bibliotheca academica/Reihe Pädagogik 4. Würzburg: Ergon-Verlag.

Schlager, M. S./Poirier, Ch./Means, B. M. (1996): Mentors in the classroom: Bringing the world outside in. In: McLellan, H. (Hrsg.): Situated learning perspectives. New Jersey: Englewood Cliffs, S. 243–262.

Thiel, F. (2006): Lernen mit Experten. In: Arnold, K.-H./Sandfuchs, U./Wiechmann, J. (Hrsg.): Handbuch Unterricht. Bad Heilbrunn: Klinkhardt, S. 370–375.

Literaturhinweise

Behrens, J. (2009): Realschulen kooperieren mit AIRBUS. In: Unterricht Wirtschaft 10, H. 37, S. 10–11.
Burk, K.-H./Claussen, C. (1998): Lernorte außerhalb des Klassenzimmers. Band 1, 6. Aufl. und Band 2, 4. Aufl. Frankfurt a. M.: Arbeitskreis Grundschule.
Busch, T./Fritsche, N. (2006): Deutsche Kinder- und Jugendstiftung. Großer Zirkus in der Ganztagsschule. Wie Schulen und ihre Partner im Themenatelier »Kulturelle Bildung an Ganztagsschulen« kooperieren lernen. Berlin: DKJS.
Harring, M./Rohlfs, C. (2008): Kooperieren! Schule entwickeln durch Jugendverbände. In: Lernende Schule 11, H. 41, S. 41–45.
Keck, R.W. (1993): Lernorte und Lebenswelten. Neue Ansprüche, neue Möglichkeiten. In: Pädagogische Welt 4, S. 146–151.
Kessler, R. (2011): Erfolgreich kooperieren. Bausteine für die offene Ganztagsgrundschule. In: Schulverwaltung. Nordrhein-Westfalen 22, H. 3, S. 70–72.
Rakhkochkine, A. (2006): Nicht am Schüler vorbei kooperieren! Berücksichtigung der bestehenden Kontakte der Schüler zu Einrichtungen und Personen im außerschulischen Bereich bei der Auswahl von Kooperationspartnern der Schule. In: Bildung und Erziehung 59, H. 3, S. 323–336.
Rogoff, B. (1990): Apprenticeship in thinking: Cognitive development in social context. New York: Oxford University Press.
Sandermann, P. (2006): Lebensweltorientiertes »service learning« als Bildungs- und Sozialarbeit? Möglichkeiten und Grenzen einer kooperativen Praxis zwischen Schule und Jugendhilfe im Gemeinwesen. In: Edelstein, W./Fauser, P. (Hrsg.): »Demokratie lernen & leben«. Beiträge zur Demokratiepädagogik. Eine Schriftenreihe des BLK-Programms. http://degede.de/fileadmin/public/dokumente/Sandermann.pdf (Abruf: 24.01.2017).
Wagner, E./Dreykorn, M. (Hrsg.) (2007): Museum Schule Bildung. Aktuelle Diskurse – Innovative Modelle – Erprobte Methoden. München: kopaed.

4. Leistungsbeurteilung

4.1 Kriterial beurteilen

»Bei der kriteriumsorientierten oder lernzielorientierten Leistungsbeurteilung werden ein festes Leistungskriterium, ein Leistungsstandard, ein Lernziel definiert. Die Leistung jedes einzelnen Schülers wird mit diesem Standard verglichen« (Rosemann/Bielski 2001, S. 177).

Stand der Forschung

Unter einer kriterialen Beurteilung von Schülerleistungen versteht man die Beurteilung auf Grundlage im Vorhinein festgelegter Kriterien (siehe auch das Eingangszitat). Dies führt zu einer sachorientierten und transparenten Beurteilung, die den Einfluss subjektiver Faktoren mindert. Bevor das kriteriale Beurteilen näher beschrieben wird, wird im Folgenden ein kurzer Überblick über schulische Leistungsbeurteilung anhand der Aspekte Notengebung und Bezugsnormen gegeben, da diese die Grundlage der traditionellen Leistungsbeurteilung in der Schule bilden.

Die Leistungsbeurteilung stellt eine der Hauptaufgaben einer Lehrkraft dar und läuft im herkömmlichen Sinne als Beurteilung eines Produkts ab, meist in Form der mündlichen oder schriftlichen Überprüfung eines gelernten Stoffs. Neben der häufig kritisierten Selektionsfunktion von Noten kommen den Zensuren insbesondere eine Berichts- und Informationsfunktion zu (vor allem im Hinblick auf die Eltern und Schüler/innen sowie eine Diagnosefunktion über das Erreichen der Lernziele, um nur einige zentrale Funktionen zu nennen (Rosemann/Bielski 2001).

Nach Heller umfasst Schulleistung »das gesamte Leistungsverhalten im Kontext schulischer Bildungsbemühungen« (Heller 1984, S. 15). Genauer gesagt setzen sich schulische Leistungen im herkömmlichen Sinne aus den drei Dimensionen Kenntnisse, Fähigkeiten und Anstrengungen zusammen, wobei hierbei generell kritisch angemerkt werden kann, dass dieser Leistungsbegriff sehr stark am Ergebnis (Produkt) orientiert ist, überwiegend kognitive Leistungen misst und sich für kooperativ erbrachte Leistungen in der Regel als hinderlich erweist. Problematisch ist in diesem Zusammenhang auch das Verhältnis zwischen einer Ergebnisdiagnostik und einer Prozessdiagnostik. Während innerhalb der Ergebnisdiagnostik nur das erzielte Ergebnis, also wiederum das Produkt, zur Beurteilung herangezogen wird, verfolgt die Prozessdiagnostik einen anderen Weg, nämlich den der Beurteilung des Lernprozesses. Ingenkamp (2005) weist darauf hin, dass eine Prozessbeurteilung letztendlich eine Beurteilung von kurz aufeinanderfolgenden Messvorgängen darstellt, was zu einem

Problem führen kann und zwar diesbezüglich, ob ein Lernzuwachs bzw. ein Lernverfall diagnostiziert werden kann.

Wichtig im Hinblick auf die Leistungsbeurteilung ist die Betrachtung der sozialen, individuellen und sachlichen (kriterialien) Bezugsnormen, die jeweils Bezugsgrößen darstellen, an denen sich die Lehrkräfte bewusst, zum Teil aber auch unbewusst, orientieren.

Die soziale Bezugsnorm stellt mit Blick auf die Schulklasse das klasseninterne Bezugssystem dar. Der Sinn der sozialen Bezugsnorm ist dort gegeben, wo durch Vergleiche (z. B. in einem Bewerberauswahlverfahren bzw. im Rahmen der Schule in der Vergabe von Rangplätzen) die/der Beste herausgefiltert werden soll. In Bezug auf die Schulklasse wurden schon seit den 1970er-Jahren damit einhergehende Probleme erkannt und beschrieben: So wird durch die beschränkte Stichprobe eines klassen- bzw. schulinternen Vergleichs nur eine relative Sicht auf den Leistungsstand der Schüler möglich, da die Vergleichsgruppe beschränkt ist. Außerdem können durch die soziale Bezugsnorm keine Schwankungen im Lernzuwachs festgestellt werden.

Bei der individuellen Bezugsnorm, die aktuelle mit vorangegangenen Leistungen eines Schülers vergleicht, kann der potenzielle Lernzuwachs dagegen genauer beurteilt werden. Problematisch ist hier wiederum, dass Leistungsunterschiede zwischen Schülern keinerlei Ausdruck finden. Zwar wird der Leistungsdruck durch den ausbleibenden Vergleich gemindert, dennoch wird gerade dieser Vergleich von Schülern als wichtige Informationsmöglichkeit angesehen.

Im Rahmen der sachlichen Bezugsnorm, die die Basis darstellt für die kriteriale Beurteilung, gibt es eine Orientierung an rein sachlichen Kriterien, dies können Lernziele, Kriterienkataloge, Mindestanforderungen etc. sein. Die Lehrkraft erstellt vor der Korrektur einen Kriterienkatalog, nach dem dann die Korrektur der einzelnen Schülerarbeiten erfolgt. Dieses Vorgehen ist zentral, da ein Aufstellen von Kriterien während oder nach einer ersten Korrektur wieder zu Verfälschungen führt. Die Arbeit mit Kriterienkatalogen hat vor allem eine Tradition im angloamerikanischen Raum, insbesondere auch in Großbritannien. In Deutschland jedoch gab es wenig Bestrebungen, solche Kataloge zu entwickeln (Ingenkamp 2005). Die *Einheitlichen Prüfungsanforderungen* (EPA) der KMK stellen keine eigentlichen Kriterienkataloge dar, sondern sogenannte Normenbücher (Ingenkamp 2005, S. 151), da diese von ihrer Grundausrichtung her zu Beginn nur thematische Festlegungen enthielten. In der aktuellen überarbeiteten Fassung wurden einige Beurteilungskriterien hinzugefügt, die sich nun eher den Ansprüchen von Kriterienkatalogen nähern.

Gerade die Frage, ob Schüler/innen einer Klasse die Ziele, die im Lehrplan verankert sind, erreicht haben oder nicht, deutet auf einen weiteren Aspekt, der sowohl bei der sozialen als auch bei der individuellen Bezugsnorm nicht berücksichtigt wird. Rheinberg weist auf die guten Möglichkeiten einer gerechteren Leistungsbeurteilung durch die sachliche Bezugsnorm hin, erklärt aber gleichzeitig, dass in amtlichen Bestimmungen nur »halbherzig« mit der sachlichen Bezugsnorm umgegangen wird, da »meist die ›durchschnittlichen Anforderungen‹ als inhaltlicher Anker genannt werden, ohne diese genauer zu bestimmen« (Rheinberg 2001, S. 66 f.). Auch die Bildungsstandards, die inzwischen für viele Fächer formuliert wurden, orientieren sich in ihrer gängigen Ausprägung als Regelstandards an diesen durchschnittlichen Anforderungen.

Checklisten

Ein wichtiges Modell in diesem Zusammenhang stellt der Ansatz der kontrollierten Subjektivität von Kleber (1992; Rosemann/Bielski 2005) dar, der in untenstehender Tabelle 24 erläutert wird:

Abfolge	Maßnahme	Erläuterung
1. Ausgangspunkt	• Einsicht in die Subjektivität der Bewertung • Bewusstmachung der Prozesse interpersonaler Wahrnehmung zwischen Lehrkraft und Schülerinnen/Schülern • Bewusstmachung der Auswirkungen auf die Leistungsbewertung	Wichtig ist, dass die Lehrkraft sich bewusst macht, dass man die subjektiven Aspekte bei einer Leistungsbeurteilung nicht vollständig ablegen kann. Hierbei ist es bedeutsam, zwischen Beschreiben (Was? Wie? Wo? Wer?), Interpretieren (Warum (kausal)? Wozu (final)? Weshalb (kausal/final)?) und Bewerten (Wie ist der Maßstab? Wie bewerte ich mit dem Maßstab?) zu trennen.
2. Vorteile einer kriteriumsorientierten Leistungsbewertung nutzen	Überlegen von konkreten Verhaltensweisen von Schülerinnen und Schülern, an denen sowohl die Erreichung als auch die Nichterreichung von Lernzielen überprüft und festgemacht werden kann.	Die Erstellung von Kriterienkatalogen, an denen eine Leistung gemessen wird, eignet sich auch bei problematischen Themen, wie der Aufsatzbeurteilung.
3. Trennung zwischen Leistungsverhalten und Person des Schülers	Trennung zwischen Beschreibung des Schülerverhaltens und seiner Bewertung/Interpretation. (Kiel, 2001)	Hier sind zwei Aspekte zu beachten: Zum einen soll die Leistung, die eine Schülerin/ein Schüler erbracht hat, nicht auf seine Person übertragen werden (mathematisch/sprachlich unbegabt) und zum anderen sollen keine Persönlichkeitsmerkmale in die Bewertung miteinfließen, da Lehrende jeweils unterschiedliche Ansichten über Persönlichkeitsmerkmale haben, und eine Bewertung dadurch nicht mehr sachangemessen ist.
4. Bewusstmachung der Unmöglichkeit der Diagnose von Eigenschaften und Persönlichkeitsmerkmalen der Schüler		

Tab. 24: Kontrollierte Subjektivität nach Kleber (1992)

Kriterienkataloge für eine kriteriale Beurteilung von Schülerleistungen lassen sich in allen Fächern und allen Themen erstellen. Die folgenden Beispiele zeigen Möglichkeiten für eine kriteriale Beurteilung im Deutschunterricht der Grundschule. Neben den allgemeinen Vorgaben im Rahmen dieses Modells wird anhand der Beurteilung der Bildergeschichte die Konkretisierung der Kriterien dargestellt (Wagner 1985, S. 24 f.). Auch wenn dieses Beispiel älter ist, kann man unserer Meinung nach an diesen doch sehr gut das Verfahren der kriterialen Beurteilung nachvollziehen.

»1. *Alle Textsorten werden nach Kriterien innerhalb folgender Grobraster beurteilt: Inhalt/Gestaltung/Schrift*
2. *Die Gesamtnote errechnet sich aus Inhalt und Gestaltung. Die Schrift wird gesondert bewertet.*
3. *Für alle Textsorten gilt folgende Bewertungstabelle:*
   Gesamtpunktzahl = 20
   20–18 Punkte = sehr gut   *11–8 Punkte = ausreichend*
   17–15 Punkte = gut   *7–5 Punkte = mangelhaft*
   14–12 Punkte = befriedigend *4–0 Punkte = ungenügend*
4. *Bei der Festlegung der Teilnoten für Inhalt und Gestaltung ist die sich ergebende Punktzahl zu verdoppeln und die Note danach aus der Bewertungstabelle abzulesen. Die Gesamtnote ergibt sich aus der einfachen Addition der beiden Teilpunktzahlen.*

Beispiel:
Inhalt: 5 Punkte × 2 = 10 Punkte = ausreichend
Gestaltung: 8 Punkte × 2 = 16 Punkte = gut
Gesamtnote: 13 Punkte = befriedigend«

Die beiden Bereiche Inhalt und Gestaltung werden noch mit weiteren Kriterien ausdifferenziert. Um dies deutlich zu machen wird im folgenden Beispiel anhand der Textgattung »Bildergeschichte« ein Kriterienkatalog für die Bewertung dieser Textform vorgestellt.

»*Bildergeschichte*

I. Inhalt:

a) Richtigkeit des Handlungsablaufs	2 Punkte
b) Erfassung der Pointe	4 Punkte
c) Genauigkeit und Vollständigkeit in der Darstellung	2 Punkte
d) Sinnvolle Füllung der Geschehnislücken	1 Punkt
e) Erreichen einer Gestaltungseinheit	1 Punkt
	10 Punkte

II. Gestaltung:

a) *Treffende Wortwahl*	*2 Punkte*
b) *Vermeiden von Wiederholungen am Satzanfang und im Satz*	*2 Punkte*
c) *Richtigkeit bei Satzbau, Satzverbindungen, Satzgefüge*	*2 Punkte*
d) *Wirksamkeit der Sprache: Lebendige und frische Ausdrucksweise durch wörtliche Reden, Fragen und Ausrufe*	*2 Punkte*
e) *Einhalten oder gezielter Wechsel der Erzählzeit*	*1 Punkt*
f) *Richtiger Kasusgebrauch*	*1 Punkt*
	10 Punkte«

Ein weiteres Beispiel für die Sekundarstufe ist die Inhaltsangabe (Spracherfahrungen 2001, S. 167). Für eine Inhaltsangabe sind folgende Kriterien wichtig, die im Rahmen der Aufsatzkorrektur leitend sein müssen:

» *1. Übersichtlichkeit: Anordnung der Aussagen entsprechend eines logischen inneren Zusammenhangs.*
2. Sachlichkeit: Vermeidung von wertenden Aussagen und Begriffen, direkter Rede (nur indirekte Rede verwenden) und von Spannung in Aufbau und Stil.
3. Kürze: Beschränkung auf wesentliche Inhalte (Vermeidung von Ausschmückungen und Straffung des Textes durch Verwendung von Oberbegriffen).
4. Zeitform: Präsens, nur bei vorausgegangen Geschehnissen bzw. Gedanken Verwendung des Perfekts.
5. Gliederung:
   a) Einleitung mit Nennung von Autor, Titel, Textsorte, Thema, Quelle (nur bei pragmatischen Texten)
   b) Hauptteil mit Darstellung der Zeit (wann ist es geschehen?), des Ortes (wo ist es geschehen?), der beteiligten Personen, der Beschreibung des Geschehens (was ist geschehen?) und des Grundes (warum ist es geschehen?).
   c) Schluss, versehen mit einer Deutung bzw. Beurteilung des Geschehenen.«

Anhand dieser Kriterien kann eine Lehrkraft eine entsprechende Punkteverteilung vornehmen und so in transparenter Weise einen Aufsatz mit dem Schwerpunkt Inhaltsangabe korrigieren.

Grenzen und Risiken

Die Ziffernbeurteilung hat eine lange Tradition, dennoch kann man im Hinblick auf die Beurteilung mit Ziffernnoten festhalten, dass im Laufe der Geschichte Zensuren »immer neue Aufgaben übertragen wurden, ohne dass ihre Eignung dafür überprüft worden war« (Ingenkamp 2005, S. 27). Amerikanische Untersuchungen haben einen interessanten Zusammenhang herausgearbeitet zwischen dem methodischen Handeln der Lehrkraft und der Leistungsbewertung: der Zwang zu prüfen hat Auswirkungen auf das Methodenrepertoire der Lehrkraft bzw. generell auf die Art und Weise zu unterrichten. Dies bedeutet, dass ihr Handlungszwang das methodische Handeln soweit einschränkt, dass nur solche Methoden ausgewählt werden, die ein schnellstmögliches Vorbereiten auf die betreffenden Tests, verbunden mit einer hohen Erfolgsquote gewährleisten (Jones/Jones/Hargrove 2003, S. 37 ff.).

Generell sind im Rahmen der Leistungsbeurteilung, egal welcher Form, Mess- bzw. Urteilsfehler als Fehlerquellen auszumachen, die die Grenzen der Ziffernbeurteilung deutlich aufzeigen. Die nachfolgende Übersicht (Tab. 25) gibt einen Überblick über häufige Messfehler bei der Beurteilung von Schülerleistungen:

Fehler	Beschreibung
Strengefehler	Kleine Fehler werden übergewichtet.
Mildefehler	Lehrkräfte vermeiden harte Urteile.
Tendenz zur Mitte	Statt des Versuchs einer korrekten Bewertung werden überwiegend mittlere Noten vergeben.
Tendenz zu Extremurteilen	Es überwiegen entweder die ganz guten oder die ganz schlechten Bewertungen
Reihungsfehler	Eine erbrachte Leistung wird in Abhängigkeit zu der vorauslaufenden Arbeit besser oder schlechter bewertet.
Logische Fehler	Übertragung der Erwartungen von einem Fach auf ein anderes
Haloeffekt	Ein Gesamteindruck überlagert die Einzelleistung.

Tab. 25: Fehlerformen bei der Leistungsbeurteilung

Des Weiteren sind aus der Forschung diverse Dilemmata bekannt, die Lehrkräfte bei der Beurteilung von Schülerleistungen haben (Lüders 2001). Zusammenfassend macht Lüders deutlich: »Die Tatsache, dass weder Wissenschaft, noch Recht, noch Tradition die Praxis der Schülerbeurteilung umfassend determinieren, wird von den Lehrkräften, insbesondere wenn schwierige bzw. für die Schüler/innen biographisch folgenreiche Bewertungs- und Selektionsentscheidungen zu treffen sind, durch den Rekurs auf Moral kompensiert.« (Lüders 2001, S. 471) Das bedeutet, dass Lehrkräfte, die in einer Dilemmasituation sind (z.B. ob die bessere oder die schlechtere Note aus pädagogischen Gründen gegeben werden soll), oftmals moralische Gründe für ihre Entscheidung anführen, ohne dass diese auf einer gesicherten Grundlage beruhen.

Fallbeispiel

Die folgenden Beispiele zeigen Nacherzählungen von Schülerinnen und Schülern einer 4. Klasse auf, die zur Fabel »Der Fuchs und der Rabe« entstanden sind (Wagner 1985, S. 24 ff.) Die kriteriale Beurteilung folgt hier dem Schema des Bewertungsmodells, das in der Checkliste vorgestellt wurde.

> *»Als ich am Morgen mir einen Käse gestohlen hatte, flog ich auf einen Baum. Als ich ihn fressen wollte, da kam der Fuchs und sagte, ich hätte schöne Federn und eine gute Stimme. Ich war ganz entzückt und fing an zu singen. Beim Singen fiel der Käse auf den Boden, und der Fuchs schnappte ihn und lief davon.*
>
> *Benotung*
>
> *I. Inhalt:*
>
> | | |
> |---|---|
> | a) Inhalt/Perspektive | 1 Punkt |
> | b) Entbehrliche Details | 1 Punkt |
> | c) Pointe | 2 Punkte |
> | d) Reihenfolge | 2 Punkte |
>
> *12 Punkte (verdoppelt) = Teilnote ›Inhalt‹ = befriedigend*
>
> *II. Gestaltung:*
>
> | | |
> |---|---|
> | a) Verben, Adjektive | 1 Punkt |
> | b) Satzbau | 1 Punkt |
> | c) Satzanfänge | 0 Punkte |
> | d) Wörtliche Rede | 0 Punkte |
> | e) Ausrufe, Fragen | 0 Punkte |
> | f) Erzählzeit | 1 Punkt |
>
> *6 Punkte (verdoppelt) = Teilnote ›Gestaltung‹ = mangelhaft*
>
> *Gesamtpunktzahl 9 Punkte = Gesamtnote ›ausreichend‹«*

Damit die Fehler deutlich werden und ein entsprechender Lerneffekt entstehen kann, sollte die rein kriteriale Bewertung noch mit einer Verbalbeurteilung kombiniert werden.

> *»Verbalbeurteilung: Du hast den Inhalt der Fabel richtig verstanden und auch in der richtigen Reihenfolge nacherzählt. Allerdings wünscht sich der Leser noch mehr Einzelheiten. Wiederholungen am Satzanfang (als) stören. Du hättest die Rede des*

Fuchses wörtlich aufschreiben und spannungsweckende Ausrufe und Fragen verwenden sollen.«

Dadurch wird eine größtmögliche Transparenz in der Notenvergabe erreicht.

Literatur

Heller, K. A. (1984) (Hrsg.): Leistungsdiagnostik in der Schule. Bern: Hans Huber.
Ingenkamp, K.-H. (2005): Lehrbuch der Pädagogischen Diagnostik. Bearbeitet von Urban Lissmann. 5. völlig überarb. Aufl. Weinheim und Basel: Beltz.
Jones, M. G./Jones, B. D./Hargrove, T. Y. (2003): The Unintendend Consequences of High-Stakes Testing. New York: Edward Blum.
Kiel, E. (2001): Grundstrukturen wissenschaftlicher Diskurstätigkeit. Beschreiben, Interpretieren, Bewerten, Erklären, Begründen, Beweisen, Rechtfertigen, Bestreiten. In: Hug, T. (Hrsg.) Einführung in das wissenschaftliche Arbeiten. Bd. 1. Baltmannsweiler: Schneider Verlag Hohengehren. S. 56–68.
Lüders, M. (2001): Probleme von Lehrerinnen und Lehrern mit der Beurteilung von Schülerleistungen. In: Zeitschrift für Erziehungswissenschaften 4, H. 3, S. 457–474.
Rheinberg, F. (2006): Bezugsnormorientierung. In: Arnold, K.-H./Sandfuchs, U./Wiechmann, J. (Hrsg.): Handbuch Unterricht. Bad Heilbrunn: Klinkhardt. S. 643–647.
Rosemann, B./Bielski, S. (2001): Einführung in die Pädagogische Psychologie. Weinheim und Basel: Beltz.
Wagner, R. (1985): Formen schriftlichen Sprachgestaltens. 50 Modelle zum Aufsatzunterricht der Grundschule. 5. Aufl. Ansbach: Prögel.

Literaturhinweise

Beck, O. (1979): Theorie und Praxis der Aufsatzbeurteilung. Bochum: Kamp.
Beck, O. (1974): Kriterien zur Aufsatzbeurteilung. Mainz: von Hase und Köhler.
Beck, O./Hofen, N. (1991): Aufsatzunterricht Grundschule. Baltmannsweiler: Schneider Verlag Hohengehren.
KMK – Kultusministerkonferenz (2002): Einheitliche Prüfungsanforderungen in der Abiturprüfung Deutsch (EPA, 2002): Beschluss der Kultusministerkonferenz vom 01.12.1989 i. d. F. vom 24.05.2002.
Kleber, E. W. (1992): Diagnostik in pädagogischen Handlungsfeldern: Einführung in Bewertung, Beurteilung, Diagnose und Evaluation. Weinheim: Juventa.
Lerche, T. (2014): Leistung messen. Praxisorientierung, Fallbeispiele, Reflexionsaufgaben. Berlin: Cornelsen Schulverlage.
Rheinberg, F. (2001): Bezugsnormen und schulische Leistungsbeurteilung. In: Weinert, F. E. (Hrsg.): Leistungsmessungen in Schulen. 2. Aufl. Weinheim und Basel: Beltz, S. 59–72
Sacher, W. (2006): Lernstandsbeurteilung: Tests, Zensuren, Zeugnisse. In: Arnold, K.-H./Sandfuchs, U./Wiechmann, J. (Hrsg.): Handbuch Unterricht. Bad Heilbrunn: Klinkhardt. S. 648–656
Sacher, W. (2005): Überprüfung und Beurteilung von Schülerleistungen. In: Apel, H.-J./Sacher, W. (Hrsg.): Studienbuch Schulpädagogik. 2. Aufl. Bad Heilbrunn: Klinkhardt, S. 274–300.
Topsch, W. (2002): Leistung messen und bewerten. In: Kiper, H./Meyer, H./Topsch, W. (Hrsg.): Einführung in die Schulpädagogik. Berlin: Cornelsen, S. 134–146.
Woolfolk, A. (2008): Pädagogische Psychologie. 10. Auflage – bearbeitet und übersetzt von U. Schönpflug. München: Pearson.

4.2 Lernfortschritte verbalisieren

»Mit einer Leistungsbeurteilung in Berichtsform können die individuellen Fortschritte, Stärken und Schwächen in einzelnen Lernbereichen detailliert beschrieben werden. Damit sind hilfreiche Hinweise zur Verbesserung von Lernergebnissen möglich« (KMK 1994, S. 5).

Stand der Forschung

Die Beurteilung von Schülerleistungen mithilfe von Zensuren, also Ziffernnoten, hat in Deutschland eine lange und, trotz mancher kritischer Stimmen sowie der Entwicklung von anderen spezifischen Testungsverfahren, sehr feste Position in der öffentlichen Meinung wie auch in amtlichen Positionen (Ingenkamp 2005). Die herkömmliche Ziffernbeurteilung kann innerhalb des Berechtigungswesens nur helfen, Grobentscheidungen zu fällen. Da Ziffernnoten rein produktorientiert sind, sind spezifische Aussagen zum Lernfortschritt bzw. Lernprozess nur bedingt möglich, ein Faktum, das von kritischen Stimmen zur Leistungsbeurteilung immer wieder als Manko angeführt wird. Eine Möglichkeit, die entweder als Ersatz oder als Ergänzung zu den Ziffernnoten angesehen werden kann, stellt die Verbalisierung von Lernfortschritten dar, die, wie das Eingangszitat deutlich macht, dem Individuum selbst eher Rechnung trägt.

Verbale Lernbeurteilungen in Form von Zeugnisberichten sind insbesondere in der Grundschule bekannt, hier vor allem in der 1. Klasse. Nach Versuchen, Zeugnisberichte über die erste Klasse hinaus zu installieren, haben die meisten Bundesländer diese Versuche wieder rückgängig gemacht und so werden in der Regel bereits ab der 2. Klasse Ziffernnoten statt Berichte ausgegeben (Ingenkamp 2005). Berichte über den Lernstand finden sich für Klassen der Sekundarstufe meist nur in Reformschulen (Laborschule Bielefeld, Jenaplanschulen, Waldorf- und Montessori-Schulen). In Bayern werden gegenwärtig Lernentwicklungsgespräche an vielen Grundschulen eingeführt, die in bestimmten Jahrgangsstufen das Halbjahreszeugnis ersetzen.

Empirische Untersuchungen geben ein sehr unterschiedliches Bild, ob Zeugnisberichte von den Betroffenen, also von Lehrkräften, Schülerinnen und Schülern und deren Eltern, als hilfreicher angesehen werden oder nicht (Ingenkamp 2005; Döpp/Groeben/Thurn 2002).

Nach Ingenkamp sollten mit Zeugnisberichten vier Zielsetzungen verbunden sein. So spricht er einmal von einer ermutigenden Erziehung anstelle des Leistungsdrucks, d. h. durch einen Verzicht auf Noten können selbst kleine Fortschritte im Lernprozess sowie auch Schwachstellen erkannt und formuliert werden. Eine weitere Zielsetzung liegt in der Förderung der sozialen Kommunikation, die das durch die Zensurengebung bedingte Konkurrenzdenken ersetzen soll. Ingenkamp weist in diesem Zusammenhang darauf hin, dass für diesen fördernden Blick der Lehrkraft kontinuierliche und differenzierte Beobachtungen notwendig sind, die dann in die Beurteilung münden. Eine dritte Zielsetzung liegt in der Erhöhung der Chancengleichheit innerhalb der jeweiligen Schulklasse. Das bedeutet, dass die unterschiedlichen Lernvoraussetzungen die die Schülerinnen und Schüler mitbringen, in den Zeugnisberichten eine entsprechende Würdigung erfahren. Daraus kann als vierte Zielsetzung eine individuelle Förderung der Schülerinnen und Schüler abgeleitet werden: »Der individuelle Entwicklungsstand, die Abkehr von der Orientierung am Klassendurchschnitt und pauschalisierenden Urteilen sind Kernpunkte des Fördergedankens« (Ingenkamp 2005, S. 189). Ergänzt werden kann die Möglichkeit, im Rahmen mündlicher Beurteilungen nicht nur den Ist-Zustand zurückzumelden, sondern auch gemeinsam Ziele für die Weiterentwicklung (Kompetenzentwicklung, aber auch Sozial- und Lernverhalten) der Schülerin/des Schülers festzulegen.

Bedingt durch die unterschiedlichen Ergebnisse der empirischen Forschung über die Wirksamkeit von Verbalbeurteilungen und Ziffernnoten kommt Sacher zu dem Schluss, dass eine Kombination von Ziffernnoten mit ergänzenden und erläuternden Texten für die Schüler/innen und deren Eltern eine höchstwahrscheinlich sinnvollere Variante wäre (Sacher 2005).

Checklisten

Nach Sacher (2005) kann man verschiedene Formen der Verbalbeurteilungen unterscheiden. Eine erste Form sind *Rasterzeugnisse*. Diese Beurteilungsform ist in der Art von Multiple Choice aufgebaut, und es können entsprechende Alternativen ausgewählt und angekreuzt werden:

> **Beurteilungselemente zur Schriftsprachkompetenz**
> kann Wörter passend auswählen
> ☐ sicher ☐ überwiegend sicher ☐ teilweise sicher ☐ unsicher
>
> kann Sätze richtig formulieren
> ☐ sicher ☐ überwiegend sicher ☐ teilweise sicher ☐ unsicher

Eine weitere Form sind sogenannte *Bausteinzeugnisse*. Diese werden aus vorgefertigten Formulierungsbausteinen, die es beispielsweise als Computerprogramme gibt und auch von Schulbehörden vorgegeben werden, als fortlaufender Text zusammengesetzt:

> *Lesen:*
> Texte werden wortgetreu und flüssig gelesen.
> Texte werden sinnerfassend gelesen und verstanden.
> *Rechtschreibung:*
> Geübte Diktate werden mit wenigen Fehlern geschrieben.
> Rechtschreibhilfen werden lösungsorientiert angewendet.

Eine dritte Form sind *Berichtszeugnisse*, die entweder als frei formulierte Berichte über das Kind an dritte Personen (normalerweise die Erziehungsberechtigten) oder auch als *Zeugnisbriefe*, d. h. als frei formulierter Text an den betreffenden Schüler mit Anrede geschrieben werden. Eine Möglichkeit hierzu ist im Fallbeispiel zu diesem Kapitel aufgeführt.

Nach Sacher (2005) sollten Verbalbeurteilungen einen starken Fokus auf das Sozial- und das Lernverhalten richten. Dabei schlägt er folgende Kriterien vor (Tab. 26):

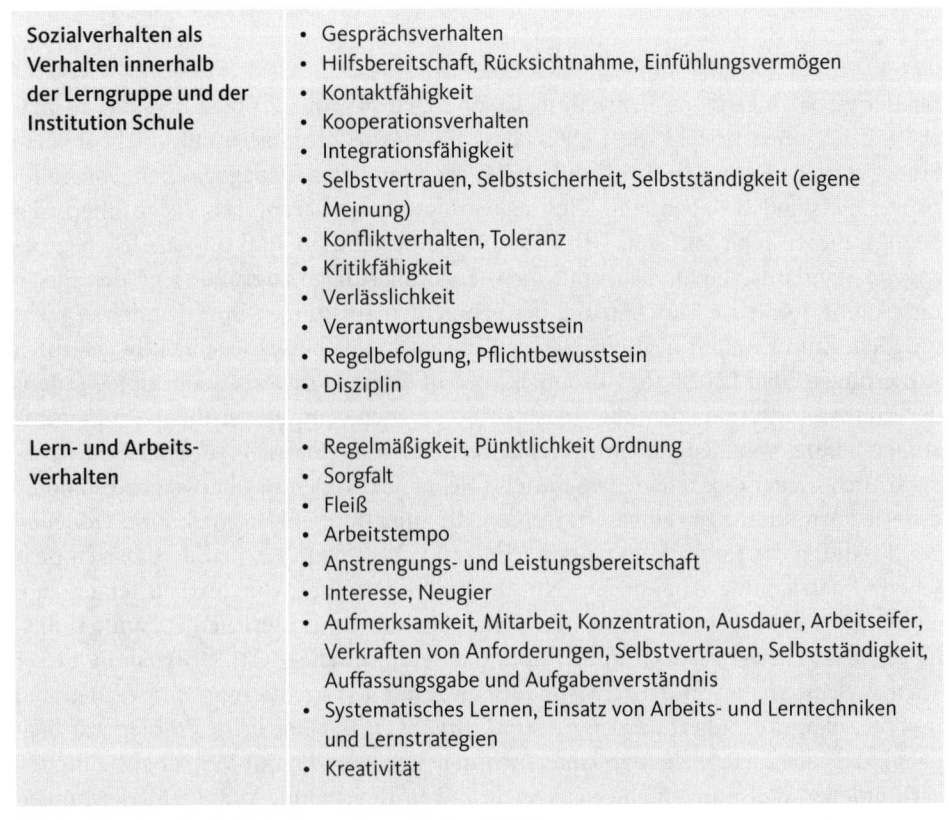

Sozialverhalten als Verhalten innerhalb der Lerngruppe und der Institution Schule	• Gesprächsverhalten • Hilfsbereitschaft, Rücksichtnahme, Einfühlungsvermögen • Kontaktfähigkeit • Kooperationsverhalten • Integrationsfähigkeit • Selbstvertrauen, Selbstsicherheit, Selbstständigkeit (eigene Meinung) • Konfliktverhalten, Toleranz • Kritikfähigkeit • Verlässlichkeit • Verantwortungsbewusstsein • Regelbefolgung, Pflichtbewusstsein • Disziplin
Lern- und Arbeitsverhalten	• Regelmäßigkeit, Pünktlichkeit Ordnung • Sorgfalt • Fleiß • Arbeitstempo • Anstrengungs- und Leistungsbereitschaft • Interesse, Neugier • Aufmerksamkeit, Mitarbeit, Konzentration, Ausdauer, Arbeitseifer, Verkraften von Anforderungen, Selbstvertrauen, Selbstständigkeit, Auffassungsgabe und Aufgabenverständnis • Systematisches Lernen, Einsatz von Arbeits- und Lerntechniken und Lernstrategien • Kreativität

Tab. 26: Kriterien für die Verbalbeurteilung (Sacher 2005)

Generell sind die Formulierungen sehr wichtig, damit ein Verbalzeugnis nicht seine Wirkung verfehlt bzw. dass die von der Lehrkraft intendierte Wirkung erzielt wird. Gute Formulierungen vor diesem Hintergrund sind solche, die konkret und verhaltensnah sind, und die präzise Vorschläge und Empfehlungen hinsichtlich des Verhaltens und des Lernens geben (z. B. »Bei zwei von vier zu erledigenden Hausaufgaben arbeitet er fehlerhaft und unkonzentriert.«). Ebenfalls sollte auf eine sprachliche Differenzierung des Textes geachtet werden. Das bedeutet, dass die Sprache nicht zu komplex bzw. wissenschaftlich und mit Fachausdrücken (z. B. »M. verhält sich introvertiert.«) durchsetzt ist, aber auch nicht zu einfach formuliert. Demnach ist eine Orientierung an einem angemessenen mittleren Niveau ratsam. Schlechte Formulierungen in Berichtszeugnissen sind zum Beispiel in Eigenschaftszuschreibungen zu finden, da diese zu Etikettierungen führen. (z. B. »M. ist kontaktarm.«). Auch die Vermeidung von Vergleichen mit anderen Schülerinnen und Schülern sowie von quantifizierenden Aussagen, die Assoziationen mit Noten provozieren, ist wichtig (z. B. »Die Leistungen von M. sind im Vergleich zu seinem Tischnachbarn R. erheblich abgesunken.«).

Grenzen und Risiken

Bei der verbalen Leistungsbeurteilung lassen sich drei große Problembereiche ausmachen. Zum einen besteht die Gefahr, dass Eltern die Zeugnisberichte nicht in dem Sinne verstehen, wie die Lehrkraft die vorgenommenen pädagogischen Formulierungen verstanden haben will. Dies liegt insbesondere daran, dass vielen Eltern der Bezugsrahmen fehlt, auf den sich die Aussage bezieht. So sind oftmals lehrplanbezogene Standards, die die Lehrkraft ihren Formulierungen zugrunde legt, den Eltern unbekannt, und eine Einschätzung der erbrachten Leistungen ihrer Kinder so nicht möglich. Zum Zweiten liegt ein Nachteil in den möglicherweise subjektiv gefärbten Äußerungen einer Lehrkraft. Um subjektive Äußerungen zu vermeiden, gibt es seitens der Kultusministerien Formulierungshilfen bzw. auch computergestützte Programme zur Erstellung von Zeugnissen mit entsprechenden Textbausteinen. Hier besteht jedoch auch wieder die Gefahr, dass mittels solcher Textbausteine überwiegend standardisierte Formulierungen eingesetzt werden, die einer differenzierten und individuellen Beschreibung der Entwicklung eines Schülers nicht gerecht werden. In einer empirischen Untersuchung zu Sinn und Nutzen der Verwendung von Textbausteinen kam als ein zentrales Ergebnis heraus, dass Lehrkräfte diese ministeriellen Formulierungshilfen sehr schätzen, jedoch anmerken, dass eine unreflektierte Übernahme dieser Textbausteine keinen Sinn macht, sondern diese nur als Orientierungshilfe dienen und individuell umformuliert werden müssen (Jürgens 2001). Eine dritte Problematik liegt darin, dass sich, wie vielfältige Untersuchungen zeigen, die mit Verbalbeurteilungen verbundenen Hoffnungen einer aussagekräftigen Beurteilung von Schülerleistungen nicht erfüllten, und die gleichen Beurteilungs- bzw. Messfehler, die bei der Ziffernbeurteilung vorlagen, sich bei der Anwendung von Zeugnisberichten ebenfalls einstellten (Sacher 2005; Ingenkamp 2005).

Dennoch weist Sacher darauf hin, dass Verbalbeurteilungen, trotz der unsicheren empirischen Forschungslage und trotz mancher Kritikpunkte, die, wie bereits aufgeführt, ähnlich gelagert sind wie bei der Ziffernbeurteilung, Vorteile haben – aber nur, wenn sie gründlich vorbereitet sind und auf einer kontinuierlichen Beobachtung der Schüler während eines ganzen Schuljahres beruhen. So schreibt er: »Neben Beobachtungen sollten natürlich auch traditionell erhobene schriftliche und mündlichen Leistungen, Werkgestaltungen, Aufführungen, gemeinsame Auswertungen von

Arbeitsergebnissen sowie Ergebnisse von informellen Gesprächen mit den Schülern und Eltern in die Verbalbeurteilungen eingehen. Die Qualität und Fruchtbarkeit von Verbalbeurteilungen wird auch von der Vielfalt der eingehenden Daten bestimmt« (Sacher 2005, S. 275).

Fallbeispiel

Das folgende Beispiel zeigt eine schön geschriebene Verbalbeurteilung für einen Jungen am Ende der 1. Klasse:

> **Ausschnitt aus einem Zeugnisbrief (Ende 1. Klasse)**
> Du hattest keine Schwierigkeiten, dich in den Schulalltag einzugewöhnen, und du hast rasch ein gutes Verhältnis zu deinen Mitschülern gefunden. Du bist entgegenkommend und hilfsbereit gewesen, und partnerbezogenes Arbeiten fiel dir nicht schwer. Du konntest ohne Scheu deine Meinung vor der Klasse vortragen und begründen. Du hast zu deinen Lehrern ein vertrauensvolles Verhältnis gewonnen. Du bist mit deinen Schulmaterialien achtsam und schonend umgegangen. Du arbeitest überwiegend selbständig und konntest dir auch bei schwirigen Aufgaben selbst helfen. Ohne große Mühe konntest du dich auf neue Lerninhalte einlassen und meist Zusammenhänge zu bereits Bekanntem erkennen. Du hast deine Hausaufgaben stets sorgfältig und gewissenhaft angefertigt.
>
> Am Unterrichtsgeschehen beteiligst du dich eifrig und wissbegierig, und lieferst wohl überlegte Beiträge. Bei der Anfertigung deiner schriftlichen Aufgaben arbeitest du selbständig und richtig, jedoch noch etwas zu langsam.
>
> Du kannst alle Plus- und Minusaufgaben im Zahlenraum bis 20 und darüber hinaus sicher durchführen. Sowohl der Zehnerübergang als auch beliebige Aufgabenstellungen oder das Rechnen mit Geldbeträgen machen dir keinerlei Schwierigkeiten.
>
> Du hast den Leselehrgang sehr erfolgreich abgeschlossen. Du kannst Texte fließend, selbständig und sinnerfassend vortragen. Es fällt dir nicht schwer, den erlernten Wortschatz sprachlich richtig anzuwenden und Beobachtungen und Erlebnisse lebendig darzustellen. Texte kannst du zwar langsam, aber sauber und fehlerfrei abschreiben.
>
> Du befasst dich im Religionsunterricht bewusst mit biblischen Geschichten und den Inhalten des christlichen Glaubens und gestaltest den Unterricht mit guten mündlichen Beiträgen. Du bekundest Interesse und Freude am Musikunterricht.
>
> Im Kunstunterricht zeigst du viel Fantasie und ein sicheres Form- und Farbgefühl.
>
> Der Sportunterricht bereitet dir viel Freude und lobenswert ist deine Anstrengungsbereitschaft.

Literatur

Döpp, W./Groeben, A. v. d./Thurn, S. (2002): Lernberichte statt Zensuren. Erfahrungen von Schülern, Lehrern und Eltern. Bad Heilbrunn: Klinkhardt.

KMK – Kultusministerkonferenz (1994): Empfehlungen zur Arbeit in der Grundschule. Beschluss der Kultusministerkonferenz Vom 2. Juli 1970 i.d. F. vom 6. Mai 1994 (NBl. MFBWS Schl.-H. S. 318) www.schulrecht-sh.de/texte/g/grundschule/grundschulunterricht.htm#1.%20Grundlegende%20Bildung%20In%20der%20Grundschule (Abruf: 24.01.2017)

Ingenkamp, K.-H. (2005): Lehrbuch der Pädagogischen Diagnostik. Bearbeitet von Urban Lissmann. 5., völlig überarb. Aufl. Weinheim und Basel: Beltz.

Jürgens, E. (2001): Lern- und Leistungsberichte. Zur Praxis der Verbalbeurteilung am Beispiel der Grundschule. In: Die Deutsche Schule 93, H. 4, S. 469–485.

Sacher, W. (2005): Überprüfung und Beurteilung von Schülerleistungen. In: Apel, H.-J./Sacher, W. (Hrsg.): Studienbuch Schulpädagogik. 2. Aufl. Bad Heilbrunn: Klinkhardt, S. 274–300.

Literaturhinweise

Arnold, K. H./Jürgens, E. (2001): Schülerbeurteilung ohne Zensuren. Neuwied: Luchterhand.

Diekmann, M./Jürgens, E. (2008): Verbalbeurteilung: Verfahren differenzierter Leistungsbeurteilung. In: Jürgens, E./Standop, J. (Hrsg.): Taschenbuch Grundschule. 3. Grundlegung von Bildung. Baltmannsweiler: SchneiderVerlag Hohengehren, S. 230–237

Frommer, H. (2009): Ziffernnote oder Verbalbeurteilung? Wie werden Arbeitsergebnisse des Offenen Unterrichts sachlich angemessen, gerecht und pädagogisch förderlich bewertet? In: Lehren und lernen 35, H. 2, S. 15–23.

Jones, M. G./Jones, B. D./Hargrove, T. Y. (2003): The Unintendend Consequences of High-Stakes Testing. New York: Rowman & Littlefield Publ. Group.

Jürgens, E. (1998): Blickpunkt Verbalbeurteilung. Schulische Praxis, Problemfelder, Lösungsmöglichkeiten. In: Grundschule 30, H. 3, 53–55.

Jürgens, E./Sacher, W. (2000): Leistungserziehung und Leistungsbeurteilung. Neuwied: Luchterhand.

Lerche, T. (2014): Leistung messen. Praxisorientierung, Fallbeispiele, Reflexionsaufgaben. Berlin: Cornelsen Schulverlage.

Lüders, M. (2006): Probleme von Lehrerinnen und Lehrern mit der Beurteilung von Schülerleistungen. In: Zeitschrift für Erziehungswissenschaften 4, H. 3, S. 457–474.

Rheinberg, F. (2006): Bezugsnormorientierung. In: Arnold, K.-H./Sandfuchs, U./Wiechmann, J. (Hrsg.): Handbuch Unterricht. Bad Heilbrunn: Klinkhardt, S. 643–647.

Rheinberg, F. (2001): Bezugsnormen und schulische Leistungsbeurteilung. In: Weinert, F. E. (Hrsg.): Leistungsmessungen in Schulen. 2. Aufl. Weinheim und Basel: Beltz, S. 59–72.

Rosemann, B./Bielski, S. (2001): Einführung in die Pädagogische Psychologie. Weinheim und Basel: Beltz.

Sacher, W. (2011): Diagnostizieren, Beurteilen und Bewerten von Schülerleistungen. In: Kiel, E./Zierer, K. (Hrsg.): Basiswissen Unterrichtsgestaltung Bd. 3 Unterrichtsgestaltung als Gegenstand der Praxis. Baltmannsweiler: SchneiderVerlag Hohengehren. S. 163–179.

Sacher, W. (2006): Lernstandsbeurteilung: Tests, Zensuren, Zeugnisse. In: Arnold, K.-H./Sandfuchs, U./Wiechmann, J. (Hrsg.): Handbuch Unterricht. Bad Heilbrunn: Klinkhardt. S. 648–656.

Topsch, W. (2002): Leistung messen und bewerten. In: Kiper, H./Meyer, H./Topsch, W. (Hrsg.): Einführung in die Schulpädagogik. Berlin: Cornelsen, S. 134–146.

Woolfolk, A. (2008): Pädagogische Psychologie. 10. Auflage – bearbeitet und übersetzt von Ute Schönpflug. München: Pearson.

4.3 Portfolioarbeit anleiten

»Im Portfolio werden authentische und nach vereinbarten Kriterien ausgewählte Schülerarbeiten in einer Mappe gesammelt und regelmäßig schriftlich reflektiert und kommentiert, um Lernprozesse und Ergebnisse über einen Zeitraum zu dokumentieren« (Sacher 2011, S. 178).

Stand der Forschung

Die Feststellung der von den Schülerinnen und Schülern erbrachten Leistungen war schon immer eine der Hauptaufgaben einer Lehrkraft. Doch die traditionelle, überwiegend am Produkt orientierte und stark normierte Leistungsfeststellung gerät zunehmend in Kritik und gilt oftmals als nicht mehr zeitgemäß, da sich die Komplexität der Welt und des Wissens – und damit auch des Lernens in der Schule – verändert haben und somit andere Anforderungen von Bedeutung sind (Winter 2004). Diese Veränderungen stehen im Kontext einer neuen Lernkultur (Winter 2004), die gekoppelt ist an gesellschaftliche Transformationsprozesse und die deshalb einer neuen Form der Leistungsbeurteilung bedarf, die unter anderem individualisiert und prozessorientiert ausgerichtet sein muss, wenn sie den neuen gesellschaftlichen Anforderungen genügen soll. Kennzeichen einer neuen Lernkultur sind eine Stärkung der Selbstständigkeit und der Eigenverantwortung der Lernenden im Hinblick auf ihr eigenes Handeln, ihre jeweilige Lernsituation und die zu erwerbenden Kompetenzen verbunden mit einer Orientierung an den individuellen Lernprozessen. Wichtig ist hierbei auch eine »verstärkte Hinwendung zu komplexen, alltagsnahen Aufgaben, welche vollständige Lernakte fordern (damit entfernt man sich von der Vorstellung kleinschrittigen Wissenserwerbs im Rahmen vorgezeichneter Fachcurricula)« (Winter 2004, S. 6). Im Rahmen der Diskussion um eine Revision der Leistungsbeurteilung stellt das Portfolio eine Alternative zur herkömmlichen Leistungserhebung dar und kann als ein Element dieser neuen Lernkultur ausgemacht werden. Ein Portfolio darf nicht verwechselt werden mit einer reinen Sammel- oder Präsentationsmappe, der wichtigste Unterschied liegt im konkreten methodischen Vorgehen (siehe auch das Zitat am Anfang). Folgende Merkmale sind für die Portfolioarbeit maßgebend (nach Winter 2006):

- Der Inhalt eines Portfolios und die Entscheidungen hinsichtlich der Auswahl der einzelnen Dokumente sowie auch die Art und Weisen der Interaktionen zwischen den Lehrenden und den Lernenden werden durch den jeweiligen Zweck und auch durch das Ziel der Portfolioarbeit bestimmt. Beide Aspekte – Zweck und Ziel – werden zwischen der Lehrkraft und dem Lernenden vorab in einem individuellen Gespräch vereinbart und verbindlich festgesetzt.
- Ein Portfolio dient keinem Selbstzweck und muss in einen entsprechenden Lehr-Lern-Prozess eingebettet sein. So ist es wichtig, dass eine konkrete Frage- oder Pro-

blemstellung bzw. eine bestimmte Aufgabe festgelegt wird, die jedoch vom Charakter her offen und komplex sein sollte.
- Die im Eingangsgespräch festgelegten und idealerweise selbst gestellten Ziele sollen durch das Portfolio am Ende dokumentiert und nachgewiesen werden. Wichtigstes Kriterium dieser schriftlich fixierten Ziele im Rahmen eines spezifischen Lehr-Lern-Arrangements sind Transparenz und Einsichtigkeit, d.h. der Lernende muss diese Ziele für sich akzeptieren und ohne Probleme durchschauen können. So wird eine Grundlage für die Eigenbeurteilung und die Fremdbeurteilung geschaffen. Darüber hinaus dienen die verschriftlichten Ziele als roter Faden durch die Portfolioarbeitsphase, der beim Erreichen dieser Ziele hilft.
- In der eigentlichen Arbeitsphase werden im Hinblick auf die Bearbeitung eines komplexen Sachverhalts Dokumente erstellt und gesammelt, die quasi Nachweise zur Rekonstruktion des jeweiligen Lernprozesses sind, und deren Vielfältigkeit das zentrale Qualitätsmerkmal darstellt.
- Den zentralen Punkt im Rahmen der Portfolioarbeit bildet die Selbstreflexion als metakognitive Interpretation des eigenen Lernprozesses. Das Portfolio einerseits, aber auch die Reflexion über das Portfolio durch die Schülerin/den Schüler andererseits, ermöglichen das Nachdenken über das eigene Lernen und über das anschließende Weiterlernen. Sie dienen somit nicht nur der Präsentation von Materialien als Antwort auf den zu bearbeitenden Fragekomplex. Eine Selbstreflexion über das eigene Lernen bedeutet auch, eine Selbstkontrolle über Schwächen und Fortschritte beim eigenen Lernen zu erhalten.
- Wichtig ist ebenfalls, dass die Schüler/innen in die Lage versetzt werden, eine Selbsteinschätzung ihres jeweiligen Lernfortschritts vornehmen zu können. Aus diesem Grund sollten neben den jeweiligen Lernzielen auch Standards bzw. Beurteilungsmaßstäbe – auch hier idealerweise in Gesprächen und Absprache mit den Schülern – transparent dargelegt und vereinbart werden.
- Auch die Evaluation des Lernprozesses ist durch das Portfolio kommunikativ angelegt. Neben Beratungsgesprächen während der Arbeit am Portfolio, die mit anderen Schülerinnen und Schülern, mit Lehrenden, Eltern, aber auch mit Expertinnen/Experten stattfinden können, ist vor allem das Abschlussgespräch, verbunden mit einer Präsentation des Portfolios von Bedeutung, da hierbei die vereinbarten Ziele überprüft werden.

Nach Dumke, Häcker und Schallies folgt die Portfolioarbeit den Prinzipien Partizipation, Kommunikation und Transparenz, d.h., die Güte eines Portfolioprozesses bemisst sich am Grad der Realisierung dieser drei eng miteinander verbundenen Prinzipien (Dumke/Häcker/Schallies 2003).

Die Wurzeln des Portfoliokonzepts für die Schule sind zu Beginn der 1980er-Jahre im angloamerikanischen Raum (insbesondere USA und Kanada) zu finden, wobei es trotz des Erfolgs im schulischen Kontext noch relativ wenig theoretisch begründende Literatur für dessen positive Wirkung gibt. Erst allmählich setzt sich eine lernpsychologische und erziehungswissenschaftliche Reflexion dieses Konzepts durch (Häcker 2006).

Es können verschiedene Arten von Portfolios unterschieden werden, auf drei Typen soll im Folgenden kurz eingegangen werden. So kann man einmal das *Arbeitsportfolio* unterscheiden, das meist eine ausgewählte Zusammenstellung mehrerer Arbeiten einer Schülerin/eines Schülers zu einem bestimmten Unterrichtsthema enthält. Dies können sowohl abgeschlossene Arbeiten als auch Arbeiten, die noch im Entstehungsprozess sind, sein. Ein Arbeitsportfolio kann von der Lehrkraft herangezogen werden, um die einzelne Schülerin/den einzelnen Schüler im Rahmen ihres/seines Lernprozesses zu beraten und um darauf aufbauend individuell und schülerorientiert den Unterricht zu planen.

Ein weiterer Portfoliotyp ist das sogenannte *Vorzeigeportfolio*, das die besten Arbeiten einer Schülerin/eines Schülers enthält. Diese Auswahl erfolgt in der Regel subjektiv durch die Schülerin/den Schüler und versammelt Produkte, die über einen längeren Zeitraum entstanden sind und mit denen die Schülerin/der Schüler am ehesten zufrieden ist.

Ein weiterer Typ stellt das *Entwicklungsportfolio* dar, das besonders geeignet ist, den Lernprozess einer Schülerin/eines Schülers durch die Sammlung von Arbeiten über einen längeren Zeitraum hinweg zu dokumentieren. So können hier Lernprodukte aus verschiedenen Phasen des Lernprozesses gesammelt werden, damit über deren Vergleich Aussagen über die Entwicklung der einzelnen Schülerin/des einzelnen Schülers getroffen werden können. Auf der Grundlage vorgegebener Ziele, kann hier dann eine Selbst- und eine Fremdbeurteilung erfolgen.

Checklisten

Um eine Portfolioarbeit durchzuführen, bedarf es bestimmter Kriterien, die bei der Planung, Kommunikation und Organisation zu beachten sind. Die folgende Auflistung ist eine kurze Zusammenstellung der Kriterien von Winter (Winter 2006, S. 165 ff.), die im Forschungsstand bereits ausführlicher dargestellt wurden:
- Beide Aspekte – Zweck und Ziel – werden in einem individuellen Gespräch vereinbart und verbindlich festgesetzt.
- Ein Portfolio muss in einen entsprechenden Lehr-Lern-Prozess eingebettet sein und eine konkrete Frage- oder Problemstellung bzw. eine bestimmte Aufgabe aufweisen.
- Die im Eingangsgespräch festgelegten und idealerweise selbst gestellten Ziele sollen durch das Portfolio am Ende dokumentiert und nachgewiesen werden.
- In der Arbeitsphase werden im Hinblick auf die Bearbeitung eines komplexen Sachverhalts Dokumente erstellt und gesammelt.
- Den zentralen Punkt im Rahmen der Portfolioarbeit bildet die Selbstreflexion des eigenen Lernprozesses.

- Für die Evaluation des Lernprozesse ist vor allem das Abschlussgespräch, verbunden mit einer Präsentation des Portfolios, von Bedeutung, da hierbei die vereinbarten Ziele überprüft werden.

Ein wichtiges Element im Rahmen der Beurteilung von Portfolios stellt die Selbst- bzw. Peer-Beurteilung dar. Nach Woolfolk (2008) sind für die Entwicklung von Kriterien für die Selbst- und Peer-Beurteilung verschiedene Schritte notwendig. So sind für Woolfolk sehr gute Arbeiten von Schülerinnen und Schülern dazu geeignet als Vorbild zu dienen, wobei das, was die Qualität dieser guten Arbeiten ausmacht, mit der Klasse erarbeitet werden kann. Ausgehend von diesen Arbeiten können Beurteilungskriterien abgeleitet werden. Neben guten können auch schlechte Arbeiten herangezogen werden, um Abstufungen im Kriterienkatalog zu entwickeln. Bewertungen durch die Lerngruppe sind immer auch im Laufe des Arbeitsprozesses möglich, dabei sind sowohl Selbst- als auch Peerbewertung möglich. Es ist sinnvoll, dass Lehrkräfte auch mit der gleichen Bewertungsskala arbeiten, damit eine einheitliche und für alle nachvollziehbare Beurteilung/Bewertung erfolgen kann (Woolfolk 2008).

Grenzen und Risiken

Probleme, die mit der Portfolioarbeit verbunden sind, ergeben sich oftmals aus einem falschen Verständnis dieser Methode. Portfolios haben nicht den primären Zweck der Sammlung und Aufbewahrung bestimmter, von den Schülerinnen und Schülern erstellten Materialien, sondern sie dienen der Dokumentation und Evaluation eines Lernprozesses mithilfe der in diesem Lernprozess erstellten Schülerarbeiten. Ein weiterer Punkt, den Winter anführt (Winter 2007), ist die Vernachlässigung der Reflexion, d.h. um einen Gewinn aus der Portfoliomethode für die Weiterentwicklung des Lernprozesses zu ziehen, bedarf es einer Reflexion mit vorher festgelegten Kriterien. Hierbei ist ebenfalls zu beachten, dass vorgefertigte Selbsteinschätzungsbögen, die nur einen unzureichenden Bezug zu den individuell erbrachten Schülerleistungen haben, oftmals auch ungeeignet sind, den Lernprozess zu erfassen. Hier müssen Lehrkräfte korrigierend eingreifen, um diese Bögen auf die jeweilige Lerngruppe bzw. die einzelne Schülerin/den einzelnen Schüler anzupassen. Neben gemeinsam festgelegten Standards zur Beurteilung können auch Zertifikate für die Schüler/innen ausgestellt werden, auf die sich die jeweilige Schule einigt und die den Lernprozess dokumentieren und bewerten (Winter 2004).
Zur Erstellung von Portfolios eignen sich, wenn man nach der einschlägigen Literatur geht, alle Inhalte. So werden Portfolios in der Grundschule ebenso eingesetzt wie in der beruflichen Bildung und auch der Lehrerausbildung. Letztendlich obliegt es jeder Lehrkraft selbst, welche Inhalte oder Themenbereiche als am besten dafür geeignet angesehen werden.

Fallbeispiel

Das folgende Fallbeispiel zeigt eine Möglichkeit auf, wie durch einen Brief einer Lehrerin ein Portfolio wertend und wertschätzend gesteuert werden kann. Es wird ein kommentiertes Beispiel aus einer 4. Klasse, Grundschule im Fach Deutsch geschildert. Hier hat eine Schülerin zum Themenbereich »Fantasiewesen« etwas zu Trollen gearbeitet und das Ganze entsprechend reflektiert (Winter/Volkwein 2006).

Zunächst wird, wie in einem Brief üblich, die Schülerin persönlich angesprochen und allgemein etwas Positives über das Portfolio geäußert.

> *»Liebe P.,*
> *dein Portfolio zu den Trollen habe ich mit Freude angeschaut und gelesen. In deinem Sachtext habe ich einiges erfahren, was ich zuvor nicht wusste, zum Beispiel, dass es auch einen Trollrat gibt. In deiner Trollfamilie geht es lustig und freundlich zu, da könnte ich mir vorstellen, auch ein Troll zu sein«* (Winter/Volkwein 2006, S. 202).

Im nächsten Absatz des Briefes werden konkret Dinge hervorgehoben, die positiv aufgefallen sind, wobei in die Bewertung noch weitergehende Fragen der Lehrkraft mitaufgenommen werden.

> *»Mich hat an deiner Geschichte besonders beeindruckt, dass du sie so geschrieben hast, dass ein Leser, der nicht so viel über Trolle weiß, sich ihr Leben gut vorstellen kann. Durch die schönen Bilder ist es eine Art Bilderbuch geworden. Ich habe mich gefragt, wie du das alles vorher ausgedacht und geplant hast. Oder ist es dir so nach und nach in den Sinn gekommen? In deiner Planung steht der Satz: »Ich brauche für meine Arbeit Unterlagen, Bücher, Titel und natürlich mich selber.« Das mit dem »mich selber« hat mir so gut gefallen, dass ich mir den Satz aufgeschrieben habe«* (ebd., S. 202).

Im letzten Teil werden problematische/kritische Punkte angeführt, die in der Folge zu verbessern sind bzw. an denen noch weiter zu arbeiten ist. Eine positive Formulierung zum Schluss soll motivierend für die zukünftige Arbeit am Portfolio sein.

> *»Was ich mir bei der nächsten Portfolioarbeit noch anders wünsche, ist Folgendes: Schreibe über unsere Gespräche noch etwas mehr auf, zum Beispiel was korrigiert wurde und auch wobei du denkst, dir noch mehr Mühe geben zu müssen, wie du es in der Reflexion schreibst. Dort steht, dass du mit deiner Arbeit richtig zufrieden bist. Ich finde, das kannst du auch wirklich sein. Ich finde, das ist ein tolles Portfolio«* (ebd., S. 202).

Literatur

Dumke, J./Häcker, T./Schallies, M. (2003): Portfolio als Entwicklungsinstrument für selbstgesteuertes Lernen und schulische Lernumgebungen. In: Arbeitskreis Gymnasium Wirtschaft e.V. (Hrsg.): Nachhaltige Lernmotivation und schulische Bildung, Bd. 6: Motivieren und Evaluieren in Bildung und Unterricht. München: ISB, S. 53–63.

Häcker, T. (2006): Portfolio: ein Entwicklungsinstrument für selbstbestimmtes Lernen. Eine explorative Studie zur Arbeit mit Portfolios in der Sekundarstufe I. Baltmannsweiler: Schneider Verlag Hohengehren.

Sacher, W. (2011): Diagnostizieren, Beurteilen und Bewerten von Schülerleistungen. In: Kiel, E./Zierer, K. (Hrsg.): Basiswissen Unterrichtsgestaltung Bd. 3 Unterrichtsgestaltung als Gegenstand der Praxis. Baltmannsweiler: Schneider Verlag Hohengehren, S. 163–179.

Winter, F. (2007): Portfolioarbeit im Unterricht. Orientierungspunkte und Indikatoren. In: Pädagogik 59, H. 7/8, S. 34–39.

Winter, F. (2006): Wir sprechen über Qualitäten. Das Portfolio als Chance für eine Reform der Leistungsbewertung. In: Brunner, I./Häcker, T./Winter, F. (Hrsg.): Das Handbuch Portfolioarbeit. Konzepte, Anregungen, Erfahrungen aus Schule und Lehrerbildung. Seelze: Kallmeyer, S. 165–170.

Winter, F. (2004): Leistungsbewertung. Eine neue Lernkultur braucht einen anderen Umgang mit den Schülerleistungen. Baltmannsweiler: Schneider Verlag Hohengehren.

Winter, F./Volkwein, K. (2006): Wir beginnen mit einer »Werkbetrachtung«. Gemeinsam lernen, gute Kommentare zu schreiben. In: Brunner, I./Häcker, T./Winter, F. (2006) (Hrsg.): Das Handbuch Portfolioarbeit: Konzepte, Anregungen, Erfahrungen aus Schule und Lehrerbildung. Seelze: Kallmeyer, S. 200–207.

Woolfolk, A. (2008): Pädagogische Psychologie (Pearson Studium ps Psychologie 10). München: Pearson.

Literaturhinweise

Bostelmann, A. (2006) (Hrsg.): Das Portfolio-Konzept in der Grundschule. Individualisiertes Lernen organisieren. Mühlheim a.d. Ruhr: Verlag an der Ruhr.

Brunner, I./Häcker, T./Winter, F. (2006) (Hrsg.): Das Handbuch Portfolioarbeit: Konzepte, Anregungen, Erfahrungen aus Schule und Lehrerbildung. Seelze: Kallmeyer.

Lissmann, U. (2004): Beurteilung und Beurteilungsprobleme bei Portfolios. In: Jäger, R. S. (Hrsg.): Von der Beobachtung zur Notengebung. Ein Lehrbuch. Diagnostik und Benotung in der Aus-, Fort- und Weiterbildung. Mit einem Beitrag von U. Lissmann. 5., überarb. und ergänzte. Aufl. Landau: Verlag Empirische Pädagogik, S. 211–241.

Lissmann, U. (2001): Die Schule braucht eine neue pädagogische Diagnostik. Formen, Bedingungen und Möglichkeiten der Portfoliobeurteilung. In: Die Deutsche Schule 93, H. 4, S. 486–497.

Müller, A. (2012): Jeder Schritt ist ein Fort-Schritt. Lernentwicklung dokumentieren: Kompetenzraster und Portfolio. In: Grundschulunterricht. Deutsch 59, H. 2, S. 4–6.

Saalfrank, W.-T. (2007): Mit Zielvereinbarung individualisierte Leistungsbeurteilungen gestalten. In: Zeitschrift für Bildungsverwaltung 23, H. 2, S. 33–48.

Impulse für Schule und Unterricht

Ulrich Steffens / Dieter Höfer
Lernen nach Hattie
2016. 264 Seiten. Broschiert
ISBN 978-3-407-25738-3

Dieses Buch resümiert die zentralen Ergebnisse der Hattie-Studie und erläutert, was Unterricht und Schule aus der empirischen Untersuchung lernen können.

Nach einer fundierten Darstellung und kritischen Einordnung von Hatties Forschungsbilanz zeichnen die Autoren die praktischen Konsequenzen für das Lernen der Schüler/innen und für die Gestaltung des Unterrichts nach. Dabei klären sie nicht zuletzt über mögliche Missverständnisse und Fehlinterpretationen der Studie auf – eine gut lesbare Einführung auch für Hattie-Einsteiger.

Aus dem Inhalt:
- Die Hattie-Studie im Überblick
- Hauptlinien der empirischen Ergebnisse
- Wie wir lernen – Hatties Lerntheorie
- »Visible Learning for Teachers« – Hatties Konzept des Unterrichts
- Hatties Folgerungen aus seinen Studien
- Feedback als Instrument des Lernens
- Die Hattie-Studie methodenkritisch betrachtet
- Praktische Konsequenzen für Schule und Unterricht

BELTZ

Beltz Verlag · Weinheim und Basel · Weitere Infos und Ladenpreis: www.beltz.de

Durch Feedback Lernen sichtbar machen

Die weltweit diskutierte Studie von John Hattie zeigt: Feedback gehört zu den Top-ten-Faktoren für erfolgreiches Lernen. Denn Feedback unterstützt Schüler/innen dabei, Lernen zu lernen. Monika Wilkening beantwortet in ihrem Buch Fragen wie: Welche Rolle spielt Feedback im »guten« Unterricht? Welche Feedback-Formen eignen sich für den Unterricht? Welche Bedingungen sollten erfüllt sein, damit alle durch Feedback lernen können? Welche Rolle spielen dabei Lehrkraft und Lernende? Wie können Hatties Erkenntnisse zu Feedback im Unterricht exemplarisch für deutsche Klassenzimmer fach- und schulformübergreifend angewendet werden?

Monika Wilkening
Praxisbuch Feedback im Unterricht
2016. 144 Seiten. Broschiert
ISBN 978-3-407-62972-2

Dieses Praxisbuch zeigt Lehrer/innen, wie sie Feedback erfolgreich in ihren Unterricht integrieren können. Die traditionelle Lehrer-Schüler-Rückmeldung wird bereichert durch Selbst- und Partnereinschätzung der Lernenden, aber auch durch Feedback der Lernenden an die Lehrkräfte. Viele Kopiervorlagen, Beispiele und Praxistipps unterstützen Lehrkräfte und Lernende darin, mit Hilfe von Feedback Lernen sichtbar zu machen.

BELTZ
Beltz Verlag · Weinheim und Basel · Weitere Infos und Ladenpreis: www.beltz.de